LA MALDICIÓN DE LOS CÉSARES

Grupo Robin Book
Barcelona - México
Buenos Aires

LA MALDICIÓN DE LOS CÉSARES

LA CRÓNICA FASCINANTE DE UNA ÉPOCA CONVULSA:
DESDE CALÍGULA A TRAJANO

Stephen Dando-Collins

Traducción de Jorge Conde

HISTORIA enigmas

Un sello de Ediciones Robinbook
información bibliográfica
Industria 11 (Pol. Ind. Buvisa)
08329 - Teià (Barcelona)
e-mail: info@robinbook.com
www.robinbook.com

Título original: *Blood of the Caesars*

Diseño de cubierta: Visual
Fotografía de cubierta: The Stock Folder
Diseño interior: La Cifra

ISBN: 978-84-7927-967-7
Depósito legal: B-179-2009

Impreso por Limpergraf, Mogoda, 29-31
(Can Salvatella), 08210 Barberà del Vallès

Impreso en España - *Printed in Spain*

ÍNDICE

El mundo romano. Siglo I d. C.
N
BRITANIA
Río Rhin
GERMANIA INFERIOR
GERMANIA SUPERIOR
RAETIA
PANONIA
NORICUM
GALIA TRANSALPINA
GALIA
Lyons
Vienne
Toulouse
NARBONENSIS
GALIA CISALPINA
Cremona
Poetovio
Río Danubio
DALMACIA
Burnum
MACEDONIA
DACIA
MOESIA
SÁRMATAS
REINO DEL BÓSFORO
Kersh
MAR NEGRO
GALOGRECIA
PONTO
ARMENIA MENOR
MAR CASPIO
HISPANIA CITERIOR
Tarragona
LUSITANIA
HISPANIA ULTERIOR
Córcega
Roma
Cerdeña
Islas Baleares
ÁFRICA
Útica
Río Bagradas
Malta
Messina
Siracusa
Brindisi
Durres
EPIRO
Philippi
TRACIA
BITINIA
Zela
Artaxata
ARMENIA
ASIA
CAPADOCIA
Praaspa
LICIA
CILICIA
Achaea
Tarso
Laodicea
Dafne
Zeugma
Antioquía
Raphanaea
Chipre
Creta
SIRIA
PARTIA MEDIA
Río Éufrates
MAURITANIA
MAR MEDITERRÁNEO
NUMIDIA
Canopus
Ascalón
Pelesium
Alejandría
Jerusalén
JUDEA
ARABIA
DESIERTO DEL SAHARA
LIBIA
CIRENAICA
Menfis
EGIPTO
Río Nilo
MAR ROJO
DESIERTO DE ARABIA
GOLFO PÉRSICO
©2008 por D. L. McElhannon

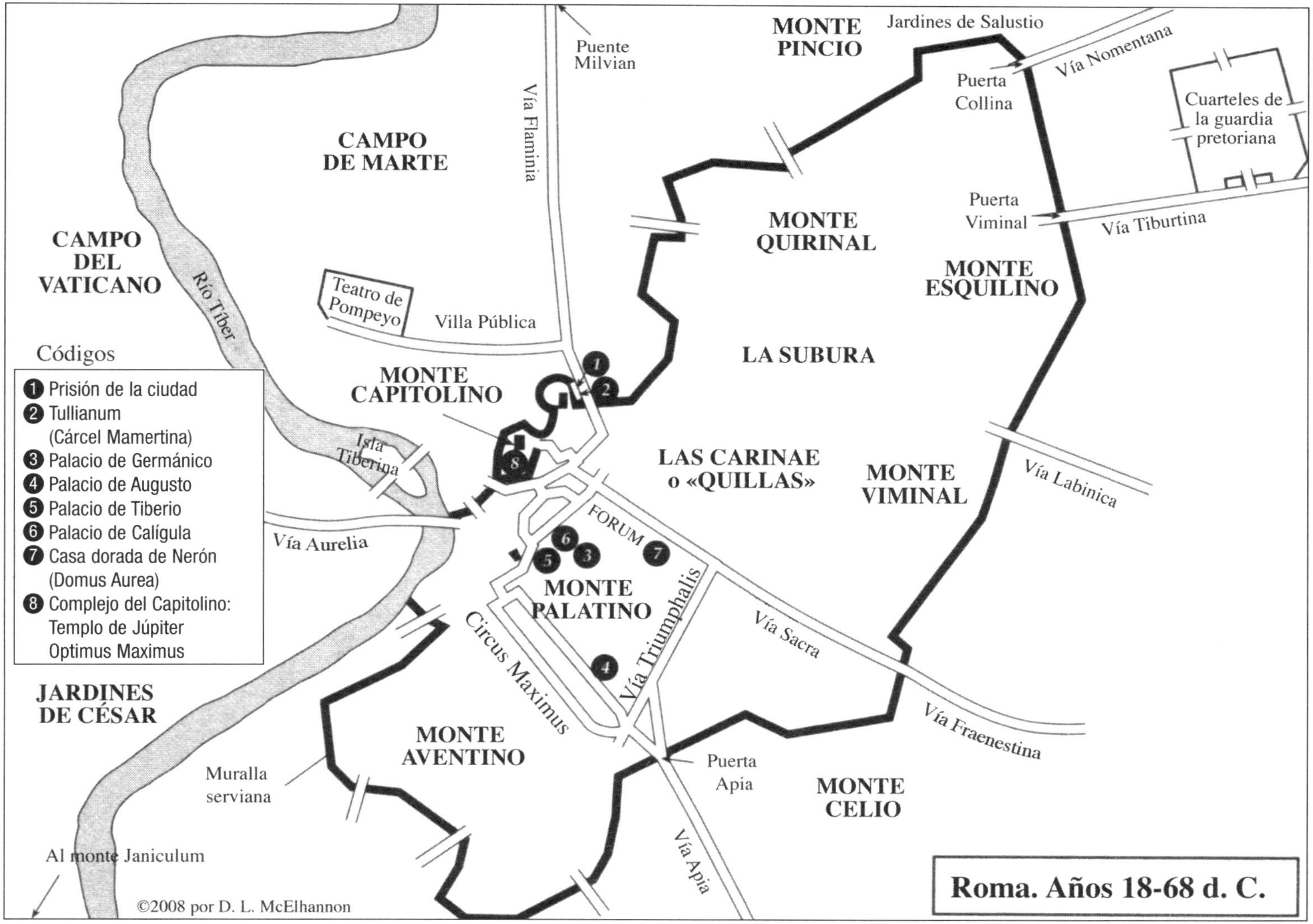

Roma. Años 18-68 d. C.
CAMPO DEL VATICANO
CAMPO DE MARTE
Río Tíber
Teatro de Pompeyo
Villa Pública
Vía Flaminia
Puente Milvian
MONTE PINCIO
Jardines de Salustio
Puerta Collina
Vía Nomentana
Cuarteles de la guardia pretoriana
Puerta Viminal
Vía Tiburtina
MONTE QUIRINAL
MONTE ESQUILINO
LA SUBURA
MONTE CAPITOLINO
Isla Tiberina
LAS CARINAE o «QUILLAS»
MONTE VIMINAL
Vía Labinica
Vía Aurelia
FORUM
MONTE PALATINO
Vía Triumphalis
Vía Sacra
Circus Maximus
Vía Fraenestina
MONTE AVENTINO
Puerta Apia
MONTE CELIO
Vía Apia
JARDINES DE CÉSAR
Muralla serviana
Al monte Janiculum
©2008 por D. L. McElhannon
Códigos
1 Prisión de la ciudad
2 Tullianum (Cárcel Mamertina)
3 Palacio de Germánico
4 Palacio de Augusto
5 Palacio de Tiberio
6 Palacio de Calígula
7 Casa dorada de Nerón (Domus Aurea)
8 Complejo del Capitolino: Templo de Júpiter Optimus Maximus

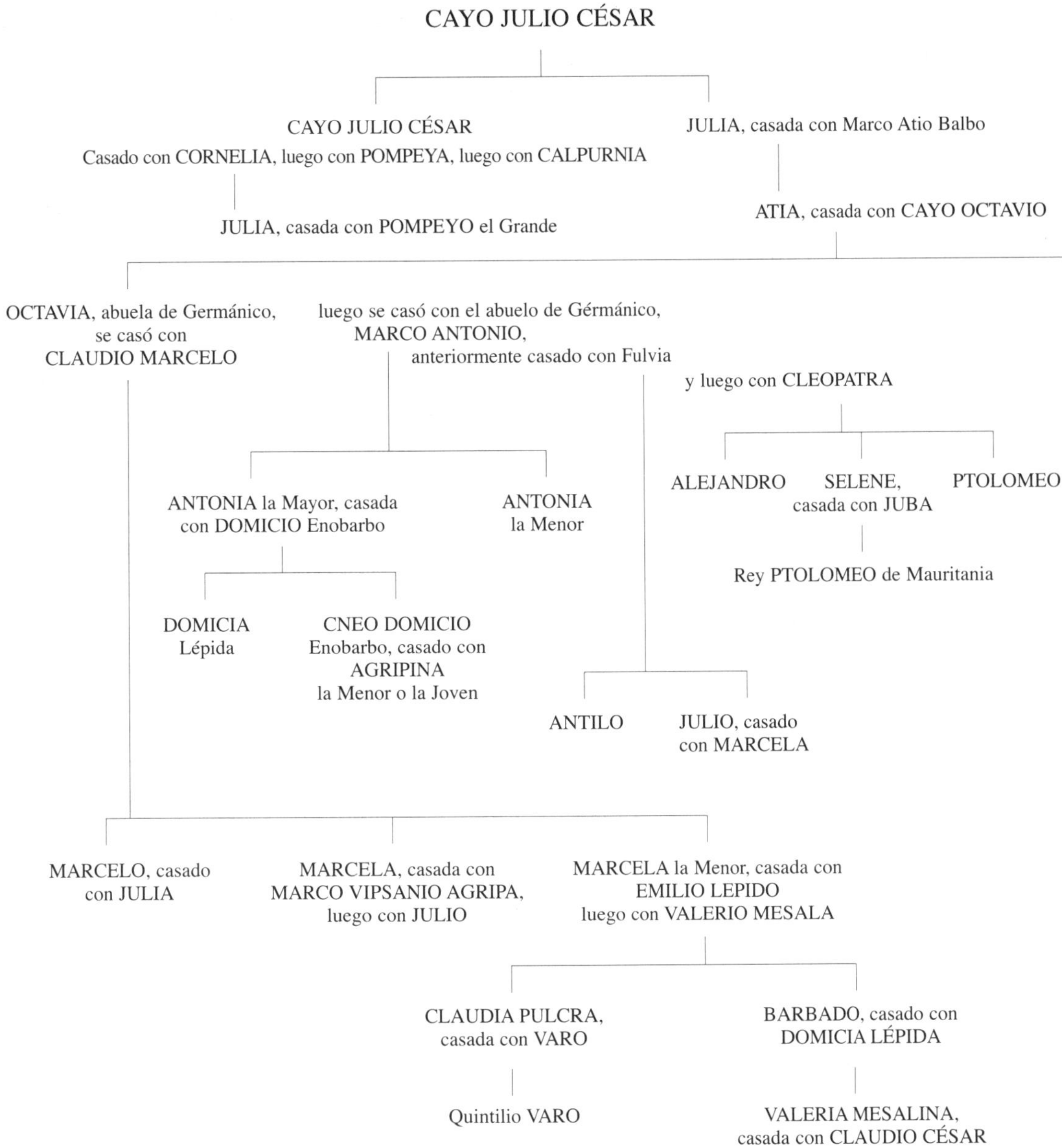

LINAJE DE LOS CÉSARES

AUGUSTO, tío abuelo de Germánico, se casó con CLODIA y no tuvo descendencia;
luego se casó con ESCRIBONIA, que anteriormente había estado casada con CORNELIO ESCIPIÓN,
luego se casó (sin descendencia) con la abuela de Germánico,
LIVIA Drusila, anteriormente casada con TIBERIO CLAUDIO NERÓN

JULIA, casada con MARCELO (sin descendencia)
luego casada con AGRIPA, que anteriormente había
estado casado con Pomponia,
luego casada con TIBERIO CÉSAR

luego con MARCELA

MARCELINA

VIPSANIA, casada con TIBERIO CÉSAR
luego con ASINIO GALO

CAYO CÉSAR casado con la hermana de Germánico, LIVILA

LUCIO CÉSAR

JULIA, casada con EMILIO

AGRIPINA la Mayor, casada con GERMÁNICO

PÓSTUMO

MARCO LÉPIDO Emilio

EMILIA, casada con SILANO

MARCO SILANO

TIBERIO CÉSAR, casado con VIPSANIA
luego con JULIA

DRUSO CÉSAR, casado con
ANTONIA la Menor

DRUSO el Joven, casado con LIVILA,
la hermana de Germánico

JULIA, casada con NERÓN GERMÁNICO luego con RUBELIO BLANDO

TIBERIO GEMELO

Hermano gemelo de Tiberio Gemelo, que murió muy joven

CLAUDIO CÉSAR, casado con PLAUTIA URGULANILA, luego se casó con AELIA PAETINA

luego casado con Valeria MESALINA

luego casado con AGRIPINA la Menor o la Joven

JULIO CÉSAR GERMÁNICO, casado con AGRIPINA la Mayor

LIVILA, casada con CAYO CÉSAR, luego se casó con DRUSO el Joven, luego se casó con SEJANO

CLAUDIA ANTONIA, casada con FAUSTO CORNELIO SILA

BRITÁNICO

CLAUDIA OCTAVIA, casada con NERÓN CÉSAR

NERÓN GERMÁNICO, casado con JULIA, hija de DRUSO el Joven

DRUSILA, casada con LUCIO CASIO LONGINO, luego casada con MARCO LÉPIDO

AGRIPINA la Menor o la Joven, casada con CNEO DOMICIO ENOBARBO,
luego se casó con CAYO PASIENO CRISPO,
luego se casó con CLAUDIO CÉSAR

JULIA, casada con MARCO VINICIO

DRUSO GERMÁNICO, casado con EMILIA LÉPIDA, hija de MARCO LÉPIDO EMILIO

CALÍGULA (CAYO CÉSAR GERMÁNICO), casado con JUNIA CLAUDILA, luego se casó con LIVIA ORESTILA, luego se casó con MILONIA CESONIA

NERÓN CÉSAR (LUCIO DOMICIO), casado con CLAUDIA OCTAVIA, luego se casó con POPEA SABINA, luego se casó con ESTATILIA MESALINA

JULIA DRUSILA

CLAUDIA AUGUSTA

AGRADECIMIENTOS

Durante el tiempo que me he dedicado a la investigación de todo lo relativo a la Antigua Roma, siempre con la vista puesta en mis relatos sobre las legiones romanas, la figura de Julio César Germánico ha tenido una presencia creciente sobre mi conciencia. Cuanto más ahondaba en su carácter carismático, más quería saber acerca de este personaje capital, aunque virtualmente desconocido, de la historia de Roma. El misterio que encierra la muerte de Germánico, con sus consecuencias fatales para tantos miembros de su familia, la estirpe de los César, puso a prueba mi capacidad intelectual desde el inicio del trabajo de investigación. Ahora bien, habrían de pasar muchos años antes de que la evidencia empezase a adoptar una forma concreta, antes de que el misterio se desenmarañase y pudiera definir el escenario en el que su asesinato fue concebido y ejecutado, y antes de que yo fuese capaz de dilucidar quién había segado la vida de Germánico y por qué.

Con bastante frecuencia, un trabajo histórico forense como el que nos ocupa se resuelve con la inestimable ayuda de un escaso número de colaboradores. En puridad y sin que sirva de precedente, mi relato de un caso legal acontecido durante el siglo XIX y protagonizado por el jefe indio norteamericano Standing Bear (Oso Erguido), cuenta con un buen número de fuentes sin las cuales nunca podría haber escrito el libro, desde figuras prominentes de su tribu india, los Ponca, hasta investigadores de origen indio norteamericano, así como el editor de un periódico de Omaha que durante el proceso se reveló extremadamente útil. Si bien es cierto que son muchas las personas que amablemente me han ayudado recabando datos sobre la historia de Roma en bibliotecas, universidades y lugares históricos a lo largo de todos estos años, cabe puntualizar que para este libro en particular me he encargado personalmente de hacer todas las pesquisas. Soy el único responsable de todas las teorías y conclusiones aquí expuestas, que son el resultado de muchos años de investigación rigurosa sobre la historia de la Antigua Roma, empleando todas las herramientas para la interpretación histórica que modestamente he logrado desarrollar durante el grueso de mi carrera profesional.

Dicho lo anterior, debo expresar mi más sincero agradecimiento a mi incansable agente literario de Nueva York, Richard Curtis, quien originalmente me empujó a escribir sobre la historia y los hechos de las legiones romanas, por animarme a explorar con rigor el caso de la muerte de Germánico y sus repercusiones históricas. Gracias también a Stephen S. Power, mi editor en Wiley desde hace ya muchos años, que supo ver el potencial que encerraba la historia y me ayudó a enfocar mi proyecto sobre los elementos más esenciales y las consecuencias que para el devenir de Roma tuvo el asesinato de Germánico. Asimismo, estoy en deuda con John Simko, el responsable de producción, y con Bill Drenan, que se encargó de editar el texto, por el esfuerzo invertido en la revisión cabal del manuscrito.

Para terminar, dedico un agradecimiento muy especial, como de costumbre, a mi esposa Louise. Los dos formamos una pareja de excelentes compañeros de viaje. Durante décadas hemos transitado juntos por la misma senda, y de mi boca ha escuchado multitud de relatos que anteriormente no se conocían, relatos que he descubierto enterrados en los sótanos de la historia. Relatos sobre emperadores y soldados, sobre caudillos tribales y presidentes, sobre idealistas y millonarios, sobre políticos y científicos, sobre revolucionarios y capitanes de navío. Narraciones donde la ambición a menudo ofuscaba las mentes más preclaras, y donde hombres y mujeres valientes defendían los ideales y los valores en los que creían, aunque estuviesen equivocados. Durante años, Louise fue la única persona que las escuchaba. Su historia, la de su fe, su lealtad y su apoyo, es, sin lugar a dudas, la más grande entre todas ellas.

INTRODUCCIÓN

La caída de la Roma imperial ha sido atribuida a muy diversas razones. Los hay que dicen que la caída se generó desde el exterior, culpando a las invasiones de los visigodos, los hunos y otras tribus orientales, al saqueo de Roma que tuvo lugar en el siglo V a cargo de los vándalos, y que sirvió como preludio de su desmoronamiento final. Otros afirman que existió una causa de orden interno durante ese mismo período, atribuyendo el desastre a la debilidad de los emperadores, o a los generales y procónsules excesivamente ambiciosos y celosos de su poder, que hipotecaron el imperio con guerras civiles que agotaron sus recursos, su capital humano y sus riquezas, y minaron su cohesión durante siglos, incapacitándolo para hacer frente a las incontables amenazas externas.

También los hay que culpan de la caída de Roma al ascenso de la cristiandad. Sostienen que el culto del panteón romano no pasaba de ser un ladrillo más de los muchos que integraban los cimientos de la vida romana, siendo así que los líderes cristianos pretendieron hacer de la nueva fe su único cimiento, excluyendo de esta suerte otros factores que anteriormente habían servido para hacer de Roma un gran imperio.

Algunos aseguran que la mitad occidental del imperio quedó sentenciada desde el momento en que Constantino dio la espalda a Roma en el siglo IV, haciendo de la futura Constantinopla su capital.

Yo defiendo la tesis de que la caída empezó mucho antes de que se produjeran todas estas manifestaciones. Mucho tiempo antes. Julio César inauguró el período imperial, y Augusto le dio forma. Con Augusto, Roma recibió la bendición de contar con un líder único en la historia. En todos los aspectos —militar, político, comercial, arquitectónico y artístico—, Augusto ideó un plan maestro para que sus sucesores lo pusieran en práctica. Su intención era que su nieto Julio César Germánico fuese uno de sus sucesores, luego de un breve interludio con Tiberio en el trono, creyendo, aparentemente, que ni siquiera alguien como Tiberio sería capaz de infligir tanto daño a los fundamentos que él había dispuesto. En Germánico, Augusto se veía a sí mismo. Un joven astuto dotado con un inmenso talento. Un hombre cultivado y con sensibilidad artística. Un diplomático hábil capaz de vencer a cualquier caudillo extranjero. Un soldado de valor y destreza incuestionables. Un general de genio que lideraba las tropas desde la vanguardia. Estas cualidades eran compartidas por el abuelo y el nieto. En las primeras décadas de su reinado, Augusto dirigió personalmente las legiones de Roma en sus guerras contra los enemigos externos. Tendrían que transcurrir otros cien años, antes de que hubiese otro emperador, Trajano, que hiciera lo mismo. Tiberio, Calígula, Claudio y Nerón dejaron las tareas marciales en manos de los subordinados. Ni tan siquiera Vespasiano o su hijo Tito, ambos generales competentes, pisaron el campo de batalla luego de haber accedido al trono; y el sucesor de Tito, el hijo menor de Vespasiano, Domiciano, carecía de la experiencia necesaria y de la inclinación natural a blandir la espada.

Como cualquier romano de su época, Augusto percibía la grandeza de Julio César Germánico. Al igual que Augusto, Germánico habría sido un emperador soldado. Pero más allá de todo eso, Germánico poseía una cualidad que lo situaba aun por encima de Augusto, y éste lo sabía. Pocos emperadores romanos podían jactarse —sinceramente— de gozar con el afecto del pueblo de Roma. Algunos contaban con su admiración, otros eran respetados. Muchos más eran detestados o temidos. Con todo, aun cuando es cierto que el pueblo lamentó el breve y benevolente reinado de Tito, ni siquiera este emperador contó con su afecto. Germánico era un líder querido por el pueblo. Como emperador, habría sido a todas luces único. Adorado por el pueblo de Roma y admirado por los adalides extranjeros, Germánico el soldado, Germánico el diplomático, Germánico el líder carismático, habría tomado el relevo de Augusto y desarrollado su proyecto de imperio hasta las últimas consecuencias.

Ahora bien, con el asesinato de Germánico, que a su vez desencadenó una serie de muertes por causas no naturales que en los cincuenta años siguientes desgarrararon y acabaron con la familia juliana, la dinastía de los César, los cimientos establecidos por Augusto sufrieron una fractura irreparable. En lugar de experimentar un impulso renovador de la época dorada de Augusto y una expansión de la grandeza de Roma, la ausencia de Germánico supuso el primer paso tambaleante en la carrera inexorable hacia la ruina de Roma. Con la esperanza de ver a un nuevo Germánico en el trono, los romanos dieron la bienvenida a su hijo, a su hermano, y a su nieto cuando accedieron al trono, aunque todos ellos encarnaron amargas decepciones. El perturbado Calígula, Claudio, el tartamudo dominado por las mujeres, el torturado Nerón..., ninguno de ellos estaba preparado para asumir semejante tarea, ninguno de ellos compartía las cualidades de Julio César Germánico.

Fue Vespasiano quien pisó el freno momentáneamente. Trajano consiguió incluso ampliar las fronteras del imperio, sólo para que se contrajeran tan pronto como llegara la hora de su muerte. Marco Aurelio fue un emperador soldado, pero pasó la mayor parte de su reinado alejado de Roma, combatiendo desesperadamente para contener a los invasores germanos. Con Marco fuera del mapa, las presiones recibidas tanto desde el norte como desde el este se revelaron irresistibles, a pesar de los breves interludios expansionistas vividos bajo el mandato de Septimio Severo.

La historia nos enseña que todos los imperios, por grandes que hayan sido, declinan y finalmente hincan la rodilla antes de caer derrotados. ¿Acaso Germánico, en el caso de que hubiera sido emperador, habría procurado otro destino al imperio romano? No cabe duda de que el emperador Germánico habría consolidado los cimientos forjados por Augusto y que sobre esta base habría desarrollado su proyecto imperial. Además, si Germánico hubiese accedido al trono, es altamente improbable que personajes como Calígula, Claudio o Nerón hubiesen sido emperadores. La familia de los César habría seguido en el poder. Galba, Otón, Vitelio, Vespasiano, Tito, Domiciano, Nerva, Trajano, Adriano y sus sucesores no habrían pasado de ser simples generales u oficiales de alta graduación.

¿Qué habría sucedido si Germánico hubiera sido emperador? Es uno de los grandes interrogantes de la historia. Quizás el imperio romano encabezado por Germánico habría producido una solución militar o diplomática con capacidad para derrotar o incorporar a las hordas invasoras. Quizás las invasiones bárbaras podrían haberse revertido, siendo así que los europeos habrían avanzado hacia el este bajo el fuerte liderazgo de Germánico. Quizás el imperio romano se habría expandido por todos los continentes. Y quizás desde China hasta Australia, desde África hasta las Américas, a día de hoy todos hablaríamos latín y daríamos a nuestros hijos el nombre de Germánico.

Con la muerte de Germánico y la subsecuente desaparición de la familia Julia-Claudia, a Roma se le robó su dinastía fundadora. Con la muerte de Germánico, Roma quedó condenada a un futuro dominado, fundamentalmente, por gobernantes mediocres y de segunda fila asentados sobre bases harto inestables, hombres incapaces de hacer frente a los muchos vecinos avariciosos que golpeaban violentamente las puertas de imperio.

Roma nunca volvió a contar con gobernantes de la dinastía de los César, ni siquiera con líderes parecidos a Germánico. Todo ello gracias a la miopía y las ambiciones, en última instancia letales, de sólo dos personas: los asesinos de Julio César Germánico.

I. EL ASESINATO DE JULIO CÉSAR GERMÁNICO

Se está cociendo un asesinato. El romano más famoso de su época, claro heredero al trono de la Roma imperial, yace en su cama, asediado por el dolor y convencido de que ha sido envenenado. A los 33 años de edad, Julio César Germánico, nieto de Marco Antonio, hermano de Claudio, padre de Calígula, abuelo de Nerón, sobrino, hijo adoptivo y heredero del emperador Tiberio, es un gallardo general romano, un hombre apuesto y de sólidos principios que goza del afecto del pueblo romano. Según una autoridad romana, se percibía a Germánico como un líder con potencial para erigirse en un nuevo Alejandro Magno, tanto en el plano humano como en el militar.[1] Talentoso, valiente y amable, Germánico era, para muchos, la gran esperanza de Roma. Y he aquí que ahora agoniza en su lecho, escasas horas antes de su encuentro cara a cara con la muerte.

Nos encontramos en los primeros días de octubre del año 19 d. C., veintitrés años después del nacimiento de Cristo. Estamos en el gran palacio de Dafne (a veces llamada Epidaphna), a orillas del río Orontes, una localidad situada unos ocho kilómetros al oeste de Antioquía, la capital de la provincia romana de Siria. Esa provincia comprende la mayor parte de la Siria moderna, el Líbano y parte de la actual Turquía. En el año 19 d. C., el palacio de Dafne, junto con los templos dedicados a Júpiter, Apolo y Diana, se levantaba en un paraje sagrado de 25 kilómetros cuadrados protegido por un bosque de viejos cipreses, sembrado de estanques umbríos y refrescantes arroyos. En este día de octubre, más allá de los salones sostenidos por sólidas columnas y los frondosos jardines, las fuentes perfumadas y las dulces esencias florales, toda la atención se concentra en el aposento donde yace el moribundo general.

Junto al lecho de Germánico está su atractiva esposa, c, de 32 años de edad, nieta del último emperador Augusto e hija de Marco Agripa, fiel general de Augusto. Alternativamente, Agripina proporciona agua a Germánico y enjuga su rostro sudoroso con un trapo húmedo. Un joven pelirrojo, jefe de su ayuda de cámara personal, y cinco de sus mejores amigos —generales y senadores romanos— cierran filas en torno a su cama. Algunos parecen hondamente preocupados; otros se muestran visiblemente enojados. Una tropa se sirvientes pulula ansiosa por el fondo de la estancia.

La omnímoda fama de Julio César Germánico ha traspasado las fronteras del Imperio romano, llegando hasta regiones tan lejanas como Partia, enemiga tradicional de Roma en Oriente que ulteriormente conformaría Irán e Irak. Los partos saben que cuando no era más que un joven coronel, Germánico desempeñó un rol importante en el control de una revuelta de cinco años que tuvo lugar en los Balcanes, liderando las columnas que localizaron y eliminaron a las fuerzas rebeldes en Dalmacia. Como comandante en jefe del Ejército romano del Rhin, lideró las contraofensivas masivas contra los ejércitos germanos capitaneados por Arminio —o Hermann, según lo llamaban los germanos—, luego de que las tres legiones romanas del general Publio Quintilio Varo hubieran sufrido una severa derrota a cargo de Hermann en el bosque de Teutoburgo. Avanzando por la región central de Germania, Germánico consiguió derrotar a los insurrectos en tres batallas importantes, y contuvo a las hordas germanas al este del Rhin. Tras haber recuperado dos de los tres estandartes del águila dorada de las legiones de Varo que Hermann, el líder de los queruscos, había capturado, Germánico consagró los citados estandartes en Roma. Y con ello devolvió el orgullo al pueblo romano.

El Senado había votado a favor de que Germánico recibiera honores de Triunfo por sus victorias en Germania. Cuando desfiló por las calles de Roma en una cuadriga de oro tirada por cuatro caballos en su procesión triunfal el 25 de mayo del año 17 d. C., nada más y nada menos que un millón de romanos acudieron a vitorearle, muchos de ellos sentados en las gradas de Circus Maximus, por donde discurrió el desfile, al tiempo que muchos otros contemplaron el magno acontecimiento sentados en las sillas de madera dispuestas para la ocasión en las calles principales del recorrido. Asimismo, aquel día Germánico hizo algo extremadamente único. Anteriormente, los generales que celebraban un Triunfo compartían su cuadriga únicamente con un conductor y un ayudante. Pues bien, en el día de su Triunfo, Germánico había compartido la suya con los cinco hijos que por entonces tenía, incluyendo a Calígula, que contaba cuatro años de edad, y a su pequeña hija, Agripina la Menor, de sólo dos.

Enviado a Oriente ese mismo año por el emperador Tiberio con poderes extraordinarios, Germánico había cruzado el Mediterráneo y desembarcado en el sur de Turquía, avanzando rápidamente por Armenia, un país que se habían disputado Roma y Partia durante siglos, con la misión de derrocar a un rey y entronizar a otro. El rey de Partia, Artabán, había nombrado a su hijo rey de Armenia, pero Germánico tenía otra idea en mente. No se había desplazado hasta Armenia escoltado por un nutrido ejército, lo había hecho acompañado sólo con su guardia personal y unos pocos ayudantes. Luego de atravesar senderos traicioneros y montañas en un periplo de cientos de kilómetros, Germánico entró en Artaxata, la capital Armenia, al tiempo que el gobernante nombrado por los partos huía de la ciudad. Una vez allí, Germánico coronó al hijo del rey de Ponto, un territorio aliado de Roma, como el nuevo rey Artaxias de Armenia, sellando de esta suerte una alianza con ese país.

Medio siglo antes, el abuelo de Germánico, Marco Antonio, había obtenido un resultado similar frente a la resistencia parta, si bien en aquella ocasión había entrado en Armenia acompañado por cien mil soldados romanos. Según el célebre historiador romano Tácito, el rey Artabán de Partia —el rey de reyes, como se le conocía— temía a Germánico,[2] y también temía la posibilidad de que el supuestamente invencible Germánico capitanease sus legiones en una hipotética invasión de Partia. Al objeto de apaciguar a Germánico, el rey de los partos había enviado emisarios cargados de oro y obsequios para el príncipe de Roma. Seguidamente se había dirigido a orillas del río Éufrates, la frontera entre Partia y la Siria romana, para entrevistarse personalmente con Germánico y sellar un tratado de paz con Roma.

Hasta entonces ningún romano había conseguido meter en vereda a los partos, y menos sin el respaldo de un poderoso ejército. Nadie había sido capaz de controlar a los partos recurriendo únicamente a su personalidad y la fuerza de su reputación. Sin más honores que otorgar a Germánico, el Senado decidió dedicarle una Ovación, una forma de Triunfo consistente en un desfile triunfal a caballo —que no en cuadriga— por las calles de Roma para que el homenajeado recibiera el calor y las aclamaciones de sus conciudadanos.

Según el biógrafo romano Suetonio, incluso antes de viajar a Oriente, Germánico se había ganado tal devoción popular que «su integridad física peligraba ante las multitudes que se congregaban siempre que llegaba o se iba de Roma».[3] Ningún romano, antes o después de Germánico, había logrado granjearse tanta popularidad. Ni cuando acompañaba a sus soldados heridos en su convalecencia, ni cuando hablaba con la gente por las calles de la ciudad. En palabras del historiador judío del siglo I Flavio Josefo, Germánico nunca había permitido que su dignidad real «le impidiese comportarse espontánea y afectuosamente con todos ellos, como si fuesen sus iguales».[4]

La imagen carismática de Germánico fue realzada por su atrevida y muy admirada esposa, Agripina, miembro de la familia real de los César, que acompañaba devotamente a su esposo fuese adonde fuese. Imaginemos una pareja encantadora de jóvenes de la realeza actual que, además, fuesen estrellas del celuloide. Tal fue el grado de celebridad alcanzado por Germánico y Agripina en aquel tiempo y mucho después. Si en la época hubiesen existido la prensa del corazón y las revistas de famosos, sin duda alguna el joven Julio César Germánico y Agripina la Mayor habrían copado todas las portadas año sí año también.

Pero ahora Germánico está al borde de la muerte. Y él lo sabe. Semanas antes, en septiembre, había sufrido el azote de los primeros síntomas violentos de su mal. Las noticias de su repentina enfermedad, que le consumía rápidamente, se propagaron por todos los confines del imperio. En aquella época, el servició gubernamental de correos, el *Cursus Publicus Velox* —literalmente «el veloz corredor del estado»— era capaz de hacer llegar las noticias a Roma desde el confín más remoto del imperio en un lapso no superior a diez días por medio de sus jinetes y sus carros rápidos de posta. En Roma, cuando se conoció la noticia de la grave enfermedad de Germánico a última hora de un día de principios de otoño, miles de ciudadanos acudieron veloces a los templos del monte Capitolino portando antorchas y dispuestos a sacrificar animales por el restablecimiento de su adalid. Tal como explica el biógrafo romano Suetonio, la turba de devotos era tan grande que las puertas de acceso al complejo del Capitolino casi fueron derribadas.[5]

Al día siguiente, esgrime Tácito, las calles de Roma estaban desiertas. Los comercios cerraron y todos los negocios se interrumpieron.[6] Las barcazas permanecieron amarradas en los embarcaderos del río Tíber. Las calles permanecieron obstinada y siniestramente desiertas, en señal de respeto, tal vez de mal agüero. Las casas particulares, que generalmente sólo cerraban sus puertas al caer la noche, mantuvieron sus puertas cerradas a cal y canto durante todo el día. La gente no se aventuraba a salir a menos que fuese para enterarse de las últimas noticias del estado de salud de Germánico, o bien para hacer ofrendas en los templos y rogar a los dioses por su pronto restablecimiento. La vida en la urbe romana se había detenido. La ciudad jamás había experimentado una parálisis como aquélla.

Cuando escaso tiempo después un barco mercante procedente de Siria arribó al puerto de Ostia, el gran puerto de Roma, con noticias del restablecimiento de Germánico, la buena nueva se extendió rápidamente y la ciudad recobró la vitalidad perdida. Tácito afirma que la gente corría por las calles vociferando la noticia: Germánico está vivo y goza de buena salud. ¡Demos gracias a los dioses![7] Suetonio, por su parte, dice que el emperador Tiberio se despertó al oír los cánticos que entonaba el gentío congregado en las inmediaciones de su palacio en la colina Palatina, cánticos que rezaban que todo en Roma había vuelto a su sitio ahora que Germánico se había recuperado de su enfermedad.[8] La vida retornó, por tanto, su tan ansiada normalidad.

Sin embargo, este alborozo había sido prematuro. Aun cuando los romanos retomaron sus quehaceres diarios convencidos de que su príncipe se había res-

La muerte de Germanicus, de Nicolas Poussin, 1628, Instituto de Arte de Minneapolis.

tablecido completamente, en Dafne, pocas semanas después del primer ataque, los síntomas de Germánico habían reaparecido, sólo que esta vez con mayor virulencia. Los vómitos atormentaban el otrora robusto cuerpo de Germánico, hasta drenar todas sus fuerzas. Hablamos de un hombre que no había estado seriamente enfermo en toda su vida. Germánico era un soldado joven, sano y de complexión atlética. Suetonio explica que cuando Germánico era joven sus piernas eran tan débiles que tuvo que fortalecerlas con un programa específico de ejercicio físico. Se ejercitaba todos los días, caminaba cientos de kilómetros y, a diferencia de otros muchos generales romanos, combatía personalmente a los enemigos de Roma encabezando el grueso de sus tropas. Nadie estaba en mejor forma que Julio César Germánico. Los bustos de su persona esculpidos en mármol que han sobrevivido hasta nuestros días nos muestran a un Germánico corpulento, de huesos grandes, con el mentón cuadrado y la mandíbula prominente, una nariz romana y el mismo cuello grueso que su abuelo Marco Antonio. «Germánico es descrito en todas partes como un hombre de envergadura física y moral sobresalientes», diría en alguna ocasión Suetonio.[9] Al contrario que muchos romanos pudientes, el príncipe ni tan siquiera contaba con los servicios de un médico personal.

Ahora, en su lecho de muerte, Germánico había llegado al convencimiento de que había sido envenenado, y estaba igualmente convencido de saber quién era el responsable. Desde su llegada a tierras orientales, se había topado con el escollo del nuevo procónsul, o gobernador imperial de la provincia de Siria, Cneo Calpurnio Pisón. Designado por el emperador Tiberio al mismo tiempo que Germánico recibía su encomienda, Pisón, un hombre inteligente y maduro, anteriormente ya había gobernado las provincias de África y la Hispania Ulterior en calidad de cónsul de Roma bajo el mandato del emperador Augusto. El singular nombramiento de Germánico como comandante en jefe de toda la mitad oriental del imperio —tendrían que pasar varios siglos antes de que otro emperador romano realizase semejante adjudicación de poderes— convertía a Pisón en un mero subalterno del príncipe.

En general, los gobernadores provinciales hacían y deshacían a su antojo en el territorio de su jurisdicción, y únicamente debían rendir cuentas al emperador de Roma. En numerosas ocasiones, esta concentración de poder virtualmente ilimitada constituía una enorme tentación para cualquier cónsul corrupto, que fácilmente podía esquilmar a sus súbditos o ejercer el poder con crueldad. Ahora bien, en Siria Pisón tenía la obligación de ceder todo el protagonismo al sobrino e hijo adoptivo del emperador. Todas las decisiones de Pisón en el ámbito administrativo de la provincia, así como los asuntos civiles y militares, estaban sujetos a la aprobación o el veto de su superior, el joven Germánico. Tampoco Pisón tenía potestad para administrar justicia en su territorio. En tiempos anteriores, el gobernador de Siria era quien presidía los casos importantes que llegaban al alto tribunal, siendo así que ahora su señoría Germánico dictaba justicia según creía conveniente. Aun antes de su llegada a Siria, el altanero Pisón tenía fama de no respetar a nadie, ni tan siquiera al emperador. Para mayor inri y humillación pública, Germánico, su superior, contaba la mitad de años que él.

Desde el primer momento tras el arribo a su nuevo destino, Germánico había permitido que Pisón gobernase sin interferencias, ausentándose de Antioquía, la capital de la provincia, con total deliberación, y aun estableciendo su residencia fuera de la ciudad, en Dafne, de manera tal que sus caminos sólo se cruzaran cuando fuese absolutamente necesario. El palacio de Dafne que Germánico había convertido en su residencia había sido utilizado por su abuelo Marco Antonio en muchas ocasiones, y había recibido las visitas de personajes tan ilustres como su célebre amante Cleopatra y su íntimo amigo el rey Herodes el Grande. Con todo, durante los dos primeros años tras asumir el cargo, siempre que Germánico estaba ausente, Pisón, con total deliberación y ánimo provocador, ignoraba o contravenía sus órdenes en lo tocante a asuntos de muy diversa índole, particularmente en aquellos que guardaban alguna relación con las legiones acuarteladas en Siria y en la anexionada provincia de Judea, cuyo gobernador, el prefecto de Judea, rendía cuentas al mucho más diestro y veterano procónsul de Siria en Antioquía. En las cenas oficiales a las que asistían Germánico y Pisón, éste último hacía lo imposible para ridiculizar o avergonzar a Germánico. Era evidente que la principal misión de Pisón consistía en dificultar la gestión de Germánico en las provincias de Oriente.

Luego de que Germánico hubiese caído enfermo por primera vez, al príncipe se le recordó que en el decurso de un banquete celebrado poco tiempo antes, Pisón había ocupado un lugar a su lado en el diván de comedor, tal como exigía su rango, lo cual le habría brindado la oportunidad de deslizar veneno en la comida o en la bebida del príncipe. Para mayor sospecha, desde que Germánico había enfermado, Pisón y su esposa, Munatia Plancina, se mostraban visiblemente encantados. Más aún: en lo que constituía una gran audacia, Pisón había enviado miembros de su séquito personal con el objetivo de desbaratar algunos actos religiosos convocados por los lugareños para hacer votos y ofrendas en los templos de Antioquía por el pronto restablecimiento del príncipe.

Al enterarse de ello, Germánico decidió enviar una carta a Pisón, comunicándole el final de su amistad en los términos vigentes hasta el momento, por emplear una

Germánico, escultura en mármol que nos lo muestra corpulento, con huesos grandes, el mentón cuadrado, la mandíbula prominente, y el mismo cuello grueso que su abuelo Marco Antonio.

fórmula tradicional, y ordenándole su inmediato regreso a Roma. Una vez que Pisón, furioso y humillado, hubo embarcado en compañía de su esposa, su hijo, algunos leales y cientos de esclavos, Germánico envió a sus hombres con la misión de registrar exhaustivamente el palacio evacuado del gobernador, que ocupaba una isla situada en medio del río Orontes en Antiquía. Allí, en el antiguo palacio de Pisón, ocultos bajo el suelo y en el interior de sus muros, los investigadores habían encontrado los restos de unos cadáveres sin identificar, exhumados de sus tumbas, y cenizas manchadas de sangre. En unas tablillas de plomo encontraron grabado el nombre de Germánico, así como diversos conjuros y profecías.[10] Según se rumoreaba, todas estas labores de evidente brujería eran cosa de Plancina, la esposa de Pisón. Ahora, los enviados de Pisón también empezaban a llegar al palacio de Dafne, interesándose por el actual estado de salud de Germánico.

Los presentes en el palacio de Germánico durante sus últimas semanas de agonía, dirían que montó en cólera cuando supo que estos «espías» habían sido detectados en su palacio. Según ellos, en palabras del propio Germánico: «Si mis puertas van a sufrir el asedio, si he de exhalar mi último soplo de vida bajo la atenta mirada de mis enemigos, ¿qué esperanza hay para mi afligida esposa y mis hijos indefensos?». Pisón, observaba el prócer, parecía tener mucha prisa para recuperar el control de Siria y de su guarnición integrada por veinte mil legionarios romanos. «Pero Germánico todavía no está muerto», exclamaba el moribundo príncipe, «además, en el caso de que yo muera, en modo alguno el asesino obtendrá la recompensa que espera por sus actos criminales».[11]

Con su primera recuperación, el ánimo de Germánico había repuntado un tanto, pues consideró que por fin había superado su enfermedad. Pero ahora, aunque en palacio se habían tomado todas las precauciones para comprobar que la comida y la bebida que ingería estuvieran en perfectas condiciones, esta vez el veneno parecía haberle atacado con tino y fuerzas renovadas, a la vista de la virulencia de sus síntomas. De algún modo los enemigos de Germánico habían conseguido burlar todas las medidas de seguridad, y con una dosis más elevada estaban acercándose al objetivo que aquel veneno inicial no había alcanzado. En tiempos romanos, el tratamiento que se aplicaba normalmente en los casos de envenenamiento comportaba el uso de purgantes para inducir el vómito. Con ello se suponía que la víctima expulsaría el veneno de su cuerpo. No obstante, uno de los síntomas principales del envenenamiento mediante plantas venenosas letales era precisamente el vómito, de suerte que en la mayoría de los casos el uso de purgantes sólo servía para acrecentar la debilidad del paciente.

Las autoridades romanas nunca conseguirían identificar sin lugar a dudas el veneno que le fue administrado a Germánico. Sólo esporádicamente los médicos romanos practicaban autopsias a los muertos. Una de las autopsias más conocidas es la que se practicó al cadáver de Julio César tras su asesinato, ocurrido en el año 44 a. C., la cual indicó que sólo una de las veintitrés puñaladas que recibió César, la que se hincó en su corazón, fue letal. Sin embargo, la ciencia forense de la época no era demasiado sofisticada, no existiendo pruebas fiables para la identificación de los distintos venenos presentes en el organismo de una víctima de asesinato.

En la antigüedad clásica la cicuta era el veneno más conocido. Se trata del veneno que empleó Sócrates, el célebre filósofo griego, para poner fin a su vida en el año 399 a. C. Había dos clases de cicuta, y ambas producían síntomas y resultados similares. La cicuta de agua se encuentra naturalmente en las regiones templadas del norte, y en tiempos romanos solía importarse hasta Siria desde tierras europeas por mediación de los médicos y los boticarios, que utilizaban este veneno en pequeñas dosis por sus efectos purgantes. Esta costumbre de emplear venenos a modo de purgantes perduraría hasta la actualidad en varias partes del mundo. Del mismo modo, el arsénico, que resulta mortal si es ingerido, hoy en día se emplea en pequeñas dosis para tratar enfermedades cutáneas. La cicuta venenosa, la segunda clase de cicuta, crecía naturalmente en el norte de África, e igualmente era importada hasta Siria. La dedalera y la espuela de caballero, dos plantas notoriamente venenosas, eran, al igual que la cicuta de agua, oriundas de climas templados. Otra planta mortífera, la belladona, era de uso común tanto en Europa como en Asia, y podía encontrarse con notable facilidad en Siria.[12] Por una amplia variedad de razones que luego se nos revelarán evidentes, la belladona fue, con toda probabilidad, el veneno empleado para acabar con la vida de Germánico.

El historiador romano Tácito describe como sigue los últimos instantes de la vida de Germánico, en especial sus últimas palabras: «Si me estuviera muriendo por causas naturales», dijo pausadamente Germánico, mientras tragaba saliva con dificultad en su lecho de muerte, «tendría fuerzas y motivos incluso para maldecir a los dioses por robarme la vida siendo tan joven, por esta muerte prematura que me arranca de mis padres, de mis hijos, de mi país». Posó sus ojos sobre cuantos lo rodeaban, sobre sus amigos, hombres de edades comprendidas entre los treinta y los cincuenta, y añadió: «Segada mi vida por Pisón y Plancina, os comunico mis últimas voluntades. Decid a mi padre [el emperador Tiberio] y a mi hermano [Druso el Joven] que se me persiguió y fui objeto de las intrigas más sibilinas, y que mis días terminaron con la peor de las muertes. Cuantos se beneficiaron de mi brillante porvenir y de mis lazos familiares —aun aquellos de vosotros que alguna vez me envidiasteis—, llorarán cuando sepan que aquel que alguna vez fue un próspero superviviente de tantas guerras, ha sucumbido a la traición de una mujer».[13]

Germánico cree que la esposa del gobernador Pisón, Plancina, ha encontrado la manera de introducir el veneno en palacio. A todas luces ha deducido que Plancina tenía cómplices entre los sirvientes de su séquito, puesto que en el momento de su segunda recaída ella ya había abandonado Siria en compañía de su marido.

«Tendréis la oportunidad», expresó Germánico, ahora dirigiéndose a sus amigos entre resuellos ahogados, «de exponer ante el Senado una denuncia por asesinato, y de apelar al peso de las leyes. No es el principal deber de un amigo seguir entre lágrimas el cortejo fúnebre del amigo que se va, sino recordar sus voluntades y hacer lo posible para que se cumplan. Incluso los desconocidos derramarán lágrimas por la muerte de Germánico. Pero la venganza debe venir por vuestra parte. *Vosotros* me vengaréis si es cierto que amasteis más al hombre que el cargo que ocupaba. Mostrad al pueblo de Roma quién es la nieta del divino Augusto, mi compañera en esta vida». Entonces tomó la mano de su esposa. «Mostradles a mis seis hijos. De este modo los acusadores tendrán todo su apoyo y simpatía. Aquellos que se escondan tras la excusa de que únicamente estaban acatando órdenes ni serán creídos ni serán perdonados.»[14]

Uno tras otro, los amigos de Germánico se arrodillaron ante él y tomaron su mano derecha. Incluso los partos consideraban que dar la mano derecha constituye un gesto cargado de solemnidad. De esta manera, estrechando la mano derecha del moribundo, todos y cada uno de los amigos de Germánico juraron públicamente que antes morirían que dejarían de perseguir su venganza.

Una vez que sus compañeros de armas hubieron pronunciado este juramento sagrado —cabe apuntar aquí que los romanos creían que la maldición de los muertos caería sobre ellos si no conseguían cumplir aquello que habían jurado—, Germánico levantó la vista para contemplar a su esposa Agripina, con los ojos húmedos y encarnados por las lágrimas. A sabiendas de que era una mujer «que se emociona con facilidad»,[15] le hizo el siguiente ruego: «Cuando regreses a Roma, quiero que honres mi memoria, y que honres a nuestros hijos, dejando de lado la ferocidad de tu orgullo. Acepta de buen grado lo que la fortuna te depare. No alimentes las rivalidades políticas, ni te opongas a aquellos que son más poderosos que tú». Se la acercó asiéndola por el brazo y le susurró unas palabras al oído. Y seguidamente cerró los ojos.[16]

Si Germánico hubiera sido envenenado con cicuta acuática o hierbas de dedalera, seguramente habría tenido convulsiones. Con la cicuta venenosa, en cambio, se habría quedado completamente ciego. Envenenado con espuela de caballero o consólida real, habría padecido una comezón incontrolable y experimentado dificultades para respirar. Por otra parte, quienes ingieren belladona y algunas otras plantas venenosas se adentran en un período de coma antes de que la muerte los reclame.[17]

El historiador romano Tácito dice que Germánico falleció «escasos instantes después» de haber murmurado aquellas palabras al oído de Agripina. En ningún caso menciona la existencia de convulsiones, picazón o dificultad respiratoria.[18] «Escasos instantes después» podría significar varios minutos, varias horas quizá, o a lo sumo algunos días, lo cual insinúa que Germánico bien podría haber entrado en coma antes de morir. Un coma que precede a la muerte es un síntoma de envenenamiento por belladona. Siendo por tanto muy probable que se adentrara en una fase de coma, que se prolongó durante algunas horas más, tal vez a lo largo de toda la noche y hasta bien entrado el día siguiente. Así pues, Germánico siguió respirando inconscientemente como mucho durante un día, y entonces murió.

Tácito dice de Germánico que había sido un hombre digno que resplandecía a causa de su grandeza. Un hombre que inspiraba reverencia tanto por su voz como por su aspecto, afirma: «Germánico era un hombre que huía del odio que la arrogancia genera».[19] Otro historiador romano, Dión Casio, que redactó sus trabajos doscientos años después, también se deshizo en elogios hacia la figura de Germánico, declarando que jamás había actuado con opresión ni mostrado el menor signo de rencor o celos, que fue a un tiempo el hombre más valiente en el campo de batalla y el más educado y gentil de los hombres en el trato con sus compatriotas.[20]

La devastadora noticia de la muerte del valiente y gentil Germánico a manos de sus asesinos, galopó frenéticamente hacia la urbe romana a lomos del servicio postal de correos, el *Cursus Publicus Velox*, y navegó rumbo al oeste a bordo de buques mercantes propulsados por los vientos estivales. A su llegada, el pueblo de Roma sufrió una terrible conmoción, a la que sucedió un acceso de rabia colectiva que se extendió por todo el imperio. Tal fue su impacto que casi provocó una revolución.

II. LAS CONSECUENCIAS INMEDIATAS

La increíble noticia de la muerte de Julio César Germánico se extendió como la pólvora por todo el mundo antiguo. «Su muerte», afirmaría el historiador judío Flavio Josefo, «fue lamentada por muchos en todas partes». No se trataba de una falsa tristeza manifestada para halagar a los gobernantes, agregaba Josefo, sino una pesadumbre real. «Su muerte entristeció a todo el mundo, como si en verdad hubiesen perdido a un ser querido.»[1]

Suetonio afirma que las naciones bárbaras que estaban en guerra con Roma de inmediato hicieron la paz, «como si una tragedia personal hubiese sembrado la tristeza en el mundo entero». Algunos príncipes extranjeros, destaca, llegaron incluso a rasurarse las barbas y a rasurar las cabezas de sus esposas en señal de condolencia y duelo. En Partia, el tradicional enemigo de Roma en Oriente, el rey Artabán canceló todos sus banquetes y partidas de caza reales para observar un período de luto riguroso por la muerte de aquel hombre tan temido como respetado.[2] Josefo declararía que Germánico era un hombre que había conseguido suscitar la admiración del máximo gobernante de Partia, por cuanto le había impresionado profundamente, al igual que a tantos otros soberanos extranjeros que habían tenido la ocasión de conocerle en Oriente, gracias a su magnanimidad y las maneras graciosas que había empleado Germánico para recibirle cuando ambos se reunieron dos años antes al objeto de acordar y rubricar un tratado de paz a orillas del río Éufrates.[3]

Las reacciones más violentas tras la muerte del general tuvieron a Roma como principal escenario. Tan pronto como la infausta noticia llegó a la capital, su población estalló. Suetonio escribió en su día que decenas de miles de personas salieron a la calle para arrasar los templos y profanar los altares porque todas sus plegarias por el restablecimiento de Germánico habían caído en saco roto. Los disturbios se sucedieron. La gente arrojó a la calle las estatuas de sus dioses domésticos y, por increíble que pueda parecer, rehusó reconocer a sus hijos recién nacidos.[4] El emperador Tiberio intentó calmar los ánimos emitiendo diversos anuncios oficiales, pero ni sus edictos ni sus expresiones oficiales de pesar pudieron consolar a las masas.[5]

La muerte de César, de Jean-Léon Gérôme, 1867, Walters Art Gallery, Baltimore.

Pronto quedó claro que el pueblo de Roma no podría asimilar fácilmente la idea de que alguien les había arrebatado a su idolatrado príncipe. Muchos romanos estaban sedientos de sangre.

Los romanos tenían por costumbre incinerar con prontitud los cuerpos de sus muertos. Se suponía que esta liturgia debía hacerse fuera de los muros que rodeaban las ciudades o los pueblos, por cuanto se creía que los ritos funerales contaminaban los lugares donde habitaban los vivos. Seguidamente, los huesos y las cenizas de los difuntos eran enterrados en cementerios o en tumbas al borde de los caminos, siempre extramuros, más allá de las murallas. Sólo una vez en el pasado esta convención había sido quebrantada por razones estrictamente políticas. Antes de la cremación de Julio César en el año 44 a. C., su cuerpo fue expuesto públicamente en el foro de Roma, por orden expresa de Marco Antonio, el abuelo de Germánico, con la intención de mostrar las heridas que le habían causado las puñaladas y sus ropas manchadas de sangre para que su visión encendiera los ánimos del pueblo en contra de sus asesinos.

En esta ocasión la esposa de Germánico, Agripina la Mayor, también descendiente de los césares, optó por recurrir a una táctica casi idéntica. Se las arregló para que el cuerpo de Germánico viajara en solemne procesión desde Dafne a Antioquía a lo largo del recto e interminable eje que comunicaba el este con el oeste. Este camino, flanqueado en su época por grandes villas y palacetes, permaneció atestado por una muchedumbre que no quiso dejar pasar la oportunidad de manifestar su duelo ante el paso del cortejo fúnebre. En aquel entonces, Antioquía era una gran metrópolis que contaba con seiscientos mil residentes, un hecho que la convertía en la tercera ciudad más poblada del imperio, sólo superada por Roma y Alejandría. Actualmente apenas quedan vestigios de aquella imponente Antioquía. En octubre del año 19 d. C., toda la población de Antioquía, ciudadanos romanos, esclavos y forasteros por igual, junto con los habitantes de las aldeas y los pueblos cercanos, salió en tropel a la calle para rendir un homenaje póstumo al desaparecido Julio César Germánico.

En el foro de Antioquía, donde un mar de plañideras y dolientes honraba la memoria de su príncipe en completo y elocuente silencio, Agripina expuso el cuerpo desnudo de Germánico sobre una pira funeraria para que el mundo entero lo viera. Incontables admiradores desfilaron ante su cadáver. «Que el veneno fue la causa de su muerte» quedó claro a la vista del estado de su cuerpo, sentenció Dión Casio.[6] A este respecto Tácito argumenta que se oyeron versiones contradictorias en torno al estado de su cuerpo: que aquellos que lloraban la muerte de Germánico y sospechaban del gobernador Pisón, por considerarlo el autor que planeó el asesinato, atestiguaron que el cadáver evidenciaba signos de envenenamiento, mientras que los partidarios de Pisón manifestaron que tales signos simple y llanamente no existían.[7]

Otros albergaban más certezas. Suetonio se expresa a la sazón como sigue: «A causa de las manchas oscuras que cubrían su cuerpo y la espuma que manaba de sus labios, se sospechó que había sido envenenado».Y añade, de un modo harto teatral, que después de la incineración de Germánico, entre sus huesos calcinados se halló su corazón intacto. Suetonio también comentaría que, de acuerdo con la superstición, que impregnaba todos los estratos de la sociedad romana, el fuego no podía destruir un corazón henchido de veneno.[8] Tan proclive a la exageración y el sensacionalismo se muestra Suetonio en sus biografías de los césares, que si viviera en nuestra época no me extrañaría que se dedicase a escribir novelas por entregas, folletines de ficción amarillista o culebrones televisivos. Es por ello que sus afirmaciones a propósito del estado del cuerpo de Germánico deben ponerse siempre en duda. En cualquier caso, la mayoría de los autores clásicos conviene en afirmar que Germánico fue envenenado y que es muy probable que Pisón estuviese implicado en la trama para asesinarle. «El veneno que le administró Pisón acabó con su vida», declaró Josefo en un texto firmado varias décadas después del hecho.[9]

La elocuencia de las pruebas señala al veneno como la principal causa de la muerte de Germánico, así como el hecho de que exista al menos un signo evidente que lo corrobore. De conformidad con lo manifestado por Suetonio, la espuma que supuestamente manaba de su boca, así como el hecho de que su corazón sobreviviese intacto a la acción de las llamas, son a todas luces invenciones de este autor. Sin embargo, normalmente el humo indica la existencia de fuego, como sabiamente acuñaron en su día los romanos, siendo así que la mayoría de las plantas venenosas citadas en el capítulo anterior no deja signos externos visibles de su acción. Ahora bien, existe una planta venenosa en particular, un veneno que podía conseguirse con facilidad en Oriente Medio, que deja su sello sobre la piel de quien lo ingiere.

La piel de una persona que muere después de ingerir este veneno se torna un punto azulada, alguna vez negruzca o incluso lívida. En rigor, los labios se tornan marcadamente azules. Esta decoloración virada en tonos azules, denominada cianosis, es el resultado de una falta de oxígeno en la sangre causada por la presencia de veneno en el organismo. Esto bien podría explicar las manchas oscuras que, siempre según Suetonio, presentaba Germánico en todo su cuerpo. El veneno en cuestión es la belladona. Además de la cianosis, entre los síntomas que la belladona provoca antes de la muerte cabe destacar la deshidratación de la piel, la sequedad tanto en la garganta como en la boca, la dificultad para tragar, el rubor en el rostro, las náuseas, los vómitos, el discurso atribulado, y finalmente el coma que antecede a la muerte.[10]

Resulta difícil imaginar a Agripina exponiendo públicamente el cuerpo desnudo de su marido muerto, un espectáculo en sí mismo impactante tanto para los espectadores de la antigüedad clásica como para cualquiera de nosotros, únicamente para poner el acento en el hecho de su óbito. Con las palabras pronunciadas en su lecho de muerte, Germánico había comprometido a su esposa y sus amigos a cobrarse venganza incoando un proceso por asesinato contra Pisón en Roma. Su cuerpo no tardó en desaparecer consumido por las llamas de la pira funeraria, pero el recuerdo de su innatural piel azulada permanecería en la memoria de todos. Casi con total certidumbre, Germánico exhibía cianosis, y su incineración pública en el centro de Antioquía, desafiando una de las costumbres más sagradas del mundo romano, aquélla que exigía que las cremaciones tuvieran lugar allende los muros de la ciudad, sirvió para que Agripina se cerciorase de que nadie pudiera poner en tela de juicio que su cadáver, y con él las pruebas del delito, había sido destruido.

Mientras Agripina hacía planes en estrecha colaboración con el joven y pelirrojo jefe del personal de su marido, su cuestor, Publio Suilio Rufo, para regresar a Roma lo antes posible portando consigo las cenizas y los huesos calcinados de Germánico, con la intención de depositarlos en el mausoleo de Augusto junto a los del emperador, los miembros del séquito del príncipe prestaban toda su atención a otras tareas mucho más inmediatas. Se acordó que era necesario nombrar, de entre ellos y a la mayor brevedad, un nuevo gobernador de la provincia de Siria, alguien con capacidad para restablecer el orden en el territorio y supervisar la investigación del asesinato. Así las cosas, se convocó un concurso para acceder a dicho cargo, en el que compitieron los dos generales más veteranos entre los amigos del difunto: Vibio Marso y Cneo Sencio. Ambos habían sido cónsules con anterioridad, y ambos habían superado los cuarenta años de edad. Tras un intenso debate, Marso reconoció que Sencio era el candidato más adecuado. Consecuentemente, Sencio permanecería en Siria desempeñando las funciones de gobernador hasta que el emperador bien lo ratificase en el cargo o bien enviara un sustituto de su agrado desde Roma. Marso, por su parte, regresaría a Roma con Agripina y el resto de los partidarios de Germánico.

Pero, antes de que Agripina y sus acompañantes emprendieran el viaje hacia la capital romana, se imponía alguna que otra pesquisa detectivesca. Luego de que Sencio asumiera el cargo de procónsul, otros dos generales, asimismo amigos y compañeros de armas de Germánico, que por entonces se encontraban en Siria, se aplicaron en la tarea de investigar el crimen, recopilar pruebas, y preparar la demanda contra el gobernador Cneo Calpurnio Pisón para procesarlo por asesinato en Roma. Uno de estos investigadores era Publio Vitelio, que ostentaba el cargo de legado, el equivalente al moderno general de brigada, y había comandado la poderosa II legión Augusta durante las campañas que Germánico llevó a cabo en tierras de Germania. El otro era un antiguo pretor, o comandante general, Quinto Veranio, a quien Germánico había nombrado gobernador de Capadocia y que había acudido urgentemente a Siria tan pronto como supo de la enfermedad de su amigo. Ahora en calidad de investigadores, Vitelio y Veranio interrogaron exhaustivamente a todo el personal que trabajaba en el palacio del gobernador en Dafne. Rápidamente concluyeron que la esposa del gobernador Pisón, Plancina, había entablado una sospechosa amistad con alguien de la provincia, una mujer de nombre Martina que tenía reputación de bruja y hacedora de venenos. A instancias de Vitelio y Veranio, el gobernador en funciones Sencio ordenó la busca y captura de Martina. Sin mayor dilación, la hechicera fue localizada y arrestada.

En el ínterin, el antiguo gobernador Pisón y su esposa Plancina, habían ordenado que su pequeña flota se detuviese en la isla griega de Cos, con la esperanza de recibir nuevas del estado de salud de Germánico. Cuando los centuriones leales a Pisón empezaron a llegar por barco, e informaron a la pareja de la muerte de Germánico, Pisón y su esposa no pudieron reprimir su júbilo. Tanto así que Pisón dispuso varias ofrendas en agradecimiento a los dioses en los templos del lugar. Plancina, entretanto, llevaba las vestiduras negras propias del luto por el reciente fallecimiento de su hermana. Pues bien, se deshizo inmediatamente de ellas y las cambió por prendas de vivos y vibrantes colores para celebrar la muerte del príncipe.

Los centuriones que arribaron al puerto de Cos aconsejaron a Pisón que volviese a Siria y reclamara el gobierno de la provincia, argumentando para persuadirle que las legiones de la guarnición que defendían Siria y Judea, la III Gallica, la IV Scythica, la VI Ferrata, la X Fretensis y la XII Fulminata, lo apoyarían. Pero Marco, el hijo y cuestor de Pisón, o jefe de sus ayudantes, le recomendó volver a Roma cuanto antes. Al contrario que su padre, Marco Pisón era muy consciente de la enorme popularidad que tenía Germánico entre el pueblo de Roma, y sabía que la noticia de su muerte enfurecería al pueblo hasta cotas insospechadas. Es más: ni tan siquiera aprobaba la reacción y el modo de proceder de sus padres con respecto al príncipe.

Tácito reproduce en sus *Anales* una conversación que sostuvieron en Cos Marco Pisón y su padre. «Hasta ahora», explicó Marco a su progenitor, «no has hecho nada que justifique tu condición de sospechoso del asesinato de Germánico. Además, los rumores son tan vagos que no deberían preocuparnos. Tal vez tu enfrentamiento con Germánico merezca una declaración pública de condena, pero ciertamente no merece que seas castigado. Ahora bien, si vuelves a Siria, y si Sencio se resiste y usa la fuerza contra ti, eso nos arrastrará a una guerra civil. En ese caso, no podrás conservar el apoyo de los centuriones ni de los soldados, que están fuertemente influenciados por el recuerdo de su general [Germánico] y por el profundo afecto que les une a la familia César».[11]

Por otra parte, uno de los más fieles partidarios de Pisón, su amigo personal, el senador y antiguo general Domicio Céler, razonó que el emperador había encomendado a Pisón, y no a Sencio, la tarea de gobernar Siria, y que por ello Pisón tenía que regresar a esa provincia y recuperar el control de las legiones allí acuarteladas, especialmente ahora que Germánico había desaparecido del mapa. «¿Acaso deberíamos apresurarnos para llegar a Italia al mismo tiempo que las cenizas de Germánico», le preguntó Céler, «sólo para conseguir tu ruina, rápida e inexorablemente, sin posibilidad de defensa y sin que se escuche lo que tengas que decir, como resultado de los lamentos de Agripina y los chismes de una masa de ignorantes?». Y apostilló unas palabras a modo de recordatorio: «De tu parte tienes la complicidad de Livia [la madre del emperador] y el favor del propio emperador, aunque sólo sea en secreto».[12]

Pisón, que antes que cualquiera otra cosa deseaba recuperar su cargo de gobernador y el poder que éste le confería, hizo suya la opinión de Céler. Sin dejar pasar un minuto, redactó una carta dirigida al emperador de Roma en la que acusaba al ahora difunto Germánico de arrogante y de haberse entregado a los excesos y al lujo. Asimismo, comunicaba a Tiberio que su intención era retomar el control de las legiones acuarteladas en Siria con el mismo espíritu y la lealtad que le habían caracterizado hasta la fecha. A renglón seguido, Pisón envió a Céler por delante a bordo de una veloz galera de combate de tres alturas de la armada romana que le habían entregado sus centuriones. Céler tenía la misión de surcar la más rápida y directa, aunque peligrosa, ruta por mar abierto. Una vez que llegase a Siria asumiría el mando de las tropas de legionarios de la provincia y avanzaría a marchas forzadas para reunirse con Pisón cuando éste desembarcase. Cuando Céler hubo partido, Pisón ordenó a su flota dar media vuelta y poner rumbo a Siria por la lenta aunque más segura ruta normalmente utilizada por los barcos mercantes, una ruta que bordeaba el litoral turco. En aquella época, la práctica habitual entre los navegantes consistía en seguir la línea de la costa para así echar anclas y poder abrigarse de las tormentas o de los piratas, evitando que una y otra amenazas les sorprendieran en alta mar.

Las legiones de Siria habían regresado a sus cuarteles de invierno en toda la provincia, tal como solían hacer las legiones romanas en todo el imperio cada año la tercera semana de octubre, para no abandonarlos hasta la primavera siguiente, de manera que Domicio Céler, el enviado de Pisón, sabía exactamente dónde encontrarlas. Céler creía que de todas las unidades presentes en la provincia, la VI legión Ferrata sería la que con mayor probabilidad podría alinearse con Pisón, posiblemente porque algunos de sus centuriones eran especialmente leales a Pisón y se encontraban entre los que se habían reunido con el gobernador en Cos. Tras tocar tierra en Laodicea, el principal puerto de Siria localizado al oeste de Antioquía, Céler emprendió camino hacia el cuartel de la sexta legión, estacionada en Raphinaea, a orillas del Éufrates en el sudeste de Siria. Pero, el comandante de la sexta, el general Pacuvio, ya esperaba que Pisón hiciese un intento de estas características para ganarse la lealtad de sus tropas, y, en un gesto que denotaba su inquebrantable lealtad a la memoria de Germánico, ordenó el arresto de Céler tan pronto como éste se personó en el campamento.

Entretanto, la armada de Pisón bordeaba la costa del sur de Turquía en su periplo de regreso al este. En su ruta fue interceptado por la flota que transportaba a Agripina y las cenizas de Germánico, que ahora navegaba rumbo al oeste en dirección a Roma. A bordo de los navíos de ambas flotas, se tocó a zafarrancho y los hombres se prepararon para la inminente batalla. Si bien cuando ambas facciones se encontraron, se cuidaron de no abrir fuego mas no de cerrar la boca. Así, por encima del inclemente oleaje se intercambiaron insultos en lugar de proyectiles. Vibio Marso, el oficial de más alto rango del buque insignia de la flota de Agripina, apeló a la sensatez de Pisón: «Vas por el mal camino, Cneo Pisón. Debes regresar a Roma y defenderte allí de todas las acusaciones».[13]

«Allí estaré», replicó Pisón, riéndose a gritos de sus adversarios: «tan pronto como el pretor que juzga los casos por envenenamiento fije una fecha para el juicio». La ley romana disponía que cualquier ciudadano acusado de un crimen debía ser encausado en Roma ante uno de los quince pretores en funciones, los más altos magistrados de la urbe romana. Del mismo modo que había pretores encargados de ciertos delitos tales como la extorsión, los sobornos y la traición, asimismo había un pretor de *sicariis et veneficus* que atendía los casos donde los defendidos eran acusados de asesinato «mediante arma blanca o veneno». Sin embargo, Pisón navegaba alejándose de Roma y de un hipotético juicio ante el pretor que en esa dirección.

Las dos flotas se separaron. Agripina y sus partidarios prosiguieron su navegación con destino a Roma. Las naves de Pisón perseveraron algo más en su ruta hacia el este, antes de que Pisón decidiera fondear en el sur de Anatolia, que por entonces era la provincia romana de Cilicia, al oeste de Siria. Allí ocupó la fortaleza cilicia de Celénderis, situada sobre un acantilado, y empezó a prepararse para la guerra. Al objeto de reclutar un amplio ejército, envió mensajeros a los potentados aliados de Roma en el este, tales como los reyes de Nabatea y Emesa, así como a los gobernadores romanos de la región, ordenándoles el inmediato envío de tropas.

Contraviniendo su propio análisis de la situación, Marco, el hijo de Pisón, ahora militaba activamente en el bando de su padre. Los reclutas romanos avanzaban por Cilicia en dirección a Siria para unirse a las legiones IV Scythica y la VI Ferrata, toda vez que ambas iban a licenciarse al cabo de veinte años y precisaban nutrirse de soldados de reemplazo con el inicio del nuevo año. Pues bien, estas tropas de refresco fueron interceptadas por el joven cuestor que les ordenó unirse a las fuerzas de Pisón. Igualmente, Pisón entregó armas a sus cientos de esclavos, armas salidas de las granjas vecinas —hoces, guadañas y horcas para el heno—, y dio la bienvenida a los desertores procedentes de las legiones estacionadas en Siria que habían acudido a Cilicia con la esperanza de obtener alguna recompensa pecuniaria del acaudalado ex gobernador. Sólo uno de los comandantes locales, el gobernador de Cilicia, obedeció la convocatoria de Pisón —llegó acompañado por una unidad auxiliar de infantería ligera con base en Cilicia, aportando unos cinco mil hombres al variopinto ejército de Pisón—. Si su intención era recuperar el control de Siria, Pisón necesitaba desesperadamente el concurso de este contingente. Seguidamente Pisón recibió una carta de manos de un correo enviado por el general Sencio, el gobernador en funciones de Siria, en la que se le informaba del arresto de su amigo Domicio Céler por parte del comandante de la VI legión Ferrata, advirtiendo a Pisón de que no debía resistirse ni intentar interferir con el normal desempeño de las legiones acuarteladas en la región.

No tardó en llegar a Antioquía la noticia de que Pisón se había hecho fuerte en Celénderis. Cuando el año tocaba a su fin, el general Sencio decidió enviar un destacamento de fuerzas al puerto de Laodicea. Breve tiempo después, Sencio y su destacamento avistaron la fortaleza de Celénderis desde los barcos que componían su flota. Sencio desembarcó junto a los oficiales más leales a la memoria de Germánico, además de la citada VI legión Ferrata del general Pacuvio y algunas cohortes provenientes de otras legiones estacionadas en Siria. Una vez en tierra, Sencio alineó a su ejército de diez mil hombres al pie del promontorio donde se levantaba la fortaleza de Celénderis. En respuesta a este movimiento táctico, Pisón sacó a su ejército movilizado *ad hoc* y lo hizo formar sobre los riscos, observando desde lo alto a las tropas lideradas por Sencio. Los legionarios de Sencio eran soldados profesionales, muy aguerridos y bien pertrechados, muchos de ellos veteranos con veinte años de servicio activo a sus espaldas, y todos fuertemente armados. De hecho, en su día estos legionarios recibieron en sobrenombre de «ejército pesado» a causa de la pesada armadura que vestían y su fuerte dotación de armas. La lamentable tropa de Pisón, organizada de manera apresurada, de ejército sólo tenía el nombre, dado que estaba precariamente equipada y su dotación armamentística era más bien ligera.

Pisón arengó a sus hombres desde lo alto, exhortándoles a defender con valentía sus posiciones, asegurándoles que Sencio mentía cuando afirmaba que Pisón era el asesino de Germánico, y asegurándoles también que los legionarios de su adversario no tardarían en desertar masivamente e integrarse en sus huestes, por cuanto no hacía mucho que se habían referido a él con la expresión «el padre de las legiones». Acto seguido, se dirigió al ejército de Sencio, mientras los soldados permanecían en formación y escuchándole sumidos en un silencio expectante, protegidos tras sus escudos curvos blasonados con el toro atacante, símbolo y divisa de sus unidades respectivas. Pisón mencionó los nombres de todos y cada uno de los integrantes de las legiones VI Ferrata y la X, prometiéndoles tentadoras recompensas en caso de que decidiesen cambiar de bando. Cuando un portaestandarte de la sexta legión abandonó su lugar en la formación y empezó a correr colina arriba ondeando su estandarte plateado para unirse a las fuerzas de Pisón, el general Sencio actuó con celeridad al objeto de prevenir otras deserciones.

A una orden del general, las trompetas de las legiones y las trompas de las unidades de reserva auxiliares tocaron a la carga. Envalentonadas, las tropas de Sencio avanzaron entre vítores y en medio de un sonido atronador. Las tropas de Pisón carecían de moral y de esperanzas, de suerte que, al contemplar la masa de legionarios que avanzaba con determinación colina arriba en dirección a sus posiciones, dieron media vuelta y entraron en la fortaleza. Pisón no tuvo otra opción sino hacer lo mismo. A medida que los hombres de Sencio reorganizaban sus filas y formaban según el rango frente a las puertas del baluarte, el general extendió nuevas órdenes. Dispusieron las escalas de asalto y se escogió a los voluntarios más valientes surgidos de las cohortes para subirse a ellas y organizar un ataque a gran escala contra los muros de la fortaleza de Celénderis.

Asimismo, como apoyo se dispuso una unidad de artillería en la retaguardia —cada legión estaba equipada con cincuenta catapultas del tipo Escorpión de disparo rápido, que arrojaban grandes «flechas» con la punta metálica, o lanzas, para diezmar a las tropas, y diez catapultas de lanzamiento de rocas pesadas ideadas para derribar fortificaciones y pulverizar a los soldados enemigos—. Mientras la artillería tomaba posiciones, grandes cantidades de munición fueron cargadas en mulas y subidas desde la playa donde la flota de Sencio había desembarcado —flechas, piedras redondeadas del tamaño de pelotas de béisbol y bolas de bolos, así como agitadores empapados en alquitrán.

A la vista de la maquinaria de guerra enemiga y los preparativos que tenían lugar al pie de sus murallas, y viendo la determinación con la que las legiones obedecían las órdenes de Sencio, y viendo también las expresiones de temor que se multiplicaban entre los hombres que le rodeaban, Pisón en última instancia comprendió la locura de su resistencia. Animado por su hijo Marco, de mala gana mandó llamar a Sencio con la intención de negociar las condiciones de la paz, al tiempo que enviaba emisarios a Roma para averiguar a quién había decidido el emperador encomendar el gobierno de Siria. Pero Sencio se negó rotundamente. Tan sólo entregaría a Pisón unas pocas embarcaciones para él, su familia y algunos de sus ayudantes, y sólo bajo la condición de que Pisón empeñase su palabra y prometiese regresar de inmediato a Roma para hacer frente a las acusaciones de asesinato que pesaban sobre él.

Pisón, cuyo obstinado y nefasto intento de recuperar el poder en Siria no había sino perjudicado enormemente sus intereses, haciéndole parecer más culpable si cabe de complicidad en el asesinato de Germánico, fue obligado a aceptar las humillantes condiciones de su rendición. Así fue que Pisón, su esposa Plancina y su hijo Marco subieron a bordo de las naves que le habían ofrecido e iniciaron un sombrío viaje de regreso a casa.

III. EL REGRESO A ROMA

En los últimos días de enero del año 20 d. C., a Roma llegaron noticias de que la flota que transportaba a Agripina junto con las cenizas de Germánico no tardaría en llegar al sur de Italia. Italia entera estaba todavía de luto por la desaparición de Germánico. Ni tan siquiera la Saturnalia, el festival que en honor a Saturno se celebraba a finales de diciembre, había conseguido levantar los ánimos de una población desmoralizada y afligida. Normalmente la Saturnalia, antecedente directo de las ulteriores celebraciones navideñas cristianas, era un tiempo para el intercambio de regalos, un tiempo en el que los esclavos gozaban de privilegios especiales y cuando todos los romanos podían apostar de manera legal en actividades distintas de las tradicionales carreras de cuadrigas, durante los cuatro días festivos que se estipulaban por ley. (Posteriormente el festival se amplió hasta alcanzar una duración de cinco días y, en última instancia, de siete.) Pero ese año no había razones para la alegría.

Desde que se conoció la muerte de Germánico, el Senado había votado a favor de varios edictos y aprobado un homenaje tras otro para honrar la memoria del último príncipe de Roma. Se ordenó la composición de un himno oficial para celebrar sus hazañas. Se le dedicaron sillas de estado allí donde ejercían los miembros del colegio augustal, al que había pertenecido, en los templos dedicados al culto del divino emperador Augusto y diseminados por todos los confines del imperio. Se dispuso que un busto de Germánico tallado en marfil presidiera las procesiones que abrían los juegos del festival y las carreras que tenían lugar en el circo. Habrían de construirse arcos de triunfo de piedra en honor a él, en cuya superficie aparecerían grabadas sus innumerables gestas —uno de ellos habría de ser erigido en Roma; otro a orillas del río Rhin, donde se había distinguido al servicio del imperio; un tercer arco se construiría en el monte Amanus de Siria, la provincia donde había fallecido—. Asimismo, en la ciudad de Antioquía se levantaría un cenotafio en su honor, en el lugar exacto del foro donde su cadáver había sido incinerado. En Dafne se levantaría un túmulo de gran altura dedicado a su persona, allí donde había exhalado su último aliento.

Emulando estas iniciativas adoptadas por el Senado, en Roma y en otros puntos del imperio se realizaron tributos y homenajes para conmemorar las heroicidades de Germánico. Los ecuestres, la noble orden de los caballeros romanos, decidieron que en todos los teatros de las ciudades y los pueblos del imperio donde había filas de asientos reservadas para ellos, estos asientos, anteriormente denominados «junior», de ahora en adelante se conocerían como «las bancas de Germánico». Incontables estatuas fueron dedicadas a Germánico en múltiples localidades a lo largo y ancho del imperio. A este respecto Tácito sostiene que muchos de los honores propuestos y construidos para honrar la memoria de Germánico todavía seguían en pie en su época, setenta y cinco años después.[1]

No obstante, estos homenajes no podían resucitar a Germánico, y los deseos de venganza del enfurecido pueblo de Roma en modo alguno se disiparon. En cualquier caso, antes de nada el pueblo deseaba presentarle sus respetos y llevar a feliz término los tributos por el héroe desaparecido. Agripina había solicitado que la flota que la trasladaba a Italia junto con las cenizas de Germánico, se detuviera durante varios días en la isla griega de Corfú. Con esta maniobra Agripina pretendía recuperar su entereza de ánimo y la compostura, esgrime Tácito. La viuda de Germánico estaba, según el historiador, «enloquecida por la pena».[2] Este breve alto en el camino proporcionaría algún tiempo para que el pueblo se congregase por decenas de millares para recibir las cenizas de su héroe en el puerto meridional de Brundisium, donde hoy se asienta la moderna ciudad de Brindisi.

Entre quienes acudieron a Brindisi se encontraban algunos amigos íntimos de Agripina y la mayoría de los magistrados militares de alta graduación que habían servido bajo las órdenes de Germánico. Uno de estos oficiales debió de ser Albinovano Pedón quien, en calidad de prefecto, o joven coronel, sirvió como vicecomandante de caballería durante las campañas que había liderado el difunto Germánico en tierras de Germania. Talentoso escritor de versos y amigo del célebre poeta Ovidio, Pedón escribió un poema épico sobre las hazañas del héroe romano que rápidamente alcanzaría fama. Únicamente ha sobrevivido un fragmento del poema épico que firmó Pedón, un pasaje que describe una de sus campañas contra las tropas de Hermann. Asimismo, desde Roma avanzaron dos cohortes, o compañías, del conocido cuerpo de elite llamado la guardia pretoriana, con destino al sur. Tiberio había ordenado que este contingente de dos mil guardias escoltara los restos mortales de su hijo adoptivo en su periplo hacia la capital del imperio.

Los restos de Germánico desembarcaron en la península Itálica coincidiendo con la llegada del mes de febrero. En Brindisi se oyeron rumores de que la flota de Agripina había sido avistada en el horizonte. Los ciudadanos acudieron en masa a las atalayas, corrieron al puerto y embarcaron en pequeños botes de remos, se asomaron a las ventanas, se concentraron ante las murallas de la ciudad y subieron a las azoteas. Todos se preguntaban si lo más adecuado era permanecer en un respetuoso silencio cuando las cenizas de Germánico fueran desembarcadas, o si debían poner voz a sus emociones —su pesar, su enojo, su compasión por la suerte de Agripina y sus hijos—. Normalmente, cuando un navío de combate romano llegaba a puerto, los manumisos a sueldo que integraban su tripulación saludaban desde la cubierta sonriendo e interpelando a cuantos les recibían en tierra. Pero no ocurría así esta vez. Ninguna sonrisa, ningún saludo, ningún aspaviento, ninguna palabra. Las galeras tocaron puerto despaciosamente y en el más absoluto silencio, sólo roto por el ritmo monótono marcado por los martillos y la lenta ascensión y caída de los remos empapados. Los miembros de su abultada tripulación no emitieron un solo sonido, como si hablar fuese un acto sacrílego.

Reinaba un silencio extraño. El buque insignia fondeó en la zona del muelle de Brindisi reservada para las embarcaciones militares, que tenía la forma de las astas de un ciervo. Una multitud de pasajeros cariacontecidos se asomó a la cubierta del buque insignia. Un grupo de grumetes escurridizos se apresuró a colocar una pasarela y los pasajeros formaron una cola a un costado de la misma. Sin mayor demora, la joven viuda Agripina recorrió la escasa distancia que la separaba de tierra firme con talante riguroso y ataviada con sus ropajes negros de luto. Para muchos de los allí congregados, era la primera vez que veían a la célebre esposa de Germánico, la hija de Agripa y la nieta de Augusto. Aunque no era demasiado alta, Agripina la Mayor poseía un porte hermoso. Tenía un rostro aniñado, dotado con grandes ojos y una boca pequeña y vivaracha como su padre. Su peinado a la moda, retocado por su cuerpo de peluquería personal antes de que fondeara la nave capitana, denotaba un uso elaborado de pinzas para ondular la frente y en la parte superior de la cabeza. Los cabellos cubrían parte del cuello y la nuca, donde nacía una larga cola trenzada.

Hoy, Agripina se presentaba ante el pueblo con la tez pálida mientras, abrazada a la urna funeraria de su marido y con la mirada fija en el suelo, descendía por la pasarela. Según Tácito, dos de sus hijos la acompañaban cuando desembarcó en Brindisi.[3] Uno de ellos era su hija menor, Julia Livila. Nacida en la isla de Lesbos cuando sus padres viajaban hacia el Oriente, Julia ahora tenía dos años y medio de edad.

Suetonio afirma que el segundo hijo que la acompañaba era Calígula,[4] que por entonces tenía siete años de edad. Suetonio es el único autor clásico que sostiene que Calígula se desplazó hasta Siria con sus padres. Artistas de muy diversas épocas hicieron suya esta versión para incluir al pequeño Calígula en sus representaciones pictóricas de la muerte de Germánico, a saber: Nicolas Poussin en su obra *La muerte de Germánico* ejecutada en 1627, y Benjamin West en su cuadro de 1768

Agripina desembarcando en Brindisi con las cenizas de Germánico, por citar sólo dos ejemplos. El novelista del pasado siglo Robert Graves, en su celebérrima e influyente novela publicada en 1934 bajo el título *Yo, Claudio*, también se hizo eco de la referencia de Suetonio, y apunta que Calígula se encontraba en Siria con sus padres. Más aún: en cierto momento plantea la posibilidad de que su naturaleza turbia y malvada guardase alguna relación con la oscura muerte de su padre.[5]

No existe ninguna otra prueba de que Calígula en efecto viajase a Oriente con su madre y con su padre. Tácito, que es con diferencia el autor que nos proporciona una descripción más exhaustiva de los hechos de la vida y la muerte de Germánico, no hace ninguna mención a la presencia de Calígula en Siria. Es muy probable que Suetonio hubiese cometido un error —en la misma estrofa donde menciona que Calígula estaba en el este con sus padres—, afirma que luego de que su madre fuese apartada de su vida, años después, Calígula se fue a vivir con su bisabuela Livia. Ahora bien, en ese momento Livia ya había muerto. Así pues, si en algo se equivocó Suetonio, seguramente fue en esto.

Si los padres de Calígula observaron su anterior política, de siempre llevar consigo al que por entonces era su hijo menor, entonces el segundo hijo que desembarcó de la galera en Brindisi debería de haber sido Drusila, de tres años de edad. No es que tenga mayor importancia. Incluso si Calígula era el segundo hijo que estaba con Agripina cuando cruzó la pasarela del barco y tocó tierra firme, no existe ninguna conexión, ninguna, entre el muchacho y el asesinato de Germánico perpetrado en Siria. Además, todas las referencias clásicas a la infancia de Calígula lo pintan como un niño adorable querido por todo el mundo, desde el emperador Augusto hasta el legionario más bajo en la jerarquía castrense. Sería años más tarde, bajo la influencia de Tiberio, cuando Calígula desarrollaría los vicios que alteraron su conducta y mancillaron definitivamente su reputación.

La visión de Agripina portando las cenizas de Germánico al pisar las piedras del embarcadero, esgrime Tácito, generó un murmullo de expectación y asombro entre cuantos la contemplaban. La visión de las ayudantas de Agripina, todas vestidas de negro, siguiendo a su señora entre lágrimas y sollozos, provocó un estallido de aflicción general. Completos extraños a la familia rompieron a llorar siguiendo el ejemplo de todos los parientes directos de Germánico y Agripina. Hombres y mujeres por igual lamentaban su pérdida sumidos en un interminable llanto. Nunca antes, apostilla Tácito, el país había conocido semejante pesar, tan compartido y universal.[6]

También a bordo de uno de los navíos procedentes de Siria estaba la prisionera Martina, la bruja y hacedora de venenos que había sido arrestada. Fue confinada en una casa segura de Brindisi, con gran discreción y sigilo, fuertemente custodiada por miembros del personal de confianza de Germánico y Agripina. La intención era

Agripina llevando las cenizas de Germánico, por Benjamin West, 1768, Yale University Art Gallery, New Haven, Connecticut.

que permaneciese allí hasta el momento de su traslado a la capital para testificar en el juicio por asesinato.

Al cabo de pocos días, la procesión fúnebre partió desde Brindisi en dirección a Roma. Los doce lictores de Germánico, los ayudantes que le correspondían por haber desempeñado el cargo de cónsul, abrían el camino. Cada uno portaba las fasces, la insignia de los cónsules y magistrados romanos, compuesta por una segur en un menudo haz de varas, símbolo de la potestad para ordenar tanto la ejecución como el castigo. En esta ocasión, portaban las fasces mostrando el dorso, en clara demostración de duelo. A continuación en el cortejo, les seguían dos portaestandartes de la guardia pretoriana, ataviados con sus capas de león y portando sus estandartes plateados desnudos, despojados de sus habituales cintas consagradas, también en señal de duelo. En dos filas perfectamente dispuestas, hasta dos mil guardias pretorianos de origen italiano, transidos por la emoción y completamente armados con sus escudos y jabalinas, desfilaban en procesión. Las tropas encabezaban y flanqueaban el paso de las andas fúnebres, una plataforma de madera sobre la cual se había colocado y ajustado perfectamente la urna que contenía las cenizas de Germánico. En disciplinada rotación, las andas eran transpor-

Calígula depositando las cenizas de su madre y hermano en la tumba de sus ancestros, pintura de Eustache Le Sueur, 1647.

tadas sobre los hombros de dos tribunos y veinte centuriones de las dos cohortes pretorianas. Agripina, sus hijos, sus parientes, sus ayudantes y los amigos de Germánico caminaban escasos pasos por detrás de la plataforma, honrando los restos mortales del príncipe.

Se podría haber ahorrado este extenuante viaje a pie cruzando media Italia. Agripina bien podría haber desembarcado en Ostia, el puerto de Roma, situado en la desembocadura del Tíber, y desde ahí haber remontado el río en una pequeña embarcación zanjando así la última etapa de su periplo hasta Roma. Sin embargo, Agripina había optado deliberadamente por atracar su flota en el puerto más meridional de la península Itálica. Su intención era recorrer a pie toda la distancia que la separaba de Roma portando los restos de su marido, cubriendo cientos de kilómetros al objeto de proclamar una posición política. Estaba resuelta a alimentar, paso a paso, el enojo público provocado por la muerte de Germánico. Así pues, con paso lento y cadencioso el solemne cortejo fúnebre partió desde Brindisi e inició su recorrido por la vía Apia, una carretera rectilínea con pavimento de piedra para uso militar, en dirección al norte con destino final en Roma, atravesando las regiones de Calabria, Apulia y Campania.

En cada núcleo de población que encontraba el cortejo, la gente salía a su paso para rendir un póstumo y sentido homenaje a Germánico. Hombres y mujeres vestían atuendos de luto. Los miembros de la orden ecuestre vestían sus togas de estado. Los magistrados de todos los pueblos habían recibido órdenes expresas de Tiberio de honrar a Germánico. Así, cuando pasaban los restos mortales del príncipe, quemaban vestimentas e incienso y celebraban ritos funerales al pie del camino. Desde los pueblos más alejados del borde del camino acudía una riada de personas y autoridades locales que atestaba las encrucijadas y las intersecciones de la vía Apia, construía altares improvisados y presentaba sus respetos al difunto. Entre los sollozos, los lamentos y las demás expresiones de tristeza de la gente, los sacerdotes de cada localidad realizaban sacrificios animales dedicados a la memoria de Germánico.

Día tras día la procesión avanzaba lenta y dolientemente, deteniéndose en diversas localidades para pernoctar antes de reanudar la marcha al amanecer del siguiente día. La expedición tardó varias semanas en llegar a Tarracina, la Terracina actual, que por entonces no pasaba de ser una pequeña villa rodeada de pantanos y marismas, situada a unos sesenta y tres kilómetros de Roma. En este punto, una multitud procedente de Roma se reunió con el cortejo, una multitud encabezada por los más altos magistrados de la urbe romana, los dos cónsules en funciones: Marco Valerio y Cayo Aurelio. Acompañando a los cónsules se personó el hermano biológico de Germánico, Claudio, que entonces contaba veintiocho años de edad. Con su tartamudeo y su pie deforme, Claudio era considerado poco menos que un tonto o retrasado. Druso, el primo y hermano adoptivo de Germánico, de treinta y un años, había sido nombrado heredero de pleno derecho de Tiberio. Al cuidado de los hermanos estaban los cuatro vástagos de Germánico: el mayor, Nerón Germánico, de quince años, así como Druso Germánico, de trece, y Agripina la Menor, de cuatro, además de Calígula o Drusila, dependiendo la versión que demos por válida en lo tocante a quién acompañó a sus padres en aquel viaje a Oriente. Habiendo llegado finalmente a Terracina, una llorosa e inconsolable Agripina se reunió con sus seis hijos por primera vez en casi tres años.

Un ingente número de personas atestaba el camino, comenta Tácito, la mayoría llorando. Pero, añade, se trataba de sinceras expresiones públicas de pesar. Tan sorprendente estallido de dolor no sólo sirvió para impresionar al emperador; antes bien al contrario, puesto que, según la opinión de Tácito, «todo el mundo sabía que Tiberio apenas podía ocultar la alegría que sentía por la muerte de Germánico».[7] Estas demostraciones públicas de dolor estaban dirigidas tanto en contra de Tiberio como en favor del difunto príncipe.

La última vez que Germánico regresó a Roma había sido luego de las sonadas victorias que obtuvo en Germania. Según el comentario de Suetonio, en aquella ocasión la mayoría de la población de la ciudad se había desplazado unos treinta kilómetros hacia el norte para acogerlo, siendo así que todas las cohortes de la guardia pretoriana habían acudido a recibirle y a escoltarle en su última etapa de regreso a casa, contraviniendo las órdenes de que sólo dos de las nueve cohortes existentes entonces acudieran a encontrarse con él.[8] Ahora, en la segunda mitad de febrero del año 20 d. C., sólo las cenizas y los huesos calcinados de Germánico volvían a casa.

Por lo que respecta al emperador y su madre, ambos brillaban por su ausencia. No se les pudo ver, ni en la ciudad ni fuera de ella. Esto se debió a que «Tiberio y Livia estaban absolutamente encantados con la desaparición de Germánico», en palabras de Dión Casio,[9] que suscribe la versión dada por Tácito. En este sentido, Tácito conjetura que Tiberio y Livia bien consideraban que manifestar públicamente su duelo era impropio de su jerarquía y menoscababa su dignidad, o bien temían que su hipocresía se hiciese evidente en el caso de que aparecieran en público fingiendo un dolor que no sentían.[10] En contraste, casi tres décadas antes, en el año 9 a. C., el gran emperador Augusto, entonces en el poder, se había desplazado personalmente varios kilómetros fuera de Roma en pleno invierno para recibir el cuerpo de Druso César (Druso el Mayor), el hermano de Tiberio y el padre de Germánico, cuando su cadáver fue repatriado desde Germania, aun cuando Druso tan sólo era el hijastro de Augusto.[11]

Para mayor sorpresa de muchos, Antonia, la madre de Germánico, tampoco se dejó ver cuando los restos mortales de su hijo se aproximaban a la capital del imperio. Tácito especula que quizás se encontrase enferma en aquel momento. «Ahora bien, me cuesta menos creer», apunta con intención, «que Tiberio y Livia, que no abandonaron el Palatium [el palacio imperial situado en la colina Palatina de Roma], decidieron que permaneciese allí junto a ellos». En su opinión, si hicieron esto fue para dar a entender que su dolor era homologable al de Antonia, de manera tal que podría decirse que, permaneciendo en su residencia, la abuela y el tío del difunto príncipe estaban siguiendo el ejemplo de su madre.[12] Posteriormente, Antonia se revelaría como una mujer muy combativa e independiente, aunque siempre guardó obediencia al emperador. Si le hubiese ordenado permanecer en el palacio con él y su madre en lugar de salir a encontrarse con el cortejo fúnebre de Germánico, sin duda lo habría hecho.

Seguido por varios miles de personas, el cortejo partió de Terracina recorriendo la vía Apia a paso lento. Varios días después, en la última semana de febrero, la procesión entró en Roma atravesando la puerta Apia. Según comenta Suetonio, aquí, en la capital, el populacho todavía estaba «consternado y profundamente apenado» por la repentina muerte de Germánico.[13] A última hora de la tarde del siguiente día, se celebró un sencillo funeral en el Campus Martius, el Campo de

Marte, situado al norte junto al río Tíber en las afueras de Roma. Las calles de la capital hervían atestadas de ciudadanos que se apretujaban para salir por las puertas del norte y asistir al funeral, divididos en grupos en representación de las distintas tribus de Roma que según la tradición tenían derecho al voto. El Campo de Marte refulgía bajo la luz de las antorchas, y todos los caminos que atravesaban la explanada estaban flanqueados por todas las cohortes de la guardia pretoriana y la guardia germana, el cuerpo que se ocupaba de velar por la seguridad del emperador. Todos los hombres estaban armados, con su uniforme completo, su escudo y su jabalina, cuando normalmente dentro del recinto de la ciudad sólo estaba permitido llevar espada.

Se dice que el pueblo de Roma exclamó insistentemente: «¡La República está acabada! ¡No nos queda ninguna esperanza!».[14]

De Tiberio seguía sin haber noticias, aunque a buen seguro que tenía numerosos espías entre la multitud, agentes que volverían al Palatium para informarle de las expresiones de dolor y los sentimientos populares que hubiesen detectado. A Tiberio le preocuparía particularmente que los hombres se manifestaran a favor de la viuda de Germánico. Muchos describían a Agripina como la gloria de Roma, porque era la única descendiente viva de Augusto y el último eslabón con la época dorada de Augusto. Con la vista alzada hacia el cielo, el pueblo rezó a los dioses con la esperanza de que Agripina y sus hijos conservaran la vida y pudiesen vencer y sobrevivir a sus enemigos.[15]

Obedeciendo órdenes de Tiberio, no se celebró un funeral de estado. Germánico no recibiría la pompa y los honores que esta circunstancia le habría deparado. Como en el funeral de estado de su padre, Druso el Mayor, donde se formularon doscientos elogios. En el caso de Germánico no se formuló uno solo, ni siquiera se portó una estatua del finado al frente de las andas, como era práctica habitual en cualquier funeral romano. Y el pueblo se sintió ofendido. Para el hombre de la calle quedó claro que Tiberio estaba intentando restar importancia, deliberadamente, a la muerte de su hijo adoptivo. Todo el mundo recordaba que en el mes de octubre, cuando el Senado había propuesto la construcción de un gigantesco escudo de oro para honrar la memoria de Germánico, un homenaje típico concedido a los grandes autores romanos, como reconocimiento a sus obras poéticas y teatrales, Tiberio lo había vetado por considerarlo un honor excesivo.

En la oscuridad de la noche, en el imponente mausoleo circular de Augusto ubicado en el Campo de Marte, se colocó reverentemente la urna que contenía los restos mortales de Germánico junto a la del emperador Augusto. Cuando Agripina y sus hijos volvieron al palacio de Germánico emplazado en la colina Palatina, por las calles de Roma pudieron oírse peticiones de justicia y clamores de venganza.

Tiberio fue testigo de estas expresiones del malestar popular, y también oyó las críticas que le dedicaron por haberse negado a conceder a Germánico el correspondiente funeral de estado.

El día después de que los restos mortales de Germánico fuesen enterrados en el mausoleo de Augusto, Tiberio emitió una declaración desde su palacio imperial. Esta vez, Tiberio expresó ante el pueblo de Roma que si bien anteriormente muchos romanos célebres habían muerto al servicio de su país, ninguna muerte había sido objeto de lamentaciones tan sentidas y apasionadas como la de Germánico. Ahora bien, los actos que se estaban celebrando en honor a Germánico en las viviendas humildes de la gente corriente no eran adecuados para un príncipe de la familia imperial, argüía el emperador. Ya se habían derramado suficientes lágrimas, decía. Había llegado la hora de superar la parálisis y seguir adelante, del mismo modo como Roma había avanzado dejando atrás el dolor causado por la muerte de la única hija de Julio César, y después de la desaparición de otros nietos de Augusto. En tiempos pretéritos, apuntaba Tiberio, muy a menudo el pueblo de Roma se había visto en la tesitura de sobreponerse a las derrotas de sus ejércitos, la muerte de sus generales, la extinción de las familias nobles. Y ahora debía sobreponerse a una nueva adversidad. «Los príncipes son mortales; el estado es eterno», concluía su proclamación.[16]

Tiberio dijo a los romanos que debían retomar su vida cotidiana a la mayor brevedad, y dedicarse a disfrutar de los espectáculos organizados para la Matronalia, las fiestas que se celebraban anualmente en honor a la «Gran Diosa Juno», la deidad femenina principal entre los romanos, cuyo inicio estaba previsto para el día primero de marzo. Tiberio declaró que con la llegada de la Matronalia, el pueblo de Roma debía volver a disfrutar.[17] Los tribunales de justicia, cuya labor había quedado interrumpida durante muchas semanas a causa de la muerte de Germánico, reabrieron sus puertas y retomaron sus quehaceres diarios. Pese a todo, ninguna declaración o acontecimiento de carácter lúdico-festivo podía apaciguar el deseo popular de castigar al asesino de Germánico. Llegados a este punto, asegura Tácito, existía un afán generalizado por cobrarse venganza sobre la persona de Pisón.[18]

IV. PISÓN VUELVE

Cneo Calpurnio Pisón no tenía ninguna prisa en volver a Roma. Como sabemos, había empeñado su palabra asegurando al gobernador Sencio que regresaría a su casa en la capital romana, y tenía el firme propósito de cumplir su promesa. Sin embargo, en lugar de regresar directamente a Roma, en su periplo hacia el oeste se había demorado en los puertos de Asia y Grecia. Luego había desembarcado en los Balcanes; desde allí envió a su hijo Marco a Italia con la misión de concertar una entrevista con el emperador de Roma. El joven Marco recibió la difícil encomienda de allanar el camino para que su padre pudiera regresar a la capital del imperio sin recriminaciones.

Pisón había hecho sus propias gestiones, y se había adentrado, acompañado por su esposa Plancina, en la provincia romana del Illyricum (Ilírico), situada en los Balcanes, en la esperanza de encontrarse con el hijo de Tiberio, Druso el Joven. Inmediatamente después del funeral de Germánico, Tiberio había ordenado a Druso que regresase a su puesto de comandante romano en la región. Según comenta Tácito, Pisón confiaba que Druso tuviese una predisposición favorable hacia él, dado que, ahora que Germánico había desaparecido, todo indicaba que Druso sería el heredero de Tiberio.[1] Ahora, los hijos gemelos de Druso, nacidos sólo semanas antes que su esposa, Livila, la hermana biológica de Germánico, eran los siguientes en la línea de sucesión al trono, por delante de los hijos de Germánico, quienes de otro modo habrían sido los primeros en la línea sucesoria imperial después de Druso.

La esposa de Pisón, Plancina, habría asegurado a su marido que sería capaz de ganarse el apoyo del Palatium una vez que regresaran a Roma, por cuanto mantenía una buena relación con la madre del emperador, tal como Céler, el amigo de Pisón, le había recordado en su día. Según todos los indicios, Pisón debía albergar dudas sobre el respaldo que el Palatium supuestamente le otorgaba. Así las cosas, con este desvío por la provincia del Illyricum trataba de ganarse el apoyo moral de Druso, el recién nombrado heredero. Al mismo tiempo, estaba intentando poster-

Busto de Julio César Druso esculpido en mármol en el primer cuarto del siglo I, Museo Arqueológico Nacional de España, en Madrid.

gar lo inevitable: el orgulloso Pisón sabía que, a su regreso a Roma, sufriría la humillación pública de tener que enfrentarse a las acusaciones de los amigos de Germánico. Con el fin de retrasar su vuelta y procrastinar el ineludible juicio por asesinato, estaba dispuesto a realizar cuantas maniobras dilatorias estuviesen a su alcance.

Druso recibió a Pisón en su campamento de Burnum, la actual Kistanje en Croacia, no muy lejos del Mar Adriático. Druso, dos años más joven que Germánico, era su opuesto absoluto. Tenía fama de beber inmoderadamente y de tener arrebatos violentos, siendo así que hasta la fecha había mostrado un escaso interés por la administración pública. Con todo, Druso y Germánico habían estado muy unidos, en parte por la naturaleza benigna de Germánico y también porque Druso se había casado con la hermana del fallecido. A principios del año 17 d. C., Germánico y Druso habían unido sus fuerzas en el Senado para ganarse el apoyo de varios senadores y así asegurarse la promoción de un pariente de la esposa de Germánico, Agripina, al puesto vacante de pretor. Es más, Germánico decidió detenerse en el Illyricum durante su viaje a Oriente en el año 17 d. C. para realizar una visita fraternal a Druso y Livila, antes de iniciar la siguiente y última etapa de su meteórica carrera.

A pesar del sincero afecto que sentía por Germánico, Druso estaba, según Tácito, bajo el control de su padre, Tiberio. Cuando Pisón llamó a su puerta, Druso le dijo lo siguiente, públicamente para que todos lo oyeran: «Si determinadas insinuaciones son ciertas, yo sería el primero en renegar de ti. Pero prefiero creer que esas insinuaciones son falsas y carecen de fundamento. La muerte de Germánico no tiene que ser la ruina de nadie».[2] Exactamente la declaración de apoyo que Pisón estaba buscando.

La versión de Tácito nos retrata a Druso el Joven como un hombre que en condiciones normales mostraba la sencillez y el candor de un muchacho, aunque súbitamente era capaz de hablar con la astucia y la sabiduría propias de un político experimentado. Tácito reseña que cuando las palabras de Druso llegaron a la urbe romana, el pueblo tuvo la certeza de que su respuesta obedecía a los dictados de Tiberio, o de sus consejeros.[3] Sea como fuere, aunque Druso se benefició directa y sustancialmente de la muerte de Germánico, dado que lo sustituyó como el principal heredero de Tiberio, ningún autor clásico sugiere que Druso pudiera haber participado en la conspiración para asesinar a su hermano adoptivo. Druso, que jamás había mostrado el menor interés por acceder al trono, aparentemente sólo quería disfrutar de una vida fácil y entregada al hedonismo. Druso, empero, es culpable de no haber pedido justicia y exigido que se procesara a los asesinos de Germánico, así como de traicionar su memoria. Pero al margen de ello, todo indica que era inocente de cualquier delito que pudiera haberse cometido contra la persona de su hermano adoptivo. Lo más probable es que Druso sospechara que su propio padre, Tiberio, era cómplice en la trama para asesinar a Germánico. Quizás temiendo por su vida, Druso obró con prudencia y decidió hacer lo que se le había ordenado.

Después de su reunión con el joven Druso, Pisón y sus partidarios cruzaron el Mar Adriático para desembarcar en la región oriental de Italia, más concretamente en el puerto de la ciudad de Ancona. Desde allí siguieron camino en dirección a Roma por la vía Flaminia, una amplia carretera empedrada para uso militar similar a la vía Apia. El séquito de Pisón no tardó en encontrarse con una legión entera compuesta por cinco mil hombres que avanzaba en la misma dirección. Se trataba de la IX legión Hispana. Normalmente acuartelada en Sisak, la actual Siscia, en Panonia, la unidad había recibido órdenes expresas desde el eficiente Palatium de desplazarse temporalmente a la provincia de África, la región norteafricana que actualmente ocupa Túnez. Esto se debía a que la III legión Augusta con base en la zona estaba teniendo dificultades para controlar una revuelta que había estallado en Numidia encabezada por Tacfarinas, un jefe númida y antiguo prefecto de las tropas númidas de apoyo al Ejército romano. Tacfarinas había organizado un ejército rebelde que estaba haciendo incursiones y saqueando los pueblos de la zona, asaltando los convoyes que circulaban por los caminos y hostigando a la guarnición destacada en dicha provincia.

Para trasladarse hasta el norte de África, los legionarios de la IX legión Hispana habían recorrido los caminos militares empedrados desde Panonia hasta el noreste de Italia. Su periplo los llevaría a Roma, donde establecerían su campamento en el Campo de Marte. Para la inmensa mayoría de los legionarios que integraban la IX Hispana, casi todos reclutados en España, ésta sería su primera visita a la capital del imperio. Desde Roma, donde se aprovisionarían abundantemente, marcharían en dirección sur hasta alcanzar la costa occidental de Italia en Reggio, donde subirían a bordo de las naves que habrían de conducirlos hasta Messina en la isla de Sicilia. Desde Messina recorrerían a pie la costa septentrional de Sicilia hasta Marsala, y allí embarcarían de nuevo rumbo a la provincia de África, para tocar tierra en Cartago. De este modo Roma desplegaba rápidamente sus legiones por un vasto territorio, empleando sus vías militares empedradas y la flota para desplazar a miles de hombres con todo su equipo bélico, en este caso desde Europa oriental hasta en norte de África, en unas pocas semanas.

Pisón, que en virtud de su condición de antiguo cónsul poseía un rango militar equivalente al de un teniente general contemporáneo, fue recibido cordialmente por el oficial al mando de la IX legión Hispana, su vicecomandante, un «tribuno de alto rango» que aún no había cumplido los treinta años. También llamado «tribuno militar», este rango equivalía al coronel de nuestros tiempos. Así, los partidarios de Pisón avanzaban ahora acompañados por la interminable columna de legionarios. En la retaguardia de la columna militar, los cientos de esclavos que viajaban con Pisón se unieron al convoy que transportaba todo el equipo y los pertrechos de la legión, compuesto por montones de carros y más de un millar de mulas de carga —un animal por cada escuadra de ocho soldados de la legión—, y muchas más además de otros vehículos auxiliares. Pisón y Plancina avanzaron en sus respectivas literas portadas por esclavos hasta instalarse en una posición cabecera en compañía de los oficiales que viajaban a caballo. Tácito afirma que Pisón, haciendo caso omiso del rumor que le hacía responsable de la muerte de Germánico, «se exhibía intermitentemente ante los soldados» en su lento avance hacia la capital.[4]

En la ciudad ribereña de Narnia, enclavada en la cordillera de los Apeninos al noreste de Roma, Pisón, su esposa y algunos de sus ayudantes se separaron de la columna de legionarios. Fue en Narnia donde Pisón contrató los servicios de una barcaza fluvial. Luego de trasladarse a esta embarcación, navegaron por el río Nera hasta confluir con el Tíber, y surcaron sus aguas con destino a Roma. En lugar de deslizarse furtivamente hasta la ciudad amparados por la oscuridad de la noche, el pomposo Pisón prefirió amarrar su embarcación a plena luz del día en un muelle próximo al mausoleo de Augusto, como si quisiera hacer mofa pública de los restos mortales de Germánico allí depositados. A continuación desembarcó en la orilla seguido por un nutrido séquito de ayudantes y subalternos. Pisón y Plancina desfilaron por las calles del Campo de Marte y entraron en la ciudad esbozando amplias sonrisas de satisfacción. Una vez que se adentraron en el recinto de la capital, sin el menor rubor se dirigieron a la mansión de la familia Pisón, localizada en las faldas de la colina Palatina, no muy lejos de los palacios imperiales, entre las residencias de los notables de la ciudad y con inmejorables vistas al foro.

Cneo Pisón el Joven, el hijo mayor de Pisón y Plancina, había permanecido en el domicilio familiar romano durante la estancia de sus padres en Oriente. Expectante ante su inminente retorno, había engalanado la casa con arreglos florales para las fiestas en honor a Juno. Esta decoración festiva todavía permanecía en su lugar cuando Pisón y su esposa llegaron a la casa. Sin mayor dilación, Pisón ordenó que se dispusiera lo necesario para organizar un suntuoso banquete. Por otro lado, no hizo el menor esfuerzo para mantener en secreto su presencia en Roma. Es más, quería que su retorno fuese público y notorio, que todos supieran que Pisón no se escondía de nadie. Allí le aguardaban buenas y malas noticias. Su hijo menor, Marco, enviado por Pisón a Roma antes de su llegada, había conseguido la entrevista solicitada con el emperador. Con toda cortesía, Tiberio había recibido al joven, del mismo modo como recibiría al hijo de cualquier familia patricia. Tácito razona que si ocurrió así fue porque Tiberio quería aparentar su total imparcialidad en todo lo concerniente al feo asunto de la muerte de Germánico.[5]

Pero al mismo tiempo, Tiberio, ansioso por librarse de cualquier sospecha de su participación en la muerte del príncipe, le dijo a Marco Pisón que su voluntad era que las indagaciones y el juicio contra su padre comenzasen lo antes posible, tan pronto como el anterior gobernador estuviese de regreso en Roma. Tiberio era consciente de que debía actuar antes de que las exigencias de venganza por parte del pueblo de Roma alcanzasen un nivel insostenible y estallasen en clave de disturbios y algaradas callejeras, o de que las legiones del ejército acuarteladas en el Rhin marcharan sobre Roma para vengar a su antiguo comandante en jefe. Le gustase o no, Pisón iba a ser procesado por asesinato.

V. MOTIVOS PARA UN ASESINATO

En el siglo I después de Cristo, los autores romanos identificaban a cinco posibles sospechosos de haber participado en la trama para asesinar a Germánico. En las hipótesis formuladas por los distintos autores, a menudo se acusa a dos o tres de estos sospechosos de haber colaborado con el fin de perpetrar la muerte de Germánico. El emperador Tiberio figura en casi todas las hipótesis. En este sentido, Suetonio expone que «de acuerdo con el veredicto del general, Tiberio orquestó sibilina e inteligentemente la muerte de Germánico utilizando a Cneo Pisón como agente e intermediario».[1] Pero, ¿es así como sucedió?

En el derecho romano existe un interrogante que a fecha de hoy todavía no han resuelto los investigadores: *Qui bono?* («¿Quién se benefició de esta muerte?»). Antes de señalar a un asesino, es necesario encontrar un móvil, los motivos para el asesinato. Ese móvil suele salir a relucir cuando una persona muere en circunstancias sospechosas. Aparentemente, el emperador Tiberio tenía mucho que ganar con la desaparición de Germánico. Muy extendida entre el pueblo de Roma existía la creencia de que el emperador tenía celos de Germánico, que temía la creciente popularidad de su hijo adoptivo, que éste lo derrocara, y, en consecuencia, le interesaba sobremanera quitárselo de en medio. Ahora bien, ¿significa esto que el inseguro Tiberio verdaderamente quisiera asesinar al hijo que había adoptado, el agradable y humilde vástago de un hermano al que Tiberio adoraba, un hecho peligroso y con potencial suficiente para agitar el imperio y provocar una revuelta armada contra su persona?

Al objeto de descifrar los entresijos de las maniobras políticas ejercidas por la familia imperial romana en aquella época, y para comprender la inmensa popularidad que concentraba Germánico entre el pueblo de Roma y, por extensión, que fuese percibido como una amenaza por parte de Tiberio, es necesario hacer un repaso, tan sucinto como acelerado, de las complejas relaciones familiares de los César.

Cuando estaba vivo, a Julio César Germánico se le llamaba «César». Esto se debía a que, en el inicio de la época imperial, César era un apellido familiar y no un título de carácter político. La familia imperial romana de los César fue instaurada por Cayo Julio César Octavio, el sobrino nieto de Julio César. En el año 30 a. C., tras derrotar completamente a Antonio y Cleopatra, se convirtió en el único gobernante de Roma. Y en el año 27 a.C. adoptó oficialmente el título de Augusto (queriendo significar «reverenciado»), un nombre por el que hoy es conocido como el primer emperador de Roma. La familia así creada por Augusto surgía de una mezcla entre las estirpes juliana y claudiana. En esta familia real los matrimonios entre primos eran una práctica común. La adopción de sobrinos como hijos no servía sino para complicar más las cosas. En el caso de Julio César Germánico, se aplicaban ambos factores. En virtud de su adopción por parte de su tío Tiberio tras la muerte de su padre, Druso César, el primo hermano de Germánico, Druso el Joven, se convirtió en su hermano. Además, debido a que Druso el Joven había desposado a Livila, su prima y la hermana de Germánico, uno de los muchos matrimonios políticos e incestuosos concertados por Augusto, Livila era a un tiempo la hermana de sangre y la cuñada de Germánico.

Puesto que mediante su adopción legal, en estricta observancia de los deseos de Augusto, Tiberio había convertido a Germánico en su hijo, Germánico era el más claro heredero al trono de Roma después de Tiberio y por delante de Druso, que era varios años más joven que él. Además, habida cuenta el linaje de su esposa Agripina —siendo ella la última nieta biológica superviviente de Augusto César—, los hijos y los nietos de Germánico y Agripina eran considerados personas muy especiales por el pueblo romano. El futuro de la dinastía César descansaba sobre ellos. En última instancia, la muerte del nieto de Germánico, el emperador Nerón, ocurrida cuarenta años después de la desaparición de Germánico, supondría la desaparición definitiva de la familia César. Otros emperadores posteriores incorporarían la palabra César al título que ostentaban, siendo así que con el tiempo el título César nuevamente denotaría la condición de heredero al trono de Roma, aunque lo cierto es que por las venas de ninguno de estos emperadores o potenciales emperadores circulaba sangre cesariana.

La madre de Germánico, Antonia la Menor, era la hija de Marco Antonio y Octavia, la segunda de las tres esposas que tuvo Antonio —después de Fulvia y antes de Cleopatra (suponiendo que, en efecto, llegara a desposar oficialmente a Cleopatra)—. Octavia era la hermana de Octavio, que luego se convirtió en el emperador Augusto, y formaba parte de la misma estirpe que Julio César. Esto convertía a los hijos de Antonia la Menor, Germánico y Claudio, en nietos de Marco Antonio y sobrinos nietos de Augusto, así como en parientes lejanos de Julio César.

Antonia, «famosa por su discreción y su belleza», según palabras de Plutarco,[2] el reputado historiador greco-romano del siglo I, se casó con Druso César (o Druso el Mayor, como también lo denominarían posteriormente otros historiadores), hijo primogénito de Tiberio Claudio Nerón, que en su día había sido cuestor de Julio César, o jefe de su personal, así como exitoso almirante durante la batalla que libró César entre los años 47-46 a. C. para conquistar Egipto. El marido de Antonia, Druso, era un hombre apuesto y un valiente soldado, así como un líder nato, dotado con la misma naturaleza tierna y suave que evidenciaba su hijo mayor, Germánico. Al igual que Tiberio, su hermano menor, Druso se había convertido en hijastro del emperador Augusto luego de que su madre, Livia, se divorciase de Tiberio Claudio Nerón y se casara con Augusto. Ambos muchachos fueron criados por su padre hasta el día de su muerte, siendo así que Druso y Tiberio desarrollaron un estrecho vínculo, en virtud del cual parece ser que Druso se hizo cargo del joven Tiberio hasta bien entrada su adolescencia.

Muy querido por el pueblo romano, Druso el Mayor cumplía años el mismo día que su suegro Marco Antonio, y sufrió un destino trágico parecido. Germánico no contaba más de seis años cuando su padre murió en el transcurso de la campaña de Germania —Druso sufrió heridas graves al caerse de su caballo—. Todo indica que contrajo gangrena y al cabo de treinta días estaba muerto, falleciendo entre los brazos de su devoto hermano Tiberio, que había acudido al galope desde el norte de Italia para acompañarle en su lecho de muerte. Antonia nunca volvió a casarse, pese a las urgencias de Augusto. En vez de eso, en una decisión que le granjeó el respeto del pueblo, Antonia prefirió llevar una vida de castidad en Roma y participar activamente en la crianza de sus nietos.

En un matrimonio arreglado por Augusto, alrededor del año 5 d. C. Germánico se había casado con Agripina, la inteligente y combativa hija de Julia, a la sazón la problemática hija de Augusto, y del talentoso general, almirante y mano derecha del emperador, Marco Vipsanio Agripa. Agripina daría nueve hijos a Germánico, dos de los cuales murieron en el momento de su alumbramiento, y un tercero falleció durante su niñez. Al contrario que tantos otros maridos y mujeres implicados en matrimonios concertados entre familias nobles, Germánico y Agripina parecían sentir un amor sincero el uno por el otro, y eran inseparables.

Con poco más de veinte años, Germánico ya apuntaba buenas maneras tanto por su destreza en el terreno militar como por su innegable capacidad de liderazgo, cualidades que desarrolló primeramente en la Guerra de Dalmacia y posteriormente bajo el mando de Tiberio en las distintas campañas de Germania. En el año 14 d. C., Augusto nombró a Germánico para sustituir a Tiberio en calidad de comandante en jefe de las tropas romanas estacionadas en el Rhin. Ignorando la convención vigente, según la cual las esposas de los generales debían permanecer en Roma mientras sus esposos servían en las fronteras del imperio, la joven Agripina se había unido a

Germánico y a sus tropas en tierras del Rhin, residiendo en los cuarteles de la ciudad de Colonia. Sus hijos mayores se habían quedado en Roma, en el palacio que Augusto había permitido que Germánico edificara en la colina Palatina. Este edificio se encontraba escasos metros por debajo del palacio del emperador, el Palatium, una denominación latina de la que deriva nuestro vocablo «palacio».

Pasaron los años y la pareja adquirió el hábito de siempre llevar consigo al menor de sus vástagos, que residía en el cuartel general de las tropas de Germánico, una costumbre de lo más natural tratándose de unos padres netamente amorosos. Así fue que su tercer hijo, Cayo, pasó sus primeros años de vida en los cuarteles del ejército del Rhin. Un sastre de la legión se encargó de confeccionar una pequeña túnica roja para el muchacho, muy querido por la tropas; y un zapatero de la legión le fabricó un par de pequeñas *caligulae*, las sandalias militares que calzaban los legionarios. A resultas de esto, el muchacho pronto se ganó el apodo de Calígula o «botitas». Sería precisamente este apodo el que habría de pasar a la historia, si bien en su época Calígula recibía, por regla general y oficialmente, el nombre de Cayo.

Durante el invierno del año 13-14 d. C., Agripina se quedó embarazada de su octavo hijo, siendo así que el infante Calígula permaneció en Roma en compañía de su abuelo el emperador Augusto. Calígula era un niño muy querido por las tropas de su padre, que en él veían algo así como un talismán de buena suerte, tanto así que en la primavera del año 14 d .C. la pareja decidió mandar traerle desde Roma para que se reuniera con ellos en el Rhin. En mayo, el anciano emperador Augusto, que había desarrollado un profundo afecto por el muchacho, escribió lo siguiente en una carta dirigida a Agripina, que estaba a punto de reunirse con Germánico en Colonia luego de haber pasado el invierno en la Galia:

> «Ayer hice los arreglos necesarios para que Talario y Asilio te lleven a tu hijo Cayo [Calígula] el próximo día 18 de mayo, si los dioses así lo quieren. Con él enviaré a uno de mis esclavos, un doctor [que servirá como médico personal de Calígula]. Como ya le dije a Germánico en una carta anterior, no es necesario que me lo enviéis de vuelta si allí os resulta útil.
>
> Me despido, querida Agripina. Te deseo lo mejor y un buen viaje de regreso al campamento de Germánico.»[3]

Augusto murió —parece ser que de neumonía—pasados tres meses desde la escritura de esta carta, poniendo fin a un reinado que se prolongó durante más de cuarenta años. Augusto había preparado a sus nietos mayores, los hermanos de Agripina Lucio y Cayo —otro Cayo—, para convertirse en sus herederos, pero ambos tuvieron una muerte prematura. Oficialmente, uno murió a causa de las heridas recibidas en la batalla y el otro a causa de una enfermedad, aunque el historiador Tácito no duda en expresar sus sospechas de que la esposa de Augusto, Livia, estuviera implicada en estas muertes, quizás recurriendo a algún veneno.[4] Enormemente inclinado hacia su nietastro Germánico, a quien consideraba un modelo de virtud y de hombría, en sus últimos años Augusto contempló seriamente la posibilidad de nombrarlo su heredero. Sin embargo, cediendo a las presiones de Livia, finalmente decidió nombrar heredero a su único hijo vivo, Tiberio, un deseo que quedó expresado en su testamento. Al mismo tiempo, había logrado que Tiberio adoptase a Germánico, lo cual convertía a Germánico en heredero de Tiberio por delante de su propio hijo, Druso el Joven. De esta manera, Augusto establecía una línea sucesoria que satisfacía a su esposa al tiempo que estaba diseñada para hacer emperador a Germánico, aunque eso hubiera de ocurrir más tarde que temprano.

El problema fue que Augusto nunca formalizó su plan para la sucesión. Ciertamente, Augusto designaba a Tiberio como el principal beneficiario de su política, pero en ningún lugar dejó escrito su deseo de que Tiberio le sucediese al frente del imperio. Después de que Augusto falleciera en Nola, una localidad cercana a Nápoles, el 19 de agosto del año 14 d. C., Tiberio se abstuvo de reclamar inmediatamente su derecho al trono. Uno de sus rivales en potencia, Marco Agripa Póstumo, otro de los nietos de Augusto, fue decapitado en la isla italiana donde había permanecido encarcelado por orden de Augusto durante varios años. Sobre este particular Suetonio especularía que o bien Augusto había firmado en vida la orden para su ejecución, con instrucciones de ser promulgada tras su muerte, o bien fue emitida por Tiberio o por su madre Livia. En su defensa, Tiberio había apare-

Un zapatero de la legión le fabricó a Cayo un par de pequeñas *caligulae*, las sandalias militares que calzaban los legionarios. A resultas de esto, el muchacho pronto se ganó el apodo de Calígula o «botitas».

cido en público mostrándose muy contrariado y enojado tras conocer la noticia de la reciente ejecución de Póstumo. Negando todo conocimiento de dicha orden de ejecución, Tiberio amenazó con castigar ejemplarmente al tribuno pretoriano encargado de custodiar a Póstumo, que había llevado a cabo la decapitación e informado de ello a Tiberio, para luego obsequiarle la cabeza cercenada del joven. Con todo, Tiberio nunca llegó a cumplir su amenaza.[5]

Incluso después de la ejecución de Agripa, y luego de que Tiberio hubiese informado de lo sucedido ante el Senado, Tiberio vaciló y optó por no reclamar para sí el trono vacante. En su opinión, existía otro poderoso rival al que debía enfrentarse: su sobrino e hijo adoptivo Germánico. El origen de su paranoia en relación con Germánico puede atribuirse, en buena medida, al comandante de la guardia pretoriana, Lucio Elio Sejano. El prefecto de la guardia pretoriana se las ingenió para convencer a Tiberio de que Germánico quería hacerse con el trono. Así, mientras Sejano aseguraba a Tiberio el respaldo de la guardia pretoriana —una especie de fuerza policial integrada por militares no muy distinta de los actuales *carabinieri* italianos—, además de la unidad encargada de la seguridad del emperador, y la guardia germana, que sumaba un total de doce mil hombres, Germánico contaba con el apoyo de una fuerza integrada por ocho mil legionarios y tropas auxiliares estacionados en el Rhin que le eran extremadamente leales; es más, parte de sus tropas se habían ofrecido a ayudarle y proclamarle emperador, recurriendo a la autoridad de sus espadas.

Si Germánico decidía avanzar sobre Roma aun con la mitad de esas tropas con el objetivo de proclamarse emperador, ni tan siquiera la guardia pretoriana, un cuerpo de elite orgulloso y con la moral alta, podría detenerle, amén de que no existía garantía alguna de que los soldados rasos pretorianos estuvieran dispuestos a oponerse a los planes de Germánico. Tal como se demostraría a finales del año 16 d. C., cuando todas las cohortes de la guardia pretoriana salieron de la ciudad para recibir a Germánico tras su victoriosa campaña en Germania —siendo así que sólo dos cohortes habían recibido órdenes expresas de salir a su encuentro—, los pretorianos también vitorearon a Germánico. Y podemos concluir, casi con total certeza, que habrían desoído cualquier orden de combatirle.

En agosto del año 14 d. C., poco antes de la muerte de Augusto, Germánico se encontraba lejos de su ejército, realizando la colecta anual de impuestos en la Galia. Aprovechando su ausencia, los legionarios de ocho legiones —o regimientos— romanas acuartcladas en el Rhin se habían declarado en huelga al conocer la noticia del fallecimiento de Augusto. Germánico tuvo que interrumpir abruptamente su periplo por tierras galas y regresar apresuradamente a Colonia, donde le esperaba Agripina acompañada por su hijo Calígula, que entonces tenía dos años. A su regreso se enteró de que las cuatro legiones habían asesinado a varios de sus oficiales y expulsado al resto. Las tropas amotinadas planteaban toda una batería de demandas, pero por encima de todo exigían la reducción de la duración del servicio militar. Algunos años antes, Augusto había ampliado el período de servicio de dieciséis a veinte años. En caso de que aquel período original estuviese todavía en vigor, miles de aquellos hombres ya se habrían licenciado y pasado a la reserva. Sin embargo, tal como estaban las cosas les esperaban varios años más de servicio activo.

Dirigiéndose a la asamblea de legionarios, Germánico se manifestó dispuesto a permitir que quienes hubiesen cumplido los dieciséis años de servicio activo se retiraran. Tras restaurar el orden, remontó el Rhin hasta Mainz con la intención de sofocar a las cuatro legiones amotinadas allí. Sin embargo, en ambos cuarteles las tropas reclamaron el trono de Roma para Germánico, expresándole su apoyo sin reservas. Pero Germánico era muy consciente de que Augusto había pretendido que su padre adoptivo, Tiberio, fuese el próximo emperador. Visiblemente enojado, Germánico se resistió al clamor de la tropa y desoyó sus insistentes llamados a hacerse con el trono, declarando que antes se quitaría la vida que sería desleal a su «padre». Para desviar la atención de su ahora encendido ejército, Germánico de inmediato ordenó una incursión por sorpresa en territorio germano, y las legiones cruzaron el Rhin para realizar una misión de castigo contra el caudillo enemigo Hermann —o Arminio, en la nomenclatura romana— y sus aliados germanos, en represalia por haber derrotado al general romano Publio Quintilio Varo y las legiones decimoséptima, decimoctava y decimonovena en el bosque de Teutoburgo, situado en la orilla este del Rhin, cinco años antes.

Una vez que quedó claro que Germánico estaba más interesado en seguir siendo general que en convertirse en emperador de Roma, Tiberio se hizo con el trono. Pero lo cierto es que nunca llegó a confiar plenamente en su sobrino e hijo adoptivo. Es muy probable que Sejano, favorito de Tiberio y comandante de la guardia pretoriana, dijese al emperador que nadie con el apoyo popular que concentraba Germánico podía ser tan honorable, o tan digno de su confianza, y seguramente le advirtió de que en última instancia Germánico dirigiría sus legiones contra la capital con el propósito de derrocarle.

Cada año durante un período de tres, Germánico cruzó el Rhin con una fuerza de invasión romana perfectamente organizada al objeto de ejecutar un complejo y bien diseñado plan ofensivo. Avanzando por la región central de Germania como resultado de diversas maniobras de tenaza meticulosamente coordinadas, había destruido numerosas fortificaciones germanas, varios pueblos y aldeas, poniendo a las tribus locales en fuga. En tres importantes batallas, sus soldados profesionales habían conseguido derrotar a los indisciplinados guerreros de Hermann, gracias a una exitosa inteligencia que les permitió eludir las emboscadas e infligir miles de bajas al ejército enemigo. El propio Hermann había logrado eludir su captura por muy poco, y se convirtió en un fugitivo. Ahora bien, su joven esposa Thusnelda, por entonces embarazada, no había tenido tanta suerte y fue aprehendida por las tropas de Germánico. Tras su captura, fue enviada con vida a Roma donde permaneció bajo arresto domiciliario. Allí nació el hijo de Hermann, cautivo de sus enemigos romanos.

Como cada año, las noticias de las sonadas victorias de Germánico llegaban a Roma y su fama alcanzada cotas insospechadas; su figura brillaba más que nunca y esto alimentaba las sospechas de Tiberio. El nuevo emperador contaba con un buen amigo, un general de nombre Seyo Tubero, que servía en la milicia de Germánico, alguien que podría mantenerle bien informado de todo lo que Germánico hiciera o dijese. Asimismo, en el año 15 d. C. había enviado a un antiguo cónsul, Lucio Apronio, supuestamente para que aportase su experiencia en las operaciones militares de Germánico, aunque en realidad tenía que espiarle. Germánico, por su parte, lo dejó al mando de un fuerte en la retaguardia, donde sólo podía espiar lo que sucedía en un inmenso bosque completamente vacío.

El año siguiente, Tiberio envió un contingente de dos mil hombres de la guardia pretoriana para que se uniesen al ejército de Germánico. Esto constituía un hecho sin precedentes. Los pretorianos nunca abandonaban al emperador, y muchos romanos sospecharon que los oficiales pretorianos habían recibido órdenes de su comandante en Roma, Sejano, de asesinar a Germánico en el fragor de la batalla para así eliminar la amenaza que su persona entrañaba para el trono de Tiberio. Muy consciente de esa posibilidad, Germánico lideró deliberada y personalmente a estos guardias pretorianos en la vanguardia durante el sitio de un importante baluarte defensivo germano, el *Angrivarierwall* en Idistaviso. Más aún: se despojó de su casco y cargó contra el enemigo a cara descubierta, de manera que pudiese ser identificado fácilmente y ningún oficial pretoriano se atreviese a clavarle la espada so pretexto de haberle confundido con el enemigo.

Para mayor decepción de su ejército y del pueblo romano en general, justo cuando Germánico estaba preparando una nueva invasión de Germania, en el año 17 d. C., una campaña que confiaba le reportase la victoria final sobre los ejércitos germanos y que serviría para expandir las fronteras del imperio hasta el río Elba, Tiberio le ordenó regresar a Roma. Desde el Palatium se le transmitieron varias excusas para esta comparecencia. Tiberio quería que Germánico fuese cónsul por segunda vez. Quería que recibiese los honores de Triunfo que habían sido aprobados por el Senado. Y tenía una nueva encomienda para él. Asimismo, Tiberio había dejado entrever que su deseo era que Druso el Joven, el hermano adoptivo de

Germánico, compartiera parte de la gloria como resultado de enviarle con las legiones del Rhin en la siguiente —y presuntamente definitiva— campaña contra los germanos. Aunque, si bien en décadas futuras habría otras operaciones de castigo ejecutadas por los romanos en territorio germano, una vez que Germánico regresó del Rhin, nunca más se ordenó a las legiones que iniciasen una invasión de Germania en toda regla, siendo así que el Rhin se convirtió en la frontera nororiental del imperio romano.

Para muchos, entonces y ahora, parecía ilógico que Tiberio quisiera evitar que su mejor general capitalizase todo lo que Germánico había logrado en Germania durante los últimos dos años y medio, en el proceso de expansión del imperio. Pero resulta evidente que Tiberio estaba celoso de su hijo adoptivo. Una década antes, Tiberio había liderado personalmente un ejército compuesto por quince legiones —casi el doble que las fuerzas que ahora lideraba Germánico— en varias campañas desastrosas en Germania, habiendo cosechado muy poco salvo algunos tratados de paz con algunas de las tribus germanas; unos tratados que, invariablemente y por riguroso turno, habían desembocado en una guerra abierta con Roma bajo el liderazgo de Hermann. En contraste, Germánico, con un ejército notablemente inferior y con menos dificultades, había derrotado a los germanos en varias batallas relevantes. Había destruido sus núcleos más importantes y forzado el éxodo de cientos de miles de refugiados en dirección al este. Había capturado a numerosos caudillos germanos. Además, había logrado recuperar dos de los tres estandartes del águila dorada del general Varo que se hallaban en poder del enemigo. Y, muy al contrario que Tiberio, un hombre que carecía por completo de carisma personal, Germánico había sido elevado a la categoría de héroe por el pueblo de Roma. Para creciente paranoia de Tiberio, la derrota final de Hermann y la ocupación de Germania por parte de los ejércitos de Julio César Germánico, sólo servirían para reforzar la ya de por sí excelente reputación del joven general, hasta el punto de que eso le catapultaría al trono —el trono de Tiberio— con la venia de un pueblo que le adoraba.

Así y todo, Germánico permaneció leal a Tiberio. Obedeció escrupulosamente sus órdenes, abandonó sus planes de iniciar la campaña final en Germania en el año 17 d. C., y emprendió el viaje de regreso a Roma, donde se le prodigó una tumultuosa bienvenida por parte tanto de sus ciudadanos como del estamento militar. Una vez que Germánico hubo recibido honores de Triunfo por sus victorias en las calles de Roma, Tiberió le ordenó que asumiese el mando de las provincias romanas de Oriente, garantizándole el *imperium*, lo cual le confería el control supremo de todas las tropas y los magistrados romanos presentes en esa región del imperio. Con ello Tiberio pretendía mantenerle alejado de Roma, a miles de kilómetros de distancia, y alejarlo más si cabe de la lealtad de sus legiones, que permanecerían acantonadas en el Rhin a medio mundo de distancia.

En el este había siete legiones: cuatro acuarteladas en Siria, una en Judea y dos en Egipto. Ahora bien, sus legionarios sólo le conocían por su reputación, razón por la cual Germánico precisaría algún tiempo antes de contar con la misma lealtad que incondicionalmente le brindaban las tropas del Rhin. Deliberadamente y para complicarle más las cosas, Tiberio había nombrado a un nuevo gobernador de Siria, donde Germánico establecería su cuartel general, ordenando regresar a Roma al gobernador en funciones, Crético Silano. El relevado gobernador Silano era amigo personal de Germánico; no en vano su hija estaba prometida en matrimonio con el hijo mayor de Germánico, Nerón —no el futuro emperador Nerón, sino su tío abuelo, Nerón Julio César Germánico.

El nuevo gobernador designado por Tiberio era Cneo Calpurnio Pisón. Ciertamente, Augusto tenía una elevada opinión de Pisón —durante el imperio de Augusto, había estado al frente de la casa de la moneda en Roma, había sido nombrado cónsul, había gobernado la provincia senatorial de África durante un año en 3 a. C., y en el año 9 d. C. había sido nombrado gobernador de la Hispania Ulterior. Aun así, pese a la amplia experiencia de Pisón, a ojos de los profanos su nombramiento como gobernador de Siria resultaba un tanto inusual, dado que Pisón no era amigo de Tiberio. Arrogante, intransigente y discutidor, hijo de un conocido opositor a Julio César, Pisón despreciaba a Tiberio, aun cuando ambos hubiesen compartido el cargo de cónsul en el año 7 a. C. Cumplidos ya los sesenta, Pisón no había respetado a ningún hombre a excepción del emperador Augusto, del que había sido íntimo amigo. Es más, Pisón se opuso a Tiberio en el Senado en el año 16 d. C., argumentando que la cámara debería tener la capacidad de reunirse y resolver asuntos de estado cuando el emperador estuviese lejos de Roma, manteniendo su postura incluso después de que Tiberio hubiese manifestado públicamente su opinión contraria. En aquella ocasión Tiberio se había salido con la suya, aunque sólo después de un encendido debate en el Senado protagonizado por Pisón y otros senadores próximos a Tiberio.

La esposa de Pisón, Plancina, una mujer de noble cuna, adinerada e independiente, tenía una magnífica relación con la madre del emperador, Livia. Todo el mundo creía que Livia había recomendado el nombramiento de Pisón como gobernador de Siria, uno de los puestos de gobierno mejor remunerados del imperio, a modo de favor a su amiga Plancina. La naturaleza irascible de Pisón habría servido para decantar finalmente la decisión de Tiberio. Tal como expresaría el astuto comandante de la guardia pretoriana Sejano, del enojadizo Pisón podía esperarse que pusiera en serios aprietos a Germánico, haciéndole la vida imposible en tierras orientales.

Germánico sólo cometió un error a lo largo de su carrera, y lo cometió durante el tiempo que pasó en Oriente. Y lo que es más importante: este paso en falso sólo podía poner a Tiberio en su contra y exacerbar sus temores acerca de las ambiciones políticas de su hijo adoptivo. A principios del verano del año 19 d. C., al enterarse de que Egipto estaba padeciendo una hambruna, Germánico atravesó apresuradamente Judea en su viaje hasta Alejandría, la capital de Egipto, adonde se dirigía para supervisar las operaciones que se habían puesto en marcha para hacer frente a la grave situación. Algunos autores e historiadores modernos han especulado sobre la posibilidad de que Germánico se hiciese acompañar por Agripina y dos de sus hijos en esta excursión a Egipto, dado que rara vez viajaba por territorio romano sin su familia. Ningún autor clásico confirmó en su día que Germánico se hiciera acompañar por su familia en este viaje. Tácito, que describe una visita en solitario,[6] dice que al llegar a Alejandría, Germánico no se lo pensó dos veces y ordenó abrir los graneros gubernamentales, y seguidamente redujo el precio del grano para ayudar a la necesitada población egipcia, para ese entonces muy castigada por la sequía. Igualmente, implementó otras medidas urgentes que le granjearon la aprobación y el afecto populares.

El problema radica en que esta visita de Germánico a Egipto quebrantaba la ley. En el inicio de su reinado, Augusto había aprobado una ley que daba carta de naturaleza a una práctica introducida en tiempos de Julio César. Esta ley de Augusto decretaba que ningún ciudadano romano de rango senatorial podía entrar en Egipto sin el consentimiento explícito del emperador. Esta medida se justificaba porque el fértil valle del Nilo y su delta constituían un granero de importancia cardinal para el abastecimiento de Roma, fundamental para la elaboración de pan y otros productos de primera necesidad, tanto así que Egipto era conocido como «la panera de Roma». Si un rival del emperador conseguía hacerse con el control de Egipto, podría literalmente chantajear al pueblo de Roma amenazando con cortar los suministros y provocar una hambruna, para arrebatar el trono a su titular. Por consiguiente, ni tan siquiera el gobernador de Egipto ostentaba un rango de nivel senatorial; antes bien era caballero con el título de prefecto. Asimismo, los comandantes de las dos legiones acuarteladas en Egipto no eran legados, o generales de brigada, hombres de rango senatorial, como solían serlo casi en cualquier otra provincia del imperio. Esta medida se justificaba por el hecho de que los comandantes de la legión no podían recibir órdenes de un gobernador que ostentara un rango inferior al suyo. En Egipto, como en Judea, al frente de las legiones había coroneles —tribunos militares o de alto rango—, que sólo accederían al Senado posteriormente, cuando ascendiesen un escalón en la jerarquía de los servidores públicos romanos.

Que ningún romano de rango senatorial podía entrar en Egipto era una ley virtualmente grabada en piedra, una estipulación que Germánico conocía bien y que ignoró conscientemente. Todo indica, sin embargo, que Germánico entendía que esta ley no era aplicable a su persona. No fue arrogancia por su parte, un rasgo del carácter jamás atribuido a Germánico, sino que, de manera harto inocente —y quizás ingenua— consideró que, puesto que obraba de buena fe y acudía a Egipto para paliar los males que se cernían sobre su población, su quebranto de la ley no sería tomado en cuenta.

En Alejandría Germánico se alojó en el inmenso palacio de los Ptolomeos, los reyes (o faraones) de Egipto desde hacía cientos de años, hasta que Julio César terminó con su reinado convirtiendo a Egipto en provincia romana. Su último ocupante de estirpe real había sido la reina Cleopatra. Ahora dicho palacio era la residencia del gobernador romano, el prefecto de Egipto. En el año 19 d. C., ese gobernador era Cayo Galerio, que había sido nombrado prefecto en 16 d. C., todo indica que tras la muerte de su predecesor en el cargo, Lucio Seyo Estrabón, padre de Sejano, el actual comandante de la guardia pretoriana. Como prueba de la importancia de su puesto en Egipto, y aunque Galerio sólo era caballero, su remuneración era equiparable a la de la mayoría de los gobernadores de mayor rango de otras provincias, todos antiguos cónsules: 400.000 sestercios al año. Esto suponía una verdadera fortuna, especialmente para un ciudadano de rango ecuestre. 400.000 sestercios era la cantidad necesaria para que un caballero cumpliese los requisitos de acceso y permanencia en la orden ecuestre, siendo así que el prefecto de Egipto recibía esa cantidad sólo en un año. Además, dado que el emperador Tiberio era reticente a sustituir a sus gobernadores una vez que asumían el cargo, Galerio afrontaba una halagüeña perspectiva de muchos años provechosos en Egipto.

En el palacio alejandrino, Galerio vivía en compañía de su esposa Marcia y su sobrino de veintidós años, Lucio Anneo Séneca el Joven. Séneca, nacido en Córdoba, una localidad de la Bética, la provincia romana situada en la Hispania Ulterior, era hijo de Marco Anneo Séneca, un romano de rango ecuestre y origen hispano que había sido procurador provincial y se había ganado cierta fama como orador y maestro de retórica en Roma antes de retirarse a su ciudad natal, Córdoba. El joven Séneca había sido educado en Roma, aunque luego de padecer un severo problema de salud —seguramente un asma agudo y posiblemente también tuberculosis—, su tía Marcia se lo llevó a vivir con ella y su esposo, el prefecto Galerio. Esa tía habría sido la hermana bien del padre de Séneca o bien de su madre, Helvia.

Germánico ya conocía al prefecto Galerio —al igual que todos los gobernadores romanos y los caudillos aliados de Oriente, el prefecto y su sobrino Séneca se

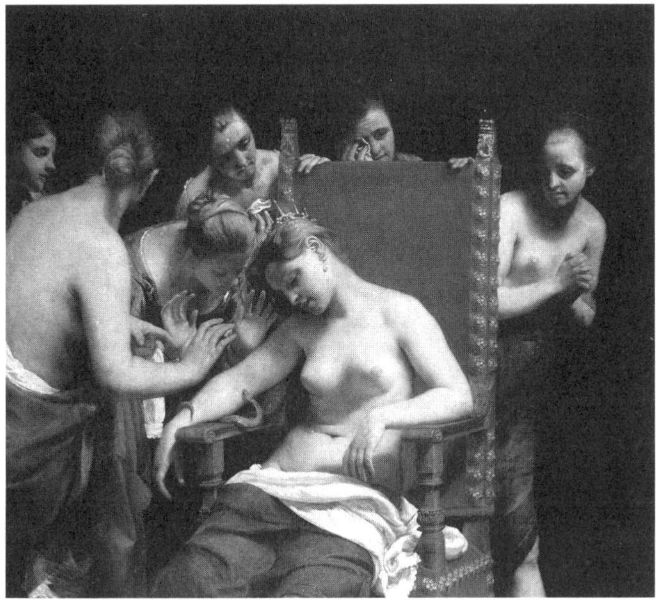

La muerte de Cleopatra, de Cagnacci Guido, 1660, Museo de Arte e Historia, Viena.

habrían desplazado a Dafne para presentar sus respetos al príncipe, el nuevo superior del prefecto en Oriente, luego de que Germánico llegase a la región en el año 17 d. C. Para el joven Séneca, esta visita tendría el aliciente añadido de satisfacer su curiosidad, pues deseaba conocer personalmente a Germánico y Agripina la Mayor, la pareja más famosa de todo el imperio romano.

En Alejandría, dieciocho meses después de que Germánico hubiese asumido el mando de Oriente, Galerio y Marcia dieron la bienvenida al príncipe. Germánico habría pasado revista a las dos legiones romanas estacionadas en Alejandría, la III legión Cirenaica y la XXII legión Deiotariana, al tiempo que habría disfrutado de las vistas del Mediterráneo y de la bien trazada metrópolis egipcia, cuya población superaba el millón de habitantes y que en la época era considerada la ciudad más hermosa del mundo. Asimismo, habría visitado la célebre biblioteca de Alejandría, la más grande del mundo, teniendo la oportunidad de ver los cientos de miles de volúmenes que componían su colección y de hablar con los estudiosos griegos que trabajaban en esa institución. Habría visitado el mausoleo de Alejandro Magno, también ubicado en la ciudad, donde, según se decía, estaban enterrados sus restos mortales. Y, sin lugar a ningún género de dudas, habría acudido a visitar el mausoleo de Cleopatra, donde reposaban los restos mortales de su abuelo Marco Antonio junto a los de Cleopatra. En calidad de sacerdote romano, habría conducido algunos ritos de carácter religioso para honrar la memoria de Antonio.

Tácito afirma que Germánico también tuvo la oportunidad de hacer turismo y conocer algunos de los antiguos templos egipcios levantados a orillas del Nilo, los mismos que en la actualidad atraen a millones de turistas. Tras despojarse del uniforme militar y ponerse una sencilla túnica griega, similar a la que vestía Marco Antonio cuando no se encontraba de servicio en Egipto, Germánico había alquilado una barcaza fluvial y, renunciando a su escolta, remontó el fértil Nilo desde la antigua Canopus hasta Elefantina y Syene (Asuán en la actualidad), alcanzando posteriormente los límites del imperio romano —que más tarde se extenderían hasta el Mar Rojo. En Tebas, que ya entonces constituía un notable vestigio de la antigüedad, el turista Germánico visitó sus imponentes ruinas. Allí, prosigue Tácito, un anciano sacerdote del lugar tradujo las inscripciones relativas al faraón Ramsés y sus hazañas militares ante la atenta mirada del príncipe. Igualmente maravillado se quedó Germánico al contemplar los enormes colosos de Memnón y las pirámides de Giza, «que se elevaban cual montañas impasibles entre dunas de arena cambiante», describe Tácito.[7]

Cuando a Roma llegó la noticia de que Germánico se encontraba en Egipto, Tiberio montó en cólera. Sin mayor demora, redactó una carta que seguidamente envió al Senado para expresar su moderada desaprobación de la vestimenta y las maneras adoptadas por Germánico en Egipto, aunque también censuraba con contundencia y explícitamente su visita a Alejandría sin haber solicitado el permiso de su emperador —un acto que contravenía la norma de Augusto. Sólo después de haber regresado a Siria supo Germánico lo mucho que «había criticado» Tiberio su impulsiva expedición a territorio egipcio.[8]

Tiberio, y muy particularmente su influyente consejero Sejano, interpretarían este inocente periplo por Egipto, que combinaba tareas para aliviar los estragos producidos por la persistente sequía y algún tiempo dedicado al ocio, como una prueba irrefutable de que Germánico estaba dispuesto a saltarse la ley para mofarse públicamente de la autoridad imperial. Suponiendo que hasta la fecha Tiberio no hubiese considerado la posibilidad de eliminar a su hijo adoptivo, ahora, merced a este innecesario episodio egipcio, sus temores se veían notablemente acrecentados; tanto así que, inducido por los comentarios interesados del manipulador Sejano, bien podría haber decidido dar luz verde a su asesinato.

Algunos otros autores clásicos apuntan la existencia de un segundo motivo para que Tiberio quisiera deshacerse de Germánico. Durante los primeros cinco años de su mandato, y hasta la muerte de Germánico, Tiberio actuó con cierta mesura. En términos generales, fue bastante justo en lo tocante a la aplicación de las leyes romanas, y rara vez ordenaba algo. Se limitaba a hacer propuestas en el Senado y sugerencias a los altos funcionarios del imperio, en lugar de emitir baterías de instrucciones sin más. Según rezaba un viejo aforismo romano, «a buen entendedor pocas palabras bastan». Si los receptores de sus «consejos» eran personas sabias, se limitaban a seguirlos escrupulosamente y a beneficiarse en consecuencia. Tras la muerte de Germánico, Tiberio se quedó «sin rivales esperando su oportunidad para arrebatarle el trono», en palabras de Dión Casio,[9] por lo que su estilo de gobierno adoptó una deriva más arbitraria y autocrática. Este cambio en su comportamiento, que previamente se había caracterizado por la moderación y la prudencia, de manera que Germánico no tuviera motivos para actuar contra él, resultó evidente para todo su entorno. Ahora, sentencia Dión Casio, «su autoridad se había transformado en crueldad».[10]

Suetonio se alinea con la opinión de Dión Casio —que la presencia de Germánico contenía los impulsos feroces de Tiberio. En este sentido, Suetonio razona que si Tiberio hubiese gobernado de manera autocrática mientras Germánico estuvo vivo, se habría producido un estallido popular exigiendo que Germánico le sustituyese. «Todo el mundo creía», dice Suetonio, «y con razón, que el simple respeto que sentía por Germánico impedía que Tiberio mostrase la crueldad inherente a su desviada naturaleza», que, prosigue este autor, no tardaría en aflorar y manifestarse después de la muerte de Germánico.[11]

Así pues, si aceptamos que Tiberio finalmente decidió ordenar el asesinato de Germánico luego de haber gobernado durante cinco años, para así deshacerse de un poderoso rival y de cualquier inhibición para el ejercicio arbitrario del poder, ¿cómo se las habría arreglado para dar muerte a su hijo adoptivo? Ni que decir tiene que Tiberio no podía ordenar el arresto de Germánico en el transcurso de una trifulca inventada y su ejecución posterior por parte de la guardia pretoriana, el método normalmente empleado por los emperadores romanos para desembarazarse de sus rivales. Un acto semejante habría provocado una revuelta en su contra protagonizada por el pueblo y los estamentos militares, seguramente de tal virulencia y magnitud que con ello Tiberio habría firmado su sentencia de muerte. Se imponía, por tanto, un asesinato. Un asesinato subrepticio y vil. Para que Tiberio pudiera eludir cualquier sospecha de haber estado implicado en la conjura, era necesario que la muerte de Germánico pareciese un accidente, o, preferiblemente, que tuviese una causa natural. A la vista de todas las posibilidades, el envenenamiento emergía como la opción más adecuada. Ahora bien, ¿quién en Siria podría llevar a cabo el magnicidio? Suetonio, como tantos otros romanos, estaba convencido de que, en palabras del propio autor, «Tiberio orquestó taimadamente la muerte de Germánico, utilizando a Pisón como su agente e intermediario».[12]

En cualquier caso, ¿dónde estaban las pruebas? ¿El intermediario de Tiberio habría sido tan inepto como para recurrir a un veneno como la belladona que dejaba una inconfundible tarjeta de visita? Con toda seguridad, el objetivo de este ejercicio, si es cierto que Tiberio fue su instigador, era conseguir que el envenenamiento de Germánico pareciese una muerte natural, ¿acaso para que ningún dedo acusador señalase en dirección a Tiberio? En buena lógica, el emperador era uno de los principales sospechosos del asesinato, y Tiberio era muy consciente de ello. ¿Tenía sentido que un gobernante tan impulsivo y paranoico como él se arriesgase a verse implicado en el magnicidio de Germánico? ¿Habría arriesgado su propio pellejo situándose al borde de una revuelta armada protagonizada por el pueblo y los soldados de Roma, una revuelta que todavía era una posibilidad real cuando Cneo Pisón regresó a Roma para encarar a sus acusadores?

Cneo Calpurnio Pisón había hecho muy poco para parecer inocente de su complicidad en la muerte de Germánico a ojos del pueblo romano, ni antes ni después de la desaparición del príncipe. La arrogancia que exhibía Pisón tenía su raíz en la creencia de que era superior a cualquier hombre vivo, y eso incluía al emperador Tiberio. A este respecto Tácito menciona que se comentó que Augusto, justo antes de morir, había reflexionado en voz alta acerca de quién, aparte de sus parientes, poseía tanto la capacidad como la ambición para sucederle en el trono. Pues bien, los hay que aseguran que el emperador Augusto citó el nombre de Pisón como uno de los tres senadores de mayor rango que, a su juicio, cumplían ambos requisitos. Pisón, afirmó Augusto, no era un hombre «indigno» del trono, y, en caso de ofrecérselo, seguramente lo habría aceptado.[13] Naturalmente, Pisón se consideraba un candidato apto y merecedor del trono.

Con posterioridad a su nombramiento como propretor de Siria, Pisón había abandonado Roma para dirigirse hacia el este, breve tiempo después de que Germánico y Agripina hubiesen partido también. Pisón navegó desde Italia a bordo de una flota de buques mercantes en compañía de su esposa Plancina, su hijo menor Marco Pisón, que por entonces se acercaba o había cumplido recientemente los treinta años, y que desempeñaba las funciones de ayudante personal de su padre, y varios cientos de esclavos, miembros de su personal y amigos, entre los que cabe destacar al senador Domicio Céler. En rigor, Pisón se embarcó rumbo a Siria acompañado por una verdadera corte real.

Agripina se encontraba ya en avanzado estado de gestación, de su noveno embarazo, cuando ella y su marido iniciaron su viaje desde tierras italianas. Luego de hacer escala en Actium (hoy Accio), en Grecia, para discretamente visitar el lugar donde su abuelo Octavio Augusto había derrotado al abuelo de Germánico, Marco Antonio, y a la reina Cleopatra en la famosa batalla naval de Actium, Agripina y Germánico se detuvieron en la isla griega de Lesbos. Allí, Agripina dio a luz a su tercera hija y el último de sus vástagos, Julia Livila. Germánico no tenía prisa alguna en llegar a Siria. Dotado con una curiosidad insaciable, decidió bordear parte de la costa occidental de Grecia y el litoral oriental de Turquía, territorios ambos que formaban parte del Imperio romano, en compañía de su esposa y su hija recién nacida, recalando en diversas ciudades del recorrido. En cada pueblo o ciudad que visitaban, el célebre joven príncipe Germánico y su igualmente venerada esposa eran recibidos con gran entusiasmo por sus habitantes y agasajados por las autoridades locales. En la localidad de Colofón, en la provincia de Asia, Germánico visitó un famoso oráculo que en forma versificada había vaticinado, siempre según Tácito, que «un mal prematuro» se cernía sobre el príncipe.[14] Germánico, que nunca había sido supersticioso, restó importancia a la predicción.

Este ocioso y progresivo avance de Germánico y Agripina en dirección al este, permitió que Pisón se adelantara al príncipe. Haciendo una breve pausa en Grecia de camino a Siria, donde asumiría su nuevo cargo, Pisón pronunció un amargo discurso ante los ciudadanos más prominentes de Atenas, una alocución salpicada de comentarios dudosos contra Germánico, de quien aseguraba que había denigrado el nombre de Roma como resultado de tratar con excesiva cortesía a los caudillos germanos que había apresado en el decurso de sus campañas.

La flota de Pisón dio alcance a la flota de Germánico en la isla de Rodas. Arribando en medio de una fuerte tormenta, los barcos de Pisón, con el único impulso de sus velas, se vieron en serio peligro de zozobrar en los arrecifes de la isla. A la vista de ello, Germánico envió varias galeras de combate propulsadas por remeros expertos para que les lanzasen un cable y los arrastrasen hasta un lugar seguro. Con un simple «gracias» expresado a Germánico tras el rescate —una operación que salvó su vida, las de su familia y los integrantes de su séquito—, Pisón zarpó de nuevo al cabo de un día, con la firme determinación de arribar a Siria mucho antes que su nuevo comandante en jefe. Tan pronto como hubo desembarcado en Siria, Pisón no perdió un solo instante y se dispuso a asumir personalmente el control de la región, al tiempo que socavaba sistemáticamente la autoridad y el poder de Germánico. Esta velada batalla entre Pisón y Germánico se prolongaría durante los dos años siguientes, y sólo alcanzaría un desenlace con el derrocamiento de Pisón y la muerte de Germánico.

¿Qué motivos tenía Pisón para embarcarse en esta campaña de confrontación y desprestigio de la figura de Germánico? ¿Cuál era su objetivo? Los autores romanos coinciden en afirmar que Pisón, a la hora de poner en práctica esta campaña de oposición a Germánico y sabotaje a su gobierno, creía contar con el respaldo de alguien bien situado en el Palatium de Roma. Si esta aprobación era más o menos tácita o real, devendría más tarde un asunto de intenso debate. En cualquier caso, ¿qué razones tendría Pisón para llevar este antagonismo hasta el punto de asesinar a Germánico? ¿Qué beneficios le reportaría semejante crimen? Ciertamente, la desaparición de Germánico le serviría para deshacerse de un superior molesto, amén de que, en última instancia, le proporcionaría una total libertad de acción en Siria. Sin embargo, ¿no es cierto que Pisón sabía que él se convertiría en el principal sospechoso de asesinato en el caso de que Germánico muriese en circunstancias dudosas, en virtud, claro está, de la campaña de descrédito que tan abiertamente había orquestado contra el príncipe?

¿Acaso la ausencia de restricciones en el gobierno de Siria era un motivo suficientemente poderoso para asesinar al heredero al trono de Roma? ¿Es cierto que Pisón sería el máximo beneficiario de la desaparición de Germánico? No cabe duda de que en ningún caso obtendría un beneficio mayor que el emperador Tiberio. Había otros que se verían más beneficiados que el propio Pisón. Mucho más. La muerte de Germánico convertiría al hijo biológico de Pisón, Druso el Joven, en el heredero y principal candidato al trono de Roma. De suerte que Druso se vería netamente beneficiado por la desaparición de su primo y hermano adoptivo. Sea como fuere, ningún autor romano se atrevió siquiera a insinuar que Druso ambicionase el trono o deseara la muerte de Germánico. Antes bien lo contrario, puesto que a ojos de todos Druso y Germánico estaban muy unidos. Así las cosas, cabe concluir aquí que Pisón tenía menos que ganar con la muerte de Germánico que Tiberio o su hijo Druso.

¿Es posible que Pisón se hubiese visto obligado a asesinar a Germánico? Muchos escritores romanos estaban convencidos de que el hombre con más motivos, Tiberio, estuvo implicado en el asesinato, y que utilizó a Pisón como el agente ejecutor de su muerte. Con todo, si bien es cierto que Tiberio se beneficiaría de la muerte de Germánico, pronto surgirían otras posibilidades, hipótesis que implicarían a Pisón pero que no necesariamente implicarían a Tiberio.

No hay duda de que Pisón llegó a Oriente con la firme determinación de erosionar la autoridad de Germánico. Antes incluso de que Germánico pusiera un pie en Siria, Pisón ya había relevado a los centuriones más veteranos y a los tribunos más rígidos de las legiones acantonadas en la provincia, sustituyéndolos por hombres de su plena confianza a los que podría sobornar si fuese necesario. Asimismo, ordenó una cierta relajación de la estricta disciplina castrense, permitiendo que las tropas disfrutasen de algún tiempo de ocio en sus campamentos, aliviadas de sus obligaciones, y que pudieran hacer y deshacer a su antojo en los pueblos sirios, donde no estaban sujetos a la ley romana. Del mismo modo, se aseguró de que todos supieran a quién debían agradecer esta libertad de nuevo cuño y los muchos beneficios asociados a ella. En respuesta, algunos soldados empezaron a llamarle «padre de las legiones». Su esposa, Plancina, acudió a presenciar las maniobras y los ejercicios que las legiones y la caballería realizaban en sus acuartelamientos sirios —un hecho insólito tratándose de una dama romana. Paralelamente, se decía que el gobernador y su esposa hacían comentarios claramente insultantes a propósito de Germánico y Agripina.[15]

Según el relato de Tácito, desde que Pisón se encontraba en la provincia un rumor había cobrado fuerza hasta convertirse en frecuente moneda de cambio, a saber: que el emperador no reprobaba esta campaña contraria a Germánico impulsada por el nuevo gobernador.[16] Como se ha dicho, Pisón era un hombre tremendamente irascible, y no es del todo imposible que decidiera enfrentarse a Germánico únicamente para satisfacer las inclinaciones de su propia naturaleza. Así y todo, algunos cronistas romanos creían firmemente que Pisón contaba con sólidos apoyos en la capital del imperio para llevar a término su campaña contra Germánico. Ulteriormente saldrían a la luz algunas pruebas circunstanciales que avalan esta tesis, si bien, una vez certificada la muerte de Germánico, Pisón no se comportó como un hombre que hubiese actuado al dictado del emperador. Su torpe intento de hacerse con el control de Siria por medio de la fuerza, y el posterior envío de su hijo a Roma en busca del beneplácito del emperador para su regreso, al tiempo que él se desviaba por los Balcanes con el propósito de obtener el respaldo de Druso el Joven, en absoluto son los actos de un hombre que creyese contar con el sincero, aunque secreto, apoyo del emperador.

Debemos recordar que Pisón y Tiberio no mantenían una buena relación antes del nombramiento de aquél como gobernador de Siria. Recordemos también que Pisón había desafiado la autoridad de Tiberio en torno a la cuestión de si era conveniente que el Senado interrumpiese su trabajo siempre que el emperador se ausentaba de Roma. A la vista de ello, Tiberio y Pisón no eran precisamente amigos. Así pues, ¿por qué Tiberio recurriría a Pisón, un hombre que se había opuesto abiertamente a él, para deshacerse de Germánico? ¿Y por qué alguien tan extremadamente independiente como Pisón accedería a actuar al dictado de Tiberio, un hombre al que por otra parte despreciaba, contra Germánico o contra cualquiera otra persona?

Suetonio considera que Pisón había decidido convertir a Germánico o a Tiberio en su enemigo, aunque en ningún momento nos dice qué razones podría haber tenido para hacer semejante cosa, y que por ello no desaprovechaba ninguna oportunidad, por pequeña que fuera, de provocar a Germánico.[17] ¿Por qué querría Pisón actuar así? ¿Acaso actuaba bajo amenaza —de Sejano, por ejemplo—, de que si no actuaba contra Germánico sería considerado enemigo de Tiberio, y tanto él como su familia sufrirían las consecuencias? Pisón parecía un hombre de tan férrea voluntad y tan despectivo para con los demás, desde el emperador hasta el último esclavo, que es muy difícil pensar que sus actos pudieran verse influenciados o coartados por las amenazas de un tercero. Quienquiera que coaccionase a Pisón tuvo que insuflarle el ímpetu y la confianza necesarios para aprovechar cualquier oportunidad en perjuicio de Germánico, aun a costa de ponerse en peligro, aparentemente sin miedo a las repercusiones. ¿Acaso esa persona influyente fue Plancina, su esposa? Todo indica que la esposa de Pisón fue la principal influencia de su vida, si no la única al margen del emperador Augusto.

Cuando Germánico desembarcó en Cilicia, al sur de Turquía, seguramente tuvo conocimiento de las actividades de Pisón, así como del rumor según el cual Tiberio aprobaba su línea de actuación. Negándose a dar crédito a estas habladurías, Germánico hizo los arreglos necesarios para que Agripina se fuese a Siria por mar, y se instalase en el palacio de Dafne, mientras él se dirigía a Armenia para coronar a un rey aliado de Roma. Germánico dispuso que un oficial acompañase a Agripina, un militar portador de órdenes selladas para el gobernador Pisón, que se hallaba en Antioquía. A Pisón se le ordenaba avanzar sin mayor demora con dos legiones para reunirse con él en territorio armenio. Si por cualquier circunstancia Pisón no podía abandonar la provincia, esgrimía Germánico en su despacho, entonces el gobernador debía autorizar a su hijo y cuestor Marco a encabezar las legiones en su viaje hacia el norte para reunirse con él en Armenia.

Partiendo aparentemente desde Tarso, la pujante capital de Cilicia, Germánico continuó su viaje por tierra acompañado por un pequeño contingente entre cuyos integrantes destacaban algunos amigos íntimos, los antiguos generales Silio, Vitelio, Veranio y Marso, así como Zeno, el hijo del rey Polemón I de Ponto, un aliado de Roma. Al llegar a Armenia luego de atravesar las montañas, Germánico esperó en vano en el punto de encuentro convenido. No había rastro de Pisón, ni del padre ni del hijo, así como tampoco había rastro de los diez mil legionarios a los que Germánico había ordenado avanzar hacia el norte para encontrarse con él y llevar a cabo la misión que le había traído hasta Armenia. Luego de esperar infructuosamente la llegada de las tropas, Germánico dio orden de continuar en dirección a Artaxata, la capital de Armenia, localizada en el noroeste del país, sólo acompañado por su guardia personal y algunos ayudantes, con su bravuconería como única arma. Los habitantes de la ciudad, hasta entonces gobernada por los partos, le prodigaron un cálido recibimiento. Allí entronizó al príncipe Zeno, al que nombró rey Artaxias de Armenia, para mayor alborozo del pueblo armenio, que quedó grata y poderosamente impresionado por la augusta presencia del gran Germánico César.

A continuación, en su viaje de regreso a la provincia de Siria, Germánico dejó a su amigo Quinto Veranio al cargo de Capadocia en calidad de flamante primer gobernador romano —cabe reseñar que recientemente Roma se había anexionado ese reino tras la muerte del último monarca, haciendo de él una provincia. En la cercana Commagene, otro antiguo reino, Germánico dejó a otro de sus amigos, Quinto Serveo, un hombre de unos treinta años que había sido pretor, nombrándolo gobernador y con instrucciones de observar fielmente sus políticas.

Al cabo de unas pocas semanas, los hombres de la cohorte de guardia de la décima legión, estacionada en sus cuarteles de invierno en Cyrrhus (o Ciro), al noroeste de Antioquía, debieron de frotarse una y otra vez los ojos cuando descubrieron con estupor que Germánico César en persona llamaba a sus puertas acompañado por un pequeño séquito. Germánico se alojó en el campamento y mandó llamar al gobernador. Para cuando llegó Pisón, Germánico ya se había entrevistado con los miembros de su guardia personal que había enviado por delante hasta Dafne en compañía de Agripina, incluyendo a su cuestor, Publio Suilio Rufo (al que los autores romanos comúnmente se refieren empleando su segundo nombre, Suilio). Estos oficiales corrieron a reunirse con Germánico en Cyrrhus, y le relataron todas las andanzas de Pisón desde que había asumido el cargo de gobernador de la provincia, exagerando algunos episodios e inventando otros para incitar el enojo de su normalmente afable y sosegado general, al objeto de que hiciese lo necesario para deshacerse de Pisón antes de que causara males mayores.

Tácito abundaría sobre esta cuestión alegando que Germánico era un hombre de buen corazón que jamás amenazó de palabra a un conciudadano romano.[18] Es posible que así fuese, que nunca recurriera a las amenazas verbales, pero cuando Pisón finalmente llegó a Cyrrhus —habiéndose tomado la molestia, por esta vez, de responder a la convocatoria de su superior—, Germánico exigió saber por qué había desobedecido sus órdenes. Pisón, siempre según Tácito, replicó «con disculpas altaneras».[19] Después de esta incómoda entrevista en Cyrrhus, ambos se separaron en una atmósfera de mal disimulada aunque contenida enemistad mutua, y cada cual se fue por su lado —Pisón regresó a Antioquía y Germánico se reunió con Agripina y sus dos hijos en Dafne, donde decidió establecer su residencia y su cuartel general en Oriente.

A partir de esta tensa conferencia organizada en Cyrrhus, la relación entre Germánico y Pisón experimentó un progresivo e inexorable deterioro. Por ejemplo: siempre que Germánico se veía en la tesitura de administrar justicia en algún litigio legal, por cuanto era el magistrado supremo de la provincia, Pisón, que en su ausencia habría ocupado el sillón de juez, rara vez se molestaba en aparecer por los tribunales. Y si aparecía, lo hacía exhibiendo un pésimo humor y no escatimaba comentarios de oposición a las instrucciones de Germánico, muy a menudo recurriendo a suspiros de tedio, aspavientos varios y notorios levantamientos de ceja.

En el transcurso de un banquete organizado por Germánico con ocasión de la visita del rey de Nabatea, una región del sudeste que compartía frontera con Siria y aliada de Roma, y que además aportaba una valiosa y célebre unidad de caballería auxiliar al Ejército romano, Germánico y Agripina fueron obsequiados con sendas coronas de oro, siendo así que Pisón y otros oficiales romanos de alto rango también recibieron las suyas, aunque de menor peso y tamaño, lo cual disgustó profundamente al gobernador, quien, iracundo, arrojó su corona violentamente contra el suelo. Poniéndose en pie, Pisón hizo la siguiente declaración: «¡Este adorno se entrega al hijo del emperador de Roma, no al hijo de un rey parto!». A renglón seguido improvisó un largo y encendido discurso contra los excesos y el lujo. Germánico, que sin duda se sintió dolido y avergonzado por la inoportuna arenga del gobernador, la sufrió en silencio con la paciencia que caracteriza a todo hombre de estado, prefiriendo no provocar una escena ni amonestar al veterano magistrado romano en presencia de un dignatario extranjero.[20]

Pisón tenía otros motivos para sentirse hondamente ofendido por Germánico. Al llegar a Siria, descubrió que su predecesor en el cargo de gobernador, Silano, había dado refugio al príncipe de Partia, Vonones. Este parto había sido enviado a Roma cuando era niño, en calidad de rehén, por deseo expreso de su padre, y allí fue criado entre otros infantes de la nobleza romana. Cuando falleció el padre de Vonones, el emperador Augusto le envió de regreso a Partia para que ocupase el trono de rey que por su linaje le correspondía. Empero, Vonones, que había sido educado según las costumbres romanas, no tardó en ser destronado por el pueblo parto, que lo consideraba un monarca excesivamente romanizado y completamente ajeno a sus usos y costumbres. Seguidamente accedió al trono de la vecina Armenia, donde también sufrió de impopularidad y fue expulsado del país por razones muy similares, dado que el estilo de vida de los armenios no difería mucho del de los partos. Gracias a los buenos oficios de Silano, Vonones, el rey dos veces depuesto, terminó por encontrar refugio en Siria, adonde se trasladó llevándose el tesoro público de Armenia.

Una vez que Pisón sustituyó a Silano, el inmensamente rico Vonones cubrió de obsequios a la esposa del nuevo gobernador, Plancina, por cuanto esperaba contar con el apoyo del mandatario romano para reclamar sus derechos al trono de Armenia. No se nos revela cómo pensaba Vonones que Pisón podría restituirle en el trono de Armenia. Tal vez Pisón, para incentivar a Vonones y obtener de él más favores, dejó que el antiguo monarca pensara que lideraría las legiones romanas acuarteladas en Siria en una hipotética invasión de Armenia con el objetivo de devolverle el trono. En cualquier caso, si bien es cierto que Germánico tenía plena autoridad para hacer algo así, de conformidad con la ley romana al gobernador de

Siria no le estaba permitido liderar las tropas bajo su mando más allá de las fronteras de la provincia.

Pisón apoyaba plenamente la restauración de Vonones en el trono, pero no puede decirse lo mismo de Germánico, cuyas ideas diferían de las de ambos, por considerar a Vonones un ex monarca sin futuro. En primer lugar, Germánico había entronizado a Zeno de Ponto como nuevo rey de Armenia, un movimiento diametralmente opuesto a las pretensiones de ambos conspiradores. Por encima de todo, en el tratado de paz que había sellado con el rey Artabán de Partia, Germánico había accedido a mantener a Vonones alejado de Siria para que su presencia en la zona no supusiera una amenaza a las puertas de Partia. En consecuencia, Germánico envió a Vonones a Cilicia, donde disfrutaba de una vida opulenta en su lujosa finca privada, aunque bajo custodia, convertido en un auténtico prisionero en una jaula de oro. Probablemente animado por Pisón en las comunicaciones clandestinas que ambos mantenían, Vonones nunca abandonó sus ambiciones de recuperar el trono de Armenia. No habría de pasar mucho tiempo antes de que, durante una partida de caza organizada en Cilicia, el antiguo rey consiguiera escapar. Aunque tampoco disfrutó mucho tiempo de su libertad, pues fue capturado a orillas de un río, donde cayó muerto, abatido por uno de sus guardias romanos, un legionario retirado que aseguró que Vonones había intentado fugarse de nuevo. Así las cosas, con la muerte de Vonones también se desvaneció la ambición de Pisón de hacer un buen negocio y extender su poder e influencia en la región, así como las esperanzas —algo más banales— de Plancina, que anhelaba recibir más regalos del siempre obsequioso y desprendido Vonones.

De tal suerte que Pisón no sentía afecto alguno por Germánico. Y eso era más que evidente. Era una verdad irrefutable. Más aún: Pisón había actuado con flagrante insubordinación respecto de su superior Germánico, amén de que tanto él como su esposa habían hecho alarde de un comportamiento insultante para con Germánico y Agripina, miembros ambos de la familia real romana. Y, para mayor inri, Pisón había celebrado abiertamente la enfermedad de Germánico, exhibiendo su alegría sin el menor reparo cuando conoció la noticia de la muerte de su rival. Pese a todo, y más allá de los rumores y las insinuaciones sobre su complicidad en el magnicidio, ¿es cierto que Pisón estuvo implicado en la muerte de Germánico?

Dión Casio, escribiendo en el siglo III y apoyándose en numerosos libros de historia y semblanzas biográficas, incluyendo los textos de Tácito y Suetonio, contribuiría en gran medida a consolidar la idea de que la muerte de Germánico ocurrió «como resultado de una trama pergeñada por Pisón y Plancina».[21] Ahora bien,

¿acaso Plancina pudo haber planeado y ejecutado el asesinato de Germánico por propia iniciativa o con la complicidad de su marido?

La esposa de Cneo Pisón, Munatia Plancina, era la hija de Lucio Munatio Planco, quien fuera cónsul en varias ocasiones durante el reinado de Augusto. Tan rico había sido Planco que cuando en su día Augusto convocó a los patricios más adinerados de la ciudad para dotar a Roma con algunos edificios imponentes, Marco Agripa construyó el asombroso Panteón con su cúpula, que ha sobrevivido hasta la nuestros días, Planco empleó dinero de su bolsillo para financiar la construcción del Templo de Saturno, localizado en el corazón de foro romano.

Criada en un entorno caracterizado por la opulencia, los excesos, el poder y los privilegios, Plancina era una aristócrata esnob que se contaba entre las amistades de Livia, la influyente viuda del anciano emperador Augusto y madre del emperador Tiberio. Parece harto probable que en las reuniones privadas que mantenía con Livia en el Palatium, Plancina se hubiese ganado algunas adhesiones para conseguir que su esposo accediese al prestigioso y bien remunerado puesto de gobernador de Siria. Y a resultas de todo ello Livia habría persuadido a Tiberio para que firmase el nombramiento de Pisón para dicho cargo.

De todos era conocido que Plancina había manifestado públicamente su antipatía tanto por Germánico como por su hermosa y muy admirada esposa Agripina la Mayor. Plancina sabía que Livia estaba tremendamente celosa de Agripina, a la sazón la nieta de su anciano marido, con la que no tenía ningún vínculo de sangre, una animadversión rayana en la locura. Tácito pondera que estos «celos femeninos» eran debidos a que «Livia sentía por Agripina el recelo y la amargura propios de cualquier madrastra»,[22] dado que Julia, la madre de Agripina, había sido encarcelada, y por ello Livia se había convertido, a todos los efectos, en la madrastra de Agripina. Ahora bien, en este embrollo había mucho más que simples celos. Plancina era consciente de que Livia sería capaz de hacer cualquier cosa para frustrar las ambiciones de Agripina de convertirse en la esposa del siguiente emperador de Roma, algo que situaría a Agripina un escalón por encima de Livia, de suerte que está se vería en la obligación de rendir pleitesía a su nietastra. Y lo que era más importante, muchos romanos creían que Livia había dado instrucciones a Plancina de hacer la vida imposible a Germánico y a Agripina mientras ambos permaneciesen en Oriente. Y otros, los más maliciosos, eran de la opinión de que Livia había llegado a incitar a Plancia a planear y llevar a cabo el asesinato de Germánico, para así evitar que Agripina se convirtiese en emperatriz de Roma.

Conviene recordar aquí que, también según Tácito, Germánico albergaba sospechas de que Plancina había estado implicada en la conspiración para asesinarle. Siendo así, ¿qué cosa había hecho Plancina que tanto la incriminaba? ¿Qué prue-

Grabado del Panteón, por Giovanni Battista Piranesi.

bas relacionaban a Plancina con el asesinato de Germánico? No puede haber duda de que ella se había expresado con dureza y había vertido calumnias contra Germánico y Agripina durante su estancia en Siria, y se había deleitado con la noticia de la muerte del príncipe. Además, en Siria todo el mundo sabía que Plancina se había puesto en contacto con Martina, una bruja infame muy conocida por su destreza en la preparación de venenos. Asimismo, en el palacio del gobernador, situado en una isla en medio del río Orontes en Antioquía, se habían hallado indicios de brujería, el mismo donde había residido Plancina con su marido.

Pero ¿realmente Plancina organizó o participó en la conspiración que desembocó en el envenenamiento de Germánico? La conexión con Martina sugiere que Plancina pudo haber tenido acceso a algún tipo de veneno. Así y todo, ¿cómo habría podido administrárselo a Germánico? Los críticos de Pisón y Plancina señalaron que Pisón pudo haberse inclinado sobre Germánico durante un banquete celebrado justo antes de que el príncipe enfermase por primera vez, algo que le hubiera dado la oportunidad de verter el veneno en la comida o la bebida de Germánico. Sin embargo, nunca pudieron explicar cómo fue envenenado por segunda vez, o relacionar ese segundo envenenamiento bien con Plancina o bien con su marido. Para ese entonces, Pisón y Plancina ya se encontraban a bordo de un navío que se alejaba de Siria. Para ese entonces, también, todos en el entorno de Germánico habrían estado alerta ante la posibilidad de que alguien intentase envenenar nuevamente al príncipe.

Podemos esperar, igualmente, que Vitelio y Serveo, los dos generales que habían recopilado pruebas en Siria para componer los cargos de la acusación contra Pisón, hubiesen interrogado a los esclavos del palacio de Germánico para averiguar si alguno de ellos había sido sobornado por Pisón o Plancina para que le administrase el veneno en la primera o en la segunda ocasión, o en ambas. Ninguna confesión o declaración de culpabilidad que implicase a alguno de ellos en el presunto crimen pudo obtenerse de ninguna persona relacionada con Germánico, Pisón o Plancina.

En síntesis, que Plancina tenía dos móviles posibles para asesinar a Germánico: los celos que sentía hacia las personas de Agripina y el príncipe, y posiblemente sus deseos de complacer a la madre del emperador. Todo indica, además, que Plancina podía conseguir el veneno, y que su marido tuvo la oportunidad —al menos una— de administrárselo a Germánico antes de que cayese enfermo por primera vez. Ahora bien, otros también tenían motivos, algunos mucho más poderosos que los de Plancina. Cualquier persona con el dinero suficiente podía comprar veneno. Y muchos otros también tuvieron la oportunidad de administrárselo a Germánico. Pero lo cierto es que no se encontraron pruebas de la complicidad de Plancina. Así como tampoco pudo obtenerse una confesión de Plancina ni de alguna persona relacionada con ella, y eso incluye a Martina, la hacedora de venenos. El caso para acusar a Plancina del asesinato de Germánico, bien actuando por cuenta propia o en asociación con su esposo, estaba basado exclusivamente en pruebas nimias y netamente circunstanciales, en su esporádico comportamiento auto-incriminatorio, así como en su odiosa personalidad.

El hecho de que Pisón y Plancina fuesen unos culpables tan evidentes también debe ser tomado en consideración. Era como si alguien lo hubiese dispuesto así, como si los hubiese utilizado como agentes ejecutores del crimen —a sabiendas de que sobre el gobernador y su esposa recaería toda la responsabilidad de la muerte de Germánico. ¿Acaso Pisón y Plancina eran tan soberbios o tan estúpidos para pensar que podrían asesinar a la figura más popular del imperio romano y salir impunes, tras haberle descalificado públicamente y haber obstruido su acción de gobierno? Quizás sí eran tan soberbios y estúpidos. Muchos romanos así lo creyeron. Quizás Plancina estuviese envalentonada por la creencia de que su amistad con Livia, la madre del emperador, la protegía.

Con todo, un amplio abanico de dudas concurre para descartar esa posibilidad. ¿Dónde están las pruebas sólidas que inculpan a Plancina? ¿Qué prueba hay de que actuaba de algún modo en connivencia con la madre del emperador?

La madre de Tiberio, Livia Drusila —que adoptó el título honorífico de Julia Augusta tras la muerte de su marido, Augusto, pero continuó haciéndose llamar Livia por parte de todos, incluidos los autores romanos— tenía un motivo verdaderamente sólido para desear la muerte de Germánico. Todo el mundo sabía cuánto despreciaba a su nietastra, la ambiciosa esposa de Germánico, Agripina. Dada su reputación, Livia habría estado dispuesta a todo con tal de que su hijo Tiberio accediese al trono; a su debido tiempo habría querido ver al hijo biológico de Tiberio, su nieto Druso el Joven, y no a Germánico, como sucesor de Tiberio. Y muy especialmente, bajo ninguna circunstancia quería que Agripina se convirtiese en emperatriz de Roma.

Robert Graves, el autor de *Yo, Claudio*, señala que el nombre de Livia guarda alguna relación con el vocablo latino que designa la «malignidad»,[23] el rasgo de la malevolencia, el rencor, el despecho y la malicia sin mediar provocación. Ambiciosa, manipuladora, y corroída por el rencor acumulado durante toda una vida ejerciendo como esposa de Augusto y madre de Tiberio, Livia protegería activamente a Plancina si la suerte de Pisón cambiaba. ¿Por qué? A este respecto Tácito afirma que al conocerse la muerte de Germánico, por Roma se extendió el rumor de que Livia se había entrevistado, varias veces y en secreto, con Plancina antes de que ella y Pisón partiesen hacia las provincias de Oriente, y que durante estas entrevistas ambas féminas habían conspirado para asesinar a Germánico.[24] Al hilo de lo anterior, los hay que insinúan que ulteriormente Livia protegió a Plancina dado que ésta última habría asesinado a Germánico cumpliendo las órdenes de Livia. Esta acusación, sin embargo, carece de toda sustancia; sólo está basada en habladurías.

Algunos otros comentaristas sostienen que Tiberio desconocía por completo la confabulación maquinada por su madre. Mostrando su apoyo a esta teoría, Suetonio especula que tras la muerte de Augusto, acaecida en el año 14 d. C., Livia pudo haber ordenado la muerte del rival de Tiberio, Póstumo Agripa, en nombre de Augusto, sin que Tiberio lo supiera. Dice Suetonio que aparentemente Tiberio no sabía nada antes de que se produjese este asesinato, y que, en cierta medida, después trató de desmarcarse del mismo.[25]

También Tácito tenía la impresión de que Livia era muy capaz de cometer un asesinato. Sospechaba que pudo haber estado involucrada en las muertes de los hermanos de Agripina, Lucio César y Cayo César, ambas ocurridas en su juventud. Oficialmente, uno había muerto a causa de una enfermedad contraída durante su viaje a España; y del otro se decía que había fallecido tras el agravamiento de una herida que había recibido en el campo de batalla, cuando regresaba a Roma luego de liderar una campaña militar en Armenia. De manera harto inquietante, Tácito se pregunta si la pareja había sucumbido ante los reveses del destino «o por la traición de su madrastra Livia».[26]

Si aceptamos esta línea de pensamiento, es posible concebir que Livia idease el asesinato de Germánico sin que Tiberio tuviese conocimiento de sus intenciones. Tenía un móvil y, por medio de Plancina, una oportunidad para llevar a cabo el asesinato. Pero ¿dónde están las pruebas? De igual manera como no había pruebas que la relacionasen con las muertes de los hermanos de Agripina, Lucio y Cayo, y únicamente la sospecha de que hubiese ordenado la ejecución de su hermano Póstumo, tampoco hay nada que vincule directamente a Livia con el asesinato de Germánico. Ahora bien, eso no evitaría que muchos romanos desearan que recibiese un severo castigo por el crimen.

En el siglo I existía un quinto sospechoso del horrendo asesinato de Germánico. El comandante en jefe de la guardia pretoriana, Lucio Elio Sejano, era hijo y sobrino de militares. Su padre, Lucio Seyo Estrabón, era caballero de la orden ecuestre y tribuno del Ejército romano, y con el tiempo llegó a convertirse en comandante de la guardia pretoriana. La madre de Sejano, y esposa de Estrabón, pertenecía a una distinguida familia de senadores, los Cornelio Léntulo. El tío de Sejano, Quinto Junio Bleso, había sido cónsul, teniente general del ejército y gobernador provincial —gobernaba la provincia del Illyricum en el año 14 d. C., cuando se produjo el motín del Illyricum, que Sejano sofocó con la ayuda de Druso el Joven y varios contingentes de la guardia pretoriana y la guardia germana.

En las postrimerías del reinado de Augusto, Sejano ascendió al rango de comandante de la guardia pretoriana, un cargo que compartía con su padre —Augusto había estipulado que debía haber dos prefectos pretorianos simultáneamente, para así limitar el poder que concentraba el cargo, una convención que fue observada con intermitencia por los emperadores posteriores durante varios cientos de años. Sejano, que era caballero de la orden ecuestre al igual que su padre, aunque no era miembro de la clase patricia, tenía como mentor a Marco Gavio Apicio, un hombre despilfarrador y muy adinerado. Asimismo, había sido amigo del padre de Germánico, Druso el Mayor, y es muy probable que Sejano hubiese servido bajo el mando de Druso durante las campañas de Germania, en cuyo caso habría sido prefecto, comandando una unidad de caballería o de infantería ligera auxiliar adscrita a una de las legiones que Druso tenía en el Rhin.

Al cabo de un año luego del nombramiento de Sejano como coprefecto de la guardia pretoriana, Tiberio envió a Estrabón con destino a Egipto en calidad de nuevo gobernador de la provincia. Según parece, Estrabón murió en Egipto en un período no superior a doce meses, y fue sustituido por Cayo Galerio. Así fue que Sejano se quedó solo al frente de la guardia pretoriana, como su único prefecto. Fruto de su influencia, las por entonces nueve cohortes pretorianas compuestas por mil hombres y las tres cohortes de mil quinientos hombres de guardias de la ciudad, fueron trasladadas desde sus distintos cuarteles de la capital y consolidadas en un nuevo acuartelamiento mayor situado en el extremo noreste de Roma. Se trataba de una fortificación inmensa de nueva planta que recibió el nombre de Castra Praetoria, un recinto castrense ubicado en el emplazamiento donde hoy se localiza la biblioteca nacional de Italia. En lo sucesivo, Sejano empleó a la guardia pretoriana consolidada como si fuese, a todos los efectos, su propio ejército personal.

En virtud del puesto que ocupaba en el Ejército romano, la orden para ejecutar al exiliado Póstumo Agripa en el mes de agosto del año 14 d. C. tuvo necesariamente que pasar por las manos de Sejano, puesto que el encargado de custodiar al reo era un tribuno pretoriano que sólo acataría órdenes de su superior, el prefecto de la guardia pretoriana. Los autores clásicos Tácito y Suetonio especulan sobre la posibilidad de que la orden de ejecución procediese de Tiberio o de su madre, Livia, aunque no es del todo imposible que fuera Sejano quien firmase esa orden por propia iniciativa y bajo su responsabilidad, al objeto de eliminar cualquier escollo en el camino de Tiberio hacia el trono. Sejano había desarrollado una estrecha relación con Tiberio, seguramente forjada en el período que sirvió bajo sus órdenes en tierras de Germania, luego de que Tiberio sustituyese a su hermano Druso como comandante en jefe de las legiones del Rhin. Habida cuenta la confusión que siguió a la súbita muerte de Augusto, esta orden de ejecución, emitida por Sejano, no habría sido cuestionada por el tribuno a cuyo cargo se encontraba el prisionero exiliado.

Según el relato de Dión Casio, Sejano no tardaría en convertirse en el más fiable e influyente confidente de Tiberio, en su asesor y colaborador para todos los asuntos.[27] En el año 20 d. C., ocurrida ya la muerte de Germánico, Tiberio concedió un ascenso a Sejano, quien pasó del rango de caballero al de pretor, lo cual le autorizaba automáticamente a sentarse en el Senado. Esta promoción era equivalente a un ascenso desde el grado de coronel al del contemporáneo general de división. Esta promoción espectacular, certificada tras la muerte de Germánico, insisto, pudo haber sido una coincidencia. Se trataba de una recompensa para Sejano; de eso no cabe duda. En su día, muchos ciudadanos romanos e historiadores posteriores se preguntaron si esto pudo haber sido un pago que hacía Tiberio a Sejano por los servicios prestados: la eliminación definitiva de Germánico.

¿Podría Sejano haber maquinado la muerte de Germánico por petición o sugerencia de Tiberio? ¿O es que concibió el crimen por su cuenta y riesgo, con la intención de complacer a Tiberio y consolidar las posiciones de ambos, del mismo modo que quizás pudo haber ordenado la ejecución de Póstumo cinco años antes? Y, si éste fuese el caso, ¿habría informado únicamente a Tiberio de lo que había hecho una vez consumada la ejecución, siendo recompensado en consecuencia? Esta recompensa proporcionó a Sejano la confianza necesaria para perseguir sus ambiciones personales. En este sentido cabe señalar que tuvo una aventura amorosa con la hermana de Germánico, Livila, la esposa del hermano adoptivo del príncipe, Druso el Joven, que se había convertido en el heredero de Tiberio. Sejano era considerablemente mayor que Livila. Su vieja amistad con su difunto padre, Druso el Mayor, un padre al que Livila apenas podía recordar, le habría facilitado el acceso a la joven. Según todos los cronistas, el joven Druso en un primer momento desconocía esta relación entre su esposa y el comandante de la guardia pretoriana.

A principios del año 20 d. C., cuando Agripina viajaba de regreso a Italia portando las cenizas de Germánico, Livila alumbró dos hijos gemelos, que se situarían a continuación de Druso el Joven en la línea de sucesión al trono, marginando de paso a los hijos de Germánico. No hay manera de saber cuándo comenzó esta relación entre Sejano y Livila, pero es muy posible que comenzase antes de la muerte de Germánico y que, según insinúa Robert Graves, el célebre novelista y estudioso de la Roma antigua, en su libro *Yo, Claudio*, Sejano, y no su marido Druso, fuera el padre de los gemelos de Livila.[28]

Tal como revelarían los acontecimientos posteriores, después de la muerte de Germánico, Sejano puso en marcha un plan de largo plazo con el objetivo de liquidar a Druso así como a Agripina y sus tres hijos, los descendientes de Germánico, eliminándolos de la carrera por la sucesión. Sejano no se tomaba tantas molestias para ayudar a Tiberio. Según se vería después, y según razonarían algunos escritores romanos, Sejano estaba preparando el terreno para derrocar a Tiberio y, en última instancia, autoproclamarse emperador de Roma.

Tal era el dominio que Sejano tenía del arte de la manipulación y la intriga, que siempre conseguía que otros le hiciesen el trabajo sucio. Quien acataba sus órdenes de inmediato obtenía sus favores y todo su apoyo. Con el paso de los años, Tiberio fue desarrollando una mayor dependencia de Sejano. Finalmente, con Tiberio parcialmente retirado en la isla de Capri, un enclave situado frente a la costa occidental de Italia cerca de Nápoles, Sejano llegó a gobernar el imperio en calidad de apoderado plenipotenciario del emperador. Pero esta situación tardaría varios años en producirse, siendo así que el primer asesinato de un heredero al trono instigado por Sejano tuvo lugar en 20 d. C., a tres años vista. Entretanto, para cuando Agripina regresó a Roma con los restos mortales de Germánico, Sejano ya había empezado a lanzar insinuaciones contra ella y sus hijos. En los años siguientes, Sejano recrudecería su campaña contra todo el entorno de Germánico, con inteligencia y sin desmayo, por cuanto estaba resuelto a destruir a la esposa y los hijos del príncipe asesinado.

No es del todo imposible que en el año 19 d. C. fuera Sejano, y no Tiberio o Livia, quien orquestase el asesinato de Germánico, convirtiéndose este crimen en el primer acto de un drama cuyo desenlace previsto no era otro que su propia entronización. También es posible que recurriese a Pisón, a Plancina, o a ambos en complicidad, para llevar a cabo el magnicidio. Cabe subrayar aquí que quizás pudo no haberlos implicado, recurriendo en su defecto a otro agente en Siria. ¿Quién pudo haber sido ese otro agente? A modo de ejemplo del largísimo alcance de los tentáculos de Sejano, cabe recordar que a los pocos años se conocería que uno de los mejores amigos de Germánico era colaborador secreto de Sejano. Me refiero a Quinto Serveo, el antiguo pretor a quien Germánico encomendó el gobierno de Commagene en el año 17 d. C. Se trata del mismo Serveo que, en estrecha colaboración con Publio Vitelio, en estas fechas, la primavera de 20 d. C., estaba preparando la acusación contra Cneo Calpurnio Pisón. Es Tácito quien nos revela la «discreta» amistad que unía a Serveo y Sejano.[29] Infortunadamente, no nos dice si la amistad que profesaba Serveo al comandante pretoriano se remontaba a fechas anteriores o posteriores a la muerte de Germánico.

Es probable que Serveo se internase sigilosamente en el campamento de Sejano tras la muerte de Germánico. Antes o después, habiendo desaparecido el príncipe, la mayoría de los antiguos amigos de Germánico abandonaría a Agripina. Así lo harían movidos por su instinto de conservación, dado que pronto se haría evidente que la viuda era una mujer marcada a ojos del Palatium. Uno o dos entre todos ellos, como en el caso de Serveo, fueron más allá y se atrevieron a cultivar la amistad de Sejano para medrar en su carrera política. Tal vez sea cierto que la amistad entre Sejano y Serveo se fraguó después de la muerte de Germánico. Ahora bien, si ambos eran amigos antes de su desaparición, es posible que Sejano lo hubiera incorporado a su conspiración para asesinar al príncipe, si tal conspiración existía. Serveo se encontraba en Commagene cuando Germánico cayó enfermo la primera vez, pero todo parece indicar que se encontraba en Dafne cuando falleció. Quizás Pisón le administrase la primera dosis del veneno cuando yacía en el diván, recostado junto a Germánico, en aquel último banquete que ambos compartieron, y quizás Serveo le administrase la segunda y definitiva dosis.

El hecho de que Serveo no recibiese ninguna otra promoción, ningún cargo u honor tras la muerte de Germánico —al contrario que otros amigos de Sejano—, contradice esta tesis. Si hubiese sido cómplice de Sejano en el complot de asesinato, sería razonable pensar que habría merecido alguna recompensa —un consulado, quizás, seguido de otro puesto bien remunerado como, por ejemplo, el gobierno de una provincia. En vez de ello, la carrera de Serveo pareció estancarse, como la de tantos otros amigos verdaderos y partidarios de Germánico. Pero al menos Serveo no fue arrestado en las purgas que instituyó Sejano durante la siguiente década. De esto podríamos colegir que Serveo cultivó la amistad de Sejano una vez que Germánico hubo desparecido —quizás algunos años después, cuando el instinto y la necesidad de conservación se tornaron más acuciantes. En cualquier caso, los hay que dicen que aun cuando Serveo nunca hubiese traicionado a Germánico, esto no significa que Sejano no utilizara a alguna otra persona cercana a Germánico para llevar a cabo el asesinato del príncipe.

Sejano cierra la lista de los cinco sospechosos del asesinato cuyos nombres resonaban en las mentes de los romanos durante aquella primavera del año 20 d. C., cuando los gritos de justicia y venganza por la muerte de Germánico se multiplicaban por toda Roma y en todos los confines del imperio. Tiberio, Pisón, Plancina, Livia y Sejano. Actuando en solitario o en asociación, éstos eran los potenciales asesinos del príncipe, los claros protagonistas de apasionadas y a veces incendiarias conversaciones que tenían lugar en los comedores domésticos, las barberías, las plazas y las tabernas. Todos los habitantes de Roma tenían una opinión acerca de quién había sido el autor del magnicidio. La escena estaba, pues, planteada para que diese comienzo el juicio por asesinato, una dramatización que habría de atrapar al pueblo de Roma y a los romanos de todo el mundo conocido.

VI. COMIENZA EL JUICIO POR ASESINATO

Corría el mes de marzo del año 20 d. C. La Matronalia, el festival dedicado a Juno, la gran diosa de la maternidad romana, había concluido. Pisón estaba de vuelta en Roma, y quienes lo acusaban habían preparado a conciencia el juicio contra él. Sólo un día después de que Pisón regresara a su domicilio, una espléndida mansión con vistas al foro romano, el Senado se reunió en la Curia, el edificio del Senado, ubicado al noreste en la periferia del foro, al objeto de decidir si se debía llamar a Pisón para que respondiese de los cargos que se habían formulado contra él en relación con la muerte de Germánico. Antes del amanecer, con todos los bancos del Senado ocupados, Pisón se sentó en el lugar que le correspondía entre sus colegas senadores.

Una vez que esta vista preliminar inició su andadura cuando el sol ya brillaba tras el monte Capitolino y los relojes de agua del Senado marcaban la primera hora de la jornada, el senador Fulcinio Trión se puso en pie. Trión era un abogado muy experimentado, un hombre de infame reputación pues informaba a Tiberio de las intrigas de sus colegas senadores, delatándoles si cometían actos de traición o adulterio, relatándole cuentas actividades reprobables pudieran llegar a sus oídos. Tácito también describe a Trión como un hombre a quien gustaba la notoriedad y que se ganaba enemigos de forma casi temeraria.[1] Trión solicitó la venia del cónsul que presidía la sesión, Aurelio Cota, para iniciar el proceso contra Cneo Pisón, principal acusado del asesinato de Germánico.

Los senadores Publio Vitelio y Quinto Veranio, ambos generales y amigos del difunto Germánico, a quién habían acompañado en Oriente, de inmediato objetaron, una protesta que fue secundada por otros amigos del príncipe. Este proceso no atañía a Trión, ni era cosa suya, declararon. Seguidamente dijeron que su intención era informar al Senado de que habían recibido instrucciones expresas por boca del propio Germánico, que les había manifestado en su lecho de muerte, de incoar personalmente un juicio contra Pisón por su asesinato, y de aportar personalmente las pruebas durante el proceso en calidad de testigos, pues habían estado con el príncipe en el momento de su muerte. ¿Cómo podría Trión liderar un juicio contra

Cicerón denunciando a Catilina, de Cesare Maccari, 1880, Palazzo Madama, Roma. Pintura que representa la Curia romana, donde el Senado se reunía para decidir los grandes asuntos de Estado.

Pisón, el presunto asesino, cuando ni siquiera se encontraba en Siria en el momento de cometerse el asesinato? En resumidas cuentas, los amigos de Germánico, Serveo, Veranio y Vitelio, hicieron valer su mayor razón para presentar la acusación propiamente dicha, ya que no lo hacían como parte, sino como portadores y mandatarios de la acusación del propio Germánico.

A la luz de esta objeción, Trión optó por retirar su propuesta inicial y solicitó el permiso del cónsul para encabezar el juicio contra Pisón por aquellos crímenes que, según argumentaría, Pisón había perpetrado durante el período en que ejerció como gobernador de Hispania Ulterior en una fase más temprana de su carrera. Esta línea argumental sonaba tan innecesaria como extravagante, pero el cónsul Cota propuso que fuese el emperador quien determinase qué procesos debían iniciarse contra Pisón, si el juicio por el asesinato de Germánico o el juicio por los cargos que ahora lanzaba Trión. Ni tan siquiera Pisón se opuso a esto, de suerte que el Senado votó de forma unánime a favor de esta proposición. En consecuencia, el cónsul escribió al emperador para informarle de la resolución adoptada por el Senado.

Cuando Tiberio recibió la solicitud del Senado, convocó a la parte acusadora, al acusado y a un reducido grupo de sus amigos senadores más cercanos, para celebrar una reunión en el palacio imperial. Tácito afirma que esto satisfizo a Pisón, por cuanto consideraba que este planteamiento beneficiaba sus intereses dado que prefería dirigirse a un único magistrado que a cientos de senadores. Igualmente, confiaba que el emperador Tiberio le apoyase, porque, siempre en palabras de Tácito, Tiberio «estaba enredado en la complicidad de su madre».[2] El historiador creía que Pisón y Livia habían participado en el asesinato de Germánico, aunque no estaba convencido de que Tiberio también fuese culpable.

El complejo del Palatium, situado en la colina Palatina con vistas a toda la ciudad, contaba con una sala donde Tiberio concedía audiencias y presidía sesiones sobre temas varios. Esta basílica imperial semicircular sobreviviría, en su esqueleto principal, hasta tiempos modernos. Aquí, sentado sobre un tribunal elevado, Tiberio escuchó las acusaciones formuladas contra Pisón por parte de los amigos de Germánico, así como un alegato de inocencia por parte de Pisón. Tácito refiere que Tiberio era perfectamente consciente de los rumores que le implicaban en la conspiración del asesinato.[3] Atendiendo a estos rumores, Tiberio optó por devolver el caso al Senado, con la recomendación de que el Senado dirigiese el juicio contra Pisón preferentemente por los cargos de haber desafiado a Germánico al hacer caso omiso de sus órdenes, por provocar una guerra civil y por haber instigado el asesinato de Germánico. Además, la esposa de Pisón, Plancina, debía enfrentar cargos por haber participado en calidad de cómplice en el asesinato de Germánico, y su hijo Marco debía ser procesado por haber provocado una guerra civil en Cilicia secundando a su padre. Tal como escribiría más tarde Dión Casio, de esta manera, procesando a Pisón y a los miembros de su familia en el Senado, Tiberio limpiaba su imagen y se desmarcaba de cualquier sospecha relativa a su participación en la turbia conjura para eliminar a Germánico.[4]

En término puramente prácticos, un juicio en el Senado significaba que el proceso se llevaría a cabo alejado de los ojos del público. En los procesos criminales realizados frente a un tribunal de varios magistrados en la Basílica Juliana, la corte suprema de Roma, las galerías públicas de las cuatro salas adyacentes siempre estaban atestadas de oyentes, tanto hombres como mujeres. Muchos de los asistentes a estas audiencias públicas se sentaban en las galerías del primer piso y recibían una gratificación de una u otra parte por aplaudir o abuchear a los distintos abogados. Ahora bien, al estipular que el proceso debía celebrarse en el Senado, el emperador se aseguraba el control total de los procedimientos, dado que el Senado no contaba con una galería abierta al público. Es más, la asistencia del público estaba terminantemente prohibida. Esto también permitía que Tiberio asistiera personalmente a las vistas. Además, esta modalidad repartía la responsabilidad y la culpa por lo que pudiere acontecer durante el juicio entre todos los senadores. A la vista de que el pueblo de Roma exigía a gritos la celebración de este juicio, no es de extrañar que Tiberio prefiriese no asumir toda la responsabilidad del veredicto.

Tiberio decretó que la acusación dispondría de dos días para exponer el caso, y, luego de un aplazamiento de seis días, la defensa podría explicarse durante otros tres. Como era la práctica habitual, el Senado se reuniría todos esos días desde el alba hasta el ocaso. Los críticos del emperador se preguntaban por qué Tiberio había concedido menos tiempo a la acusación que a la defensa. Presumiblemente, a la defensa se le asignaba más tiempo porque había tres defensores y tres defendidos, y porque se abrían diligencias para dos acusaciones distintas contra Pisón —además del caso de Germánico, el emperador también permitía que el senador Trión expusiera su caso contra Pisón por supuestas irregularidades en su gestión mientras estuvo en España. Empero, la opinión pública consideraba mayoritariamente que dos días bastarían para probar el caso contra Pisón por cargos de asesinato.

Las antorchas iluminaban toda la ciudad. En el foro reinaba una claridad semejante a la de la luz diurna. El sol todavía no se había levantado, pero la primera jornada del juicio a Pisón ya había comenzado. No sólo Roma, sino toda Italia hablaba con insistencia del juicio, que, según comenta Tácito, principió «en medio de una gran expectación compartida por todo el país».[5] Mientras durase el juicio, todas las actividades quedarían en suspenso. Una vez más, Roma había quedado paralizada.

Bajo la luz de las antorchas, el foro se presentaba atestado por decenas de miles de personas, todas con la mirada puesta en el edificio rectangular del Senado, localizado al pie del monte Capitolino. El edificio del Senado del año 20 d. C. todavía puede verse en la actualidad. Había sido reconstruido por Julio César tras un espantoso incendio provocado por las algaradas que precedieron a la guerra civil que sirvió para que César se hiciese con el poder. Aunque, siglos después, el emperador Diocleciano lo remozaría, la Curia que existe hoy sigue guardando muchas similitudes con aquella construcción que albergó los procedimientos del juicio a Pisón.

La guardia pretoriana se encontraba en estado de alerta permanente. Su misión consistía en velar por la seguridad del Senado durante los días en que se celebraban vistas, impidiendo el acceso del público al recinto, y registrar a todos los asistentes para evitar que introdujesen armas en el edificio. Con gesto adusto, los soldados italianos de la guardia rodeaban el Senado en irreprochable formación, todos asiendo con una mano la empuñadura de su espada envainada. La fina brisa de los últimos días invernales ondeaba sus capas de color rojo sangre. Un silencio tenso se apoderó de la multitud allí congregada. Muchos ciudadanos permanecían estáticos, enmudecidos por la solemnidad del acto; otros hablaban entre susurros, intercambiando «invectivas secretas contra el emperador», apunta Tácito.[6]

En el interior del edificio, los senadores, vestidos para la ocasión con sus togas blancas con ribetes púrpuras que sólo utilizaban en los actos oficiales, iban ocupando poco a poco sus respectivos lugares. No había mujeres entre la concurrencia. Todos los senadores eran varones. Los asistentes hablaban animadamente, y el eco de sus voces resonaba con estruendo entre los altísimos y resplandecientes muros de mármol pulido. Esta práctica construcción tenía una longitud de 70 metros y una anchura de 25 metros, y contaba con una hilera de ventanas pequeñas situadas a bastante altura sobre el suelo por donde entraba luz natural. En tres de las cuatro paredes principales había una serie puertas grandes de dos hojas, ahora cerradas. El techo ornamentado de la Curia, dotado con un imponente artesonado de madera construido con módulos rectangulares, se situaba unos 35 metros por encima de las cabezas de los senadores. Tres gradas bajas de mármol se desplegaban por ambos lados del pasillo central de acceso. Estas gradas soportaban las bancas de los senadores que participaban en las sesiones.

Las dos primeras filas de bancas estaban ocupadas por antiguos cónsules, que solían ser los primeros en hablar en los debates. Entre los hombres que se sentaban en las primeras bancas estaba Vibio Marso, el amigo de Germánico. Otros senadores de menor edad, los pretores y los demás oficiales de rango medio se sentaban en la segunda fila. Los miembros más jóvenes del Senado, hombres recientemente admitidos en la orden senatorial, ocupaban las bancas traseras. Entre éstos últimos se contaba el pelirrojo Publio Suilio Rufo, que había sido cuestor de Germánico. En calidad de antiguo cuestor, Suilio se había ganado automáticamente el acceso al Senado, por haber servido al príncipe.

En la más elevada de las tres filas de bancas situadas frente a la puerta principal de acceso a la sala estaban las sillas curiales de mármol, los escaños oficiales de los dos cónsules que presidían la cámara. Entre ambas, hoy podía verse una hermosa silla labrada en oro y marfil, la silla del emperador, traída con anterioridad por el personal del Palatium. También aquí estaban los relojes de agua del Senado y sus vigilantes. Estos relojes eran unos sofisticados aparatos de madera y cristal que marcaban el paso de las doce horas en que se dividía el día romano, que daba inicio al amanecer y finalizaba al anochecer, antes del comienzo de las doce horas correspondientes a la noche. Los relojes de agua romanos eran unos artefactos bastante imprecisos que incorporaban unos flotadores que descendían en el interior de unos tubos de vidrio a medida que el agua se filtraba, al tiempo que marcaban las horas en el cristal. Estos relojes funcionaban a modo de guía de cómo transcurría el tiempo; parafraseando un dicho irónico posterior, era más fácil que todos los relojes de agua de Roma marcasen la misma hora, que todos los filósofos se pusieran de acuerdo, aunque ambas cosas podían considerarse un milagro.

Los esclavos instruidos estaban ya en su lugar preparados para tomar nota de cada palabra pronunciada durante la audiencia, una suerte de taquigrafía inventada un siglo antes por Tiro, secretario y amanuense de Cicerón, el célebre orador. Estas notas pasaban a formar parte del registro oficial del Senado, el llamado *Acta Senatus*, que se conservaba en el *Tabularium*, el edificio del archivo romano, que contaba con 152 años de antigüedad y estaba situado a tiro de piedra del edificio del Senado, también al pie del monte Capitolino. Este edificio todavía existe en la actualidad. Las actas, que posteriormente consultarían muchos historiadores romanos, incluido Tácito, no han sobrevivido hasta nuestros días.

Julio César había consentido el ingreso de más de mil hombres en la orden senatorial. Augusto redujo este número hasta fijarlo en unos seiscientos miembros. Naturalmente no todos sus miembros estaban allí ese día. En ausencia de unos cuarenta senadores, que se encontraban lejos de Roma al frente de las legiones o gobernando las provincias, y algunos otros que no podían asistir bien porque tenían que atender sus propios asuntos o negocios, o bien porque su estado de salud se lo impedía, quizás estaban presentes en la sala unos trescientos senadores, para asistir al más comentado juicio de la historia de Roma. El hermano adoptivo de Germánico, Druso el Joven, se encontraba sentado en la primera fila. Desde su destino en los Balcanes, Druso había cruzado apresuradamente el Adriático para personarse en la capital a tiempo para participar en el juicio, renunciando a su derecho a entrar en la ciudad, recibiendo la Ovación que le había concedido el Senado el año anterior (una Ovación concedida antes para complacer a Tiberio que para elogiar a Druso), supuestamente por su habilidad en la gestión de una crisis recientemente abierta con las tribus germanas. A juicio de Tácito, Druso parecía sinceramente afligido, como si la muerte de Germánico le hubiese afectado en lo más hondo.

Los tres acusadores por directa encomienda de Germánico estaban allí, todos amigos íntimos del difunto príncipe que habían compartido sus últimas horas en Dafne, donde, asiendo su mano, habían prometido vengarle: Quinto Veranio, antiguo cónsul, el hombre a quien Germánico designó gobernador de Capadocia y que ahora contaba algo más de 40 años; Quinto Serveo, antiguo pretor nombrado gobernador de Commagene, también por Germánico, que se acercaba a los 40 años, el mismo hombre que sería, o quizás ya lo era, amigo secreto de Sejano; y finalmente Publio Vitelio, antiguo comandante de la II legión Augusta acuartelada en Germania y compañero de armas de Germánico en Oriente, con algo más de 30 años, miembro de los Vitelio, una ilustre familia romana. De estos tres acusadores, Vitelio era quien probablemente mejor conocía a Germánico, dado que había combatido codo con codo con él en las distintas campañas de Germania. Le había visto salir victorioso de la batalla de Idistaviso, junto al río Weser, tras haber aniquilado al ejército del insurrecto Hermann, compuesto por cincuenta mil guerreros. Vitelio había visto con sus propios ojos cómo Germánico se ponía al frente de la guardia pretoriana y lideraba personalmente la carga contra los germanos en la batalla de la barrera de Angrivar, y había oído las órdenes que con resolución y firmeza daba a sus tropas en el fragor de tan encarnizada y cruenta batalla, que se prolongó a lo largo de todo un día: «¡No hagáis prisioneros!».[7] Vitelio sabía que si bien Germánico podía ser muy amable, incluso atento, con sus conciudadanos romanos, con el enemigo se mostraba implacable. Tan implacables como ahora se mostraban Vitelio y sus colegas en su determinación de vengar, de forma clara y contundente, el asesinato de Germánico.

Cneo Calpurnio Pisón estaba sentado al frente en una banca. Sus hijos Cneo el Joven y Marco estaban sentados en las bancas posteriores junto a los senadores de menor edad, con la preocupación dibujada en sus rostros y padeciendo los desaires de otros miembros del Senado. Los tres abogados de la defensa estaban también presentes, haciendo uso de sus bancas anteriores. Pisón había experimentado bastantes dificultades a la hora de encontrar senadores respetables y cualificados que quisieran representar sus intereses. Seis senadores se habían negado a defenderle cuando él solicitó sus servicios, antes de que tres hombres conocidos por su cercanía al emperador accedieran a sus ruegos. Uno de ellos era Lucio Calpurnio Pisón, un pariente del defendido, que había servido como cónsul cinco años antes. Todo indica que era un hombre inteligente dotado con un notable pensamiento táctico, por cuanto le precedía su reputación como buen jugador de *latrunculi*, una especie de ajedrez romano.[8] Otro de sus defensores era Livineyo Régulo, un senador al que Tiberio nombraría cónsul. El tercer abogado de la defensa era Marco Lépido Emilio. Extremadamente rico, miembro de la destacada familia emiliana, y un cónsul competente en el año 6 d. C., Lépido era un hombre poseedor de una «indiferencia despreciativa» frente al poder, en opinión del difunto emperador Augusto,[9] siendo así que Tácito describiría a Lépido como un hombre sabio y de principios elevados.[10] Igualmente, Lépido era amigo íntimo y uno de los favoritos del emperador Tiberio.

El día despuntaba y Pisón parecía tranquilo, compuesto y dueño de sí; confiaba plenamente en sus posibilidades. Estaba sensiblemente aliviado, esgrime Tácito, por el hecho de que su esposa, Plancina, le había jurado que se mantendría a su lado y compartiría su suerte, fuera la que fuese, y que en el peor de los casos se iría a la tumba con él.[11] Esto no significa en absoluto que Pisón estuviera considerando la posibilidad de perder el juicio. Más aún: Sejano, el prefecto pretoriano, le había garantizado que el emperador Tiberio velaría por sus intereses.[12] Por otra parte, él poseía un seguro: cualquiera que lo observara con atención podría reparar en un documento que portaba enrollado y había depositado junto a su banca en el

Senado. El contenido de este documento, que Pisón tocaba esporádicamente durante las vistas pero que nunca abría, se daría a conocer posteriormente.[13]

Antes del inicio de cualquier procedimiento en el Senado, los augures o sacerdotes romanos encargados de interpretar las señales que provenían del cielo, dirigieron un sacrificio ritual, examinando las entrañas del animal muerto para certificar su sanidad, lo cual significaba que los presagios para el proceso eran favorables. Los augures también ofrecieron sus oraciones a los dioses, en aras de obtener su sabio consejo para los senadores en sus deliberaciones. Tras dar por concluidas estas formalidades preliminares, ahora los senadores aguardaban la llegada del emperador.

El sol se asomaba por el este cuando un heraldo se dispuso a hacer un anuncio: «¡Abrid paso al emperador!».

Se hizo el silencio entre los senadores, que se pusieron en pie al tiempo que, precedido por doce lictores, doce ayudantes vestidos con túnicas blancas y portando sus fasces, entró Tiberio atravesando la puerta principal del edificio del Senado. Tras él, unos soldados barbados de elevada estatura, batavios y germanos en su mayoría (oriundos de las actuales Holanda y Alemania), miembros de la guardia germana encargada de la seguridad del emperador, tomaron posiciones junto a la puerta, exhibiendo un aspecto escasamente civilizado a la vista de sus calzones, largas cabelleras y barbas descuidadas —en aquella época, los ciudadanos romanos se aseaban y se afeitaban todos los días desde el momento en que alcanzaban la mayoría de edad al cumplir los dieciséis años, una costumbre que no observaban las tropas germanas del Ejército romano.

El sexagenario Tiberio era un hombre alto y corpulento, muy bien formado. Exhibiendo una calva ostensible ahora que se adentraba en la ancianidad, tenía los ojos grandes y las facciones finas. En su mocedad había tenido la cara cubierta de granos, y todavía conservaba rastros de aquellos problemas cutáneos juveniles. Caminaba, declara Suetonio, con una cierta rigidez, con la cabeza levemente inclinada hacia delante.[14] El prefecto pretoriano Lucio Elio Sejano, un hombre de fuerte constitución que se comportaba con un aire de humildad fingida, seguía al emperador como si fuese su sombra, acompañado por varios secretarios libertos que revoloteaban bulliciosamente a su alrededor. Tiberio avanzó hasta el centro de la sala y ocupó su lugar en la silla elevada, desde donde, escoltado por su séquito de ayudantes, invitó a los senadores a que ocupasen sus respectivas bancas. Sejano, ahora que Tiberio le había concedido el rango de pretor, también tomó asiento entre los senadores.

Todas las puertas del Senado estaban ahora cerradas. Algunos ayudantes las abrían de tarde en tarde para permitir el acceso de los senadores cuando precisaban salir para aliviarse o para hacerse con algo que llevarse a la boca, fuera comida o bebida, con el avance de la jornada, dado que las sesiones que tenían lugar en el Senado se desarrollaban de forma ininterrumpida hasta la puesta del sol. Para enterarse de cómo progresaba el juicio en el interior de la sala, la enorme multitud que se concentraba afuera tendría que reprimir su ansiedad y esperar los comentarios que hacían los distintos senadores en sus idas y venidas. Muchos senadores no desaprovechaban la oportunidad de parecer importantes ante el populacho, y hacían elocuentes declaraciones a medida que los interrogatorios de las partes caldeaban los ánimos.

En el interior de la sala podían oírse los ecos de algunas toses nerviosas. Tiberio solicitó y obtuvo el permiso del presidente de la cámara, Aurelio Cota, el cónsul más veterano en funciones, para dirigir unas palabras a los honorables senadores. Cuando el emperador se puso en pie, uno de sus secretarios le entregó un rollo de pergamino que contenía un discurso preparado. Tiberio se expresaba con fluidez en latín y en griego, aunque, al contrario que otros líderes romanos anteriores, incluyendo a Julio César, Tiberio prefería dirigirse al Senado en latín antes que en griego. A fin de cuentas era la lengua de uso común entre los romanos. Por lo general, en sus discursos Tiberio hacía lo imposible para evitar el uso de términos y modismos griegos, aun los más utilizados. Tanto César como Augusto habían sido excelentes oradores, pero Tiberio, que en su juventud había dedicado varios años a la práctica de esta técnica, no estaba a su altura. Consciente de ello, leyó su discurso ante los presentes en el Senado con sus habituales maneras lentas y metódicas:

—Senadores, Pisón era representante y amigo de mi padre [Augusto], —empezó su alocución—. Siguiendo la recomendación del Senado, le encomendé que ayudase a Germánico en la administración de las provincias de Oriente.

En realidad, el Senado no había tenido la menor influencia en el nombramiento de Pisón. En sentido estricto, los nombramientos de gobernadores por parte del emperador siempre estaban sujetos a la aprobación y el sello del Senado. En la práctica, el Senado siempre se limitaba a manifestar su aprobación del gobernador elegido por el emperador.

—A vosotros os corresponde determinar, con amplitud de miras y sin tendenciosidad —prosiguió Tiberio—, si con su rivalidad y deliberada oposición provocó al joven príncipe, si se alegró de su muerte, y si alevosamente puso fin a su vida.

—Ciertamente, si un subordinado se extralimita en el ejercicio de las competencias que corresponden a su función, e ignora el deber de obediencia a su superior, y siente alegría tras su muerte, y se regocija con mi dolor, entonces sólo tendrá mi desprecio y quedará excluido de mi casa. Ahora bien, yo vengaré una equivocación *personal* sin recurrir a mi poder como emperador. Sin embargo, si puede probarse que se ha cometido un crimen que deba ser castigado, con independencia de la identidad del hombre asesinado, a ustedes les corresponderá establecer la justa compensación que deberán recibir los hijos de Germánico, y nosotros, sus padres.

—Considerad esto también. ¿Acaso Pisón lideró sus legiones de un modo sedicioso o revolucionario? ¿Buscó ganarse la popularidad de las tropas por medios turbios o poco transparentes? ¿Acaso intentó reconquistar la provincia de Siria empleando la fuerza de las armas? ¿O se trata de falsas maquinaciones urdidas por quienes ahora lo acusan? —En ese momento lanzó una breve e intensa mirada a los tres acusadores—. Su celo carente de escrúpulos causa mi indignación. ¿Por qué desnudaron el cadáver de Germánico y lo expusieron ante los ojos del pueblo, e hicieron circular entre los extranjeros la historia de que había sido envenenado, cuando esto no pasa de ser una posibilidad, una duda que precisa ser investigada?

Tiberio hizo una pausa para permitir que quienes le escuchaban asimilaran sus argumentos, y luego continuó.

—A título personal, lamento la muerte de mi hijo y la lamentaré siempre. Con todo, eso no evitará que exija a la parte acusadora que aporte las pruebas necesarias para demostrar la inocencia o la culpabilidad de Germánico en cualesquiera actos ilícitos, si los hubo. Y les ruego que no den por probados los cargos aquí expuestos simplemente porque nos encontramos ante un caso que para mí supone una terrible pérdida.

Dirigió la vista a los tres defensores de Pisón.

—Vosotros, a quienes los lazos de sangre o el buen corazón os han hecho sus abogados, ayudad al acusado en este tiempo de peligro, todos y cada uno de vosotros, hasta agotar vuestras capacidades y hasta donde os lo permitan vuestra elocuencia y diligencia.

Miró ahora a los acusadores y les espetó:

—A los fiscales les pediría que ejerciesen su función con todo su esfuerzo e igual persistencia.

De nuevo se dirigió a la cámara en su conjunto:

—Por esta vez, y sólo por esta vez, situaremos a Germánico por encima de la ley, resolviendo el asunto de su muerte en esta cámara y no en el foro, ante los senadores y no ante un tribunal de magistrados. En todos los demás aspectos, este caso deberá regirse y conducirse simplemente como otro caso cualquiera. No quiero que ninguno de vosotros se deje influir por las lágrimas de Druso o por mi propia aflicción, ni por las historias que podáis oír y que puedan haber sido inventadas para desacreditarnos.[15]

Dicho lo cual el emperador tomó asiento, dirigiendo un leve gesto de asentimiento al cónsul Cota, que seguidamente autorizó el inicio de los alegatos por parte de la acusación. Ahora bien, antes de que Vitelio, Serveo o Veranio pudieran pronunciar palabra, Fulcinio Trión se puso en pie de un salto y el cónsul lo reconoció de inmediato. Para mayor frustración de los acusadores y de tantos otros asistentes al juicio, Trión procedió a exponer sus irrelevantes acusaciones contra Pisón, asegurando que se había visto implicado en algunas tramas secretas de extorsión a algunos provincianos cuando había servido como gobernador de las provincias españolas durante el reinado de Augusto. Si bien esto parecía ideado para malgastar el valioso y muy escaso tiempo asignado a la acusación, el cónsul permitió que Trión se explayase sobre sus alegaciones. Si esta maniobra dilatoria fue por propia iniciativa de Trión, simple y llanamente para ganarse el favor de Tiberio, o si fue maquinada por el propio Tiberio o por Sejano, es algo que nunca sabremos. Lo que sí sabemos es que tiempo después Trión se convertiría en uno de los mayores socios de Sejano, consiguiendo en última instancia ser nombrado cónsul gracias a la influencia del jefe pretoriano. Llegado el mediodía, luego de privar a la acusación legítima de unas horas preciosas, Trión finalmente completó su argumentación ante el Senado y se sentó de nuevo en su banca.

Por fin, la acusación pública contra Pisón por los cargos de asesinato podía proceder sin interrupciones. Los acusadores tendrían que superar algunos escollos tempranos. Por un lado, el despilfarro de tiempo atribuible a Pisón. En segundo lugar, la insistencia de Tiberio para que el Senado considerase a Pisón inocente mientras no se demostrase su culpabilidad. De hecho, el discurso inicial del emperador antes que unas palabras introductorias imparciales parecía un alegato a favor de la inocencia del acusado. Y, mucho peor que todo lo anterior, un testigo clave de la acusación no podía comparecer. A pesar de haber sido mantenida bajo celosa custodia en Brindisi, Martina, la siria hacedora de venenos, había sido hallada muerta en sus aposentos. Su cuerpo no evidenciaba signo alguno de violencia, ni de asesinato ni de suicidio, pero un recipiente con un veneno no utilizado había sido encontrado enredado en un nudo de su cabellera. Algunos dieron por buena la hipótesis de que había empleado un segundo frasco para quitarse la vida, aunque este segundo frasco vacío nunca pudo encontrarse. Otros se preguntaron si no pudo haber sido envenenada por uno de los centinelas que la custodiaban. No se halló prueba alguna que corroborase una u otra hipótesis. Dado que mientras estuvo viva Martina no hizo ninguna declaración sobre el asunto —una declaración escrita no tenía validez legal ante un tribunal, aunque los testigos podían presentarse en el juicio para testificar sobre aquello que Martina les hubiera relatado, en el supuesto de que hubiese sucedido así—, la acusación tuvo que proceder en ausencia del testigo que podría haber arrojado más luz sobre el caso de la muerte de Germánico, y que muy posiblemente podría haber implicado a Plancina y/o a Pisón en tan execrable crimen.

Con estas limitaciones, la acusación contra Pisón, su esposa y su hijo empezó a exponer su caso.

VII. LA ACUSACIÓN Y LA DEFENSA

Sin más testigos que ellos mismos, los acusadores Serveo, Veranio y Vitelio se dirigieron al Senado por riguroso turno, declarando lo que habían visto y oído en Oriente mientras fueron compañeros de armas de Germánico. Según relata Tácito, Serveo y Veranio eran los más animosos y pragmáticos, mientras que Vitelio poseía una elocuencia muy persuasiva.[1] De manera no muy distinta de lo que ocurre hoy en día, los fiscales romanos utilizaban las salas de los tribunales como si fuesen un escenario donde llevar a cabo sus muy medidas interpretaciones. Así pues, no era inusual que los abogados hablasen durante cinco horas sin hacer un receso, únicamente deteniéndose momentáneamente para tomar un sorbo de agua. «Habláis mucho y extensamente, y con la cabeza inclinada hacia atrás bebéis tragos de agua tibia de una petaca de cristal», expresaría Marcial, el poeta romano del siglo I, de uno de estos abogados legalistas.[2]

El trío de acusadores argumentó que mientras estaban en Oriente, Pisón había mostrado un odio evidente hacia Germánico y sus deseos de levantarse en armas contra él, de tal suerte que había corrompido a los soldados rasos y reclutas como resultado de relajar la disciplina castrense por otras vías, tanto así que los peores empezaron a llamarle Pisón, «el padre de las legiones».[3] Por otra parte, decían que Pisón había tratado a los mejores hombres, en especial a los amigos y compañeros de armas de Germánico, con un desdén brutal, aun con crueldad. Seguidamente, aportaron numerosos ejemplos del desprecio de Pisón y su desobediencia ante las órdenes que daba Germánico, desde sus sobornos de centuriones hasta la escena que protagonizó durante el banquete organizado para honrar al rey de Nabatea, y, un hecho que era crucial, su negativa a enviar dos legiones hasta Armenia según le había ordenado Germánico, un acto que bien podría haber costado la vida del príncipe a manos de los armenios o los partos.

El arrogante Pisón, recorriendo con la mirada las bancas situadas al otro lado de la sala, debió atisbar la indignación y el asco que aparecían registrados en las caras de muchos de sus colegas senadores. A medida que los tres fiscales revelaban el desdén y las reiteradas desobediencias de las órdenes de Germánico, algunos de sus colegas interrumpieron abruptamente la argumentación para amenazar a Pisón con el puño y expresar en voz alta su reprobación de los actos allí relatados. Es probable que el discurso inicial de Tiberio insuflara esperanzas en el acusado Pisón, pero ahora, al ver tanta animadversión dirigida contra su persona desde todas las bancas, Pisón empezó a dudar de todas las promesas que Sejano le había hecho desde que regresara a Roma, asegurándole, por activa y por pasiva, que nada tenía que temer.[4]

Cuando finalizó la jornada, y luego de que el emperador se hubiese ido, los esclavos de Pisón acercaron su litera a una de las puertas laterales. Se introdujo rápidamente en la misma y corrió las cortinas. Escoltado por un tribuno armado, el comandante de una de las cohortes de la guardia pretoriana, Pisón fue trasladado hasta su casa, situada a escasa distancia de allí. Según Tácito, aquella noche se extendió el rumor de que el tribuno estaba allí bien para proteger a Pisón o bien, en última instancia, para ejecutarlo.[5]

Esa noche en su casa, Pisón encontró a su mujer, Plancina, desmoralizada, fría y distante. Tras la cena, ella le anunció que había decidido construir su defensa al margen de la de su marido. Antes, mientras el juicio tenía lugar en el Senado, a Plancina se le había concedido una entrevista con Livia, la madre del emperador, un encuentro que debía celebrarse por la tarde en el Palatium. Y Livia le había garantizado que estaría a salvo de cualquier castigo, pero únicamente si retiraba todo el apoyo a su marido y permitía que sobre él recayese toda la culpa por los hechos acontecidos en Siria.[6]

Atónito por la deserción de su mujer, Pisón empezó a perder las esperanzas. Sabía que el respaldo público del Palatium a su mujer podría revelarse fatal para sus intereses. Sintiéndose una especie de chivo expiatorio por la muerte de Germánico, y ahora consciente del odio que el pueblo le tenía, consideró seriamente la posibilidad de arrojar la toalla. Pero sus hijos Cneo y Marco le imploraron que siguiera luchando, pues estaban convencidos de que todavía podía ganar. Renovado en sus fuerzas por el apoyo de sus hijos, y aferrándose a las promesas que Sejano le había hecho, Pisón decidió perseverar en su defensa.[7]

Al día siguiente, Pisón volvió a ocupar su habitual banca en el Senado mientras, una vez más, las bancas que rodeaban la suya se llenaban y una muchedumbre se concentraba en el exterior del edificio por segundo día consecutivo. Al igual que la víspera, mientras el juicio siguiera su curso todas las actividades de la ciudad debían quedar suspendidas. Una vez que el emperador hubo llegado al edificio del Senado, trasladado en su litera desde el Palatium, empezó la sesión del día, la segunda y última de las dos asignadas a la acusación pública.

Ahora los fiscales abordaron el meollo del asunto. Pasaron a describir los pormenores del envenenamiento de Germánico, cómo había muerto y cómo, antes de expirar, les había exigido que jurasen vengarle. Ahora acusaban a Pisón de haber destruido personalmente a Germánico, «por envenenamiento y brujería». A continuación, hablaron de la conocida relación que mantenían Plancina y Martina, la hacedora de venenos, poniendo el acento sobre el hecho de que justo antes de la primera enfermedad que sufrió Germánico, Pisón había estado recostado junto al príncipe en el lugar de honor durante un banquete oficial celebrado en el palacio de Dafne. Esto, aseguraban, le habría brindado una oportunidad inmejorable para envenenar la comida o la bebida del príncipe.[8]

Tácito comenta que entonces Pisón observó a Tiberio. En los debates, muchos senadores obsequiosos ansiaban llevar la voz cantante en presencia del emperador. Si el emperador asentía con la cabeza al escuchar un razonamiento, de inmediato sabían qué reacción se esperaba de ellos. En este caso, y a la vista de su discurso inicial, todo indicaba que Tiberio se posicionaba a favor del defendido. Sin embargo, ahora el rostro del emperador le devolvía una expresión fría que le hizo estremecer. Sin reflejar pena o enojo, Tiberio parecía estar inhibiéndose de la cuestión, ocultando deliberadamente cualquier manifestación de emociones o favoritismo. Con los ojos entornados, Tiberio desvió la mirada.[9]

En el exterior del Senado, el gentío empezaba a impacientarse. Desde el interior de la cámara, los senadores podían oír sin mucho esfuerzo los gritos que la muchedumbre profería al otro lado de los elevados muros. Ansioso por conocer el veredicto, y temiendo que los senadores exculpasen a Pisón influenciados por Tiberio, el pueblo empezó a amenazar con desatar la violencia en el caso de que el Senado decidiera no condenar a Pisón por el asesinato de Germánico. El desasosiego creció tanto que un gran número de personas irrumpió en un lugar del foro donde había algunas estatuas de Pisón, entre otras muchas efigies de cónsules. En esta atmósfera agitada y convulsa, las estatuas fueron derribadas de sus pedestales y arrastradas hasta las escaleras Gemonias, que unían el monte Capitolino con el extremo norte del foro. Con arreglo a la tradición, los cuerpos de los traidores eran arrojados por estas escaleras, mientras que las cabezas de los hombres y las mujeres sentenciados por crímenes importantes y decapitados por la guardia pretoriana eran expuestas en dichas escaleras, en calidad de prueba, tan sangrienta como indiscutible, de que se había cumplido el castigo. La turba soliviantada empezó a romper las estatuas de Pisón con la intención de exhibir simbólicamente las cabezas de mármol sobre las escaleras.

El tumulto organizado afuera obligó a Tiberio a suspender la sesión del juicio al objeto de enviar mensajeros para averiguar qué sucedía. Cuando llegó la noticia de los altercados, Tiberio de inmediato se puso al frente de la guardia pretoriana para restaurar el orden y de paso rescatar las estatuas de Pisón y devolverlas a sus respectivos pedestales. Los soldados de la guardia acataron la orden con prontitud. Cientos de ellos se separaron del cordón de guardias que rodeaba el edificio del Senado y acudieron rápidamente a las escaleras Gemonias. Mientras los senadores aguardaban expectantes en la Curia, las tropas dispersaron a los alborotadores sin ningún derramamiento de sangre, y las estatuas dañadas fueron restituidas a sus emplazamientos originales.

Tras esta demora, una vez que Tiberio conoció la noticia de la exitosa operación llevada a cabo por los pretorianos para sofocar el malestar del pueblo, la acusación recibió autorización para reanudar su tarea. Retomaron las pruebas de la brujería encontradas en el palacio del gobernador en Antioquía. Los fiscales esgrimían que, como preludio a la muerte de Germánico, «él mismo [Pisón] y Plancina habían realizado ceremonias y sacrificios horribles»,[10] y proporcionaron jugosos detalles de los artilugios macabros hallados durante el registro del palacio del gobernador. Finalmente, los fiscales acusaron a Pisón de haber amenazado al estado romano con llevarlo a la guerra, relatando pormenorizadamente las órdenes no autorizadas que dio a los caudillos de la región y sus absurdas hazañas militares en Cilicia, que desembocaron en el breve y fracasado conflicto de Celénderis. Únicamente después de ser derrotado en esa batalla, afirmó la acusación, y después de rendirse, había decidido volver a Roma para someterse a un juicio y saldar sus deudas con la justicia por sus atroces crímenes. Luego de hacer esta puntualización, la acusación pública pudo descansar.

Todas las miradas se concentraron en el emperador. Tiberio se recompuso y decidió ponerse en pie. Tras recordar a los senadores que la cámara habría de reunirse al cabo de seis días para escuchar los alegatos de la defensa, se dirigió a los dos hijos de Pisón y les conminó a encabezar vigorosamente la defensa de su madre ausente cuando se reanudase la vista. Seguidamente el juicio fue aplazado,[11] y el emperador se ausentó del Senado al tiempo que los senadores se erguían para mostrarle sus respetos.

Fueron dos jornadas verdaderamente extenuantes. Las sesiones del Senado, cuando la cámara ejercía a modo de tribunal superior de justicia de Roma, siempre resultaban agotadoras para sus protagonistas. Ochenta años después, tras participar en un juicio de tres días celebrado en el Senado en el transcurso del cual se formularon cargos contra otro antiguo cónsul de la Hispania Ulterior, cargos que fueron refutados, el senador, abogado defensor, y conocido autor Plinio el Joven describiría «la fatiga que experimentábamos cuando hablábamos y debatíamos durante tanto tiempo, al examinar, respaldar, y dar la réplica a las declaraciones de tantos testigos».[12]

En la oscuridad de las primeras horas de la noche, Pisón se marchó a su casa oculto en su litera y acompañado por el mismo tribuno pretoriano. Debió partir con la moral alta. Es muy probable que antes de abandonar el Senado sus defensores le hubiesen asegurado que la acusación pública no había sido convincente, por cuanto no había sabido establecer con suficiente claridad su culpabilidad del mayor de los cargos que le imputaban. Sí, es cierto que la acusación había logrado demostrar que el antiguo cónsul había sobornado a los soldados acuartelados en Siria y que había insultado a Germánico, su inmediato superior. Tampoco podía negarse que en Cilicia Pisón y su hijo Marco habían intentado manipular a los reclutas de la legión, que de manera totalmente ilegal habían ordenado a las tropas auxiliares ponerse a su servicio, y que habían proporcionado armas a sus propios esclavos; todo ello con el propósito de hacerse con el control de Siria. Que todo esto condujese a una guerra civil era bastante discutible, pero también es cierto que sería necesaria una fuerte dosis de elocuencia para convencer a los senadores de las afirmaciones de Pisón, según las cuales había actuado así por estricta lealtad a Tiberio y no, como se había dicho, por su deseo egoísta de recuperar el poder que Germánico supuestamente le había arrebatado.

Parecía cierto, sin embargo, que Pisón no podría evitar ser condenado por los cargos menores, que en teoría le supondrían un castigo que bien podría ser el destierro. Ahora bien, en lo tocante al cargo principal, el asesinato por envenenamiento, la acusación pública había fracasado. Al contrario que en el caso contra su esposa, no habían conseguido relacionar a Pisón con el veneno ni con alguien que pudiese elaborarlo. Por lo que respecta al cargo de haber administrado personalmente el veneno a Germánico durante el banquete celebrado en Dafne, parecía completamente absurdo. Sus abogados se preparaban para argumentar, en el turno de la defensa al cabo de seis días, «que nunca se habría atrevido a hacer semejante intento, rodeado de sirvientes desconocidos, a plena luz y a la vista de tantos invitados».[13]

Los abogados de la defensa estaban en lo cierto. Parece altamente improbable que Pisón pudiera o hubiera intentado envenenar la comida del príncipe en aquel banquete organizado en el palacio de Germánico —frente a tantos testigos «hostiles». En tiempos clásicos, sólo los esclavos se sentaban para comer. Los ciudadanos libres se tumbaban panza abajo sobre divanes específicamente pensados para comer, tres comensales juntos por cada diván. Se disponían tres divanes alrededor de cada mesa, de tal manera que los nueve comensales pudieran verse las caras y conversar por encima de la mesa baja central donde se colocaba toda la comida y la bebida. Los comensales no comían de platos individuales, tal como hacemos nosotros. Utilizando los dedos, seleccionaban las viandas de todas las fuentes que había sobre la mesa central, fuentes compartidas por todos los comensales. Así pues, incluso si Pisón hubiese encontrado la manera de esparcir un veneno sobre los alimentos ante la atenta mirada de otros ocho comensales que compartían la misma mesa, y de los muchos sirvientes que iban y venían constantemente, lo más probable es que los demás también ingiriesen la misma comida que Germánico. Pues bien, ninguno de ellos cayó enfermo.

Envenenar la bebida de Germánico era una posibilidad más verosímil. No obstante, teniendo en cuenta que la copa de Germánico descansaba sobre la mesa frente a él, Pisón tendría que habérselas ingeniado para introducir el veneno en su copa sin que nadie lo viera, sin que lo viera Germánico con sus propios ojos, sin que lo vieran los comensales que tenía a su derecha y a su izquierda, ni cualquiera de sus sirvientes leales, que pululaban sin cesar trayendo comida y bebida y llevándose las fuentes vacías. Aunque no es imposible, parece altamente improbable.

«Además», refiere Tácito, «el acusado propuso que sus esclavos fuesen sometidos a torturas» para demostrar que él no había estado implicado en el asesinato de Germánico. Asimismo, insistió en que los esclavos del personal de Germánico que habían servido en el banquete aquella noche debían ser torturados también, para así demostrar que él no había tenido nada que ver en la muerte del príncipe.[14] A ojos de muchos, sólo un hombre muy seguro de sí y de su inocencia propondría algo semejante. Habida cuenta las pruebas, tan endebles como circunstanciales, que existían en su contra, la posibilidad de que Pisón eludiese una sentencia condenatoria por el cargo de asesinato era muy real.

De vuelta a su casa esa misma noche, Pisón se sentó a escribir. Su ayudante, un esclavo liberto, posteriormente diría que aquel día supuso que su amo estaba trabajando en su defensa legal. Acto seguido, Pisón selló el documento que había manuscrito y se lo entregó a su ayudante, sin más instrucciones. Luego cenó frugalmente e hizo sus necesidades. Su esposa, Plancina, ya se había retirado a su alcoba cuando, de madrugada, Pisón ordenó que se cerrasen las puertas exteriores de la casa, y también se retiró a su dormitorio. El día siguiente, al alba, Cneo Calpurnio Pisón fue encontrado muerto en su habitación, en medio de un charco de sangre. Había sido degollado. Una espada descansaba cerca de su cuerpo sobre el suelo embaldosado.

La noticia de la muerte de Pisón causó una tremenda conmoción en toda Roma. Tiberio también parecía consternado —aunque Tácito considera que su aflicción era fingida. De inmediato convocó al Senado y declaró lo siguiente, con el semblante triste, embargado por la emoción y en tono acusador, ante los senadores allí reunidos: «¡El objetivo de esta muerte es que me lluevan los reproches!».[15] Con estas palabra parecía que Tiberio estuviese acusando al propio Pisón de haberse quitado la vida únicamente para menoscabar la credibilidad del emperador, o que estuviese acusando a alguien más, quizás a los amigos de Germánico, de haber ideado el asesinato de Pisón antes de que el Senado exonerase al ex cónsul de los cargos por el asesinato del príncipe.

En vez de echar tierra sobre la muerte de Pisón y esconderla bajo la cama, el emperador parecía resuelto a descubrir toda la verdad sobre el suceso, y se dispuso a dirigir una investigación exhaustiva en el Senado para esclarecer lo ocurrido el último día y la última noche de la vida de Pisón. Interrogó, frente a todos los senadores, al tribuno encargado de escoltarle, así como a los dos hijos de Pisón y a su ayudante. Algunas de sus respuestas fueron, sobretodo, prudentes, otras fueron poco inteligentes, pero ninguna sirvió para esclarecer los pormenores de la muerte de Pisón. Luego Tiberio leyó ante la cámara una carta que, según aseguró, Pisón le había escrito de su puño y letra:

> «Hundido por la conspiración de mis enemigos y los odios que me han reportado los falsos cargos, y puesto que mi verdad y mi inocencia no encuentran lugar aquí, ruego a los dioses inmortales que den fe de que, en lo que a ti, César, respecta, he actuado con total lealtad, y con similar respeto por tu madre.
>
> Os ruego que penséis en mis hijos, uno de los cuales, Cneo Pisón, nada ha tenido que ver con mi carrera política, como demuestra el hecho de que ha permanecido en Roma durante todo este tiempo. El otro, Marco Pisón, se esforzó para convencerme de que no debía regresar a Siria. Ojalá hubiese escuchado a mi joven hijo, en lugar de escuchar a su anciano padre. En consecuencia, rezo con todas mis fuerzas para que los inocentes no tengan que pagar el castigo que mi depravación merece.
>
> Con cuarenta y cuatro años de obediencia y servicio a mis espaldas, a través de nuestra asociación en el consulado, como persona que en su día supo ganarse la estimación de vuestro padre, el Divino Augusto, y como vuestro amigo, que nunca más habrá de solicitaros un favor, os ruego que salvéis a mi infortunado hijo».[16]

Todo apunta a que esta carta, que, tal como reseña Tácito, deliberadamente no hacía mención alguna a Plancina, fue el documento que Pisón entregó a su ayudante la noche anterior. Interpretada en su contexto, presenta todas las características de la nota de suicidio que firmaría un hombre culpable.

Aun así, en esta nota Pisón se aferra a su inocencia como a un clavo ardiendo, declarándose inocente de la muerte de Germánico y asegurando que los cargos que le imputan son falsos. Ni tan siquiera dice explícitamente que iba a quitarse la vida. Si Pisón no hubiese sido hallado muerto, esta carta, en caso de ser auténtica, habría sido interpretada como un simple ruego de indulgencia para su hijo Marco escrito antes del comienzo de la defensa de su caso al cabo de un plazo de seis días. Los amigos de Pisón siempre se mostrarían inflexibles al respecto, asegurando que no se había quitado la vida. Tácito refiere que en su juventud había hablado personalmente con algunos senadores de edad avanzada que le dijeron que estaban convencidos de que Pisón no se había suicidado, sino que había muerto a manos de «una persona enviada para ejecutarle».[17]

¿Es verdad que Pisón se quitó la vida? El suicidio ante la perspectiva del deshonor era una práctica común entre los senadores romanos. Lejos de ser considerado un acto de cobardía, los romanos lo percibían como un gesto de nobleza, del mismo modo como muchos siglos después los samuráis japoneses optarían por el suicidio y lo ritualizarían en la forma de *seppuku*, o *hara-kiri*, como una alternativa honorable ante la derrota o la deshonra. Empero, el método normalmente empleado por los romanos para quitarse la vida consistía en cortarse las venas de los brazos, y a veces incluso de las piernas, para así desangrarse lentamente hasta la muerte. En el campo de batalla, un general rodeado por el enemigo bien podía caer bajo el acero de su propia espada como último y rápido recurso, tal como hiciera el general Varo durante la batalla del bosque de Teutoburgo en el año 6 d. C., para eludir una muerte deshonrosa a manos de sus enemigos. Medio siglo después, el emperador Otón, de breve reinado, se apuñalaría en la garganta con una daga hasta producirse la muerte. También se conocen uno o dos ejemplos de nobles que decidieron quitarse la vida degollándose con una cuchilla. En cualquier caso, cortarse el cuello con una espada era un método ciertamente extraño. Aunque no es imposible que Pisón hiciera algo así, las probabilidades de que no se suicidase de esta manera son muy altas.

Uno de los escenarios posibles para explicar lo que ocurrió aquella noche es éste: cumpliendo órdenes de su comandante, Sejano, el tribuno pretoriano que escoltaba a Pisón hasta su casa le persuadiría para que escribiese una carta dirigida al emperador implorando clemencia para su hijo, siendo así que el tribuno le prometería entregársela personalmente a Tiberio. Pisón habría redactado la carta obedientemente y se la habría entregado a su ayudante, para que a su vez se la entregase al tribuno al día siguiente. Luego, en las primeras horas de la mañana, el portero de la casa de Pisón, sobornado por el tribuno, o quizás cumpliendo órdenes de la esposa de Pisón, Plancina, abriría la puerta principal del domicilio y permitiría la entrada de varios centuriones de la guardia pretoriana vestidos de paisano y armados con dagas que llevarían ocultas bajo sus capas. A renglón seguido, los asesinos se deslizarían hasta el dormitorio de Pisón, a quien encontrarían dormido, y allí le abrirían la garganta, abandonando el arma homicida cubierta de sangre en el suelo antes de irse.

Aquellos mismos senadores de edad avanzada que le habían comentado a Tácito que los amigos de Pisón, en su mayoría, creían que el ex cónsul había sido asesinado, también le contaron que, durante las dos jornadas del juicio que había presenciado, Pisón portaba consigo un documento misterioso. Le explicaron que los amigos de Pisón declararon reiteradas veces que este documento era «una carta remitida por Tiberio que contenía instrucciones relativas a Germánico, y que su intención era sacarla a relucir en el Senado para poner en evidencia al emperador».[18] La única razón para que Pisón no hubiera mostrado la carta, decían, era que «Sejano le hubiese engañado con sus promesas».[19] Esta carta inculpatoria había desaparecido, y nunca más vería la luz del día. Una vez eliminado Pisón, sus asesinos debieron de registrar la habitación para localizar y destruir la misiva incriminatoria.

Aunque escasas horas antes de su muerte, todo indicaba que Pisón podría ser declarado no culpable del caso de la muerte de Germánico, el repentino final del antiguo gobernador proporcionaba una elegante conclusión al caso de Germánico, al menos en lo concerniente al emperador. A continuación, Tiberio sugirió al Senado que Marco Pisón fuese absuelto del cargo de hacer la guerra civil, sobre la base de que un hijo no podía negarse a cumplir las órdenes del que era su padre e inmediato superior en la jerarquía militar. Tiberio añadió que en este caso era necesaria la compasión tanto del noble rango de la familia Pisón como del horrible final del acusado. Por lo que respecta al rol que la unánimemente denostada Plancia había desempeñado en Siria, Tiberio lo calificó de deshonroso y vergonzante.

Un murmullo se apoderó del Senado. Las «protestas furtivas» de todos los «hombres de bien» contra la madre del emperador se tornaban más y más vehementes, según el relato de Tácito. El historiador cita una queja encubierta: «¿Así que el deber de una abuela no es otro que mirar a la asesina de su nieto [Plancina] a los ojos, hablar libremente con ella, y rescatarla del Senado?». Pese a todo, en público no se oyó una sola palabra estridente por boca de los contrariados senadores.

Entonces Tiberio conminó al Senado a proclamar su veredicto final sobre el caso. En condiciones normales, el cónsul que presidía la cámara no podía votar, pero cuando el emperador estaba presente en el Senado lo hacía, de modo que el cónsul fue el primero en hacer uso de la palabra. El cónsul Cota anunció que Cneo Calpurnio Pisón era culpable de todos los cargos que se le imputaban, y que, como castigo, su nombre sería eliminado del registro público y el estado confiscaría la mitad de sus propiedades, quedando el resto en propiedad de su hijo mayor, Cneo el Joven, quien a su vez debería cambiarse el nombre de suerte que en adelante nadie pudiera vincularlo con su deshonrado padre. Paralelamente, el cónsul propuso que el hijo menor de Pisón, Marco, fuese despojado de su rango senatorial y se le condenase a un destierro de diez años con una asignación de 5 millones de sestercios. Al objeto de entender cuán leve era la pena estipulada para el joven Pisón, cabe señalar que un legionario ganaba 900 sestercios al año y recibía una pensión de 12.000 sestercios al cabo de veinte años de servicio activo. El precio de una pequeña granja productiva no superaba los 100.000 sestercios, siendo así que el precio de mercado de una finca productiva de gran superficie en suelo italiano propiedad de cualquier senador era de aproximadamente 3 millones de sestercios. Cinco millones de sestercios, aun distribuidos en un período de 10 años, eran una pequeña fortuna. Y finalmente, apostilló el cónsul, a la vista de la intercesión de la madre del emperador, deberemos perdonar la vida de Plancina.

El Senado votó unánimemente a favor de las propuestas del cónsul. Con todo, a juicio de Tiberio estas penas, tan risiblemente suaves en términos objetivos, eran excesivamente severas. Ni tan siquiera el nombre de Marco Antonio fue retirado del registro público luego de que declarase la guerra contra el estado, razonó el emperador. Así las cosas, en la ciudad de Roma el nombre de Pisón no sería borrado, ni serían retiradas las estatuas del malogrado prócer. Además, Tiberio anunció que Marco Pisón sería perdonado, y que se le entregarían la mitad de las propiedades de su padre confiscadas por el estado. Así es como terminó «esta farsa de juicio», tal como lo califica Tácito.[21]

Tal era la ansiedad del emperador por sofocar la indignación pública y dar por concluido el asunto de la muerte de Germánico que, por órdenes expresas de Tiberio, el Senado inscribiría en lápidas de bronce los pormenores del juicio contra Pisón, así como el veredicto, la sentencia y la conmutación de las penas, amén de los homenajes decretados para honrar la memoria de Germánico. Estas lápidas serían expuestas públicamente durante un período de treinta días en las ciudades y los pueblos del imperio, así como en los cuarteles de las legiones diseminados por todo el mundo romano, para que todos pudiesen constatar que Tiberio había consumado la venganza por la muerte de Germánico. Ejemplos de estas inscripciones, conocidas como la *Tabula Hebana*, la *Tabula Siarensis*, y la *Senatus Consultum de Cn. Pisone Patre*, serían desenterradas en el siglo XX tanto en Italia como en España. Al margen de los comentarios realizados en privado acerca de cómo murió Pisón y las referencias al misterioso documento que portaba, estas lápidas coinciden exactamente con la relación de los pormenores del juicio que Tácito incluye en sus *Anales*. Una de estas tablas, la *Senatus Consultum de Cn. Pisone Patre*, hallada en España en la década de años veinte, describe con gran profusión el castigo impuesto a Cneo Pisón, y también incorpora un decreto posterior de Tiberio, consecuencia del juicio celebrado en el Senado, según el cual el nombre de Pisón sería eliminado de todos los lugares públicos donde figurase inscrito por haber sido gobernador de las provincias españolas.

Inmediatamente después de que los veredictos y las penas fuesen sometidos a votación y aprobados en el Senado, algunos senadores compitieron para ver quién podía ser más adulador. Un senador propuso que se erigiese una estatua de oro de Tiberio en el templo de Marte el Vengador; otro que un altar consagrado a la Venganza fuese dedicado a Tiberio, para conmemorar el hecho de que el emperador, supuestamente, había vengado la muerte del príncipe Germánico. Tiberio vetó ambas propuestas, argumentando que tales monumentos solían erigirse para conmemorar las victorias militares sobre los enemigos extranjeros. Seguidamente, el veterano senador Valerio Mesala, que por medio del matrimonio había emparentado con una rama de la familia César, propuso que Tiberio, Livia, Agripina, Druso el Menor, y la madre de Germánico, Antonia, recibieran un agradecimiento público por haber vengado la muerte del añorado príncipe. El senador Lucio Asprenas, por su parte, se levantó soliviantado y recriminó a su colega por no haber incluido a Claudio, el hermano de Germánico, en el grupo de personas imperiales merecedoras de tal distinción. Así pues, el nombre de Claudio fue incorporado a la propuesta y la moción salió adelante sin mayores problemas. Tras esto, la vista en el Senado fue aplazada.

Conversando animadamente unos con otros, los integrantes de la muchedumbre que aguardaba a las puertas del Senado se dispersaron y no tardaron en retomar sus quehaceres cotidianos. La noticia de que Pisón había muerto sació la sed de sangre de aquellos romanos que había reclamado venganza tras la muerte de Germánico. Sin embargo, aunque es cierto que muchos ciudadanos se irían a la tumba convencidos de que Pisón había desempeñado un rol cardinal en la muerte del príncipe, también lo es que muchos otros seguirían pensando que Tiberio, seguramente en connivencia con su madre, había conspirado y orquestado el crimen desde una distancia prudencial, sin llegar a mancharse las manos.

Varios días después de la conclusión del proceso a Pisón, Tiberio propuso ante el Senado que a los tres acusadores, Vitelio, Veranio y Serveo, se les concediese un prestigioso título sacerdotal, como recompensa por los servicios prestados, una propuesta que, ni que decir tiene, el Senado aprobó sin rechistar. Análogamente, Tiberio le dijo a Fulcinio Trión, el senador que, como maniobra dilatoria, expuso los cargos contra Pisón por sus actividades en España, que si lograba contener su rencor a la hora de hacer sus acusaciones, podría contar con todo su apoyo cuando, en el futuro, decidiese optar a una promoción. En honor a la verdad, Trión conseguiría ser nombrado cónsul al cabo de pocos años, con la inestimable ayuda de Tiberio, claro está. Al margen de los títulos sacerdotales, ninguno de los tres miembros de la acusación pública recibiría ningún homenaje u obtendría ninguna otra promoción durante el reinado de Tiberio.

«Éste fue el final de la venganza cobrada tras la muerte de Germánico», sentencia Tácito.[22] Pero en modo alguno es el final de la historia del asesinato de Julio César Germánico. La historia no ha hecho más que empezar. Espoleados por el asesinato del príncipe, otros crímenes se sucedieron. Así, otros miembros de la familia de Germánico y descendientes de los César perecerían en años subsiguientes, todas ellas muertes integradas en un plan cuidadosamente orquestado para destruir a las personas más estrechamente vinculadas con el príncipe. En las cuatro décadas siguientes habrían de producirse numerosas muertes realmente espantosas, antes de que pudiera esclarecerse, siquiera parcialmente, la escena del crimen de Germánico, sus razones y su autoría. Las personas que se cobraron la vida de Germánico no figuraban en la lista de sospechosos conocida cuando se celebró el juicio en el año 20 d. C. Aunque usted, apreciado lector, ya las conoce.

VIII. LA DESTRUCCIÓN DE LA FAMILIA DE GERMÁNICO

Es posible que Tiberio temiese a Germánico cuando todavía estaba vivo. Pero lo cierto es que después se hizo cargo de los hijos del príncipe. Como si quisiera disipar los persistentes rumores según los cuales había odiado a Germánico y había tenido algo que ver en la trama para asesinarle, una vez concluido el juicio a Pisón, Tiberio nombró a su propio hijo, Druso el Joven, tutor de Nerón Germánico, Druso Germánico y Calígula. Además, breve tiempo después, cuando el primogénito, Nerón, cumplió la mayoría de edad al final de su decimoquinto año, Tiberio lo elogió públicamente ante el Senado y solicitó que al hijo de Germánico se le concedieran los mismo privilegios que a él se le habían concedido en su juventud.

Cuando el joven Nerón Germánico accedió al foro por vez primera vistiendo su túnica de ciudadano romano adulto (*toga virilis*) a los dieciséis años de edad, Tiberio dispuso que todos los ciudadanos de Roma recibieran una gratificación para celebrar la efeméride. Un júbilo indescriptible se apoderó del pueblo de Roma, afirma Tácito, «al comprobar que el hijo de Germánico había alcanzado la edad adulta».[1] Ese mismo año, con el beneplácito de Tiberio, el joven Nerón Germánico, de 16 años de edad, se casó con su prima Julia, la hija que su tío Druso el Joven tuvo de su primer matrimonio. Según todos los indicios, el emperador deshizo el compromiso de Nerón con la hija del amigo de Germánico Crético Silano. La novia del joven, Julia, apenas era una adolescente —las mujeres romanas podían comprometerse legalmente en matrimonio a los 12 años de edad y casarse a los 13—, aunque ya había enviudado. El año siguiente, Tiberio también presentó y alabó al segundo hijo de Germánico, Druso Germánico, ante el Senado cuando alcanzó la mayoría de edad. A la vista de ello, no cabe duda de que el emperador se ocupaba de los hijos de Germánico, y esto sirvió para apaciguar los ánimos del pueblo de Roma tras la horrenda muerte del príncipe.

Agripina siguió ocupándose de la crianza de los hijos de Germánico, y residiendo en el palacio que su difunto marido tenía en el Palatino. En términos generales, era una mujer honrada y respetada por el pueblo de Roma, si bien parece bastante claro que no gozaba de las simpatías del emperador y su madre. Asimismo, estaba muy claro que, pese al hecho de que el emperador oficialmente siguió honrando la memoria de Germánico, todos los amigos del príncipe tenían que andarse con pies de plomo. Cualquier palabra inoportuna o pronunciada a la ligera podría costarles la vida, tal como sucedió durante el mes de diciembre del año 21 d. C., escasos doce meses después del juicio a Pisón, según nos descubriría un poeta.

En los últimos días de ese año, al Senado llegó una acusación formulada contra el caballero Cayo Lutorio Prisco. Prisco era un poeta de cierto renombre que el año anterior había compuesto un poema en alabanza de Germánico que alcanzó gran popularidad de una manera casi instantánea. Al igual que el poema elogioso de Germánico escrito por Albinovano Pedón, este poema tuvo una gran repercusión. En privado, lo último que habría querido Tiberio era que se acrecentase el culto al desaparecido héroe Germánico. Pero en público, y reconociendo la inmensa popularidad del poema, el emperador no tuvo más remedio que entregar a Lutorio Prisco una recompensa en oro. Durante el otoño de 21 d. C., cuando el hijo y heredero de Tiberio, Druso el Joven, cayó gravemente enfermo de forma inesperada, Prisco se aventuró a componer un poema dando por supuesto que Druso moriría, ensalzando su figura con la esperanza de que una vez ocurrida la muerte del príncipe este nuevo poema fuese publicado y le reportase pingües beneficios que servirían para afianzar su reputación, tal como había sucedido previamente con el elogio de Germánico. Con Druso todavía vivo, Prisco cometió el craso error de leer el poema durante una reunión de damas de la nobleza romana celebrada en la residencia del senador Publio Petronio. Un informante comentó a Sejano los detalles de esta imprudente lectura de poesía.

Cuando el poeta fue acusado ante el Senado por cargos de traición —por haberse anticipado y querido beneficiarse de la muerte del príncipe—, casi todas las damas presentes en la sesión de lectura accedieron por miedo a proporcionar pruebas contra él. Únicamente la anfitriona de la reunión, la suegra de Petronio, Vitelia, miembro de la reputada familia Vitelio, íntimos amigos de Germánico, rechazó testificar contra el poeta. Consecuentemente, declaró que no había oído una sola palabra de aquel poema ofensivo. Pese a ello, el infortunado Lutorio Prisco fue declarado culpable. Un cónsul electo propuso la pena de muerte para el reo, pero Marco Lépido, uno de los abogados de la defensa en el caso contra Pisón, propuso que el poeta fuese desterrado de Italia y que toda su fortuna fuese confiscada por el estado. Lépido sólo contó con el respaldo de otro antiguo cónsul; a ojos de todos los senadores —quizás a través de un mensaje remitido por el prefecto pretoriano— se hizo muy evidente que el emperador Tiberio deseaba que al poeta le fuese aplicada una pena tan severa como ejemplar. Sentenciado a muerte, Lutorio Prisco fue con-

Busto de Tiberio, Louvre, París. Tiberio vio desaparecer progresivamente a todos sus posibles rivales en la sucesión gracias a una serie de oportunas muertes.

finado en la prisión de la ciudad, construida en una calle situada a escasa distancia del foro, y ese mismo día fue ejecutado por soldados de la guardia pretoriana.

Cuando Tiberio tuvo conocimiento de esta sentencia y de la inmediata ejecución de Lutorio Prisco, dirigió una carta al Senado para elogiar la lealtad de los senadores. Sin embargo, decía, a su entender que el castigo administrado al poeta era excesivo y precipitado, y no perdía la ocasión de alabar a Lépido por la medida más benigna que había propuesto. Bajo esta luz, el Senado aprobó una moción en virtud de la cual en el futuro sus decretos quedarían registrados en el Tesoro Romano y sólo entrarían en vigor transcurridos nueve días desde su aprobación, dando tiempo al emperador para vetar o reducir cualquier castigo. De todo esto podía extraerse otra enseñanza. El poema original de alabanza a Germánico no habría caído muy bien en el Palatium, y si bien es cierto que la lectura pública del último poema sobre Druso el Joven había sido a todas luces prematura y poco inteligente, la urgencia con la que los senadores dictaron sentencia y castigo contra el poeta sería interpretada como un acto de censura antes contra el poema compuesto para elogiar a Germánico que contra el de Druso.

Ocurrió, por tanto, que Druso el Joven se recuperó de su enfermedad, aunque su destino no sería disfrutar de una vida larga. El prefecto pretoriano Sejano había convertido a la esposa de Druso, la hermana de Germánico, Livila, en su amante. Ambos disfrutaban de sus encuentros de amor clandestinos gracias a la complicidad del médico y amigo de Livila, Eudemo. Con el pretexto de tener que someterse a un examen médico, Livila acudía a la casa del doctor y allí se encontraba con Sejano en el más absoluto de los secretos. Para convencer a su amante de la sinceridad de su amor, Sejano se divorció de su esposa, Apicata, la madre de sus tres vástagos. Con todo, lo más probable es que siguiese manteniendo una estrecha y discreta relación con Apicata, puesto que en lo sucesivo siempre estaría al corriente de sus planes e intrigas.

Tal era la locura de amor que sentía Livila por Sejano, y tan resuelta estaba a casarse con él, que ambos conspiraron activamente para asesinar a su esposo, Druso el Joven. Aun cuando Druso desconocía el adulterio de su mujer, empezó sentir celos de Sejano, quejándose de que se contara con un «extraño» como él para «las tareas de gobierno», siendo así que él, el hijo del emperador, era perfectamente capaz de realizar esas funciones.[2] De forma inevitable, no hubo de transcurrir mucho tiempo antes de que Druso y Sejano protagonizasen una acalorada discusión en público. En pleno arrebato, Druso golpeó en el rostro al comandante de la guardia pretoriana. Por su parte, Sejano, incapacitado para tomarse la revancha devolviéndole el golpe —esta agresión, cometida en la persona de un príncipe, hubiese sido interpretada como un acto de traición—, se cobraría venganza de otra manera, otro día.

A principios del año 23 d. C., coincidiendo con el acceso a la mayoría de edad del segundo hijo de Germánico, Druso Germánico, y su presentación ante el Senado de la mano de Tiberio, su tío Druso el Joven empezó a sentirse indispuesto. Años después se conocería que Sejano había engatusado y sobornado al esclavo manumiso de mayor confianza de Druso, un joven y hermoso eunuco llamado Ligdo, para que envenenase a su dueño. Druso había estado gravemente enfermo dos años antes, una circunstancia que sirvió para que Sejano decidiese envenenarle de manera gradual, lentamente durante un largo período de tiempo, de suerte que pareciese otra enfermedad natural. Así las cosas, a lo largo de varios meses Ligdo empleó un veneno que no dejaba rastro, una sustancia letal que deslizaba subrepticia y metódicamente en el vino de su amo durante la cena.

Pasaron algunas semanas y Druso se sintió mal, aquejado de una misteriosa y desconocida enfermedad que ponía en riesgo su salud. El médico de Druso, el cómplice de Livila, Eudemo, no pudo diagnosticar ni definir un tratamiento para combatir su enfermedad. Fue así que en septiembre del año 23 d. C., Druso el Joven, al igual que su hermano adoptivo Germánico, murió asesinado por envenenamiento. En aquel momento se pensó que Druso había fallecido por causas naturales. Tendrían que pasar otros ocho años antes de que saliesen a la luz algunos hechos que avalarían la hipótesis de que Druso también había sido envenenado. Obviamente, el veneno empleado en esta ocasión no fue la belladona. El veneno empleado para matar a Druso no dejaba rastro alguno.

Para mayor extrañeza de su entorno, Tiberio no se mostró en absoluto afectado por la inesperada muerte de su hijo biológico y heredero, un hecho que permitía que los hijos de Germánico pasaran al primer plano en la línea sucesoria. Nerón Germánico, Druso Germánico y Calígula sobrepasaban ahora a los hijos de Druso en la línea de sucesión al trono, siendo Nerón Germánico quien ocupaba el primer lugar, siendo por ende el heredero de Tiberio. El emperador compareció ante el Senado poco después de la muerte de Druso. Los dos cónsules en funciones le cedieron sus sillas curiales y ocuparon sendos lugares en las bancas en señal de respeto, antes de que Tiberio dirigiese unas solemnes palabras a la cámara. Desde allí expuso que si bien algunos senadores podían condenarle por presentarse ante ellos cuando muchos estaban sumidos en el dolor y no tenían fuerzas siquiera para salir de sus casas y ver la luz del día, lo hacía para buscar consuelo para todo el país ante semejante pérdida. A continuación solicitó que el Senado convocase al hijo mayor de Germánico en busca de alivio para él y los representantes de la cámara en la desazón que hoy compartían. Dicho esto, los cónsules corrieron rumbo al cercano palacio de Germánico y regresaron acompañados por Nerón Germánico, que estaba a punto de cumplir los dieciocho años, y Druso Germánico, que recientemente había cumplido los dieciséis.

Tiberio tomó a los hijos de Germánico de la mano y declaró: «Senadores, cuando estos muchachos perdieron a su padre, yo encomendé a su tío su crianza, y, aunque ya tenía sus propios hijos, le imploré que los amase y los educase como si fuesen suyos». Suspiró y luego recorrió con la mirada buena parte de la cámara. «Ahora hemos perdido a Druso, y por ello, senadores, os ofrezco mis oraciones, y ante los cielos y la nación os pido que aceptéis bajo vuestro cuidado y vuestra tutela a los biznietos de Augusto, los descendientes de una familia de la mayor nobleza. Cumplid con vuestro deber, que yo cumpliré con el mío.» Seguidamente se dirigió a los dos jóvenes: «Nerón y Druso, a partir de ahora estos senadores serán vuestros padres. En virtud de vuestra noble estirpe, estáis indisolublemente unidos a la prosperidad y la adversidad que puedan afectar al estado».

Tras su muerte, Druso el Joven recibió honores muy similares a los que se celebraron en honor al desaparecido Germánico, si bien, además, recibió un funeral de estado. Más todavía: Tiberio pronunció personalmente una oración dedicada a Druso, desde la Rostra, la antigua tribuna de los oradores situada en el foro, y ante varios miles de romanos cariacontecidos. Así y todo, esgrime Tácito, esto no fue más que una representación pública de duelo por parte de los ciudadanos, ya que «en su fuero interno, la perspectiva de un futuro brillante para la familia de Germánico los henchía de júbilo».[4] Esta resurgencia a la notoriedad de la descendencia de Germánico, «cuya sucesión al trono era ahora un hecho palpable»[5] tras la muerte de su tío, insuflaba nuevas esperanzas a su madre viuda, Agripina la Mayor, que a duras penas podía disimular sus ambiciones, su ferviente deseo de que algunos de sus hijos accediese al trono de Roma, siempre según Tácito.[6] Igualmente, esta situación espoleó a Sejano para acelerar la puesta en práctica de sus planes para destruir la casa de Germánico y allanar así su camino en pos del trono imperial.

Eliminado Druso el Joven, Sejano ideó y puso en marcha un plan de largo plazo para liquidar a Agripina y sus hijos Nerón Germánico, Druso Germánico y Calígula. Dado que había que eliminar a tres muchachos, y dado que el personal que los rodeaba se había mostrado incorruptible y plenamente leal a la familia de Germánico, Sejano decidió que en vez de utilizar un veneno para deshacerse de sus cuerpos se emplearía a fondo para envenenar sus mentes.[7] Este proceso sería considerablemente más largo, mucho más que si recurriese a la belladona o a la cicuta, aunque sería igualmente efectivo siempre y cuando Sejano lograse armarse de paciencia. Según demostraría con el tiempo, la paciencia era una cualidad que Sejano poseía en abundancia. Por si fuera poco, el pretoriano contó con la involuntaria ayuda de la viuda de Germánico, Agripina la Mayor.

Nadie podía discutir que Agripina era una mujer orgullosa y afectada. Cuando todavía era una adolescente, su abuelo Augusto le había escrito una carta donde, además de elogiar su inteligencia, le advertía en los términos que siguen. «Por favor, en la medida de lo posible procura no mostrar afectación cuando escribas o hables.»[8] En vida de Germánico, él se encargó de mantener bajo control el indomable orgullo de su esposa. Según reveló Germánico en su lecho de muerte, él era plenamente consciente de que Agripina poseía un orgullo peligroso que afloraba a la menor provocación. Ahora, habiendo desaparecido Germánico, Agripina se había tragado su orgullo transformándolo en lo que, a juicio de sus críticos, no pasaba de ser «un carácter imperioso»[9] y netamente arrogante.

Pues bien, Sejano se dispuso a utilizar esa arrogancia incontenible en su contra. Para empezar, se las arregló para que su amante, Livila, la cuñada de Agripina, susurrase al oído de Livia, la madre del emperador, palabras incendiarias que reavivaran el odio que desde hacía mucho tiempo la anciana sentía por Agripina. El objetivo de Sejano no era otro que inducir a la veterana e influyente Livia para que alertase a Tiberio de que Agripina «soñaba con el imperio».[10] Asimismo, Sejano consiguió verter algunas acusaciones contra Agripina por boca de otras personas y en presencia de la madre del emperador. Al mismo tiempo, animó a los amigos de la viuda para que comentasen abiertamente las muchas peculiaridades de su carácter orgulloso. El envenenamiento mental había, pues, comenzado.

Entretanto, el hijo primogénito de Germánico, Nerón Germánico, estaba causando una gratísima impresión en cuantos se relacionaban con él. Al igual que sus hermanos menores, Druso Germánico y Calícula, era un joven muy apuesto. Todos se parecían a su padre de forma muy llamativa, y también guardaban semejanza con su abuelo por la vía materna, Marco Agripa. Paralelamente, el joven Nerón estaba haciendo gala de una modestia y una gracia encomiables, propias de todo un príncipe. Cuando en cierta ocasión Tiberio decidió enviarle al Senado para pronunciar un discurso de agradecimiento en su nombre, el muchacho se desenvolvió con gran soltura granjeándose las simpatías de los senadores. En este sentido Tácito afirma que «con el recuerdo de Germánico todavía fresco, los senadores imaginaron ver su rostro y oír su voz».[11] Sejano supo capitalizar para sus intereses este parecido así como la estimación que Tiberio sentía por ellos cuando, en el día de año nuevo del año 24 d. C., los pontífices de Roma, las máximas autoridades religiosas, incluyeron varias plegarias por la buena salud de los jóvenes Nerón Germánico y Druso Germánico entre las que tradicionalmente se ofrecían al emperador cada día primero de enero.

Sin duda espoleado por Sejano, Tiberio mandó llamar a los sacerdotes al Palatium. Visiblemente enojado, les pidió explicaciones por semejante atrevimiento. Con toda probabilidad, Sejano habría subrayado el hecho de que el primero de enero era el día cuando los hombres de todas las legiones del imperio tradicionalmente pronunciaban un juramento de guardar lealtad al emperador durante el año que comienza, siendo así que haber agregado plegarias dedicadas a ambos jóvenes podía considerarse un acto de sedición. Por consiguiente, Tiberio exigió saber si los sacerdotes habían incluido estas plegarias por expresa solicitud o bajo amenaza de Agripina la Mayor. Los sacerdotes —siendo algunos de ellos parientes de Agripina y otros amigos del difunto Germánico—, negaron rotundamente que Agripina tuviese algo que ver con el asunto. Tácito opina que, a la vista de la ola de sentimiento pro Germánico que se estaba filtrando por todos los poros de la sociedad romana, los sacerdotes habrían tomado aquella decisión únicamente para complacer a Tiberio, quien, al menos exteriormente, parecía estar favoreciendo a los hijos del héroe muerto. Ahora bien, la adulación de los pontífices les había estallado en sus propias manos, volviéndose también en contra de Agripina y de sus hijos. Aunque Tiberio se limitó a reprender enfáticamente a los sacerdotes, está bastante claro que en ningún momento dio crédito a sus argumentos. En última instancia, este episodio habría bastado para convencerle de que los rumores que estaba oyendo por boca de su madre acerca de las ambiciones imperiales de Agripina, estaban basados en algunos hechos incontestables.

Llegados a este punto, Sejano previno claramente a Tiberio frente a Agripina. Le recordó que desde mucho tiempo atrás Agripina abrigaba «un anhelo de poder marcadamente masculino». En el año 14 d. C., cuando uno de los ejércitos de

Germánico no regresó a su debido tiempo desde Germania luego de haber participado en algunas incursiones por el Rhin, una operaciones que comportaban un complejo ataque con arietes, Agripina, que aguardaba en el campamento militar de Vetera, la actual localidad de Xanten en Holanda, había cruzado de forma temeraria el puente que Germánico había construido arrojando embarcaciones al Rhin, acompañada por su hijo Calígula, de sólo dos años de edad, y escoltada por sus damas de compañía.

Mientras Germánico se encontraba en tierras del norte de Germania al frente de otro ejército, allí, en la orilla opuesta del Rhin, su esposa había permanecido vigilante junto al puente en la esperanza de avistar a las tropas en su regreso. Cuando empezó a cundir el pánico entre los oficiales acuartelados en Xanten, temiendo que los germanos hubiesen masacrado al ejército, que entonces se encontraba en paradero desconocido, y tras haber dado órdenes de que el puente fuese destruido para impedir que los germanos lo utilizasen, Agripina se opuso abierta y obstinadamente a su destrucción. Y permaneció allí, en la orilla opuesta del río, segura de que el ejército de su marido volvería, y resuelta a no dar su brazo a torcer. Según los cronistas, ese ejército, liderado por el general Aulo Cecina, uno de los subordinados de Germánico, había sufrido una emboscada planeada por Hermann, quedando empantanado en Germania en una batalla tan encarnizada como desesperada, la batalla de los Puentes Largos.

Las cuatro legiones de Cecina combatieron con bravura y lograron eludir el cerco, tras batallar durante varios días y varias noches, estando muy cerca de la derrota total ante Hermann. Cuando el ejército del general Cecina finalmente llegó hasta el puente sobre el río Rhin, maltrecho, ensangrentado, hambriento y completamente agotado, habiendo perdido su equipo y falto de pertrechos, y transportando un elevado número de heridos en improvisadas camillas, Agripina, sin apartarse un solo instante del pequeño Calígula, salió orgullosa al encuentro de las tropas. Al paso de los soldados exhaustos, se deshizo en elogios y muestras de agradecimiento, entregándoles vendas, alimentos y monedas —comportándose antes como un general que como la esposa de un general.

En aquel tiempo, Sejano, quien por entonces estaba consolidando su posición como único comandante de la guardia pretoriana, «había inflamado e indignado» a Tiberio, afianzando sus sospechas sobre Agripina. Incluso en ese entonces, comenta Tácito, Sejano «exhibía una comprensión cabal del carácter de Tiberio», y sabía cómo manipularlo. Dice Tácito que Sejano se aprovechaba de los prejuicios y los temores del entonces nuevo emperador, sembrando la simiente de su desconfianza futura. Sejano había declarado que su actuación en aquel puente sobre el Rhin no coincidía exactamente con el papel adjudicado a una mujer. En opinión de

Sejano, con su actitud Agripina había querido cimentar la lealtad de las legiones.[12] Y, en efecto, así había sido. En aquel momento sus ambiciones pasaban, ineluctablemente, por la persona de su marido. Ahora, muerto Germánico, los beneficiarios de su ambición no eran otros que sus hijos.

Se comenta que en el año 24 d. C., Sejano dijo: «Los hay que se definen como partidarios de Agripina, inmediatamente después del incidente que tuvo lugar el día de año nuevo. A menos que se controlen, se producirán más incidentes como éste».[13] Sejano insinuó que la solución pasaba por procesar a uno o dos de los líderes más destacados entre los partidarios de Agripina, y huelga decir que Tiberio le dio carta blanca para que avanzase sin restricciones por esa vía.

Estos líderes seleccionados por Sejano eran antiguos amigos o clientes de Germánico. En la sociedad romana, un hombre adinerado y bien situado actuaba a modo de mecenas de un grupo de elegidos compuesto por hombres de menor fortuna y no tan buena posición social, generalmente parientes y amigos designados con el nombre de «clientes». Para compensar la fidelidad, el apoyo y las informaciones proporcionadas por un cliente, su mecena le brindaba ayuda, una ayuda de la que se beneficiaban él y toda su familia, y que solía resolverse en la forma de consejos y recomendaciones para acceder a cargos oficiales, así como en un sólido respaldo financiero. Aun después de la muerte de Germánico, muchos de sus antiguos clientes siguieron alimentando esta relación mecenas-cliente con su viuda, por respeto a ella y a la memoria del difunto príncipe. Éstos eran los llamados partidarios de Agripina.

Para hacer patente su posición contraria a los partidarios de Agripina, Sejano escogió cuidadosamente a dos víctimas. La primera fue Cayo Silio, un hombre que en 13 d. C. había sido cónsul y que había probado sobradamente su capacidad, lealtad y valentía como teniente general bajo el mando de Germánico durante las intrépidas campañas germanas de los años 14-16 d. C. Silio permaneció en el Rhin hasta el año 21 d. C., al frente de las legiones que el Ejército romano tenían acuarteladas en Mainz, en el Alto Rhin, cosechando éxitos notables durante un total de siete años. El general Silio había regresado a Roma entre aclamaciones, siendo condecorado y recibiendo honores de Triunfo por parte del Senado tras haber aplastado una breve revuelta en la Galia liderada por un noble llamado Julio Sacrovir. Sejano sabía que si conseguía eliminar a Silio, la polvareda resultante de su caída provocaría la huída en desbandada de buena parte de los partidarios de Agripina, casi todos salvo los más valientes y temerarios.

La segunda víctima de las intrigas de Sejano era un caballero romano de nombre Ticio Sabino. Tácito concluiría que la inquebrantable amistad que el general Silio y Ticio Sabino profesaban hacia Germánico resultaría fatal para ambos.[14]

Busto de mármol de Agripina la Mayor, (14 a. C-33 d. C), Museo Arqueológico Nacional de España, Madrid.

Existía otra razón de peso para apuntar al general Silio: su esposa, Sosia Gala, era amiga personal de Agripina, y lo había sido durante años. Como bien sabía Sejano, la destrucción de ambos esposos heriría doblemente a Agripina, tanto así que resolvió iniciar sin mayor demora su campaña contra Silio y su mujer. En el Senado, Viselio Varrón, el cónsul en funciones dirigió la acusación pública por cargos de traición contra Silio. El acusador, muy bien elegido, era hijo de uno de los colegas de Silio en Germania, y lo odiaba. Silio le rechazó como acusador, por la inmunidad del cargo. No obstante, la acusación especificaba que Silio había actuado como cómplice en la revuelta encabezada por Sacrovir, que aglutinó a una serie de tribus galas en una rebelión armada y que, sin lugar a dudas, Silio aplastó cruentamente con la ayuda de dos de las legiones acantonadas en el Rhin, una operación por la que el Senado le había condecorado en nítido agradecimiento por los servicios prestados. Asimismo, se le imputaron cargos por haber malversado fondos del gobierno provincial de la Galia. Del mismo modo, Sosia fue acusada de haber obrado inadecuadamente.

Cuando el juicio a Silio dio comienzo en el Senado, el general rechazó la posibilidad de formalizar una súplica o encabezar personalmente su defensa. Silio sabía perfectamente por qué se le estaba procesando, y sabía quién estaba detrás de esta acusación falsa. Se le oyó decir que si no hubiese consolidado y mantenido la lealtad de sus legiones a Tiberio, pese al escandaloso asesinato de Germánico, Tiberio no habría podido conservar el trono, y que éste era el precio que le correspondía pagar por su lealtad. Cuando llegó su turno de palabra, insinuó la identidad de la persona que estaba induciendo su destrucción: Lucio Elio Sejano. Enfrentado con falsos testigos que bajo juramento declararon que había robado caudales públicos pertenecientes a la provincia de la Galia, y, barruntando ya el inevitable veredicto, Silio regresó a su casa una vez finalizada la primera jornada del juicio, cogió un puñal, se abrió las venas y se desangró hasta la muerte durante la noche.

Al día siguiente, y bajo recomendación del cónsul, el Senado votó a favor de confiscar todas las propiedades del general Silio. En este sentido, Tácito señala que a nadie se le ocurrió la posibilidad de utilizar la finca del general para restituir al tesoro público el dinero que presuntamente había malversado en la Galia.[15] Y, en puridad, no hubo un solo galo que solicitase la devolución de ese dinero —por la sencilla razón de que nunca fue robado—, lo que demuestra que los cargos que se le imputaron fueron una invención. A resultas de una moción propuesta por Marco Lépido, uno de los asesores de la defensa en el juicio a Pisón por el asesinato de Germánico, la esposa de Silio, Sosia, fue condenada al destierro, perdiendo todas sus propiedades, una cuarta parte de las cuales pasó a manos de sus acusadores, siendo así que sus hijos conservaron el resto.

La destrucción de Silio y su esposa, que anteriormente conformaban una de las parejas más respetadas de Roma, principalmente por su relación con Agripina y Germánico, hizo temblar los cimientos de la aristocracia romana. Para protegerse, muchos amigos de Germánico decidieron interrumpir cualquier contacto con su viuda —entre ellos cabe destacar a Vitelio, Veranio y Serveo, los tres acusadores en el juicio a Pisón. Ahora bien, el segundo hombre al que Sejano apuntaba en secreto para proporcionarle un final ejemplarizante, Ticio Sabino, desafió el peligro y siguió frecuentando a Agripina y a sus hijos en su palacio del monte Palatino, y acompañándoles en actos públicos. Una dama romana de alcurnia sólo podía aventurarse a aparecer en público si le acompañaba un chaperón masculino, normalmente su marido. Igualmente, una mujer soltera o viuda tenía que contar con este chaperón (o carabina) antes de cruzar el umbral de la puerta de su casa. Si Sabino no hubiese desempeñado ese rol para Agripina, ella se habría quedado aislada en el recinto del domicilio familiar, una situación que habría beneficiado en gran medida los intereses de Sejano y Tiberio.

Envalentonado por la victoria obtenida sobre Silio y Sosia, Sejano dirigió sus intrigas contra su siguiente víctima, Ticio Sabino. Pero esta vez Sejano tuvo que sortear algunos escollos. Pese a haberle investigado exhaustivamente, en el pasado de Sabino no había ningún escándalo reseñable, ningún delito del que pudiera ser acusado, amén de que su personal de confianza se había revelado incorruptible y extremadamente leal, completamente inmune al soborno; por ende, el pretoriano no pudo conseguir que alguien del entorno de Sabino inventase cargos en su contra. Así las cosas, Sejano decidió esperar pacientemente la aparición de una oportunidad para tender una trampa y devorar al hombre marcado, y en el ínterin buscó otras víctimas para proseguir su campaña de acoso y derribo a los amigos de la familia de Germánico. Con el sólido apoyo de Tiberio, Sejano optó por atacar a un antiguo cuestor muy leal a Germánico, Publio Suilio Rufo.

El pelirrojo Suilio fue acusado en el Senado de haber aceptado un soborno en un caso reciente en el que había participado como magistrado. En esta ocasión Sejano no tuvo mayores problemas para conseguir pruebas falsas y testigos que se aviniesen a subir al estrado y declarar contra Suilio. Como era de esperar, Suilio fue condenado aunque se le aplicó una sentencia leve: la expulsión de Italia. Si ocurrió así es porque muchos senadores eran conscientes de que el proceso contra Suilio respondía a una campaña orquestada desde el Palatium por su anterior relación con Germánico y su familia, y porque se había granjeado no pocas simpatías entre los miembros de la cámara. Sin embargo, Tiberio remitió una carta al Senado que contenía palabras gruesas contra Suilio y una referencia contundente a su sentencia. Tiberio declaró que Suilio debía ser desterrado a alguna isla remota como castigo por el delito cometido. De manera harto inusual, a continuación el emperador exigió que todos los senadores juraran votar a favor de la aplicación de dicho castigo a Suilio argumentando razones de estado. El Senado así lo hizo y Suilio fue desterrado.

A medida que el poder del comandante pretoriano se incrementaba, los senadores repararon en que la única vía hacia puestos de más alto rango, incluyendo los consulados, pasaba invariablemente por Sejano. A su propio tío, Junio Bleso, le había sido adjudicado el muy lucrativo puesto de gobernador de África, el cargo mejor retribuido de entre todas las provincias senatoriales, mientras que todos los demás nombramientos recayeron en hombres que halagaban y servían puntualmente a Sejano. Habiéndose ganado la total confianza del emperador, y urgido por su amante, Livila, hermana de Germánico y viuda de Druso el Joven, Sejano decidió que había llegado el momento de integrarse en la familia imperial. En consecuencia, escribió una carta dirigida a Tiberio para solicitar su permiso para casarse con Livila, aun cuando careciese de alto rango. Más allá de la supuesta gloria que le reportaría una alianza con la sobrina del emperador, Sejano escribió que un matrimonio semejante blindaría a su familia frente al «disgusto injusto» de Agripina.[16]

Tiberio respondió con una carta netamente elogiosa de Sejano. Empero, con un lenguaje tan cuidado como sutil, declinaba dar su consentimiento a la petición de matrimonio. En cuanto a la enemistad manifiesta de Agripina hacia Sejano, Tiberio sugería que se tornaría mucho más feroz si Livila se casaba con él. Ese matrimonio sólo serviría para dividir a la casa de los César en dos facciones enfrentadas, concluía. Aseguraba también que tenía otros planes para fortalecer la relación que les unía, planes que no revelaría en ese momento, aunque le insinuaba que a su debido tiempo propondría ante el Senado que Sejano fuese nombrado cónsul.[17] De todo ello se deriva que Tiberio no tenía ningún reparo en permitir que Sejano se encargase del trabajo sucio, pero que todavía no estaba preparado para que este hombre, de rango inferior al suyo, se emparentase con un miembro de la familia imperial. En buena lógica, podría esperarse que esta respuesta insatisfactoria provocaría en Sejano una reacción iracunda, pero lo cierto es que no mostró ningún signo visible de ello. Antes bien siguió preparando su propio camino en pos del trono sin dejar de cultivar su relación con Tiberio, de quien era su más ferviente servidor además de su favorito.

Su camino pasaba sobre los cadáveres de los amigos y parientes de Germánico y Agripina. El siguiente objetivo de Sejano fue la prima de Agripina, Claudia Pulcra, que disfrutaba de una íntima relación con la viuda. Claudia fue acusada de adulterio y de haber utilizado artes de magia contra el emperador en un intento de asesinarlo con veneno. Este furibundo ataque contra una mujer de su estirpe afectó profundamente a Agripina, que decidió pasar a la acción. Hasta la fecha había observado escrupulosamente las instrucciones que le había dado Germánico en su lecho de muerte, procurando no provocar a Tiberio. Ahora bien, luego de que su buena amiga Sosia, la esposa del general, fuese condenada al destierro, y tras este ataque directo contra su prima Claudia, Agripina dedujo que la campaña orquestada por Sejano en su contra se había adentrado en una nueva fase. Agripina, que consideraba a Tiberio el principal inductor, reaccionó bruscamente, y acudió hecha un basilisco al Palatium del monte Palatino. Los sirvientes del emperador intentaron detenerla por todos los medios, pero fue en vano y Agripina consiguió abrirse paso por las estancias del edificio hasta dar con Tiberio. Lo encontró realizando un sacrificio animal frente a una estatua de Augusto, que el Senado romano había elevado a la categoría de divinidad.

«¿Cómo puede el mismo hombre que hace sacrificios en honor al Divino Augusto encausar al mismo tiempo su memoria?», le interpeló enojada Agripina. Y señalando con el dedo la estatua de Augusto, declaró que esa imagen no encerraba el espíritu de Augusto. «¡Aquí está el espíritu de Augusto!», exclamó dejando su pecho al descubierto. Agripina la Mayor, la última nieta viva de Augusto, no se detuvo ahí. Y acto seguido añadió que era plenamente consciente de que corría un grave peligro, puesto que la acusación que pesaba sobre su prima Claudia no era más que un pretexto. «Sólo hay una razón para desear su destrucción: la amistad que nos une. Ingenuamente, ¡Claudia olvidó que Sosia encontró su ruina por la misma razón!»[18]

Un turbado Tiberio se dirigió a Agripina con inusitado fervor, regañándola severamente con un fragmento de un verso griego: «Contigo no me he equivocado, porque tú no eres una reina!».[19]

Escarmentada por este recordatorio de que no estaba en situación ni tenía el poder para recriminarle, y que le convendría andarse con pies de plomo y controlar su envidia, Agripina optó por regresar cabizbaja a su palacio y aguardar pacientemente el resultado del juicio contra su prima. Inevitablemente, Claudia y su amante fueron declarados culpables de adulterio y condenados a muerte. Breve tiempo después, Agripina cayó enferma. Aquejada de una fiebre intensa, Tiberio bajó desde el Palatium para hacerle una visita. Encontró a su nuera postrada en la cama. Agripina, consumida y anímicamente hundida, sólo necesitó ver el rostro del emperador para romper a llorar, dado que ambos sabían que Tiberio, por mediación de Sejano, estaba destruyendo de forma paulatina y sistemática la red de amigos y parientes que rodeaba a la viuda de Germánico. Lloró en silencio, desconsoladamente y durante largo tiempo. Mientras tanto, el emperador permaneció sentado, observándola con una expresión inescrutable.

Finalmente Agripina encontró las fuerzas para musitar unas palabras: «Te ruego que alivies mi soledad», le dijo. «Proporcióname un nuevo marido. Todavía soy suficientemente joven para casarme. Sería el único consuelo para una mujer virtuosa. Sobran los ciudadanos romanos que no rechazarían desposar a la viuda de Germánico y adoptar a sus hijos.»[20] Tiberio abandonó la alcoba de Agripina sin haberse pronunciado al respecto, sin aceptar o rechazar su solicitud de casarse de nuevo.

Una vez que Agripina se hubo recuperado de su enfermedad, varios hombres se le acercaron para advertirle de que no comiera con el emperador, dado que le tenían preparado un veneno. Poco después, recibió una invitación formal para acudir en calidad de invitada a una cena que habría de celebrarse en palacio. Acudió a la cena visiblemente nerviosa y ocupó el lugar que se le había asignado, reclinándose a un costado de Tiberio al tiempo que su enemiga acérrima, Livia, la octogenaria madre del emperador, se reclinaba en el otro. Sin que el emperador lo supiera, Sejano había dado instrucciones a aquellos hombres para que previniesen a Agripina de que iba a ser envenenada, y posteriormente había sugerido a Tiberio que la invitase a la cena para mostrarse magnánimo con ella.

Pues bien, no había tal veneno. En cualquier caso, desde el envenenamiento de su esposo y la eliminación de tantos amigos y parientes cercanos por una u otra vía, Agripina temía por su vida, un temor exacerbado por las advertencias que había recibido justo antes de ser invitada a la cena. Prueba de ello es que la idea de comer algo de la mesa del emperador la horrorizaba. Para mayor inri, tampoco era una buena actriz, y se personó en el banquete con el miedo grabado en el rostro. Pasado un rato, Tiberio reparó en que su nuera no había logrado relajarse como todos los demás comensales. Asimismo, notó que hasta el momento no había probado bocado ni tomado bebida alguna.

Tiberio empezó a pensar que Agripina sospechaba que estaba intentando envenenarla. Así pues, decidió ponerla a prueba, y no dudó en elogiar las manzanas que había sobre la mesa que compartían, el último de los muchos platos que componían el banquete. A continuación, cogió una manzana de la bandeja y se la ofreció a Agripina, recomendándosela encarecidamente. Luego fingió entablar una animada conversación con su madre, aunque de soslayo observaba todos los movimientos de Agripina, que llamó con un gesto a una de sus damas de compañía. Cuando la muchacha se arrodilló junto a su señora, Agripina le entregó la manzana a hurtadillas, pero Tiberio le vio hacerlo. Tiberio no se lo mencionó a Agripina, sino que, acercándose más si cabe a su madre, dijo esto de manera que todos pudieran oírle: «Nadie debería sorprenderse si decido tratar con dureza a quienes piensan que yo podría envenenarlos».[21]

Agripina regresó a su palacio. Después de ese día, nunca más recibió una invitación para compartir mesa con el emperador. Además, su inquietud se acrecentó sobremanera cuando le llegaron rumores de que Tiberio estaba conspirando para asesinarla de tal manera que nadie pudiese relacionarle con su muerte. Una vez más, el taimado Sejano estaba detrás de estas habladurías.

Tras haber sembrado y consolidado la desconfianza mutua entre Agripina y el emperador, a renglón seguido Sejano convenció a Tiberio de que le convendría pasar más tiempo alejado de Roma. El palacio elegido para esta suerte de retiro estaba en la isla de Capri, cerca de Nápoles. Originalmente, Augusto había adquirido la isla a la ciudad de Nápoles para transformarla en un palacio de vacaciones. Posteriormente, Tiberio amplió las instalaciones hasta levantar un total de doce palacios diseminados por sus rocosas y escarpadas montañas. Hastiado de la vida en Roma y animado por Sejano, Tiberio, cuyo estado de salud empeoraba progresivamente, decidió retirarse allí acompañado por algunos sirvientes, sus guardaespaldas de la guardia germana bajo el mando de su prefecto, Nevio Sertorio Macrón, el pretoriano Sejano, un senador, un caballero y un grupo de esclavos libertos de origen griego.

Ahora que Tiberio se encontraba lejos de Roma, prácticamente incomunicado con el resto del mundo, recibiendo únicamente las noticias que le filtraba Sejano, el comandante de la guardia pretoriana disfrutó de vía libre para culminar su campaña contra la familia de Germánico. Acto seguido, puso en marcha una conjura para eliminar al heredero inmediato del trono de Roma, Nerón Germánico, el hijo mayor del difunto príncipe. Para empezar, Sejano infiltró espías en el séquito que acompañaba a Nerón, que le informaban de todo lo que el joven hacía o decía. Incluso Julia, la esposa adolescente de Nerón, le informaba de sus conversaciones de alcoba. Y lo que era más diabólico si cabe, Sejano empezó a ganarse la confianza de Druso Germánico, el segundo hijo de Germánico, que tenía celos de su hermano mayor, Nerón, porque era el favorito de su madre. Para convencerle de que traicionase a su propio hermano, Sejano recordó al muchacho que, una vez eliminado Nerón, él, Druso Germánico, se convertiría en el heredero mejor situado y, con el tiempo, en el próximo emperador de Roma. Sin prisas pero sin pausas, y midiendo muy bien cada paso, Sejano introdujo una cuña entre Druso y su hermano mayor, y preparó concienzudamente el terreno para la inminente caída de Nerón.

Simultáneamente, Sejano perseveró con su campaña contra la familia de Germánico, aunque desde otros frentes. El plan para destruir al caballero Ticio Sabino, fiel ayudante de Agripina, originalmente concebido por Sejano una vez que el general Silio y su esposa Sosia hubieron sido eliminados, llevaba algún tiempo fraguándose. Una vez que comenzaba algo, el comandante pretoriano nunca cejaba en su empeño. Así pues, finalmente elaboró un astuto plan para provocar la ruina de Sabino. En el verano de 27 d. C., cuatro antiguos pretores de la más absoluta confianza de Sejano conspiraron para acabar con Sabino, siendo así que uno de ellos, Latinio Latiaris, se propuso voluntariamente para hacer de cebo en la trampa que le habían tendido.

Un buen día, Latiaris entabló conversación con su víctima en plena calle. Con discreción le hizo saber que lo admiraba por haberse mantenido firme y leal a Agripina, y se deshizo en elogios para Germánico. Sabino rompió a llorar. Creyendo haber encontrado un aliado, Sabino bajó la guardia y se expresó con sinceridad, vertiendo duras críticas contra Sejano y Tiberio. Durante los meses siguientes, Latiaris empezó a visitar el domicilio de Sabino con regularidad; en el transcurso de estas entrevistas le contaba sus problemas personales, animando a su anfitrión a que hiciese lo mismo. Más adelante, un día de diciembre se encontraron en la calle, aparentemente por casualidad, y Latiaris invitó a Sabino a su casa.

Allí, en una estancia elegida para la ocasión, Latiaris le explicó la manera como Sejano y Tiberio habían perseguido a la familia y a los amigos de Germánico, y especuló en voz alta con los delitos que el emperador y su comandante pretoriano podrían cometer en el futuro. Una vez más, Sabino decidió desahogarse y descargar su alma expresando lo que verdaderamente pensaba y sentía sobre el emperador, sobre Sejano y sobre su plan para destruir sistemáticamente a la familia de Germánico. Posteriormente, Sabino regresó a su casa sin saber que los tres antiguos pretores implicados en la trama, antes de su llegada al domicilio de Latiaris, se habían deslizado en el espacio situado entre el techo y la cubierta de la estancia adonde Latiaris había conducido a Sabino para supuestamente hablar «en secreto». En tan reducido espacio permanecieron tumbados de principio a fin, escuchando con suma atención cada palabra sediciosa que profería Sabino.

El día 1 de enero tuvo lugar la primera sesión del Senado correspondiente al año 28 d. C. Como era la costumbre, el cónsul leyó con voz poderosa una carta remitida por el emperador a la cámara. Luego de felicitar a sus miembros por la llegada del nuevo año y de formular las alabanzas y los buenos deseos de rigor, en su misiva Tiberio anunciaba que había recibido los testimonios escritos de tres senadores que juraban haber escuchado a Sabino proferir comentarios inequívocamente sediciosos sobre el emperador en la casa de Latiaris. Igualmente, la carta aseveraba que varios esclavos manumisos del personal del emperador habían declarado que Sabino había intentado sobornarles con la intención de asesinar a Tiberio. La carta terminaba con un llamamiento dirigido al Senado para que castigase a Sabino de manera inmediata y contundente, para que lo condenara y sentenciase por cargos de alta traición. Finalizada la lectura, el cónsul que presidía la sesión propuso que Sabino fuese sentenciado conforme solicitaba el emperador. Sabino fue condenado. La cámara dictó sentencia de muerte para él. Todo ello tuvo lugar en cuestión de pocos minutos.

Un contingente de soldados de la guardia pretoriana acudió de inmediato al domicilio de Sabino, donde fue arrestado sin mayores contemplaciones. Se le cubrió la cabeza con un capuchón de lienzo, se le encadenaron las manos en la espalda, y se le puso una soga muy ajustada alrededor del cuello. De esta guisa Sabino fue arrastrado por las calles de Roma y conducido hasta la prisión de la ciudad, al tiempo que la gente abría paso a los soldados con el miedo garbado en sus rostros. En su camino, Sabino gritaba: «¡Así es como inauguran el nuevo año, masacrando víctimas para Sejano!».[22] En esta ocasión, el plazo legal de nueve días fue obviado, a la vista de que el comandante pretoriano había dicho que era la voluntad del emperador. Llegado a la prisión, Sabino fue ejecutado sin mayor demora, estrangulado hasta la muerte con un garrote.

El cuerpo desnudo de Sabino fue llevado a lo más alto de las cercanas escaleras Gemonias, desde donde fue arrojado peldaños abajo según exigía el ritual del escarnio que tradicionalmente merecían los traidores. Seguidamente, el cadáver magullado fue ensartado con un enorme gancho de hierro y arrastrado como una res por las calles de la capital hasta alcanzar la orilla del río Tiber, antes de ser arrojado al agua. Éste era el destino que aguardaba a todo traidor convicto. Nadie podía recuperar el cadáver para enterrarlo o incinerarlo. Más aún: llorar por un traidor ejecutado era considerado un delito. Dión Casio nos relata el episodio protagonizado por la mascota de Sabino, un perro que le siguió durante todo el trayecto hasta la prisión, y que esperó fielmente la salida de su amo a las puertas de la misma. Cuando finalmente el cadáver de Sabino fue arrojado al río, siempre según Casio, el perro saltó al agua tras él, para compartir el infausto destino de su amo.[23]

Posteriormente, Tiberio envió al Senado otra carta en la que agradecía a sus honorables miembros la prontitud y la diligencia demostradas en la aplicación del castigo al traidor Sabino, «un acérrimo enemigo del estado». Pero su ansiedad todavía no se había disipado, añadía Tiberio, porque seguía temiendo la traición de ciertos enemigos innombrables. Según Tácito, no cabe duda de que este comentario aludía veladamente a Nerón Germánico y a su madre, Agripina la Mayor.[24]

Sea como fuere, Agripina todavía no se había dado totalmente por vencida. Tenía un cuñado muy destacado, Asinio Galo, que había sido cónsul en 8 d. C. y se había casado con Vipsania, la media hermana de Agripina. Galo no sentía grandes simpatías por Tiberio, y el sentimiento era mutuo. No en vano Vipsania había sido la primera esposa de Tiberio; el emperador la había amado apasionadamente y posiblemente todavía la amaba. Augusto había obligado a Tiberio a divorciarse de ella en beneficio de un matrimonio político aunque infeliz con su hija Julia, luego de que falleciese su primer marido, Marco Agripa, el célebre padre de Agripina. Años después, cuando Tiberio se encontró con Vipsania en plena calle, con solo verla rompió a llorar. En los primeros tiempos del reinado de Tiberio, Galo se había comportado como un senador solvente, un opositor astuto y tenaz al emperador. Sin embargo, desde el ascenso de Sejano ni tan siquiera se había molestado en acudir a las sesiones de la cámara. Por petición expresa de su cuñada Agripina, Galo decidió volver a participar en los asuntos públicos. Pues bien, tras la ejecución de Ticio Sabino, Galo ocupó nuevamente su asiento en el Senado e invitó al emperador a que revelase sus sospechas de traición y los nombres de los presuntos traidores, para que el Senado pudiese descargarle de tan seria amenaza.

De esta manera tan ingeniosa, Galo estaba planteando un desafío a Sejano. En cierto modo, estaba diciendo que Tiberio bien debía acusar explícitamente a Agripina y a su hijo Nerón Germánico ante la cámara de senadores, o bien debía dar por finalizada su campaña de descrédito e insinuaciones contra ellos. Tácito sostiene que este desafío irritó sobremanera a Tiberio, tanto así que decidió comparecer por sorpresa en el Senado para enzarzarse en una disputa verbal con su oponente Asinio Galo. Ahora bien, también según Tácito, Sejano se encargó de moderar la indignación del emperador. Y no es de extrañar, porque Sejano era muy consciente de que todavía no tenían pruebas, mucho menos testigos sólidos y fiables, para demostrar de forma incontestable que la esposa y el hijo del reverenciado Germánico estaban conspirando para derrocar a Tiberio. Sabía, además, que podía preparar pruebas para acusar a otros, pero tratándose de la familia directa de

Germánico, que todavía gozaba de los favores del pueblo, el caso para eliminar a Agripina y su vástago sería duro de pelar, y que existía el riesgo de que se produjese una revuelta popular. Así fue que Sejano propuso que la venganza contra Galo tendría que postponerse algún tiempo, pero que llegaría. En consecuencia, las inquisiciones de Galo quedaron sin respuesta y no se presentaron cargos contra Agripina y su hijo Nerón. Agripina siguió soportando el peso de las sospechas procedentes del Palatium, privada de la oportunidad de plantear su defensa en un foro público.

Al cabo de poco tiempo, Julia, hija de Augusto, madre de Agripina, y esposa distante de Tiberio, murió en su destierro del sur de Italia. De manera harto inusual para la época, falleció por causas naturales. Su padre la había enviado al destierro veinte años antes porque su vida frívola y desordenada escandalizaba al emperador y estaba poniendo en ridículo su plan para reformar las costumbres romanas. En primera instancia había sido confinada en una isla, para ser trasladada posteriormente a la península itálica, donde vivió el resto de su vida bajo custodia en un enclave rural inhóspito, aunque pudo dotarlo con ciertas comodidades gracias a los fondos que le proporcionaba, entre otras personas, su madrastra Livia. A Agripina no se le había permitido visitar a su madre en todo ese tiempo, aunque es muy posible que tampoco sintiera deseos de hacerlo, dado que la personalidad egoísta y desconsiderada de su madre no la hacía merecedora del afecto de los demás.

Para guardar las formas y promover la idea de que no estaba enfrentado a Agripina y a sus hijos, Tiberio concedió la mano de Agripina la Menor, la hija de 13 años de Agripina, en su matrimonio con Cneo Domicio Enobarbo, miembro de una familia prominente que en el pasado había aportado al imperio numerosos generales y cónsules. Y lo que era más importante, por las venas de Enobarbo corría sangre de la familia César. Emulando el ejemplo de Augusto, este casamiento arreglado por Tiberio era otra unión política entre primos, aunque fuesen primos lejanos. Octavia, la hermana del emperador Augusto, había sido la abuela de Enobarbo, como también lo había sido de Germánico. Sea como fuere, no era éste un matrimonio bien avenido. Enobarbo había superado ya los treinta años y bien podría ser el padre de Agripina la Menor. De todos era conocido que Enobarbo era un hombre agresivo, vengativo y cruel, tristemente famoso por haber arrollado deliberadamente a un niño en la calle con su cuadriga, saliendo impune de esta agresión. Nueve años después de celebrarse el matrimonio, de la unión de ambos nació un hijo, Lucio, su único descendiente.

Una de las peores enemigas de Agripina la Mayor finalmente pasó a mejor vida en el año 29 d. C., un año después del casamiento de su hija. Livia, la venal madre de Tiberio y sospechosa de haber instigado la muerte de Germánico, murió de vieja a los 86 años de edad. Tiberio proporcionó a su madre un fastuoso funeral de estado, y encomendó a Calígula, el tercer hijo de Germánico, que ya contaba 16 años, la lectura de una oración por el eterno reposo de su alma. Sin embargo, Tiberio no asistió al funeral y vetó muchos de los homenajes propuestos para honrar la memoria de su madre, a la que había llegado a detestar. En todo caso, Agripina no tendría mucho tiempo para celebrar la desaparición de Livia. La rueda de la fortuna pronto giraría en su contra.

Ante el Senado se leyó una carta firmada por Tiberio pocos días después de que los restos mortales de Livia hubiesen sido enterrados en el mausoleo de Augusto junto a los de éste y los de Germánico. Tácito afirma que en aquel momento algunos malpensados dijeron que esta carta había sido redactada algún tiempo antes, pero que no había salido a la luz por intercesión de Livia,[25] quizás porque temía que provocase algaradas callejeras contra Tiberio. Ahora que Livia estaba muerta, el explosivo documento fue enviado al Senado. En la misiva, que fue leída por un cónsul ante toda la cámara, Tiberio se quejaba de la naturaleza desafiante de Agripina y de su insolente lengua. En ningún momento se atrevía a inventar falsos cargos contra ella, pero en lo concerniente a su hijo no mostraba tanta delicadeza. Nerón Germánico, un muchacho dócil de maneras suaves, percibido por muchos como el fiel reflejo de su venerado padre, fue acusado de tener pasiones sexuales «contranaturales». En este sentido Tácito relata que cuando esta carta fue puesta en conocimiento del Senado, un silencio de pánico se apoderó de todo el edificio.[26] La inmensa mayoría de los senadores no podía creer que finalmente Tiberio se hubiese atrevido a atacar públicamente a la viuda y el hijo de Germánico.

Acto seguido, algunos senadores previamente advertidos por Sejano exigieron la celebración de un debate sobre el contenido de la carta, y un antiguo cónsul pronunció un discurso en el que arremetía ferozmente contra Agripina y Nerón Germánico. Los antiguos cónsules restantes, empero, optaron por la contención y cerraron la boca. Todos estaban perplejos, principalmente porque Tiberio no había hecho ninguna acusación específica contra la madre o el hijo. Otros senadores se mostraron dispuestos a votar por cualquier moción que Tiberio propusiese, aunque muchos otros plantearon sus dudas al respecto. Tácito declara que Junio Rústico, uno de los favoritos de Tiberio al que se le había encomendado la tarea de registrar los debates que tenían lugar en el Senado, un hombre que hasta la fecha no había exhibido el menor coraje, en esta ocasión decidió alinearse con los que dudaban.[27] Rústico se puso en pie y recomendó a los antiguos cónsules que no participasen en aquel debate, insinuando que en un futuro no muy lejano bien podría el emperador lamentar la caída de la casa de Germánico, si es que en efecto así ocurría. Al escuchar este razonamiento, muchos senadores asintieron con la cabeza desde sus bancas.

Mientras tanto, la noticia de que Agripina la Mayor y su hijo Nerón Germánico estaban sufriendo un severo correctivo verbal en el Senado que no tardó en extenderse por las inmediaciones de la cámara. Así pues, y como para ofrecer su respaldo a Rústico, una gran muchedumbre se concentró alrededor del edificio del Senado, miles de ciudadanos que se arremolinaban y expresaban a gritos su descontento. Algunos manifestantes portaban bustos de Agripina y de su hijo mayor, y todos proferían consignas contra el emperador, asegurando que la carta de Tiberio tenía que ser una falsificación, que era imposible que Tiberio fuese el autor de semejante vileza contra la familia de Germánico. Temeroso de provocar disturbios o incluso una revolución popular, el Senado interrumpió el debate y dio por terminada la sesión.

Al día siguiente, varias cartas falsas supuestamente remitidas por antiguos cónsules circularon por la capital romana, todas reprobando manifiestamente la actuación de Sejano. La sospecha más generalizada entre la población era que el comandante pretoriano estaba detrás de aquel sibilino ataque contra Agripina y Nerón Germánico, y que actuaba en nombre del emperador Tiberio. Sejano no tardó en contraatacar, declarando que al no responder ante el contenido de la carta de Tiberio, remitida al Senado el día anterior, sus miembros habían ignorado el conflicto que tenía el emperador con Agripina y Nerón Germánico. Sin mayor demora, Tiberio redactó un edicto en el que reiteraba sus quejas contra Agripina y su primogénito, además de reprender al pueblo de Roma por su inaceptable comportamiento alborotador.

Al mismo tiempo, Tiberio escribió al Senado, argumentando que la dignidad imperial había sido mancillada por la negativa de la cámara cuando se le había pedido que actuase. Con un lenguaje mucho más contundente que el que empleaba habitualmente, Tiberio declaró que se reservaba el derecho de tomar una decisión sobre la suerte de Agripina y su hijo Nerón Germánico. Presa de un temor repentino, una mayoría de senadores aprobó rápidamente una moción, según la cual la cámara estaba dispuesta a cobrarse venganza en nombre del emperador, aunque en esta ocasión aseguraban que se encontraban constreñidos por la mano dura de Tiberio.

Este inesperado desenlace arrojaba a Agripina la mayor y su hijo Nerón Germánico a los perros del Palatium.

IX. LA CAÍDA DE LUCIO ELIO SEJANO

Tiberio por fin emprendía su ataque contra la esposa de Germánico y su hijo mayor. O lo hacía Sejano, en nombre de Tiberio. Al cabo de escasos días tras este pequeño roce entre Tiberio y el Senado, y de la rectificación *in extremis* de la cámara, madre e hijo fueron arrestados por la guardia pretoriana en el palacio de Germánico edificado en el monte Palatino. Era noche cerrada, expone Suetonio, cuando Agripina y Nerón Germánico fueron trasladados en literas cerradas, con las manos y los pies encadenados, sin tiempo para que el pueblo conociese la noticia y pudiera acudir en su auxilio.[1]

Desde Ostia, el puerto de Roma, ambos fueron embarcados rumbo a sendas islas prisión en Campania, frente a la costa occidental de Italia. Agripina fue conducida a Pandataria, hoy conocida como Ventotene. Esta pequeña isla, árida, plana y desprovista de árboles, estaba ocupada por una única villa situada en lo alto de un acantilado. La elección de Pandataria era harto deliberada: la madre de Agripina, Julia, la anterior esposa de Tiberio, a la que detestaba, había sido confinada en esa misma isla algunos años antes. Nerón, por su parte, fue enviado a la cercana isla de Pontia, la Ponza actual, tan rocosa e inhóspita como Pandataria. Cumpliendo órdenes expresas de Sejano, ambos prisioneros permanecerían en su isla custodiados por un centurión pretoriano y un puñado de carceleros manumisos. En Roma, Tiberio había declarado que la detención de Agripina y su primogénito era una cuestión de seguridad nacional, de suerte que el pueblo, con la esperanza de que ambos fuesen liberados en breve, y seguramente atemorizados por los agentes de Sejano, que se encargaron de extender la idea de que cualquier protesta sería aplastada violentamente pudiendo, incluso, provocar las ejecuciones de Agripina y su hijo, permaneció dócilmente en silencio.

Este inesperado ataque contra la viuda y el hijo mayor de Germánico, ejecutado sin que el Palatium fuese sitiado por la turba encolerizada, propició que Tiberio y Sejano actuasen ahora en contra de los demás partidarios de Agripina. Su cuñado, Cayo Asinio Galo, uno de sus principales objetivos, sorprendió a propios y extraños al proponer ante el Senado la concesión de honores de Triunfo a Sejano, además de la celebración de festejos de estado por su cumpleaños, por haber sabido atajar a tiempo el peligro que entrañaba la presencia de Agripina en Roma. Acto seguido, Galo se propuso como enviado del Senado ante Tiberio en Capri, al objeto de felicitarle por haber abortado esta última «amenaza» para su reinado.

Dión Casio especula con la idea de que Galo hizo esto para ganarse la confianza del emperador y advertirle de las intenciones de Sejano. Como era de esperar, Galo fue invitado a Capri para mantener una entrevista con el emperador. Nunca se reveló el contenido de las conversaciones que mantuvieron Galo y Tiberio, si bien Casio afirma que el emperador brindó una cálida acogida a Galo, tanto así que ambos levantaron sus copas para brindar por su larga amistad.[2] Sin embargo, mientras Galo estuvo ausente de Roma, comiendo y bebiendo con Tiberio, ante el Senado se leyó una carta en la que el emperador acusaba a Galo de traición. Sin mayor vacilación, el Senado condenó a Galo y dictó sentencia de muerte contra él.

Cuando Galo, ignorante de todo ello, puso un pie en el continente al día siguiente, después de lo que a todas luces parecía una fructífera visita a Capri, fue arrestado por un pretor enviado con esta misión desde Roma. Tiberio no había solicitado la ejecución de Galo. Antes bien requería la aplicación de un castigo muy distinto: Galo fue encerrado en una habitación del Palatium, se le aisló y no se le permitió ver a nadie ni hablar con nadie, ni tan siquiera con sus carceleros. Se le daba de comer una vez al día, una comida frugal, lo estrictamente necesario para mantenerlo con vida. La intención no era otra que conseguir que Galo pensase que cada día iba a ser el último. Esta cruel tortura mental fue diseñada como castigo para el hombre que había desposado a la mujer que Tiberio amaba. Este castigo se prolongó durante varios meses, y luego durante varios años.

Tras el arresto y posterior destierro de Agripina y Nerón, el segundo hijo del difunto príncipe, Druso Germánico, habría visto el horizonte abierto en su deseo de convertirse en el sucesor de Tiberio, según le había prometido Sejano. El joven Druso se había casado recientemente, por órdenes del emperador, con Emilia Lépida, la hija de Marco Lépido. Nos referimos al mismo Lépido que había participado en la defensa durante el juicio contra Pisón. La esposa de Druso Germánico, Emilia, incitó a su flamante esposo a expresarse abiertamente sobre sus ambiciones al trono. Pero Sejano había seducido a la novia de Druso, siendo así que a sus espaldas Emilia tomaba buena nota de todas las palabras de Druso.

Utilizando a Emilia como informante, Sejano se las ingenió para entregar a Tiberio pruebas documentales de las palabras sediciosas de Druso Germánico. Antes de que el año tocase a su fin, el joven y muy ingenuo Druso fue arrestado y, por órdenes expresas de Tiberio, encerrado en un sótano del Palatium. El centurión que custodiaba a Druso Germánico tenía orden de anotar cualquier cosa que Druso dijese a sus centinelas, y todo los que éstos le contestasen. Como muestra de su gratitud por haberle salvado de otra supuesta conspiración contra su persona maquinada por la familia de Germánico, Tiberio otorgó al comandante pretoriano su consentimiento para casarse con la hermana de Germánico, Livila, según le había solicitado con anterioridad. Al mismo tiempo, Tiberio nombró cónsul a Sejano para el siguiente año, 31 d. C., refiriéndose a él desde ese momento y en todos su decretos como «Depositario de mi afecto» y «Mi Sejano».[3] En la cúspide de su influencia y su poder, Sejano preparaba encantado los fastos de su anhelado casamiento programado para el siguiente año. Así, en los últimos días de diciembre del año 30 d. C. Sejano regresó a la capital desde Capri para asumir su nuevo cargo de cónsul, tan largamente deseado, el día de año nuevo, al tiempo que Tiberio le aseguraba que escaso tiempo después haría lo propio.

Antes del amanecer del día 1 de enero de 31 d. C., un nutrido grupo de senadores se congregó ante las puertas del domicilio de Sejano para presentar sus respetos al nuevo cónsul —tantos que, según Dión Casio, un diván dispuesto para la ocasión en la sala de recepción se rompió bajo el peso de varios invitados.[4] Recientemente, Tiberio había nombrado sacerdotes a Sejano, a su hijo adolescente, y al hijo menor de Germánico, Calígula. Por ello, luego de abandonar su casa, Sejano se trasladó por las calles abarrotadas de gente hasta el templo de Júpiter en el monte Capitolino al objeto de dirigir personalmente el sacrificio que tradicionalmente inauguraba la primera sesión anual del Senado. Los augurios se revelaron favorables. Tanto así que en la sesión subsiguiente los senadores aprobaron la concesión de amplios poderes al nuevo cónsul. Es más, un senador adulador llegó incluso a conmoverle con un sentido discurso en el que elogiaba su persona y manifestaba su deseo de que los futuros cónsules emulasen a Sejano por su lealtad y su conducta intachable. A renglón seguido, Sejano y sus partidarios iniciaron los preparativos del casamiento, que tendría lugar en Roma en presencia del emperador Tiberio.

Moneda emitida durante
el consulado conjunto
de Tiberio y Sejano.

Pero el emperador no se dignó a aparecer. Pasaron los días y Tiberio envió una serie de mensajes en sucesión asegurando que había sufrido varios retrasos. Algunas veces justificaba sus ausencias diciendo que estaba enfermo. Otras veces enviaba una misiva asegurando que se encontraba mejor y estaba haciendo los preparativos para emprender el viaje. Días después, empero, informaba de que había enfermado de nuevo. En esto, terminó el mes de enero. Y transcurrieron varios meses. De manera creciente, los mensajes que enviaba Tiberio contradecían los anteriores. En ocasiones optaba por alabar a Sejano y proponía tributos y nombramientos para sus amigos. Otras veces se mostraba más arisco y le reñía, amonestando a algunos de sus partidarios. Nadie, mucho menos Sejano, podía descifrar lo que estaba sucediendo. ¿Acaso el emperador era víctima de su humor variable? ¿Era un síntoma de senilidad? ¿O es que había algo más, algo verdaderamente preocupante tras la actitud veleidosa, cambiante e impredecible del anciano emperador? A la vista de ello, Sejano se vio en la tesitura de aplazar su boda una y otra vez. Pero en ningún momento perdió su famosa paciencia. Decidió, sin embargo, escribir al emperador para insinuarle que tal vez lo mejor sería que ambos se entrevistasen en Capri, pero Tiberio le respondió que no tenía por qué molestarse, puesto que no tardaría en llegar a Roma. Pero jamás volvería a Roma.

Llegó la primavera y luego el verano. Tiberio y Sejano abandonaron sus puestos de cónsul respectivos según lo acostumbrado. Sejano permaneció en Roma y Tiberio permaneció en Capri, amenazando con personarse en la capital en cualquier momento, aunque nunca llegó a abandonar la isla. Todo indica que durante este período Sejano finalmente se casó con Livila, hermana de Germánico y viuda de Druso el Joven, aunque las circunstancias de este matrimonio no han llegado claramente hasta nosotros. Lo que sí es cierto es que la ceremonia se celebro en ausencia del emperador. Seguidamente, y sin que se conozcan exactamente los motivos, Tiberio invalidó una acusación contra un enemigo declarado de Sejano. Y posteriormente un amigo de Sejano que había servido como gobernador en Hispania fue acusado y procesado por órdenes directas de Tiberio. Quedaba, pues, bastante claro que la asociación con Sejano había dejado de ser una garantía de prosperidad y favores.

Sejano, entretanto, debió olfatear la tormenta que se avecinaba y ahora recelaba de Calígula, el tercer hijo de Germánico. Desde que fuera nombrado sacerdote, se extendió el rumor de que pronto Tiberio también lo nombraría sucesor al trono. A propósito de ello, Dión Casio comenta que Sejano empezó a lamentar no haber intrigado antes para provocar la caída de Calígula y el derrocamiento de Tiberio, cuando todavía disfrutaba de poderes consulares. La única razón para no hacerlo era, según este autor, que el pueblo estaba particularmente contento con los halagos que había recibido Calígula por «su reverencia y respeto por la memoria de su padre, Julio César Germánico».[5] El siempre paciente Sejano siguió adelante con su plan para conseguir la progresiva erradicación de los miembros de la familia imperial y consumar su ascenso al poder.

A Roma llegaron noticias de que el hermano mayor de Calígula, Nerón Germánico, había muerto de inanición durante su confinamiento en la isla de Pontia. No está muy claro de dónde procedieron las órdenes para dejarle morir de hambre, si las dio Tiberio o Sejano, pero el hecho es que de este modo desapareció otro heredero, un obstáculo menos en la carrera de Sejano hacia el trono. Esto convertía al prisionero Druso Germánico en el legítimo sucesor al trono de Tiberio. El emperador, en una carta dirigida al Senado para anunciar la muerte de Nerón Germánico, se refería a Sejano empleando únicamente su nombre, obviando sus títulos, algo muy poco habitual. Este tratamiento devaluado sirvió para que muchos senadores leyesen entre líneas e infirieran que Sejano había perdido el favor del emperador y caído en desgracia, siendo así que muchos de ellos se apartaron de él. Los hubo que activamente evitaban ser vistos en su compañía y le negaban el saludo por la calle, dándole la espalda y abortando cualquier posibilidad de encontrarse con él.

Llegados a este punto, y tal como uno de los amigos de Sejano, Marco Terencio, dijo del pretoriano: «Incluso para sus manumisos y ayudantes el hecho de conocerle significaba un gran honor».[6] Pero las actitudes estaban cambiando y el estatus de Sejano se deterioraba a marchas forzadas. En otoño de ese mismo año, Sejano, consciente de que su poder e influencia se disolvían poco a poco, puso en marcha un plan para asesinar a Tiberio y acceder al trono antes de que el año finalizase.

De tarde en tarde, el Senado se reunía en uno u otro templo de la urbe romana, dependiendo de la significación religiosa del día. El 17 de octubre, el Senado fue convocado en el templo de Apolo, anexo al Palatium en la colina Palatina. Esa madrugada, antes de la salida del sol, Sejano recorrió el camino ascendente que conducía hasta el templo para ocupar su sitio en las bancas preferentes en virtud de su condición de antiguo cónsul. Para su sorpresa, al llegar, entre el revuelo formado a las puertas del templo, vislumbró a Macrón, un coronel de la guardia germana que supuestamente se encontraba en Capri junto al emperador. Cuando Macrón se acercó a Sejano y lo saludó efusivamente, el pretoriano se interesó por los motivos que le habían llevado hasta Roma. Macrón le dijo que había llegado a la capital la noche antes procedente de Capri porque el emperador le había encomendado una misión.

Sejano frunció el ceño y de inmediato sintió una honda preocupación, por el simple hecho de que no tenía noticia alguna de lo que Macrón acababa de comunicarle, si bien el coronel le aseguró que no tenía motivos para la inquietud, dado que portaba un mensaje para el Senado, que debía ser leído por orden expresa del emperador. Y acto seguido le mostró un rollo de pergamino sellado que sostenía con la mano izquierda. Cuando Sejano le preguntó por el contenido del mensaje, Macrón se lo llevó a un lugar apartado y en voz baja le explicó que el emperador tenía la intención de solicitar al Senado la concesión de poderes tribunicios para Sejano. En tiempos de la República, los diez tribunos civiles, los llamados Tribunos de la Plebe, tenían la potestad de vetar cualquier moción aprobada por el Senado. Una vez que Augusto fue nombrado emperador concentró en su persona todo el poder de veto, una facultad que traspasó a Tiberio en las postrimerías de su reinado. En la práctica esto significaba que, en caso de recibir tales poderes tribunicios, Sejano tendría el mismo poder de veto sobre el Senado que tenía Tiberio, lo cual le conferiría un rango superior al de todos los ciudadanos romanos a excepción del emperador.

Un exultante Sejano agradeció a Macrón tan formidable noticia y se apresuró a acceder al interior del templo. Allí comunicó a sus socios senatoriales más próximos que iban a conferirle poderes tribunicios. Macrón observó cómo Sejano desaparecía en el interior del edificio. Acto seguido, con las primeras luces del día, el prefecto de la guardia germana mandó llamar al tribuno de la cohorte de la guardia pretoriana que se encontraba de servicio en el templo, un oficial que estaba subordinado a su autoridad. El prefecto Macrón mostró al tribuno una carta firmada por el emperador en la que ordenaba a todos los oficiales y soldados de las fuerzas armadas de Roma que obedecieran sin derecho a réplica las órdenes de Macrón. A renglón seguido ordenó al tribuno que volviese con sus hombres a los cuarteles que la guardia pretoriana tenía en el 4.º distrito de la ciudad. Así las cosas, todas las tropas de la guardia pretoriana fueron confinadas en sus cuarteles a la espera de recibir órdenes directas de Macrón.

El tribuno miró a Macrón con evidente sorpresa, y vaciló antes de obedecer sus órdenes. El prefecto de la guardia germana le indicó que obraba en su poder una segunda carta del emperador en la que Tiberio decretaba que todos los soldados de la guardia pretoriana recibirían una gratificación monetaria si obedecían las órdenes de Macrón según lo estipulado en la carta. Al oír esto, el tribuno asintió con la cabeza y ordenó a los miles de hombres de su guardia que formasen filas y acatasen las órdenes. A continuación, los pretorianos se dirigieron en formación colina abajo y recorrieron el corazón de la ciudad en dirección a sus acuartelamientos, situados al noreste en el exterior del recinto amurallado de Roma.

Mientras los guardias pretorianos se alejaban del templo, las cohortes encargadas de hacer la ronda nocturna avanzaban colina arriba para ocupar sus posiciones, y en escasos minutos rodearon el templo de Apolo. Esta guardia nocturna era una unidad compuesta por siete cohortes, cada una de ellas integrada por un millar de hombres fornidos, creada por Augusto a modo de un cuerpo de policía y bomberos que velaba por la seguridad de Roma durante las horas de oscuridad. Todos los soldados de la guardia nocturna eran antiguos esclavos, y carecían de la instrucción militar, el prestigio y los salarios de la guardia pretoriana, aunque utilizaban armamento y equipo similares. El comandante de la guardia nocturna, el prefecto Grecino Lacón, saludó formalmente a Macrón y ocupó su posición al frente de las tropas. Esta pronta sustitución de la cohorte pretoriana por la guardia nocturna había sido cuidadosamente planeada por Macrón y el prefecto Lacón la noche anterior.

Seguidamente Macrón entró en el templo de Apolo. En su interior, las bancas de los senadores, las sillas curiales y los relojes de agua del Senado estaban ya preparados para resistir una jornada de intensos debates. Todos los miembros del personal del Senado permanecían en pie cubriendo el perímetro, ocultando sus bostezos y disimulando sus muecas de somnolencia. Los estenógrafos oficiales se encontraban en sus escritorios respectivos, preparando las plumas y los tinteros, y colocando los rollos de pergamino en portadocumentos de madera, listos para hacer las primeras anotaciones. El registro oficial de lo que tuviese lugar allí sería enviado al emperador en Capri para que lo estudiara cuidadosamente, y luego regresaría a Roma para ser conservado en el *Tabularium*.

Entre el gran número de senadores que conversaban animadamente a la espera del inicio de la sesión, Macrón localizó al cónsul en funciones, Memmio Régulo, y le entregó la carta lacrada del emperador. El cónsul la recibió asintiendo con la cabeza, y a continuación se abrió paso hasta la silla presidencial. Con una sonrisa de satisfacción anticipada, Sejano posó la vista sobre el documento que portaba el cónsul en su mano al tiempo que Macrón salía del recinto sagrado. No tardó en formarse un corrillo en torno a Sejano. Algunos senadores le expresaban su enhorabuena por la consecución de poderes tribunicios, dándole palmaditas en la espalda. Era evidente que el rumor de las expectativas que abrigaba Sejano se había extendido por doquier dentro de la cámara. Una vez que Macrón hubo abandonado el edificio, la sesión comenzó. En el exterior, Macrón dejó al prefecto Lacón de la guardia nocturna al frente de las tropas que rodeaban el templo y sin mayor demora se dirigió colina abajo en dirección al Castra Praetoria, para cerciorarse de que sus órdenes se hubieran cumplido al pie de la letra y que las fuerzas pretorianas no saliesen de sus cuarteles.

El cónsul Régulo rompió el lacre que cerraba la extensa carta del emperador y se puso en pie. Todos los senadores aguardaban en silencio. Un expectante Sejano permanecía sentado en primera fila, flanqueado por otros antiguos cónsules. Régulo empezó a leer en voz alta. La misiva abordaba una amplia variedad de asuntos. La primera parte era de menor importancia. A renglón seguido, el emperador censuraba moderadamente a Sejano. El cónsul siguió leyendo. Se adentró en una digresión irrelevante antes de criticar nuevamente a Sejano a propósito de otro asunto, esta vez con más mordiente. Intuyendo que algo turbio se cocía en el ambiente, los senadores que rodeaban a Sejano empezaron a alejarse de él.

Así y todo, Sejano permanecía ajeno a la censura de Tiberio y a todos los movimientos que se producían a su alrededor. La atención de Sejano estaba plenamente concentrada en el cónsul, a la espera de escuchar el anuncio que Macrón le había inducido a creer que iba a producirse, esto es, que se le iban a otorgar unos poderes tribunicios equiparables a los del emperador. Es muy probable que Sejano interpretase estas amonestaciones previas que el cónsul leía en voz alta como la manera elegida por Tiberio para conseguir que este otorgamiento del poder de veto resultase más fácilmente aceptable a oídos de los senadores. Los cargos vertidos contra él parecían menores y sin duda sorteables.

Régulo perseveró en la lectura. Llegados a este punto, Tiberio estipuló que dos senadores muy próximos a Sejano fuesen castigados severamente. En lo concerniente a Sejano, la carta del emperador estipulaba que debía permanecer bajo custodia. Dicho esto, los pretores y los tribunos civiles se desplazaron hasta situarse a espaldas de Sejano, aunque éste no parecía comprender lo que estaba ocurriendo y permaneció inmóvil en su asiento. En todos los rincones de la sala, los senadores, agitados por el asombro, comentaban animadamente la situación entre susurros.

—Sejano, da un paso al frente —exclamó el cónsul Régulo.

Cuando Sejano, con el rostro demudado, ignoró esta orden, Régulo optó por hacer un segundo llamamiento, al que Sejano tampoco respondió. Seguidamente Régulo le señaló con el dedo, y alzando la voz le dijo:

—¡Sejano, ven aquí!

—¿Yo? —replicó Sejano, que no estaba acostumbrado a que le hablasen en esos términos—. ¿Te diriges a mí?[7]

Sejano se incorporó lentamente. Mientras lo hacía, el prefecto Lacón, el comandante de la guardia nocturna, apareció a su lado posando una mano en la empuñadura de su espada envainada, sobre su cadera izquierda. Huelga decir que Sejano vestía su toga y estaba desarmado, al igual que todos los senadores. Régulo finalizó la lectura de la carta de Tiberio y cientos de senadores empezaron a gritar, levantando los puños en tono de amenaza, dando rienda suelta a su cólera, tantas veces reprimida, contra Sejano. Muchos de los que otrora lo adulaban ahora competían para poner de manifiesto lo mucho que lo odiaban, en un intento frenético por desmarcarse abiertamente de Sejano y de su infausto destino. Otros, los enemigos secretos de Sejano, hombres que había moderado su lengua durante casi dos décadas, vitorearon jubilosos la decisión tomada por Tiberio.

El cónsul Régulo levantó una mano pidiendo silencio. El tumulto remitió lentamente. Ahora, en lugar de solicitar la votación de toda la cámara, previendo el caso de que los parientes y los amigos de Sejano consiguieran un número de votos suficiente para derrotar a la posición contraria a él, el cónsul se dirigió a un único senador y le preguntó si, a su juicio, Sejano debía ser encarcelado, tal como solicitaba el emperador. Este senador no identificado repuso que, en rigor, Sejano debía ser conducido a prisión. Consecuentemente, Régulo ordenó que Sejano fuese arrestado y encarcelado.

Lacón agarró a Sejano por el brazo y lo condujo, sin musitar palabra, por toda la cámara, escoltados ambos por quince pretores y otros magistrados de inferior rango. Es de suponer que Sejano contaba con que las tropas pretorianas que hacían guardia en el exterior lo liberasen. Ahora bien, para su completo asombro, cuando el grupo accedió al exterior del templo, descubrió que sus pretorianos habían sido reemplazados, casi por arte de magia, por hombres de la guardia nocturna comandada por Lacón. Sólo ahora, mientras era encadenado por las muñecas, Sejano caía en la cuenta de que su destrucción había sido planeada meticulosamente, y que su suerte estaba echada.

Tanto Suetonio como Dión Casio expresan la creencia de que Tiberio ya había maquinado la caída de Sejano cuando decidió nombrarle cónsul para el año 31 d. C., poco antes del final del año anterior.[8] Con todo, ese acoso y derribo de Sejano no fue puesto en marcha durante los diez meses que ejerció como cónsul, ni siquiera después de que cediera el cargo de cónsul. Todo indica que la decisión de acabar con la carrera política de Sejano se tomó escaso tiempo antes de su ejecución, es decir, en algún momento durante la primera quincena del mes de octubre del año 31 d. C.

Entre los historiadores de la época existe consenso al afirmar que la decisión de Tiberio de destruir a Sejano contó con la aquiescencia y el apoyo de Antonia, cuñada del emperador y madre de Germánico. Antonia había seguido viviendo en el palacio de su hijo en el monte Palatino, donde, luego del arresto de Agripina, había criado a los hijos de Germánico, Calígula, Agripina la Menor, Drusila y Julia. Antonia era una mujer fuerte «muy estimada por Tiberio en todos los aspectos», según comenta el historiador judío Flavio Josefo.[9] Josefo, que nació cinco años antes de que Sejano cayese en desgracia, asegura que Antonia conocía la existencia de esta conspiración de Sejano para derrocar a Tiberio, una trama que implicaba a senadores, manumisos y soldados.[10] Es muy probable que alguien muy implicado en la conspiración le hubiese hablado de ella.

Antonia puso por escrito los detalles de esta conspiración en una carta que dictó a una de sus sirvientes, la joven esclava manumisa Caenis —que ulteriormente fue amante y esposa del emperador Vespasiano. Empleando un punzón, una especie de navaja romana, Caenis escribió esta carta en tabletas de cera, a partir de las cuales la transcribió en un papiro con la ayuda de una pluma y tinta. Generalmente estas tabletas de cera se dejaban secar antes de guardarlas a modo de registro de la correspondencia saliente; aunque Dión Casio afirma que, para asegurarse de que no quedase rastro de esta carta, Antonia ordenó a Caenis que borrase la escritura hecha sobre la cera tan pronto como la versión en papiro estuviese concluida y hubiese sido despachada.[11] A continuación, Antonia entregó la carta a Palas, su manumiso de mayor confianza, y le envió a la isla de Capri. En aquella época Sejano residía en el Palatium de Roma, de manera que no estaba en Capri en posición de interceptar al mensajero. Según comenta Josefo, Tiberio, en virtud de la confianza que había depositado en su cuñada, accedió a entrevistarse con Palas cuando éste arribó a su villa de Capri. Fue entonces cuando le entregó la carta remitida por su señora.[12]

Ignoramos el contenido de esta carta, pero los detalles de la conspiración de Sejano que describió Antonia debieron de ser claros y convincentes, y, por encima de todo, espeluznantes, por cuanto el anciano Tiberio actuó con prontitud y de una manera tan resuelta como contundente contra el que había sido su favorito y hombre de confianza durante tantos años. Según parece, la advertencia de Antonia también debió de implicar a los dos senadores que Tiberio mencionó en su carta dirigida al Senado. Una vez tomada la decisión de acusar a Sejano, a Macrón se le encomendó la tarea de planear y ejecutar el arresto del comandante pretoriano en Roma, impidiendo a toda costa que la guardia pretoriana interviniese en su defensa.

Con total deliberación Macrón había llegado a Roma el día 16 de octubre, amparado por la oscuridad de la noche y con tiempo suficiente para preparar el golpe que había maquinado contra Sejano y pensaba ejecutar al día siguiente, sin que nadie reparase en su presencia ni observase sus movimientos. En primer lugar acudió a entrevistarse con el comandante Lacón, en el cuartel de la guardia nocturna, y posteriormente hizo lo propio con el cónsul Régulo en su domicilio, cerciorándose de que ambos secundaban su plan para arrestar y encarcelar a Sejano tan pronto como se iniciase la sesión del Senado y fuese leída la carta del emperador. Si eligió a Régulo era porque su fidelidad a Tiberio estaba fuera de toda duda. El otro cónsul de la época, Fulcinio Trión —el mismo Trión que había dilapidado parte del tiempo asignado a la acusación pública en el juicio por el asesinato de Germánico celebrado once años antes—, mantenía una relación más que cordial con Sejano, y muy probablemente le pondría al corriente de la trama urdida contra él. Por esta razón fue excluido del reducido círculo de conspiradores de alto rango que necesitaban conocer los detalles de lo que iba a suceder al despuntar el día.

Mientras tanto, en la villa Jovis de Capri, Tiberio esperaba con ansiedad la llegada de la noticia del arresto de Sejano, según la cual todo había discurrido según lo planeado. En el caso de que el plan se hubiera torcido y la guardia pretoriana hubiese dado su respaldo a Sejano, las galeras de combate de la flota del Tirreno, entonces fondeadas en Misenum cerca de Nápoles, tenían órdenes de zarpar desde Capri para trasladar de inmediato al emperador al encuentro de las legiones del este y así garantizar su seguridad. Además, si Tiberio perecía a causa de una revuelta favorable a Sejano, Suetonio comenta que Macrón tenía órdenes de liberar a Druso Germánico, el hijo del difunto Germánico, de su confinamiento en los sótanos del Palatium, de conducirlo al frente de las tropas y proclamarlo nuevo emperador.[13]

En las costas de la península itálica, frente a la isla de Capri, se preparó una serie de fogatas que permanecían encendidas con una disposición particular, en señal de que el plan había fracasado, y que Macrón no había logrado arrestar a Sejano y ponerlo a buen recaudo, un hecho que precipitaría la huída de Tiberio. Si las hogueras llameaban con un patrón diferente, significaría que todo se había desarrollado según lo previsto, que Sejano se encontraba en prisión y Macrón había logrado hacerse con el control de Roma. Suetonio afirma que Tiberio permaneció atento sobre un acantilado de la isla de Capri a lo largo de todo el día 17 de octubre, hasta que finalmente divisó la señal de fuego convenida, un código que le informaba de que su contrarrevolución había cosechado un rotundo éxito y Sejano había caído.[14]

Sejano fue conducido por la fuerza hasta la prisión de la ciudad, custodiado como si se tratase de un esclavo huido, esgrime Dión Casio.[15] De camino hasta allí, arrastrado por los soldados de la guardia nocturna, Sejano sintió tal humillación por su caída en desgracia que trató de cubrirse la cabeza con su toga con ribete púrpura para que la gente que salía a su paso no pudiera ver su rostro y reconocerlo. No obstante, sus escoltas de inmediato descubrieron su cabeza para así agravar el escarnio y la vergüenza a que era sometido. Más aún: algunos soldados llegaron a abofetearle por intentar ocultar su identidad. A lo largo de toda la ruta, tan pronto como el pueblo llano consiguió identificar al reo que los magistrados y los soldados conducían encadenado, una multitud de personas se arremolinó en torno a ellos para insultar y vilipendiar al hombre al que habían aborrecido y temido durante los años que ejerció el poder. Era un hombre al que todos consideraban un monstruo, un militar que había segado la vida de muchos hombres y mujeres de bien. Cuando los soldados explicaron al pueblo que su prisionero había sido arrestado por haber urdido un plan para derrocar al emperador, muchos ciudadanos lo abuchearon a su paso. Riadas de gente corrieron a los puntos de la ciudad donde se habían erigido estatuas de Sejano. Derribaron y arremetieron contra las imágenes como si lo hiciesen contra el hombre mismo.

Esa misma tarde, el Senado se reunió de nuevo, esta vez en el templo de la Concordia, muy cerca de la prisión donde Sejano languidecía. Éste era un lugar tradicional de reunión de la cámara senatorial luego de que Roma se hubiese salvado de diversas calamidades. Constatando la adhesión popular que suscitaba el reciente arresto de Sejano, y reparando en que la guardia pretoriana había permanecido en sus cuartales sin el menor conato de rebelión para liberar a su comandante, sin mayor demora se propuso y se aprobó una moción para ejecutar inmediatamente a Sejano por cargos de traición, a sabiendas de que el emperador no se opondría. La moción fue aprobada de manera abrumadora. Se cursaron instrucciones claras para que Sejano fuese ejecutado al instante y sin miramientos en la prisión de la ciudad. La guardia nocturna recibió la orden de arrestar también al hijo mayor de Sejano, y conducirlo rápidamente a la prisión para que compartiese el mismo destino fatal que su padre.

Sejano fue ejecutado con el garrote antes de la puesta de sol del día 17 de octubre. Su cuerpo desnudo fue arrojado por las escaleras Gemonias, y se permitió que los asistentes al escarnio hicieran cuanto se les antojase con el cadáver durante tres días, antes de que lo ensartaran con un gancho cuando sus restos ya presentaban un avanzado grado de descomposición. El cadáver mutilado de Sejano fue arrastrado con saña y arrojado a las aguas del Tíber. Su hijo fue ejecutado de la misma manera.

A la muerte de Sejano siguió una purga exhaustiva de sus seguidores, que se prolongaría durante algunos meses, incluso años. En este tiempo, el Senado recibió incontables acusaciones contra presuntos amigos y colaboradores secretos de Sejano, muchas de las cuales desembocaron en condenas de prisión o muerte. El tío de Sejano, Junio Bleso, aparentemente uno de los dos senadores que actuaban en asociación con Sejano y al que Tiberio condenaba en su carta, se quitó la vida inmediatamente. Algunos partidarios de Sejano intentaron huir. Otros resistieron la tormenta y fueron procesados en el Senado.

Publio Vitelio, antiguo amigo íntimo de Germánico y uno de los tres miembros de la acusación pública en el juicio contra Pisón, bajo el mandato de Sejano había obtenido una notable promoción siendo nombrado pretor y más tarde, ya en calidad de ex pretor, fue puesto al frente de la tesorería militar. En este momento se adujo que Vitelio había entregado las llaves del tesoro a Sejano para que financiase la rebelión que planeaba contra Tiberio. Con inagotable paciencia, Vitelio soportó varias sesiones interminables del Senado, en el transcurso de las cuales algunos de sus colegas lo atacaron con discursos claramente acusatorios. Luego, sin perder un ápice de su calma, tomó un punzón y, usándolo a modo de navaja, Vitelio, tío del futuro emperador Aulo Vitelio, se abrió las venas a la altura de las muñecas y murió sólo para satisfacer la sed de venganza del emperador.

Aunque muchos otros senadores y caballeros fueron acusados y condenados por haber colaborado con Sejano, esta sed de venganza parecía no tener límites. Como se ha dicho, el hijo mayor de Sejano, un muchacho joven, había sido ejecutado; no contento con ello, ahora el Senado decidía que sus dos hijos menores, un niño y una niña, también debían ser castigados. Ambos fueron arrancados de los brazos de su madre, Apicata, la anterior esposa de Sejano, y conducidos a la prisión de la ciudad. Ninguno de ellos había alcanzado la adolescencia. El niño, sostiene Tácito, era consciente de la negra suerte que le esperaba. La niña, por su parte, no dejaba de preguntar qué había hecho mal. Fuera el que fuese su pecado, prometía que en adelante se portaría bien si sólo se le daban unos azotes. El niño fue ejecutado por decreto con el garrote. Sin embargo, al verdugo se le recordó que bajo la estricta ley romana una virgen no podía ser ejecutada. Así pues, el verdugo discurrió una solución verdaderamente espantosa: violar a la niña antes de ejecutarla.[16]

La madre de ambos, Apicata, esperó desesperada y entre sollozos frente las puertas de la prisión, suplicando que liberasen a sus hijos. Allí se le indicó que se dirigiese a las escaleras Gemonias, donde halló los cuerpos sin vida de sus vástagos. Advertida de que no podía llevarse a los infantes muertos para incinerarlos, regresó a su casa y redactó una amarga carta dirigida a Tiberio. En ella relataba al emperador cómo su marido, Sejano, y la sobrina del emperador, Livila, hermana de Germánico y segunda esposa de Sejano, habían planeado y ejecutado el envenenamiento del hijo y heredero de Tiberio, Druso el Joven, señalando incluso al médico Eudemo y a Ligdo, el eunuco de Druso, como los principales actores de esta conspiración criminal. Tras sellar y enviar la carta a Tiberio, Apicata se quitó la vida.

Sobresaltado por la carta de Apicata, Tiberio de inmediato ordenó el arresto de Eudemo y Ligdo. Bajo tortura ambos confesaron haber participado en aquel asesinato y revelaron los detalles de la trama, implicando inequívocamente a Livila y Sejano en el envenenamiento de Druso. Cabe señalar a este respecto que algunos historiadores ponen en tela de juicio estas confesiones. Las acusaciones de Apicata, esgrimen, eran producto del rencor, siendo así que las confesiones obtenidas mediante torturas no pueden tomarse como la verdad absoluta, puesto que, en su inmensa mayoría, los prisioneros torturados decían y admitían cualquier cosa con tal de que pusieran fin a su dolor. En cualquier caso, nadie podía negar que Livila hubiese sido la amante de Sejano durante años, ni que se hubiese casado con él una vez que murió su anterior y primer esposo, Druso el Joven. Por consiguiente, a la luz de plan que ejecutó Sejano con el propósito de eliminar sistemáticamente a los miembros de la familia de Germánico, es muy probable que él y Livila hubieran conspirado para asesinar a Druso tal como habían declarado Apicata, Eudemo y Ligdo.

Ciertamente Tiberio creyó estas confesiones. Así, con la fuerza que le insuflaban la carta de Apicata y las confesiones de Eudemo y Ligdo, ordenó el arresto de Livila. Ella, al igual que su cuñada Agripina la Mayor, se encontraba entonces en situación de aislamiento. No obstante, Tiberio no estaba en condiciones de ordenar la ejecución de Livila porque era la hija de Antonia. Después de todo, su cuñada había sido «la mayor benefactora de Tiberio»[17] por cuanto lo había puesto al corriente de la conspiración de Sejano. Antonia no era precisamente una mujer caritativa; antes bien creyó las acusaciones formuladas contra Livila y estaba muy disgustada con su hija. «He oído», afirma Dión Casio, «que por propia iniciativa Antonia decidió acabar con su hija dejando que muriese de hambre».[18]

Tiberio recompensó la eficacia de Macrón nombrándolo prefecto de la guardia pretoriana. El Senado, por su parte, intentó contribuir al júbilo imperial aportando sus propias recompensas —para Macrón, el rango de ex pretor, y para el comandante de la guardia nocturna, Lacón, el rango de ex cuestor, concediendo a ambos el acceso al Senado, así como elevadas sumas de dinero y algunas otras prerrogativas. Ahora bien, ambos dos, Macrón y Lacón, eran lo suficientemente inteligentes como para negarse a aceptar, muy educadamente, estos honores senatoriales que Sejano habría aceptado sin más, para así demostrar al emperador que su actuación respondía únicamente a su lealtad y no al afán de lucro personal.

La persecución de los adeptos a Sejano continuaba. Latiaris, el líder de la trama que sirvió para que Ticio Sabino, el amigo de Germánico, se fuera de la lengua y dijese cosas inconvenientes que fueron escuchadas por sus cómplices desde su escondrijo en el techo, fue condenado por el Senado y pagó con su vida. Sus tres cómplices en aquella trama también fueron castigados de maneras diversas. Otro de los acusadores de Pisón, el amigo de Germánico Quinto Serveo, pagó por su relación con Sejano, pese a la discreción que la había caracterizado. Fue una víctima más entre los muchos miembros de un Senado menguante que fueron condenados bajo cargos de asociación con Sejano. Los cadáveres siguieron cayendo en cascada desde lo alto de las escaleras Gemonias.

Pocos miembros de la aristocracia romana no temieron verse envueltos en esta inclemente purga de los seguidores de Sejano. Uno de los hombres que pertenecía a esa minoría que nada tenía que temer era Lucio Anneo Séneca, el hijo de Séneca, el renombrado maestro de retórica español, y sobrino de Cayo Galerio, el prefecto de Egipto. Destinado a convertirse en uno de los más célebres filósofos de Roma, Séneca, que ahora contaba treinta y cuatro años, había llegado a la capital romana acompañado por su tía Marcia en el año 31 d. C., escaso tiempo después de la caída de Sejano, luego de haber pasado los últimos quince años en Egipto, alejado de las convulsiones políticas que azotaban la capital. Tras haber tenido la oportunidad de conocer personalmente a Germánico en Oriente, Séneca siguió viviendo en Alejandría durante más de una década, trabajando para la administración de la provincia que gobernaba su tío y demostrando en su tiempo de ocio una gran capacidad para el aprendizaje de disciplinas muy diversas, entre las que cabe destacar la geografía y la etnología, tanto de Egipto como de la India. Ahora, habiendo controlado la enfermedad que le había llevado hasta Egipto, y cuando su tío ya no gobernaba la provincia, Séneca arribó a Roma cargado de ambiciones, resuelto a recuperar el tiempo perdido y con el deseo de forjarse un nombre como escritor, abogado y político.

Aunque Séneca nunca se vio salpicado por el feo asunto de Sejano, uno de sus hermanos que vivía en Roma sí estaba vinculado con el prefecto pretoriano caído en desgracia. Uno o dos años mayor que Séneca, el verdadero nombre de su hermano era Lucio Anneo Novato. No obstante, en Roma había sido adoptado por un mecenas adinerado de nombre Lucio Junio Galio. La adopción de ciudadanos romanos adultos era una práctica común entre aquellos hombres ricos que no tenían descendencia; de otro modo, si morían en ausencia de un hijo y heredero legítimo, todos sus bienes pasaban a manos del emperador. Así pues, cuando un romano era adoptado en estos términos, indefectiblemente tomaba el apellido de su padre adoptivo. De tal suerte que el hermano mayor de Séneca ahora se llamaba Lucio Junio Galio el Joven. De todos era conocido que Lucio Junio Galio el Mayor figuraba en la órbita de Sejano,[19] y por ello su situación era bastante apurada. En un intento desesperado por ganarse el favor de Tiberio tras la defenestración de Sejano, Galio el Mayor había propuesto en el Senado que los hombres de la guardia pretoriana disfrutasen de privilegios especiales en el teatro. Al oír esto, Tiberio no pudo contenerse y estalló, declarando que con su propuesta Galio se estaba inmiscuyendo en los asuntos militares, un ámbito exclusivo del emperador. En consecuencia, Galio fue expulsado del Senado, siendo más tarde desterrado de Italia. Cuando éste decidió vivir su destierro en la agradable isla griega de Lesbos, Tiberio cambió de parecer y ordenó que fuese confinado en las casas de varios ciudadanos señeros de Roma.

Afortunadamente para Séneca, tenía buenos contactos en la familia de Germánico. No sabemos con exactitud cómo se establecieron tales contactos, aunque todo indica que su tía Marcia era buena amiga de Antonia, la madre de Germánico, que ahora gozaba del favor de Tiberio. Desde que pusiera en evidencia a Sejano, Antonia se había convertido en la mejor aliada del emperador, en su mujer de confianza, y ejercía una gran influencia sobre su cuñado. A modo de ejemplo de las altas cotas de influencia que llegó a manejar, Marco Julio Agripa, nieto de Herodes el Grande y futuro rey Herodes Agripa I de Judea, por dos veces

Herodes el Grande en Jerusalem pintura de Jean Fouquet, c. 1470-1475.

buscó y recibió la ayuda de Antonia cuando visitó Italia y tuvo problemas con Tiberio. En primer lugar, entregó a Agripa la cantidad de 300.000 sestercios en concepto de préstamo luego de que Tiberio le prohibiese el acceso a su corte hasta que saldase las deudas que había contraído en Roma. Posteriormente, después de que, en el transcurso de una conversación con Calígula, un sirviente escuchase algunos comentarios imprudentes por boca de Agripa a propósito de Tiberio, y fuese arrestado por órdenes del emperador, Antonia persuadió a su cuñado para que revocase la orden de encarcelamiento y la sustituyese por un arresto domiciliario. Flavio Josefo afirma que la intervención de Antonia sirvió para que el centurión que custodiaba a Agripa recibiese órdenes de compartir mesa y sentarse a comer con él todos los días.[20]

Todo indica que Marcia, la tía de Séneca, lo acompañó al palacio de Germánico para que mantuviese una entrevista con Antonia, y fue allí donde tuvo la oportunidad de conocer a su nieto, Calígula, y a sus nietas mujeres, Agripina la Menor, de dieciséis años, Drusila, de quince, y Julia, de catorce años de edad. Es muy probable que Séneca relatase a las muchachas las circunstancias en las que había conocido a su difunto padre y a su madre en las provincias de Oriente, y seguramente les contaría que sostuvo a la pequeña Julia en su regazo en el transcurso de la visita que hizo al palacio donde Germánico y Agripina la Mayor residían en Dafne. Esta cordial presentación enseguida daría sus frutos —aparentemente por recomendación de Antonia, Tiberio no tardó en nombrarle cuestor, y Séneca pasó a formar parte del cuerpo de ayudantes de uno de los nuevos cónsules recientemente nombrados para el nuevo año de 32 d. C. Uno de estos dos cónsules era Cneo Domicio Enobarbo, el marido de Agripina la Menor, siendo muy probable que Séneca entrase a formar parte de su personal de confianza gracias a los buenos oficios de la familia de Germánico.

Este ascenso en la escala social, tan súbito como suave, y su nombramiento como cuestor, un puesto muy codiciado, le proporcionarían automáticamente el acceso al Senado una vez que finalizase su breve período de permanencia en el cargo, así como su aceptación como miembro de la corte imperial. Lo anterior establecía un marcado contraste con la purga cruenta de los senadores, caballeros y manumisos partidarios de Sejano, que todavía continuaba. Según pudo constatarse después, los años que Séneca pasó en el yermo desierto de Oriente, que aparentemente constituían una barrera que frustraba cualquier aspiración de labrarse una carrera política en Roma, le aislaron de toda la barahúnda que se formó alrededor de la figura de Sejano, relanzando su carrera en ausencia de cualquier mácula o relación con el comandante pretoriano caído. Ahora que Sejano había desaparecido del mapa y ya nadie perseguía a Agripina y a sus hijos, y puesto que la madre de Germánico disfrutaba del favor de Tiberio, Séneca decidió unir su suerte a la de la familia de Germánico. Sólo el tiempo diría si ésta fue una decisión acertada, a la vista de que otros miembros de la familia imperial habrían de enfrentarse a un destino cruel en años venideros.

X. EL EMPERADOR GERMÁNICO

Durante los dos años que siguieron a la muerte de su gran enemigo Sejano, la esposa de Germánico, Agripina la Mayor, todavía prisionera en la isla Pandataria, se aferró a la esperanza de que Tiberio pusiera fin a su destierro y le permitiese regresar a Roma para reunirse con sus hijos. Su hijo Druso Germánico también había muerto. Por algún motivo que desconocemos, escaso tiempo después de la ejecución de Sejano, al Palatium llegó la orden procedente de la isla de Capri de que el segundo hijo de Germánico debía morir de inanición en su celda del sótano. En sus ocho últimos días de vida, el joven Druso se las había ingeniado para comerse la paja de su colchón. Es más, Tiberio recibía diariamente un informe con los pormenores de la vida del prisionero Druso, un diario que mandaba leer ante un Senado horrorizado. Así, los senadores hubieron de soportar los comentarios de los centinelas que custodiaban a Druso Germánico y el relato de los tormentos que sufrió el joven durante sus últimas jornadas de agonía.

En una carta remitida al Senado para justificar la eliminación de otro de los hijos de Germánico, Tiberio declaró que Druso Germánico había sido el único artífice de «la ruina de su familia» al haberse asociado con Sejano, máxime cuando poseía «un espíritu netamente hostil para con el estado».[1] Con todo, en sus memorias nunca publicadas, que Suetonio encontraría setenta años después en el *Tabularium* cuando fue puesto al frente del archivo imperial, Tiberio expone que Sejano fue ejecutado porque el emperador había descubierto que había urdido un plan para destruir a los hijos de Germánico. Esto carece de todo sentido, tal como apunta Suetonio, dado que la ejecución de Druso Germánico tuvo lugar algún tiempo después de que Sejano cayese en desgracia, lo cual pone de manifiesto que esta muerte fue idea del propio Tiberio.[2]

El 17 de octubre del año 33 d. C., exactamente dos años después de la ejecución de Sejano, Agripina la Mayor, viuda de Germánico, falleció en la isla Pandataria. La causa oficial de su muerte fue el hambre, y no tardó en circular el rumor de que la propia Agripina se había dejado morir de hambre. Sin embargo, Tácito especula con la posibilidad de que esto fuese una ficción concebida por Tiberio para exculparse de su muerte, para eludir cualquier sospecha de que él hubiese dado la orden de ejecutar a la viuda de Germánico por inanición.[3] En su última misiva enviada al Senado con el anuncio de su muerte, Tiberio sostenía que en el pasado Agripina había tenido una aventura amorosa con su cuñado Asinio Galo, el hombre al que había encarcelado y mantenido incomunicado, negándole cualquier contacto con otras personas desde que intentase manifestar su respaldo a Agripina desde las bancas del Senado. Tiberio había ejecutado a Galo en plena purga de los seguidores de Sejano. Tan pronto como Agripina se enteró de estos hechos, proseguía Tiberio, decidió compartir la suerte de Galo y puso fin a su propia vida.

La muerte de Agripina fue ampliamente lamentada. Baste decir que un senador, un amigo íntimo de Tiberio de nombre Coceyo Nerva, se sintió tan afectado por la desaparición de Agripina y por el actual estado de los asuntos de Roma, que decidió dejar de comer hasta la muerte. Aun cuando Tiberio hubiera decidido engañarse y en verdad creyese que Agripina se había quitado la vida y que Nerón Germánico y Druso Germánico habían sucumbido a manos de Sejano, fueron muy pocos los que aceptaron esta versión de los hechos. No sólo los romanos conocían la verdad. Suetonio afirma que el rey Artabán de Partia escribió a Tiberio una carta extremadamente crítica en la que le acusaba de haber asesinado a su familia más inmediata.[4] Tácito explica que anteriormente «el miedo a Germánico» había propiciado la sumisión de Artabán, pero tras la muerte del héroe su actitud cambió mostrándose «insolente con nosotros».[5] Sin ningún temor a Tiberio, Artabán impuso un rey de origen parto en Armenia tras la muerte de Artaxias, el monarca que Germánico había instalado en el trono. Poniendo de relieve sus diferencias con Germánico, Tiberio no supo dar cumplida respuesta a la pérdida de Armenia a manos de los partos.

Breve tiempo después de la muerte de Agripina, Plancina, la viuda de Cneo Calpurnio Pisón, que había sido acusada de complicidad en el asesinato de Germánico si bien había conseguido eludir el castigo tras el juicio a Pisón por intercesión de la madre del emperador, fue acusada de comportamiento «histriónico». Los detalles de estos cargos no han llegado hasta nosotros. Plancina se suicidó antes de que pudiese ser procesada. Llegados a este punto, sólo sobrevivía uno de los principales sospechosos en el caso del asesinato de Julio César Germánico: el emperador Tiberio.

Asimismo, tan sólo sobrevivía uno de los hijos de Germánico: Cayo Calígula. A juicio de muchos, Calígula corría un grave peligro, dado que tras la muerte de su madre, Agripina la Mayor, Tiberio se había llevado al muchacho a vivir con él en Capri. Es muy posible que Calígula se trasladase hasta la isla temiendo que, antes o después, correría la misma suerte que su madre y sus hermanos mayores, de modo que procuró complacer a Tiberio en todo lo que estaba a su alcance, sólo para conservar la vida. Obedecía cualquier orden del emperador, satisfacía todos sus deseos. Suetonio escribe lo siguiente a propósito de Calígula y Tiberio en aquella época: «Nunca hubo un esclavo peor, tampoco un amo peor».[6]

Al mismo tiempo, Calígula inició un romance con Enia Nevia, la esposa de Macrón, el nuevo comandante de la guardia pretoriana. Algunos autores romanos posteriores creen que este idilio fue, de hecho, instigado y alimentado por Macrón para controlar al joven príncipe, aunque el escritor judío Filón de Alejandría, que llegaría a conocer personalmente tanto a Macrón como a Calígula dada su condición de miembro de la delegación judía egipcia que permaneció en Roma años después, estaba plenamente convencido de que Macrón «ignoraba la deshonra que manchaba su lecho conyugal y alcanzaba a toda su familia».[7] Según relata Suetonio, Calígula llegó incluso a prometer a Enia que se casaría con ella, poniendo esa promesa por escrito.[8] Animado por su calculadora esposa, Macrón habló con Tiberio para favorecer a Calígula, dándole su garantía personal de que el joven sería leal, obediente y confiable. En resumidas cuentas: Filón de Alejandría afirma que, en sus conversaciones con Tiberio, Macrón dedicó a Calígula toda clase de elogios, al igual que haría cualquier persona en referencia a su hermano o hijo.[9]

Tiberio permaneció en Capri durante cuatro años más tras la muerte de Agripina la Mayor, y nunca más puso un pie en Roma. Durante todo ese tiempo Calígula se mantuvo a su lado. En el mes de marzo de 37 d. C., el debilitado Tiberio, que ahora contaba 73 años de edad, abandonó Capri para trasladarse a un lugar cercano de la costa peninsular, la villa Mariana, edificada 150 años antes por el siete veces cónsul de la república romana Cayo Mario. Esta villa fue utilizada por Julio César como su residencia de la costa. Emplazada en lo alto de un promontorio cerca de la base naval de Misenum, la villa disfrutaba de una vista privilegiada de la bahía de Nápoles. La reducida corte de Tiberio, que incluía al joven príncipe Calígula, de 24 años, y al prefecto pretoriano Macrón, acompañó al emperador en este cambio de residencia.

La salud de Tiberio seguía deteriorándose. El 13 de marzo, un amigo visitó al emperador, un manumiso llamado Caricles, que también era médico, y aseguró a Macrón que Tiberio no viviría más allá de dos días. A última hora de la tarde del día 15, los idus de marzo, Tiberio, que yacía postrado en su cama, aparentemente dejó de respirar. Tiberio había sufrido un repentino desvanecimiento motivado por una probable insuficiencia cardiaca, cosa que hizo pensar que al fin se había producido el tan ansiado óbito. Su sucesor, Calígula, no tardó un segundo en arrebatarle del dedo el sello imperial. Todos los presentes felicitaron a Calígula por haber logrado sobrevivir al déspota y sucederle al frente del imperio. Ahora bien, durante las primeras horas del siguiente día, y para pasmo de todos, corrió el rumor de que Tiberio se había incorporado y reclamaba algo de comer. Cundió el pánico y todos corrieron despavoridos, al tiempo que Calígula, tan perplejo como aterrorizado, se quedó sin habla. Macrón, pensando rápidamente qué hacer, ordenó que todo el mundo saliese del dormitorio del emperador. Entonces, siempre según Tácito, asfixió a Tiberio con una almohada hasta causarle la muerte.[10] Tiberio, el segundo emperador de Roma, el hombre que había estado en el centro de tantas argumentaciones y sospechas sobre el asesinato de su sobrino e hijo adoptivo Germánico, había sido asesinado.

Por voluntad de Tiberio, Calígula y su primo Tiberio Gemelo eran ambos herederos al trono de Roma. Tiberio Gemelo era uno de los hijos gemelos que tuvieron Druso el Joven, el hermano adoptivo de Germánico, y su hermana Livila, nacido poco después de la muerte de Germánico. El otro hermano gemelo había muerto durante su infancia. Así las cosas, Macrón llevó al Senado el testamento de Tiberio y consiguió que sus integrantes lo invalidasen. En consecuencia, Cayo César —o Calígula, el nombre con el que pasó a la posteridad— fue declarado único heredero de Tiberio y nuevo emperador de Roma. La ambición de su difunta madre, a saber, que un hijo de Germánico ocupase el trono de Roma, se había cumplido, pero Agripina no había vivido para verlo. En la versión de Suetonio, que Calígula accediese al trono era, para el pueblo de Roma, poco menos que un sueño hecho realidad. Inspirados por «el recuerdo de Germánico, y por los sentimientos que profesaban a una familia que casi había sido eliminada por completo tras una serie de oscuros asesinatos», ciudadanos y soldados por igual, en todos los rincones del imperio, celebraron el ascenso de Calígula al trono de Roma convertido en su tercer emperador.[11]

Calígula se granjeó el favor del pueblo romano cuando, ya nombrado emperador, adoptó el nombre de Cayo César Germánico, un movimiento sin duda calculado para honrar a su difunto padre. Por la misma razón, decidió sustituir el nombre del mes de septiembre por el de germánico, del mismo modo como anteriormente el mes de sextillius había sido rebautizado con el nombre de julio, en honor a Julio César. La popularidad de Calígula no conocía límites. Cuando presidió el funeral de estado por la muerte de Tiberio, la gente se congregó a su alrededor para vitorearle, refiriéndose a su imperial persona con apelativos tales como «niño», «polluelo» y «favorito».[12] Más todavía: su popularidad alcanzó cotas verdaderamente estratosféricas cuando, escasos días después del funeral de Tiberio, Calígula subió a bordo de una galera de combate que habría de trasladarlo hasta Pandataria y Ponza. En ambas islas recogió los restos mortales de su madre Agripina y de su hermano Nerón Germánico. De vuelta en Roma, dispuso que sus restos y los de su otro hermano, Druso Germánico, fuesen enterrados en el mausoleo de Augusto, con todos los honores ceremoniales al uso, colocando sus urnas junto a la de su padre, Germánico.

A continuación, Calígula concedió a su abuela Antonia, de 73 años de edad, los mismos honores que había disfrutado la madre de Tiberio, incluyendo el título de Augusta. Antonia moriría sólo seis días después de que Cayo fuese nombrado emperador. Igualmente, otorgó honores y privilegios especiales a sus hermanas, Agripina la Menor, Drusila y Julia. En el foro, Calígula quemó públicamente lo que, según él, eran pruebas documentales recopiladas por Tiberio contra algunos miembros de la familia de Germánico y sus partidarios. A renglón seguido, inició varios procesos contra quienes habían perseguido a su madre y sus hermanos. Y canceló todas las acusaciones que estaban pendientes de juicio en el momento de la muerte de Tiberio. Además, hizo volver a todas las personas que habían sido condenadas al destierro por el anterior emperador. Entre las personas que regresa-

La muerte de Tiberio, por Jean-Paul Laurens. Representa el asesinato del emperador por órdenes de Nevio Sutorio Macro.

ron a la urbe romana como resultado de este perdón masivo que concedió Calígula, cabe destacar a Suilio, el que fuera cuestor de su padre. Éstas y otras medidas le granjearon una inmensa popularidad entre los ciudadanos de Roma.

Durante un período de siete meses, la gestión de Calígula estuvo marcada por la razón, las reformas y el alborozo popular. Nombró cónsul a su ignorado tío Claudio, hermano de Germánico, durante dos meses —al igual que él—, desde el 1 de julio de ese mismo año, 37 d. C. Introdujo notables mejoras en el sistema legal, amplió la Saturnalia a cinco días, y permitió la publicación de libros prohibidos. El rey Artabán de Partia le envió propuestas de amistad en recuerdo de su reverenciado padre. Todo marchaba como la seda. Pero entonces, de improviso, Calígula cayó gravemente enfermo, tanto así que se temió por su vida. Una turba de ciudadanos romanos ansiosos se internó en el monte Palatino y rodeó el Palatium en la esperanza de obtener noticias del estado del emperador. Allí esperaron noche y día. Suetonio refiere que algunas personas portaban pancartas proponiéndose voluntariamente para morir en lugar de Calígula, mientras que otras juraban hacerse gladiadores si con ello los dioses permitían que el emperador conservase la vida.[13]

Calígula conservó la vida, pero la enfermedad le dejó secuelas mentales. Una vez que se hubo restablecido, todos descubrieron que se encontraban ante otro hombre. Suetonio describe al nuevo Calígula con la expresión: «el monstruo»,[14] y atribuye los cambios que evidenció su personalidad a «una enfermedad cerebral».[15] Calígula decidió proclamarse dios. Despilfarró ingentes sumas de dinero en espectáculos públicos y proyectos de construcción de edificios. Intentó nombrar cónsul a su caballo. Con fama de buen auriga, conducía personalmente su cuadriga en las carreras. En una de estas competiciones, corriendo contra varios senadores, atropelló a su favorito Aulo Vitelio, nieto del difunto Publio Vitelio y futuro emperador, aplastándole una pierna. Calígula mandó ejecutar a su primo y rival en potencia Tiberio Gemelo, orden que cumplió un tribuno pretoriano sin mediar acusación ni juicio. Hizo degollar con una cuchilla a su suegro, Marco Silano. Ejecutó a su íntimo amigo Marco Lépido, el esposo de su hermana Drusila. Invitó a su primo Ptolomeo, el rey de Mauritania, a que visitase Roma, y nada más llegar ordenó su ejecución. Eliminó a Macrón, el comandante de la guardia pretoriana que había facilitado su acceso al trono, y a su esposa —y antigua amante del emperador— Enia. «Se dice que el pobre infeliz [Macrón] fue obligado a quitarse la vida», señala Filón de Alejandría, «y que su esposa experimentó ese mismo destino miserable».[16]

Calígula atrapó a las esposas de algunos otros hombres, incluyendo a una novia el día de sus esponsales, y las convirtió en sus amantes. Cometió incesto y estupro con sus tres hermanas. Suetonio sostiene que su abuela Antonia lo había sorprendido en la cama con su hermana Drusila, y que por esta razón él ordenó que la envenenasen.[17] Ahora bien, puesto que Antonia falleció, como ya se ha dicho, en los primeros días de su reinado, cuando todavía se encontraba en su período «angelical», esto no parece muy probable. Además, corrió el rumor de que Antonia se había quitado la vida. Cuando murió Drusila, la hermana de Calígula, algunos dijeron que pariendo un hijo del emperador, él le otorgó honores divinos. Posteriormente, en el año 39 d. C., acusó a sus otras hermanas, Agripina la Menor y Julia, de haber cometido actos de naturaleza inmoral con el difunto marido de Drusila, Lépido, y otros hombres. A raíz de ello, ambas fueron desterradas a las islas de Ponza y Pandataria. Ese mismo año, Calígula se casó con su amante Milonia Cesonia, una mujer considerablemente mayor que él que aportaba tres vástagos de un matrimonio anterior. Ella deseaba casarse con el emperador desde hacía algún tiempo, pero Calígula sólo accedió a sus pretensiones cuando ella alumbró a su primer hijo, una niña de nombre Julia Drusila.

El veleidoso Calígula fantaseaba con la idea de que él era hijo de Augusto y de su hija Julia, y no de Germánico y Agripina la Mayor; tanto así que montaba en cólera cuando alguien le recordaba que su abuelo era Marco Agripa, un plebeyo. Tal era su enajenación que cualquier hombre que fuese inteligente o bien parecido, podría ser ejecutado o arrojado al anfiteatro para que luchase por su vida, simplemente porque Calígula sentía celos de él. Un escritor que causó su disgusto fue quemado vivo en una cruz en la arena del circo. En el año 39 d. C., mientras asistía a una sesión del Senado durante la cual Lucio Anneo Séneca, que en aquel entonces se estaba labrando una excelente reputación como orador y abogado, defendió con éxito la absolución de un senador sobre el que pesaban varios cargos, Calígula reaccionó con una visceralidad extrema. Tanto le disgustaron la retórica elegante y la habilidad de Séneca —le denominaba «un orador de manual» y «arena sin cal»—[18] que ordenó su ejecución inmediata. A Séneca sólo pudo salvarle la intervención de alguna de las amantes de Calígula, quien debió de convencer al emperador de que no le convenía llevar a cabo dicha ejecución, argumentando que alguna de las largas enfermedades que padecía Séneca —todo indica que tuberculosis— acabaría con su vida en breve.

Decidido a invadir Britania, Calígula creó dos nuevas legiones que añadir a las veinticinco que ya existían, y en el verano de 40 d. C. organizó un gran ejército en tierras de la Galia. Alineadas las legiones en la playa cerca de la actual población de Boulogne, con la vista puesta en el agua, Calígula ordenó que la artillería bombardease el mar, e hizo que las tropas recogiesen conchas marinas a modo de trofeos de guerra. Se concedió honores de Triunfo por lo que a su juicio había sido una aplastante victoria, y seguidamente regresó a Roma con el espíritu exaltado. Entrado el mes de enero del año 41 d. C., cuatro meses después de que Calígula

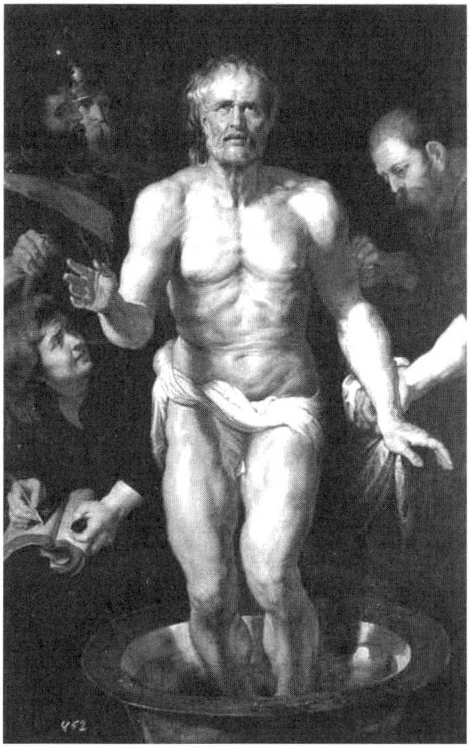

Muerte de Séneca, por Pedro Pablo Rubens, 1614, Alte Pinakothek, Munich.

volviese de la Galia, casi nadie dudaba de que su comportamiento era cuando menos errático, rayano en la locura. Y que era necesario acabar con esa situación.

A estas alturas existían, que se sepa, hasta tres conspiraciones para asesinar a Calígula. Urdidas por personajes ilustres del estado, estas conjuras se habían desarrollado durante varios meses. Dos de ellas habían sido planeadas por algunos senadores y uno de los ayudantes de mayor rango del emperador en el Palatium, el manumiso Calixto. Los autores de la tercera eran varios oficiales de las guardias pretoriana y germana. Con el tiempo estas tres conspiraciones se consolidaron en una sola bajo el liderazgo del tribuno Casio Querea de la guardia pretoriana. Los conspiradores decidieron asesinar al emperador el día 21 de enero, durante la primera de las cuatro jornadas establecidas para los Juegos Palatinos organizados en honor de divinizado emperador Augusto, y ultimaron todos los preparativos.

XI. EL ASESINATO DE CALÍGULA

Los conspiradores habían convenido asesinar a Calígula durante la primera jornada de los Juegos Palatinos. Ahora bien, llegado ese día, a casi todos los conspiradores se les encogió el ombligo y el asesinato fue aplazado, primero hasta el día siguiente y luego hasta el otro. El plan siguió sin ejecutarse. La noche del 23 de enero, cuando sólo restaba un día de festival y Calígula tenía previsto partir muy pronto rumbo a Alejandría para realizar una gira de inspección por Egipto, el frustrado tribuno pretoriano Casio Querea convocó a los demás conjurados a una reunión secreta donde dijo que debían actuar ahora o resignarse a dejar pasar esta oportunidad. Puesto que era el oficial al mando de la cohorte de la guardia pretoriana que estaría de servicio el día 24, Querea, harto de las burlas de Calígula, que le llamaba viejo, blando y afeminado, se ofreció voluntariamente para ser el primero en herir al joven emperador desquiciado, siempre y cuando todos los demás cumpliesen su parte del plan.

Militar de carrera que contaba unos cuarenta y cinco años de edad, Casio Querea había servido junto al padre de Calígula, Germánico, durante las campañas que éste llevó a cabo en Germania entre los años 14-16 d. C., primero como oficial cadete de una de las legiones del Rhin, y posteriormente como prefecto de las tropas auxiliares. Querea no tardó en forjarse un nombre, gracias a que era un «joven de gran presencia de ánimo»[1] que había desenvainado su espada para proteger al general que lideraba el ejército del bajo Rhin, Aulo Cecina, en Colonia, en el transcurso de un motín ocurrido en el año 14 d. C. Situados de nuevo en el año 41, el tribuno Querea había sido durante algún tiempo el comandante de una cohorte de la guardia pretoriana compuesta por un millar de hombres. Cabe señalar también que su relación con Calígula no era la mejor, puesto que el caprichoso emperador le provocaba con cierta frecuencia, acusándole de ser una damisela cuando mostraba un exiguo entusiasmo ante las torturas que padecían las víctimas inocentes de la arbitrariedad y los estados de ánimo variables del emperador. Cuando, siendo el oficial al mando durante el día, Querea solicitaba conocer el santo y seña de los guardias de la ciudad para la jornada siguiente, Calígula se burlaba de él dándole contraseñas del estilo «amor», o nombres de diosas y figuras mitológicas de sexo femenino. Así las cosas, por motivos tan idealistas como personales, Casio Querea estaba resuelto a extirpar ese cáncer llamado Calígula del corazón de la sociedad romana.

El día 24 de enero al alba, decenas de miles de romanos acudieron en masa a los juegos. Accedieron por la única puerta habilitada para el acceso del público al teatro provisional de madera que se construía todos los años en terrenos del Palatium con ocasión del festival. También llegó Calígula, un apuesto joven de veintinueve años, de tez pálida, esbelto y con una incipiente calva, accediendo al recinto por una segunda entrada que utilizaban los músicos y los actores del teatro. Esta entrada comunicaba directamente con el Palatium de Calígula, un palacio de nueva planta edificado en el monte Palatino e independiente del palacio original de Augusto, aunque conectado con el mismo, que ahora era conocido como el Viejo Palatium, y situado ligeramente por encima del emplazamiento del palacio que construyó su padre, Germánico. Antes de que comenzase la jornada, Calígula, acompañado por un séquito de amigos y sirvientes, presidió el acostumbrado sacrificio animal celebrado en el altar. Para mayor divertimento del emperador, el sacerdote que obraba el sacrificio de un flamenco salpicó con la sangre del ave la inmaculada túnica de uno de los acompañantes de Calígula, el senador Publio Nonio Asprenas, un hombre de cuarenta y tantos años que había sido cónsul cuatro años antes.

Con su séquito —en el que se contaban Casio Querea, el tribuno pretoriano de servicio ese día, y Cornelio Sabino—, Calígula tomó asiento en el palco reservado para su persona, situado a la derecha de las gradas de asientos de madera que aleatoriamente ocupaban los senadores, los caballeros, los manumisos y los esclavos, una variopinta mixtura de hombres, mujeres y niños. Con inusitado buen humor, Calígula permaneció sentado durante toda la sesión matinal disfrutando del espectáculo, que culminó con una representación teatral sobre la crucifixión de un ladrón y una pantomima interpretada por un grupo de origen griego que escenificaba el asesinato de un rey heleno, espectáculos ambos en los que se derramaban ingentes cantidades de sangre falsa. Mediado el día, cuando la jornada alcanzaba su punto álgido, uno de los acompañantes del emperador, Marco Cluvio Rufo, un senador que tiempo después escribiría sus memorias y describiría lo sucedido ese día, miró en derredor y vio cómo un enano desvergonzado llamado Vatinio se sentaba en el palco imperial. Hijo manumiso de un zapatero, hombre nacido para la risa y el aborrecimiento, Vatinio poseía un ingenio y una agilidad mental que entretenían sobremanera al emperador, un hecho que en los últimos años le había permitido amasar una considerable fortuna.

—¿Tenemos novedades? —inquirió susurrando Cluvio Rufo a Vatinio.

—Sólo que hoy se jugará a un juego llamado «Masacre de tiranos» –repuso el enano con una mirada cómplice.[2]

Rufo empalideció. Él era uno de los conspiradores, y súbitamente temió que Vatinio estuviese al corriente de la trama de asesinato. Procuró tomárselo a broma y dar una réplica igualmente jocosa, previniendo a Vatinio de no decir nada a nadie, no fuera a ser que los actores se enterasen de que iban a tener competencia. Llegó la hora del almuerzo y el tribuno Querea, que estaba sentado detrás del emperador, se puso de pie y abandonó el palco. El plan consistía en que Querea y varios otros oficiales emboscarían a Calígula en el exterior del teatro cuando éste saliese a comer. Seguidamente, el senador Anio Minuciano, otro de los conjurados, que estaba particularmente nervioso y permanecía sentado junto al emperador, empezó a inquietarse pensando que Querea podría dudar y dar al traste con el asesinato de Calígula. Así pues, decidió salir del palco, encontrar a Querea y cerciorarse de que el plan seguía adelante, que el tribuno estaba resuelto a asestar la primera y mortal puñalada al emperador.

Cuando Minuciano se levantó, Calígula lo asió por la túnica y le preguntó: «¿Adónde crees que vas?».[3]

Minuciano tragó saliva y volvió a ocupar su asiento. Allí permaneció inmóvil, corroído por los nervios cual hombre cuya esposa está a punto de dar a luz, hasta que, pasados unos pocos minutos, se levantó de nuevo. Esta vez Calígula, pensando que quizás Minuciano estuviese atendiendo una llamada de la naturaleza, dejó que se marchara. Minuciano encontró a Casio Querea en los corredores del exterior del teatro, acompañado por un reducido grupo de oficiales de la guardia pretoriana, todos motivados y listos para actuar. Llegó el mediodía y los asesinos esperaban con visible impaciencia que Calígula se decidiese a abandonar el teatro. Pero el emperador no aparecía por aquel corredor. Y el tribuno Querea no podía contener su agitación.

Dentro del teatro, los esclavos arrojaban frutas al público, cosa que complacía enormemente al emperador. Mientras tanto, el senador Asprenas, también participante de la conspiración, se inclinó hacia el emperador y le preguntó si estaba listo para el almuerzo. Calígula se sentía un tanto mareado, indispuesto por las náuseas que le había provocado el opíparo banquete al que había asistido la víspera, y todavía no tenía ganas de comer. Negó con la cabeza y siguió disfrutando del espectáculo. Al filo de las dos de la tarde, Asprenas se acercó de nuevo y sugirió que tal vez el emperador recuperaría el apetito luego de hacer una visita a los baños. Los autores no se ponen de acuerdo en la hora exacta del hecho —Josefo[4] lo sitúa durante la novena hora, alrededor de las dos de la tarde, siendo así que el menos fiable Suetonio[5] nos habla de la séptima hora, esto es, algún momento entre el mediodía y las 12:45.

Busto de Calígula. Gliptoteca Calsberg Copenhague, Dinamarca. Un apuesto joven de veintinueve años, de tez pálida, esbelto y con una incipiente calva.

Con un suspiro de tedio, Calígula asintió ante la sugerencia de Asprenas. Tras ponerse en pie, el emperador se dirigió hacia la puerta del teatro por donde había hecho su entrada. Todos los miembros de su séquito siguieron a Calígula, que lideraba el grupo. Se detuvo un instante para conversar con el antiguo cónsul Lucio Paulo Arruntio, mientras el resto atravesaba las puertas dobles. Al otro lado de estas puertas se encontraba el tribuno Querea, que se disponía a entrar nuevamente en el recinto visiblemente contrariado y totalmente resuleto a matar a Calígula en su propio palco, a la vista de todos, por cuanto nadie le había informado de que el emperador estaba saliendo. Nada más verle, Querea y varios colegas retrocedieron y se ocultaron apresuradamente en uno de los pasillos adyacentes para preparar la emboscada. Las puertas del teatro se abrían a una amplia galería flanqueada por los sirvientes imperiales, un sinfín de manumisos y esclavos, y varios centuriones de la guardia pretoriana que aguardaban la llegada del divino. Un estrecho corredor partía desde esa galería, una vía de acceso a los diferentes camerinos y almacenes que utilizaban los actores y los músicos.

El tío de Calígula, Claudio, de 50 años de edad, fue el primero en aparecer al otro lado de la puerta del teatro. Avanzaba delante, cojeando levemente porque esto hacía bien a su pie deforme, en compañía de Marco Vinicio, el marido de la hermana menor de Calígula, Julia, ahora en el destierro, y de Publio Valerio Asiático, un antiguo cónsul que había sido un fiel amigo, y muy valioso, de la abuela del emperador, Antonia. Calígula y Arruntio los seguían escasos pasos por detrás, enfrascados en una animada conversación. Cuando el emperador salió del teatro acompañado por Arruntio, y seguido por una escuadra de aguerridos soldados barbados de su guardia germana, el personal de palacio empujó con la intención de salir también, pero los centuriones pretorianos contuvieron su avance. Claudio y sus dos acompañantes estaban ya fuera de su vista cuando Calígula y Arruntio finalmente consiguieron dejar atrás la galería y adentrarse en el corredor.

En vanguardia, Claudio, Vinicio y Asiático ya se habían encontrado con el tribuno Querea y su grupo de pretorianos. Los tres se habían ido apresuradamente en dirección a una sala del palacio de Cáligula llamada Hermaeum en honor al dios Hermes —la deidad griega equivalente al dios romano Mercurio, el mensajero. Se les había dicho que el emperador se reuniría con ellos allí poco tiempo después. Detrás de Calígula, los centuriones pretorianos habían cerrado la entrada al corredor, impidiendo el acceso a los sirvientes del palacio y a los hombres de la escolta personal del emperador. Los soldados de la guardia germana empezaron a discutir con los centuriones, argumentado en su precario latín con marcado acento extranjero que se les debía permitir el paso dado que eran los guardaespaldas del emperador, aunque vacilaron por no querer provocar una trifulca con los centuriones, superiores a ellos en rango, que en todo momento fingieron no entender a aquellos soldados forasteros.

Calígula y Arruntio se internaron por un pasillo lateral que conducía hasta el palacio de Germánico, donde el emperador tenía intención de darse un baño. Algunos miembros del personal doméstico del emperador, incluyendo a los porteadores de su litera, le esperaban un poco más adelante. Más allá, en el atrio del palacio de Germánico, un coro de niños naturales de la provincia de Aquea, en el sur de Grecia, estaban practicando un himno que tenían previsto interpretar en honor al emperador esa misma tarde en el teatro. Una voz llamó a Calígula desde atrás. Calígula dio media vuelta para ver cómo el tribuno Querea se aproximaba a él escoltado por varios centuriones pretorianos y acompañado por Cornelio Sabino, un antiguo gladiador que había sustituido a Macrón como prefecto de la guardia germana.

Ambos grupos se encontraron y Querea quiso saber por boca de Calígula cuál sería el santo y seña del día siguiente. Cada día, un nuevo santo y seña era comunicado a todos los soldados y centinelas que estaban de servicio en Roma, del mismo modo como los santos y señas eran distribuidos diariamente en todos los acuartelamientos de las legiones a lo largo y ancho del imperio. Tradicionalmente, en los cuarteles de la legión, el santo y seña para el siguiente día era comunicado al anochecer por el oficial de mayor rango. En la capital romana era el emperador quien comunicaba el santo y seña, o, en su ausencia, eran los cónsules quienes lo establecían. En la Roma de tiempos de Calígula, esta formalidad de esperar hasta el anochecer no se observaba, es decir, que el oficial al mando durante el día tenía que aprovechar cualquier oportunidad para preguntar al emperador cuál sería el santo y seña en vigor al día siguiente.

—Júpiter —respondió Calígula sonriendo.[6] Júpiter era la principal divinidad masculina de Roma. También era el dios responsable del tiempo, en particular de las tormentas.

—Que así sea —repuso el tribuno Querea, que estaba ultimando los detalles de su propia tormenta.[7]

Semanas antes, Calígula había recibido una advertencia del Oráculo de la Fortuna en el santuario de Antium (hoy Anzio), en la región central de Italia, según la cual debía guardarse de un hombre llamado Casio. Al hilo de esta advertencia, Calígula había ordenado el arresto del Casio equivocado —el inocente Casio Longino, el gobernador romano de la provincia de Asia.

Cuando Calígula se disponía a seguir su camino, Querea desenvainó su espada con un movimiento fulgurante.

—¡Toma esto! —gritó Querea antes de hundir la reluciente hoja de 50 centímetros en la nuca de Calígula. El acero penetró mortalmente en la zona inferior del cráneo del emperador, destrozando su mandíbula en el preciso instante en que volvía la cabeza hacía su asesino.[8]

Querea extrajo su espada ensangrentada. Calígula se tambaleó, pero consiguió mantenerse en pie.

—¡Todavía no estoy muerto! —alcanzó a decir jadeando, mientras un hilillo de sangre asomaba por la comisura de sus labios. Observó su asesino con incredulidad, casi como si quisiera decirle que su persona era inmortal.[9]

Cornelio Sabino, el prefecto de la guardia germana que había participado en la conspiración liderada por Querea desde el principio, agarró a Calígula por los hombros y le obligó a arrodillarse.

—¡Atraviésale! —le gritó a Querea al tiempo que desenvainaba su espada.[10]

Querea le asestó un segundo golpe con la espada, esta vez hundiendo la hoja sesgada en la espalda de Calígula, entre las dos escápulas y el cuello, buscando el corazón. El golpe no alcanzó su objetivo. La punta de la espada de Querea le atravesó el tronco y se topó con el esternón.[11] Extrajo de nuevo la espada. El emperador todavía no había muerto. Chillando como posesos, Sabino y los centuriones atravesaron el cuerpo de Calígula con sus espadas y puñales. Según el relato de

Suetonio, el emperador recibió hasta treinta heridas de espada, algunas incluso en sus genitales.[12] Mientras agonizaba en el suelo, el centurión Aquila le asestó el golpe definitivo, escribe Josefo, poniendo fin a «tan virtuosa carnicería».[13] De este modo el emperador Cayo César Germánico fue brutalmente asesinado. Según Dión Casio, mientras moría Calígula «supo por propia experiencia que no era un dios».

Cuando comenzó el ataque contra Calígula, Arruntio, el aterrorizado acompañante del emperador, deshizo el camino andado al objeto de volver al teatro y llamar a la guardia germana. Cuando emergió del corredor vociferando que se estaba produciendo un asesinato, los guardias germanos desenvainaron sus espadas y se abrieron paso entre los centuriones para acudir en auxilio del desdichado Calígula. Cuando llegaron al lugar donde yacía el emperador, encontraron a su prefecto Cornelio Sabino en pie junto al cadáver ensangrentado. Entretanto, Querea y los centuriones que lo acompañaban corrieron hasta el palacio de Germánico. Sabino dijo a los guardias germanos que los asesinos habían huido en la dirección contraria. El ánimo de los consternados guardias estalló. Calígula les pagaba bien y, dadas las circunstancias, aquello significaba la pérdida de su empleo. En su mente sólo cabía el deseo de cobrarse venganza. Liderados por Sabino, al que en ningún momento relacionaron con la conspiración, corrieron en dirección al palacio de Calígula, blandiendo sus espadas y profiriendo duras imprecaciones en su lengua nativa.

La primera persona con la que se toparon los enardecidos guardias germanos en su persecución de los asesinos de Calígula, fue el conspirador Publio Asprenas, que había oído el tumulto y se dirigía al lugar de los hechos desde el Hermaeum para averiguar si el asesinato se había consumado con éxito. Viendo que la túnica de Asprenas estaba manchada de sangre —las salpicaduras del sacrificio animal que se había realizado esa misma mañana—, los soldados dieron por hecho que era la sangre del emperador y que Asprenas era uno de sus asesinos. Las hojas de las espadas de los germanos brillaron sedientas de sangre. Asprenas cayó y fue cortado en pedazos. Acto seguido, cegados por la furia, los germanos sorprendieron al anciano ex cónsul Lucio Norbano Balbo. A pesar de su edad, era un hombre de gran fortaleza física; tanto así que cuando uno de los guardias germanos quiso asestarle un golpe con la espada, el senador se hizo a un lado y lo esquivó ágilmente, inmovilizando el brazo con el que el soldado sostenía la espada. Durante el forcejeo, los demás guardias germanos hundieron sus espadas en la espalda del senador, que cayó muerto allí mismo.

La siguiente víctima de los germanos fue un joven senador, Publio Anteyo, que había acudido con total deliberación desde el teatro para ver con sus propios ojos el cuerpo sin vida del emperador, y para regodearse en el hecho, dado que le odiaba, principalmente después de que le hubiese desterrado y ordenado ejecutar a su padre, que había servido como general bajo el mando de Germánico en tierras del Rhin. El desarmado Anteyo y varios manumisos que le acompañaban pagaron su atrevimiento con la vida a manos de aquellos germanos sedientos de sangre.

En el ínterin, el prefecto Sabino había enviado a un soldado para que convocase a todos los hombres de la guardia germana que en ese momento se encontraban en Roma —hasta cuatro de las diez cohortes que integraban la unidad siempre estaban estacionadas en el Palatium, siendo así que las demás rotaban por varias poblaciones cercanas a la capital. Por órdenes expresas de Sabino, casi dos mil hombres rodearon el improvisado teatro del monte Palatino. Una vez allí, Sabino arengó a sus hombres y les dijo que los asesinos del emperador se habían ocultado. En su mayoría, las tropas de guardias germanos creían que el emperador todavía estaba vivo, y que se les recompensaría generosamente si lograban encontrar a sus agresores. Entretanto, la mayoría de los asistentes al teatro habían permanecido en sus asientos, sin tener certeza de lo que estaba ocurriendo. Al teatro habían llegado informaciones contradictorias; algunos decían que Calígula estaba muerto, otros que había logrado sobrevivir a un atentado contra su vida y que en aquel momento estaba siendo intervenido por un cirujano. Los guardias germanos entraban por cientos en el teatro con las espadas desenvainadas. El pánico cundió entre los asistentes. Entre sollozos y lamentaciones, hombres y mujeres suplicaban a los germanos que les perdonasen la vida.

Al mismo tiempo, el ex cónsul Arruntio, que acompañaba a Calígula en el momento de su muerte, se encaramó al plinto de una columna de manera que todos pudieran verle y oírle, y desde allí conminó a los guardias pretorianos a envainar sus espadas, dado que el emperador estaba muerto y nada iban a conseguir asesinando a la gente de forma indiscriminada. Los tribunos civiles presentes en el teatro siguieron su ejemplo, y Evaristo, el pregonero de la ciudad, difundió el mismo mensaje con su atronadora voz. En última instancia, las tropas germanas entendieron que su emperador y jefe supremo en efecto había muerto. Sin nadie que les recompensara, los germanos, desorientados y con la mente nublada, desistieron en su acoso al público asistente y depusieron las armas. Súbitamente abandonaron el recinto y entraron en el Palatium desordenadamente. Algunos germanos desfilaron por los corredores del palacio exhibiendo las cabezas cercenadas de Asprenas, Norbano Balbo y Anteyo. Para mayor caos, entre las tropas de guardias germanos estallaron algunas trifulcas.

Entrctanto Claudio, el tío de Calígula, había permanecido en el Hermaeum, ajeno a todo lo ocurrido y esperando pacientemente la llegada del emperador. Pero ahora, oyendo el alboroto que invadía el palacio y reparando en que los rumores del asesinato de su sobrino cobraban visos de realidad, buscó un lugar donde esconderse. Descubrió un balcón cercano, corrió las cortinas del mismo y se ocultó presurosamente tras ellas. Escaso tiempo después, un grupo de soldados de la guardia germana accedió a la estancia. Uno de ellos, un soldado raso de nombre Grato,[15] vislumbró los pies de Claudio asomándose por debajo de aquel cortinaje. Descorriendo con violencia aquellos lienzos, Grato descubrió al aterrorizado Claudio, que de inmediato se postró de hinojos, abrazándose a las piernas del soldado e implorando clemencia. Entre sollozos, Claudio le suplicó que le dejase marchar.[16]

Grato, que había reconocido en Claudio al hermano de Germánico y al tío de Calígula, se dirigió a sus camaradas y exclamó: «¡Es un Germánico! ¡Nombrémosle nuestro nuevo emperador!».[17]

XII. EL NUEVO EMPERADOR GERMÁNICO

Mientras los barbados camaradas del soldado Grato se congregaban alrededor de Claudio, observándole con evidentes muecas de incredulidad, Claudio, que seguía arrastrándose sobre las rodillas de manera harto humillante, estaba convencido de que pensaban matarle, por creer que algunos de aquellos guardias germanos habían asesinado a Calígula. Ahora bien, cuando cayó en la cuenta de que buscaban vengar la muerte de su sobrino, les suplicó que le perdonasen la vida, jurándoles que no tenía la menor idea de quién podía haber asesinado al emperador.

Grato sonrió y levantó a Claudio tomándole de su mano derecha. «Deje de preocuparse por salvar la vida, mi señor», le tranquilizó mientras le ayudaba a incorporarse. «Ahora debe pensar en cosas más elevadas, debe pensar en cómo gobernar un imperio. Un imperio que los dioses, preocupados por la suerte del mundo habitado, han puesto en sus manos virtuosas luego de eliminar a Cayo [Calígula]. De modo que venga con nosotros y acepte el trono que por su estirpe le corresponde.»[1]

Un perplejo Claudio fue escoltado desde el Palatium por el contingente de soldados de la guardia germana que le había encontrado, y fue introducido en una litera. Puesto que todos los porteadores habían huido, algunos de aquellos soldados levantaron la litera y se la cargaron sobre sus hombros, mientras otros caminaban delante de ellos abriéndoles paso. Cuando esta corta procesión se internó en el foro y luego llegó hasta el tesoro, que ocupaba los sótanos del templo de Saturno, los guardias de la cohorte pretoriana que estaba de servicio se arremolinaron en torno a la litera para descubrir quién se hallaba en su interior. Grato y sus compañeros de armas dijeron a los pretorianos que Claudio debía ser nombrado nuevo emperador, y todos estuvieron de acuerdo «habida cuenta la simpatía que sentían por Germánico, su hermano, que se había granjeado una impecable reputación», señala Flavio Josefo. Asimismo, los soldados repararon en que, si nombraban a Claudio emperador, éste bien podría recompensarles pecuniariamente.[2]

Así pues, conformando un cuerpo de varios centenares de soldados, un puñado de hombres de la guardia germana, rodeados por sus colegas pretorianos, recorrió las calles de la urbe romana portando a Claudio en dirección al cuartel general de la guardia pretoriana. Las calles estaban atestadas de ciudadanos cuyo estado de ánimo todavía se debatía entre la conmoción y la euforia derivada de la noticia del asesinato de Calígula. A lo largo de todo este periplo hasta el cuartel, la gente miraba compasivamente al tío del emperador mientras era escoltado por los soldados, con la certeza de que Claudio era un hombre inocente que las tropas llevaban camino del cadalso.[3]

En rigor, el baño de sangre todavía no había terminado, aunque no era Claudio quien tenía los días contados, sino otros miembros de la familia imperial, que muy pronto encontrarían su final. El tribuno Casio Querea era de la opinión de que la tarea de acabar con el reinado de Calígula no estaría completa hasta que su esposa, Milonia Cesonia, y su hija de dieciocho meses, Julia Drusila, también estuviesen muertas. Otro tribuno pretoriano que asimismo había participado en la trama de asesinato, Julio Lupo, recibió de Querea la orden de encontrar y ejecutar a madre e hija. Localizar a la emperatriz Milonia Cesonia no fue difícil. El tribuno Lupo la encontró junto al cuerpo ensangrentado de Calígula que, luego de ser asesinado, había sido trasladado a un dormitorio del palacio.

Después del magnicidio, el cuerpo de Cayo fue hallado en el mismo lugar donde había caído. Lo encontró su buen amigo el rey Agripa de Judea, que durante su visita a Roma se alojaba en el Palatium. Agripa se sentía en deuda con Calígula porque tras la muerte de Tiberio, ocurrida cuatro años antes, Cayo había levantado el arresto domiciliario que pesaba sobre él, un hecho que, posteriormente, le dio el reino de su abuelo Herodes el Grande: Judea. Agripa levantó el cadáver y lo trasladó respetuosamente hasta el dormitorio.

El tribuno Lupo descubrió a la emperatriz Milonia Cesonia junto a la cama donde yacía Calígula, regañando a su marido muerto. En meses anteriores habían circulado muchos rumores sobre una supuesta conjura para asesinarle. Milonia Cesonia había insistido en que debía hacer lo posible para encontrar y castigar a los conspiradores, pero Calígula había desoído todas sus recomendaciones. Cuando el tribuno Lupo accedió a la alcoba, encontró a la emperatriz maldiciendo al difunto Calígula por haber hecho caso omiso de sus advertencias.[4]

Cesonia miró en derredor y vio que Lupo permanecía en pie al otro lado de la estancia blandiendo una espada ensangrentada y con una clara expresión de pena en su rostro. La emperatriz supo de inmediato cuál era el motivo de su visita. Manteniendo la compostura, bajó de la cama, se puso de hinojos y le ofreció su cuello a la espera de recibir el golpe mortal de la hoja. Pero Lupo vaciló por un instante y ella le espetó que no se quedase allí boquiabierto, que descargase el brazo y finalizase la misión que le había sido encomendada. A la vista de su valentía,

Lupo se irguió y, con un golpe seco de su espada ejecutado con ambas manos, cercenó la cabeza de Cesonia de su menudo y delgado cuello. Acto seguido, el tribuno localizó a la pequeña hija de Calígula, Julia Drusila, y, cumpliendo escrupulosamente su espantosa misión, levantó a la niña con su brazo y estrelló su cabeza contra un muro.[5]

A última hora de la tarde, cuando la ciudad estaba recuperando su pulso habitual, los cónsules Cneo Sencio Saturnino y Quinto Pomponio Segundo convocaron al Senado a una sesión a puerta cerrada en el complejo del Capitolino, en el templo de Júpiter, el templo más grande, antiguo y sagrado de la capital romana. Cuatro cohortes de la guardia germana velaban por la seguridad de los senadores, un contingente que, al margen de los pocos germanos que habían trasladado a Tiberio a los cuarteles pretorianos, se había mantenido bajo el mando del prefecto Sabino y el tribuno Querea, luego de haber sofocado los desmanes acontecidos en el palacio. Para evitar que el tesoro nacional cayese en manos de saqueadores en caso de que se produjesen conatos de desobediencia civil, las tropas germanas habían recibido órdenes de trasladar hasta el Capitolio los miles de millones de sestercios en monedas de oro y plata que normalmente se almacenaban en el Tesoro de Saturno.

No todos los senadores habían respondido a esta convocatoria de urgencia. Un buen número de ellos permanecían ocultos, temiendo por su vida a la vista del derramamiento de sangre que había iniciado la guardia germana en las últimas horas, inmediatamente después de producirse el magnicidio. Mientras el Senado se organizaba y recobraba el orden, sus miembros se interrogaban por los autores del asesinato del emperador. Valerio Asiático, uno de los dos senadores que, junto a Claudio, habían abandonado el teatro por delante de Calígula escasos minutos antes de su asesinato, proclamó lo siguiente para que todos le oyeran: «¡Ojalá hubiese sido yo quien le quitara la vida!».[6]

El cónsul Sencio Saturnino llamó al orden y, seguidamente, pronunció un apasionado discurso ante el Senado, condenando a Julio César por haber disuelto la democracia un siglo antes, e igualmente condenando a sus sucesores los emperadores Augusto, Tiberio y Calígula por seguir oprimiendo al pueblo romano. En definitiva, el cónsul abogaba por el retorno a la República de los tiempos anteriores a César, cuando eran los cónsules, elegidos anualmente, quienes gobernaban Roma con la ayuda del Senado, y no había emperadores. Sencio no estaba solo en la defensa de estas tesis. «Algunos querían que se eliminase por completo el recuerdo de los César», afirma Suetonio, «y que se destruyesen todos los templos».[7] A grandes rasgos, ésta era la línea de actuación que defendía el cónsul.

El cónsul Sencio sabía que Claudio había sido trasladado a los cuarteles de la guardia pretoriana y que las tropas exigían que Claudio fuese nombrado emperador.

Ahora bien, en opinión de Sencio, los soldados debían obediencia al Senado y en ningún caso podían imponer sus dictados a la cámara. Por lo que respecta a Claudio, de él siempre se había dicho que era un idiota pusilánime, una percepción que había calado entre los senadores. El Senado, afirmó Sencio, ahora tiene una oportunidad inmejorable para reclamar su poder, y debería hacerlo. Por otro lado, en lo tocante al principal asesino de Calígula, el tribuno Casio Querea, deberían, a juicio del cónsul, otorgarle honores. «Ya que, este hombre, con sus acciones y la inestimable ayuda de los dioses, nos ha devuelto la libertad», declaró categóricamente Sencio.[8]

Las palabras de Sencio fueron aclamadas por sus colegas senadores, y cuando el tribuno Querea, que se encontraba presente, solicitó a los cónsules un nuevo santo y seña para el siguiente día, ellos le respondieron «Libertad», para mayor alborozo de la cámara. Bien entrada la noche, y luego de un intenso debate, el Senado decidió enviar emisarios hasta el acuartelamiento pretoriano para averiguar si era posible convencer a Claudio de que abandonase sus pretensiones al trono. Los enviados elegidos, los tribunos civiles Veranio y Broco, acudieron al acuartelamiento pretoriano escoltados por el tribuno Querea y un nutrido destacamento de tropas de la guardia germana.

Durante la tarde, Claudio había recibido la visita de Agripa, el rey de Judea, en el campamento. Claudio conocía muy bien a Agripa, que entonces contaba cuarenta y nueve años. No en vano, Agripa había crecido en el Palatium en compañía de Claudio, Germánico y de su primo y hermano adoptivo, Druso el Joven. En puridad, Agripa había sido uno de los amigos íntimos y de mayor confianza de Druso. En el acuartelamiento, Agripa había encontrado a Claudio sumido en un mar de dudas. Claudio estaba dispuesto a retirarse de la escena y permitir que el Senado se hiciese cargo de la situación, aunque Agripa, muy discretamente, le desaconsejó hacer tal cosa. Tras instar a Claudio a reclamar el trono para sí, Agripa había regresado a sus aposentos en el monte Palatino.

Los pretorianos permitieron la entrada de los emisarios del Senado, Veranio y Broco, y que se entrevistaran con Claudio. Lo encontraron rodeado de soldados y le informaron de que si accedía a hacerse a un lado amablemente y renunciaba a sus pretensiones al trono se le concederían toda suerte de honores, pero que si, muy al contrario, intentaba utilizar a la guardia pretoriana para acceder al trono vacante declararía la guerra al Senado. Cuando los enviados solicitaron a Claudio que acudiese al Senado para discutir el modo en que debían realizarse la transición y el traspaso de poderes, él se encogió de hombros con visible resignación y replicó que los soldados bajo ningún concepto le permitirían abandonar el acuartelamiento.

Luego de que los tribunos volviesen al Senado e informaran de esta respuesta, el Senado mandó llamar al rey Agripa, a sabiendas de la estrecha amistad que le

Estatua de mármol del emperador Claudio, Museo de Louvre, París. Su escasa actuación política le sirvió para sobrevivir en las distintas conjuras que provocaron la caída de Tiberio y Calígula.

unía a Claudio. Ignorando que Agripa ya había aconsejado a Claudio que intentase hacerse con el trono, los senadores quisieron conocer su opinión sobre el estado de las cosas. Al constatar que el Senado no se ponía de acuerdo en cuál debía ser el camino a seguir, astutamente, Agripa declaró su apoyo incondicional al Senado, si bien no desaprovechó la oportunidad de recordar a los senadores que las tropas que respaldaban a Claudio eran muy superiores en número a las que daban su apoyo al Senado (13.500 guardias pretorianos y guardias de la ciudad, por un lado, contra los 2.000 guardias germanos que había en ese momento en la ciudad). En respuesta a este argumento, los senadores le dijeron que contaban con el dinero del tesoro, una cantidad más que suficiente para comprar armas, y que no tendrían el menor reparo para conceder la libertad y armar a los esclavos de la ciudad. Agripa se mofó un tanto de este razonamiento, esgrimiendo que, en ausencia de la instrucción adecuada, los esclavos ni tan siquiera sabrían cómo desenvainar una espada. Así las cosas, cuando se ofreció voluntario para entrevistarse con Claudio en calidad de embajador oficial del Senado, los senadores recibieron con alegría su propuesta y no dudaron en enviarle al campamento pretoriano en compañía de los otros emisarios.

De suerte que Agripa se reunió con Claudio por segunda vez. Llevándoselo a un lado le explicó que el Senado estaba dividido y le indicó cuál era la respuesta que debía dar a los senadores. Así pues, aunque desconfiaba del resultado de esta maniobra, Claudio pronunció un tartamudeante discurso en presencia de los emisarios, declarando que si estaban dispuestos a aceptarle como nuevo emperador únicamente lo sería nominalmente, dado que se comprometía a compartir las tareas de gobierno con el Senado. Una vez que Agripa y los demás emisarios hubieron abandonado el cuartel, Claudio, muy probablemente por sugerencia de Agripa, prometió a todos y cada uno de los soldados de la guardia una compensación económica de 150 sestercios en caso de que le ayudasen a convertirse en el nuevo emperador de Roma, y una recompensa mayor para los centuriones.

Los emisarios informaron al Senado de lo sucedido y de la respuesta de Claudio, que los senadores consideraron por completo inaceptable. El Senado cerró su sesión sin haber acordado cuál debía ser el siguiente paso, y en esta atmósfera de inquietud y disenso transcurrió la noche. Por su parte, Claudio descansó cómodamente bajo la protección de las tropas en el cuartel, tratando de relajarse «ahora que ningún peligro inmediato se cernía sobre él, y levemente esperanzado en lo que el futuro pudiera depararle».[9]

Mucho antes del amanecer del siguiente día, el Senado volvió a reunirse en el templo de Júpiter, con la firme determinación de superar la actual situación de estancamiento y poder avanzar. Poco más de un centenar de senadores participaron en esta sesión. El resto, temerosos de que los soldados estacionados en los cuarteles decidiesen pasar a la acción y tomar las riendas del Gobierno, bien se ocultaron en la ciudad o bien salieron huyendo de Roma en dirección a sus fincas de la campiña. Mientras los senadores que sí habían ocupado sus bancas debatían acerca de cuál era la mejor línea de actuación dadas las circunstancias, los soldados de la guardia germana irrumpieron en el recinto. Disgustadas por esta incapacidad para tomar decisiones, las tropas germanas exigieron al Senado que nombrase un nuevo jefe del Estado, cualquier jefe, a quien ellos pudiesen dar su respaldo. El argumento republicano no suscitaba ningún entusiasmo entre los germanos, puesto que estaban acostumbrados a acatar las órdenes de un único comandante en jefe, y no estaban en absoluto interesados en el nombramiento de un Consejo que gobernase los destinos de Roma. Se trataba de una opción que sólo provocaría el caos (y a los hechos se remitían).

Algunos senadores respondieron ofreciéndose para asumir las obligaciones y prerrogativas del emperador. Marco Vinicio fue uno de los primeros en levantar la mano. Vinicio razonó que, como marido de Julia, la hija menor de Germánico, estaba manifiestamente cualificado y legitimado para ocupar el trono habida cuenta los vínculos que tenía con la familia César. Flavio Josefo sostiene que llegó incluso a pedir que la cámara sometiese a votación su nombramiento, pero los senadores se negaron a hacerlo.[10]

Al Capitolio llegó la noticia de que siete mil hombres de la guardia nocturna marchaban camino del acuartelamiento pretoriano para dar su respaldo a Claudio, y que lo mismo estaban haciendo los gladiadores de las escuelas de gladiadores de la ciudad y las tripulaciones de las galeras de combate amarradas en el puerto de Ostia. Por encima de todo, una muchedumbre de ciudadanos capitalinos había rodeado el cuartel de los pretorianos y estaba vitoreando a Claudio, exigiendo que fuese proclamado su emperador.

Al conocerse estos hechos, el desorden cundió entre los soldados de la guardia germana que se encontraban en la cámara del Senado. Cuando el tribuno Querea trató de dirigirse a ellos, acallaron con gritos sus palabras, exigiendo que se nombrase un nuevo jefe del Estado sin mayor demora. Y si ese jefe tenía que ser Claudio, decían, pues que fuese Claudio. Querea, visiblemente enojado, replicó a los germanos asegurándoles que antes les entregaría la cabeza de Claudio que permitir que fuese nombrado nuevo emperador. Pero los guardias, explica Josefo, desenvainaron sus espadas y alzaron sus estandartes, y entre soflamas y vituperios salieron del templo. Sin pensarlo dos veces, desertaron en bloque, abandonaron a los senadores y se dirigieron al acuartelamiento de los pretorianos para ofrecer fidelidad a Claudio.[11] Todo había terminado. Ahora todos los soldados de Roma daban su respaldo incondicional a Claudio, el hermano de Germánico. El Senado no podía sino emular con palabras las directrices marcadas por el acero de las tropas.

Luego de nombrar a Rufrio Polión nuevo prefecto de la guardia pretoriana, Claudio fue trasladado en su litera por las calles de la ciudad hasta el Palatium, seguido por una tropa de veintidós mil hombres y la mitad de la población de Roma. Al mismo tiempo, convocó al Senado para que le acompañase en su comparecencia pública en el Palatium. Con evidente inquietud, los senadores respondieron a esta convocatoria. Pero, antes de dirigirse al Senado, Claudio quiso encontrarse con sus amigos, entre ellos Agripa, para discutir lo que debía hacerse a continuación. Le persuadieron de que lo más conveniente era arrestar y ejecutar a los asesinos de Calígula, porque, de no hacerlo, estaría enviando una señal equívoca, y habría quien pudiera pensar que, en lo sucesivo, los asesinos de un emperador saldrían impunes, lo cual entrañaría un grave peligro para él y su gestión futura.

Así las cosas, con la vista puesta en el porvenir y pensando en su seguridad personal, según arguye Dión Casio,[12] Claudio ordenó que la guardia pretoriana arrestara y decapitase al tribuno Casio Querea, al tribuno Lupo, y a los centuriones que también habían participado en el asesinato del antojadizo Calígula. Sin embargo, el prefecto Cornelio Sabino, jefe de la guardia germana, uno de los principales conjurados, y uno de los asesinos que con más saña había hundido su espada en el cuerpo de Calígula, consiguió eludir la pena capital. Aunque no perdió su cabeza, sí perdió su empleo y volvió a ser gladiador. Sabino se quitaría la vida algunos años después.

El Senado se reunió obedientemente en el Palatium en presencia de Claudio. Entendiendo que si Claudio contaba con el apoyo de todas las tropas de Roma, oponerse a él o intentar restaurar la República sería un completo dislate, sus miembros no tuvieron más remedio que votar resignada y unánimemente a su favor y encumbrarlo al trono del Imperio. Y así fue que el hermano de Germánico pasó a llamarse Tiberio Claudio César Augusto Germánico, emperador y sumo pontífice de Roma. Hasta tiempos muy recientes, cuando Claudio acudía al teatro, los ciudadanos de Roma le saludaban con gritos de «¡Ave, hermano de Germánico!».[13] Ahora le decían «¡Ave, emperador!».

XIII. EL ASESINATO DE CLAUDIO

Una de las primeras cosas que hizo Claudio en calidad de emperador fue levantar la condena de destierro que pesaba sobre sus dos sobrinas, Agripina la Menor y Julia Livila, las hijas supervivientes de su hermano Germánico. Ambas regresaron a Roma, al palacio de Germánico en el monte Palatino, y recuperaron su elevada posición social y su influencia. Agripina la Menor pudo así reunirse con su hijo de tres años, Lucio Domicio Enobarbo. Puesto que su padre, Cneo, había fallecido recientemente, el niño quedó a cargo de la hermana de su progenitor, Domicia Lépida, mientras Agripina permaneció en el destierro.

Ahora que era emperador, Claudio se rodeó de personas que guardaban estrechos vínculos con su familia y que en el pasado le habían demostrado una lealtad inquebrantable. Como secretario de finanzas nombró a Palas, el criado de mayor confianza de su madre, Antonia. Palas era el hombre que en su día entregó a Tiberio una carta remitida por Antonia en la que le revelaba la conspiración urdida por Sejano. Desde mucho tiempo atrás, Calixto, el antiguo miembro del personal de Calígula que había participado en la conspiración para asesinar al emperador, se había mostrado muy respetuoso y generoso con Claudio, de suerte que éste le confió el cargo de secretario de peticiones. Toda la correspondencia del Palatium, las solicitudes de perdón y ciudadanía, así como las peticiones de audiencias con el emperador, tenían que pasar necesariamente por sus manos, lo cual le confería un gran poder de recomendación.

Los hombres que habían estado cerca del hermano de Claudio, Germánico, y que habían conseguido sobrevivir a Sejano, Tiberio y Calígula, también disfrutaron de los favores del nuevo emperador. Publio Suilio Rufo, antiguo cuestor de Germánico, que había sido desterrado por Tiberio, se convirtió en confidente del emperador Claudio. No tardaría en ganarse cierta notoriedad y en granjearse la animadversión popular luego de encabezar diversas acusaciones contra aquellos hombres y aquellas mujeres que se atrevían a ofender al nuevo Palatium. Otro de los favoritos de Claudio era Vibio Marso, que había estado en Siria con Germánico.

Marso había logrado eludir por un estrecho margen la sentencia de muerte dictada por Calígula durante su mandato de cuatro años. Ahora, y para mayor ironía, Claudió envió a Marso de regreso a Antioquía, esta vez en calidad de nuevo gobernador de Siria. Quinto Veranio, el único superviviente del trío de amigos de Germánico que organizó la acusación pública contra Pisón, fue nombrado cónsul, siendo así que Aulo Vitelio, sobrino del difunto Publio Vitelio, uno de los compañeros de Veranio en el proceso contra Pisón, fue asimismo recompensado con el cargo de cónsul.

De manera análoga, las jóvenes Agripina y Julia se rodearon de hombres de su plena confianza, hombres estrechamente vinculados con la familia de Germánico que habían mantenido su lealtad a pesar de la dificultad de los tiempos. Agripina había aprendido por las malas, sufriendo la persecución y las terribles muertes de su padre, su madre y sus hermanos a manos de sus enemigos. Por ende, sabía que su supervivencia dependía, en gran medida, de las personas con las que se relacionaba. Su marido Enobarbo, un hombre brutal que contaba con escasos adeptos, había muerto por causas naturales mientras estaba en el destierro. En términos prácticos, esto significaba que Agripina la Menor estaba dispuesta a escuchar propuestas de matrimonio. Al poco tiempo se casó con el acaudalado senador Cayo Pasieno Crispo. Sustancialmente mayor que Agripina, y por dos veces cónsul, era un hombre con fama de excelente orador.

La seguridad de la hermana de Agripina la Menor, Julia, de veinticinco años de edad, antes dependía de su presencia física y de la estrecha relación que mantenía con su tío el emperador que de cualquier otra cosa. «Extremadamente hermosa»,[1] y altiva como su madre, la difunta Agripina la Mayor, Julia no tardó en inducir unos celos casi patológicos en la obstinada tercera esposa de su tío Claudio, Valeria Mesalina. Todo el mundo en la corte imperial se inclinaba ante la emperatriz Mesalina y salía a su paso para envolverla en halagos (todos a excepción de la joven Julia). Y lo que era peor, Julia solía pasar mucho tiempo a solas con su tío, una circunstancia que le proporcionaba la ilusión de ser invencible. Ahora bien, guarde Dios a una mujer que osa entrometerse en la relación que tiene otra mujer con su marido, especialmente cuando ese marido es el emperador de Roma. Así pues, la testaruda y celosa Mesalina tomó la firme determinación de deshacerse de la atractiva sobrina de su esposo.

Desde que regresaran del exilio, Julia y Agripina la Menor se habían dedicado a recibir a sus antiguos clientes. Entre estos clientes de la familia de Germánico estaba Lucio Anneo Séneca, quien a estas alturas era conocido por ser uno de los abogados y oradores punteros de Roma. El siempre ingenioso y encantador Séneca pasaba bastante tiempo en compañía de Julia. Así las cosas, antes de que finalizase el año 41 d. C. Mesalina les acusaría de tener un idilio amoroso inapropiado. En aquella época no sólo Julia estaba casada, sino que Séneca también estaba casado y tenía un hijo. Desconocemos el nombre de esta primera esposa, pero sabemos que el casamiento tuvo lugar en el año 33 d. C.

Claudio estaba completamente subyugado por su manipuladora esposa Mesalina, y aunque sentía una gran simpatía por Julia, cedió ante las presiones de la emperatriz. En consecuencia, Julia fue nuevamente enviada a las islas Pontinas en calidad de prisionera, sentenciada por haber cometido adulterio. Al mismo tiempo y por el mismo delito, Séneca fue desterrado a la isla de Córcega. Poco tiempo después, Julia fue ejecutada en el lugar de su destierro, una vez más por las intrigas de su encelada tía Mesalina. De los nueve hijos que tuvo Germánico, sólo Agripina la Menor permanecía con vida.

A ojos de Claudio, Mesalina era una mujer encantadora incapaz de todo mal. Era completamente ciego a su vida disoluta y sus incontables escarceos amorosos, a las acusaciones que maquinaba para deshacerse de los hombres y las mujeres influyentes que rodeaban al emperador, y a la corrupción que inducía en los oficiales de mayor rango del Palatium, entre otros sus secretarios Palas y Calixto, que la hicieron inmensamente rica. Ellos también se enriquecieron inmoderadamente. Todo el mundo sabía que si alguien quería obtener el beneplácito del emperador Claudio, ya fuese para acceder a un cargo oficial o conseguir la ciudadanía, sólo tenía que pagar su tributo a Mesalina, siempre por mediación de los libertos del Palatium, que sin duda ella intercedería en favor del solicitante. Estas prácticas y corruptelas llegaron a convertirse en un lugar común, tanto así que por toda Roma circuló una broma que decía que alguien que no era ciudadano romano podía adquirir la ciudadanía con sólo entregar a Mesalina un puñado de cristales coloreados.

Estas bromas nunca llegaban a oídos del emperador, que era totalmente ignorante de las maquinaciones de su mujer, quien lo embaucaba reiteradamente sin el menor remordimiento. Hacía uso de su extraordinaria belleza para conquistar a senadores, militares y cualquier hombre que pudiera servir a sus propósitos, sin importar clase, parentesco o riqueza. Durante siete largos años el emperador fue ajeno a los malos hábitos de Mesalina, hasta que el éxito hizo que se confiara en demasía. Aunque estaba casada con Claudio, en el año 48 d. C., mientras el emperador se encontraba ausente de Roma, Mesalina decidió desposar con todo el boato al último de sus amantes, el apuesto Cayo Silio, el hijo que engendraron Silio, el general de Germánico, y su esposa Sosia, ambos triturados por las fauces de Sejano.

Tuvo que ser el griego Narciso, el principal secretario de Claudio, un rol que lo convertía a todos los efectos en primer ministro del Imperio, quien pusiera sobre aviso al emperador. Narciso ejercía una enorme influencia sobre Claudio. Baste un ejemplo: por recomendación suya, el general Vespasiano, un futuro emperador, fue puesto al mando de la segunda legión Augusta, justo antes de que esa unidad participase en la invasión de Britania, en el transcurso de la cual Vespasiano se destapó como un brillante militar. También por medio de su influencia, Marco Antonio Félix, el hermano de Palas, el superintendente financiero, posteriormente sería nombrado prefecto de Judea. Narciso contaba con el respeto del emperador y toda su confianza. De tal suerte que Claudio no desoyó sus palabras cuando le advirtió de que la bígama Mesalina pretendía asesinarle y usurpar el trono de Roma con la ayuda del joven Silio, al que por supuesto no amaba. Horrorizado, Claudio regresó presurosamente a la capital y, por estricta recomendación de Narciso, acudió directamente al acuartelamiento pretoriano para consolidar la fidelidad de la guardia pretoriana, la fuerza que, sin ir más lejos, había permitido su acceso al trono.

Luego de que fuesen arrestados el joven Silio y muchos otros integrantes del círculo de Mesalina, la emperatriz decidió huir a los Jardines de Lúculo, que eran de su propiedad desde que, merced a una serie de acusaciones inventadas, fuesen expropiados a su antiguo dueño. Uno tras otro, Silio y algunos otros caballeros y senadores fueron decapitados por un contingente de la guardia pretoriana. Incluso el comandante en funciones de la guardia nocturna pereció en esta purga tan cruenta como fulgurante. También él había sido corrompido bajo la influencia nefasta de Mesalina. Claudio, indeciso ante la necesidad de autorizar la ejecución de Mesalina, no fue capaz de dar la orden. Fue Narciso, su primer secretario, quien personalmente dio la orden y envió a un tribuno pretoriano a los Jardines de Lúculo. Mesalina, sin fuerzas para cortarse las venas con una daga (honrosa muerte para un romano), no tuvo más remedio que ver cómo la espada de un legionario impaciente acababa con su vida atravesando su corazón. Tenía 24 años.

Muerta la emperatriz, los consejeros de Claudio le conminaron a contraer matrimonio de nuevo, por el bien del Estado. Cada uno de sus tres esclavos libertos (Narciso, Calixto y Palas) propuso a una candidata diferente. Palas urgió a Claudio para que se casara con su sobrina Agripina la Menor, de treinta y tres años, dado que recientemente había enviudado por segunda vez. Su esposo, Cayo Pasieno Crispo, había fallecido poco antes de la llegada del año 48 d. C. Desde algunos círculos se insinuó que había sido envenenado. Así pues, su ingente fortuna había pasado a manos de su heredero, el joven Lucio, hijo también de Agripina.

Agripina la Menor se había convertido en una mujer sumamente atractiva, muy parecida a su madre y dotada con el porte de su padre. Para avalar su candidatura, Palas añadía que las nupcias entre Claudio y Agripina servirían para unir a los descendientes de la familia patricia claudiana. Y, más importante aún: «Ella aportaría al nieto de Germánico», el niño Lucio, de diez años, quien, aseguraba, poseía todo el rango imperial porque la sangre de los César corría por sus venas, tanto por la parte materna como por la paterna.[2] Claudio conservaba excelentes recuerdos de su difunto hermano Germánico; es más, una vez que fue nombrado emperador, llegó a presentar una obra teatral escrita por Germánico en el más importante concurso de dramaturgia de la época. Por otra parte, sabía que el vástago de Agripina, Lucio, causaba sensación allí donde aparecía en público, en virtud del «tierno recuerdo del añorado Germánico»[3] que tenía el pueblo de Roma.

La perspectiva de casarse con la hija de su adorado hermano, y de convertirse en el padre del nieto de Germánico, oscurecía todas las virtudes de las restantes candidatas a ocupar el puesto de Mesalina. El consejo de Palas prevaleció sobre cualquier otra consideración, reforzado, según Tácito, por los encantos íntimos de la bella Agripina.[4] Claudio, tan dominado por sus libertos como éstos habían sido dominados por Mesalina, accedió a casarse en cuartas nupcias con Agripina la Menor. Ahora bien, existía un problema legal que debía resolver antes de que pudiera tomar a Agripina por esposa: bajo la Ley romana, un tío no podía desposar a su sobrina. Por consiguiente, Aulo Vitelio, cuya familia siempre había brindado su apoyo a la casa de Germánico, compareció ante el Senado y consiguió que se aprobase por votación un cambio en la legislación que posibilitaba que un tío se casara con su sobrina. Claudio y Agripina la Menor contrajeron matrimonio al poco tiempo, en el año 49 d. C. Según el comentario de Suetonio, únicamente otros dos tíos, un manumiso y un antiguo centurión de alto rango de la guardia pretoriana, aprovecharon las ventajas de esta nueva ley y se casaron con sus sobrinas.[5]

Y es que Claudio había nacido para ser dominado por las personas de su entorno. Inmediatamente después, Agripina la Menor se trasladó al Palatium con Claudio, expone Dión Casio, y «consiguió controlarle por completo».[6] Rápidamente convenció al emperador para que pusiera fin al exilio de Lucio Anneo Séneca. Durante los ocho años que Séneca había permanecido en el destierro alejado de la urbe romana a causa de su relación adúltera con Julia, la hija menor de la difunta Agripina, tanto su esposa como su hijo habían muerto. Durante ese mismo período, y con tanto tiempo ocioso, escribió algunas de sus mejores obras filosóficas. Cuando Séneca volvió de Córcega, Agripina no vaciló un instante y le nombró tutor de su hijo Lucio. Más aún: Claudio nombró a Séneca y a su hermano mayor Galio pretores ese mismo año, 49 d. C. Suetonio se hace eco de una historia de la época según la cual la noche después de que Séneca fuese nombrado tutor del hijo de Agripina, soñó que su pupilo era, en realidad, el difunto Calígula. Este supuesto sueño fue, en opinión de Suetonio, una premonición de los acontecimientos posteriores.[7]

Dos años después, a través de la influencia de su hermano Séneca, Galio también sería nombrado gobernador senatorial de la provincia de Aquea, situada en el

Busto en mármol de Agripina la Menor (15–59 d. C), Museo Arqueológico Nacional de España, Madrid. Agripina se caracterizó por ser una mujer de gran belleza y ambición.

sur de Grecia. Allí, ese mismo año, Galio desestimó los cargos aportados por los caudillos judíos locales contra el apóstol cristiano Pablo de Tarso, quien ulteriormente devendría san Pablo. El hermano menor de Séneca, Lucio Anneo Mela, también se beneficiaría de la influencia de su hermano, prosperando notablemente en la Roma de ese período.

En el año 50 d. C., al cabo de un año de su boda con Claudio, Agripina la Menor persuadió al emperador de la conveniencia de adoptar a su retoño, Lucio, del mismo modo como Tiberio había adoptado a Germánico. Esta adopción convertiría al muchacho en su heredero legítimo, su futuro sucesor en el trono por delante de su propio hijo de diez años, Británico, fruto de su matrimonio con Mesalina. Hecho esto, se cambió el nombre a Lucio para que reflejase esta adopción, y pasó a llamarse Nerón Claudio César Druso Germánico. Desde ese entonces en adelante, la historia lo conocería por el nombre de Nerón. Al objeto de consolidar la posición de Nerón en la jerarquía imperial, fue prometido en matrimonio con su prima Octavia, la hija de Claudio y Mesalina.

Seguidamente, Agripina se dedicó con ahínco a la tarea de eliminar a sus rivales y los de su hijo Nerón. Así, las féminas que anteriormente habían sido consideradas como novias potenciales de Claudio no tardaron en ser víctimas de conjuras para eliminarlas. Su suerte: el destierro o el suicidio forzoso. Ahí estaba también el hijo de Claudio, Británico, que originalmente había recibido el nombre de Tiberio Claudio Germánico, un potente rival en la carrera de Nerón al trono. Flavio Josefo refiere que Agripina temía que, una vez que Británico alcanzase la mayoría de edad y su padre muriera, intentaría usurpar el trono de Roma y vengaría la muerte de su madre, Mesalina, destruyendo a Nerón y Agripina.[8] Para empezar, Agripina acotó progresivamente la parcela de poder que ostentaba Británico en la corte imperial. Acto seguido, eliminó a sus sirvientes y tutores, llegando incluso a ejecutar a algunos, esgrimiendo que constituían una mala influencia. Consecuentemente, rodeó al muchacho con personal de plena confianza cuidadosamente seleccionado por ella. Al mismo tiempo, hizo que los centuriones y tribunos pretorianos que habían mostrado simpatía por Mesalina, la madre de Británico, recibiesen ascensos o fuesen trasladados a campamentos de la legión muy distantes de Roma, preferiblemente en las fronteras del Imperio.

Agripina también creía que los dos comandantes en jefe de la guardia pretoriana, Lucio Geta y Rufrio Crispino, mostraban una simpatía excesiva tanto por el recuerdo de la desaparecida Mesalina como por el de su hijo, Británico. Así las cosas, y supuestamente para evitar la división en el cuerpo de pretorianos, Agripina convenció a Claudio de que sustituyera a Geta y a Rufrio por un único y aglutinador prefecto pretoriano, recomendando para el puesto a Sexto Afranio Burro. Caballero de la noble orden ecuestre procedente de la provincia de la Galia Narbonense, en el sudoeste de Francia, Burro era un hombre astuto dotado con una poderosa complexión física, un hombre hecho a sí mismo y al que precedía una reputación de legionario duro y combatiente implacable, pese a tener una lesión en la mano izquierda.

No se nos dice en qué región exacta del Imperio ganó Burro esta reputación de militar «brillante»,[9] aunque es muy probable que sirviese en alguna de las cuatro legiones que invadieron Britania bajo el mandato de Claudio en el año 43 d. C. La unidad que ostentó un mayor protagonismo y recibió los mayores elogios durante esta campaña fue la segunda legión Augusta del general Tito Vespasiano, siendo muy posible que Burro hubiera sido tribuno militar y segundo al mando de dicha unidad. O tal vez sirviera en la decimocuarta Gemina Martia Victrix o en la vigésima Valeria Victrix, dos legiones que también protagonizaron encarnizados combates contra las tribus británicas. Una vez más, Claudio hizo suyos los consejos de Agripina: Geta y Rufrio fueron relevados de sus cargos y Afranio Burro los sustituyó como único prefecto pretoriano. Según apunta Tácito, Burro sabía muy bien a quién debía agradecer este fulgurante ascenso: Agripina.[10]

El adolescente Nerón se casó con la hija de Claudio, Octavia, en 53 d. C., aun cuando, según refiere Tácito, Nerón la detestaba.[11] Claudio, entretanto, no sentía ningún afecto por su hijo adoptivo, y experimentaba un creciente malestar a causa de su dominadora esposa y las constantes prerrogativas que concedía a Nerón. «Nada parecía satisfacer a Agripina», observa Dión Casio.[12] Había destruido a cuantos se oponían a sus deseos. Además, sedujo al poderoso secretario del emperador, Palas, recibiéndole en su lecho con la única intención de controlarle y controlar a Claudio. Tampoco le tembló el pulso a la hora de salvar a sus favoritos de algún aprieto o situación de precariedad. No dudó en salir al paso de las acusaciones vertidas por sus enemigos en el Senado contra Palas y el comandante de la guardia pretoriana, Afranio Burro, utilizando hábilmente para sus fines la capacidad oratoria y la elocuencia de Séneca.[13] En otra ocasión, consiguió que Aulo Vitelio fuera absuelto de todos los cargos que pesaban sobre él. A su vez, al igual que su predecesora Mesalina, Agripina amasó una ingente fortuna merced a su larga lista de clientes agradecidos. Y también exactamente como Mesalina, Agripina se cegó y pensó que había logrado engañar por completo a Claudio.

Agripina se horrorizó cuando, en el transcurso de un banquete en el que corrió el vino a raudales, oyó decir a Claudio: «¡Mi destino pasa por sufrir la infamia de mis esposas, para terminar castigándolas!».[14] Consciente de la infausta suerte de su predecesora, Agripina empezó a seguir los dictados de su instinto de conservación. Cuando, durante el verano de 54 d. C., Claudio cayó gravemente enfermo a los sesenta y dos años de edad, Agripina confiaba en que no pudiera recuperarse, puesto que su muerte convertiría a Nerón en el próximo emperador. Con arreglo a esto, y luego de que Claudio recobrase la salud inesperadamente, Agripina decidió poner en marcha un plan para asesinarle.

Pero conseguirlo no sería tarea fácil. No en vano, Claudio se había desenvuelto durante más de cincuenta años entre conspiraciones, intrigas familiares, ejecuciones y represalias, así como bajo la amenaza constante de una muerte en extrañas circunstancias (no precisamente naturales). Por si fuera poco, luego de ver cómo su predecesor en el trono sucumbía violentamente bajo el acero de la espada, Claudio era un hombre extremadamente precavido que no escatimaba esfuerzos en lo concerniente a su seguridad. Desde que se convirtiera en emperador, todas las personas que se presentaban ante él, hombres y mujeres por igual, eran registradas por sus guardaespaldas de la guardia germana, en busca de armas ocultas antes de que pudieran acercarse a su persona. Con anterioridad al reinado de Claudio, los emperadores Augusto, Tiberio y Calígula nunca consideraron necesario tener guardias cerca cuando celebraban sus banquetes. Pues bien, fue Claudio quien decidió introducir hombres de la guardia germana en el comedor para que velasen por su seguridad y la de los demás comensales invitados, una costumbre que adoptarían los futuros emperadores durante varios siglos.

Descartada la posibilidad de un asesinato con la espada a causa de estas fuertes medidas de seguridad, Agripina decidió que el veneno sería el mejor método para acabar con la vida de su marido. Empero, aun eso sería extremadamente difícil, porque Claudio empleaba a un esclavo eunuco de nombre Haloto, cuyo oficio consistía en servir las comidas del emperador y probar las viandas antes de que llegasen a su boca. A la vista de ello, sus ambiciones dependían del concurso de Haloto, que sería determinante para ejecutar el crimen. Fue entonces cuando Agripina, decidida desde hacía mucho tiempo a la acción impía y aprovechando ávidamente la ocasión, y con la ayuda de perversos agentes, deliberó sobre la naturaleza del veneno que utilizaría, si debía ser repentino e instantáneo en su funcionamiento, y si en ese caso, la desesperada medida no surgiría a la luz y ella quedaría expuesta. Por otro lado, si elegía materiales lentos y corrosivos, seguramente Claudio, cuando se aproximara su fin, y habiendo descubierto quizá la traición, designaría a su hijo como único sucesor. Entonces se decidió por algo de una naturaleza muy sutil, que le desordenase el cerebro y exigiera algún tiempo para matar. Tuvo conocimiento, a la sazón, de la existencia de una experimentada artista en tales preparaciones, una mujer llamada Locusta, recientemente condenada por envenenamiento. Agripina sobornó a los guardias que custodiaban a Locusta para que la convenciesen de sumarse a su causa a cambio de prolongarle la vida. Locusta accedió y gracias a su destreza se preparó el veneno.

Llegado el otoño, la emperatriz ya contaba con el arma homicida. Fue entonces cuando designó y reclutó al catador Haloto, aparentemente mediante un suculento soborno, para que administrase el veneno. «Los autores de la época», señala Tácito, «coinciden en relatar que el veneno fue vertido en una fuente de hongos», uno de los manjares predilectos del emperador Claudio.[15] Durante la primera quincena de octubre de 54 d. C., cuando Narciso, el poderoso (aunque enfermo de gota) primer secretario de Claudio, abandonó la capital para tomar aguas termales en un balneario de la Campania en la esperanza de que aliviasen sus dolores, Agripina decidió que era su oportunidad para actuar y llevar su plan a buen puerto. «Si [Narciso] hubiese estado en Roma», razona Dión Casio, «jamás lo habría conseguido».[16]

Dión Casio afirma que Agripina estaba junto a Claudio durante la cena del 12 de octubre.[17] Claudio bebía inmoderadamente y, como de costumbre, aquella noche se emborrachó, circunstancia que facilitó sobremanera la misión de Haloto, que solícitamente ofreció la fuente de hongos envenenados a su dueño. La propia Agripina comió uno de los hongos de la fuente, recomendando a su marido que probase el más grande. Y se lo tragó. Claudio no percibió de inmediato el efecto del veneno, ya fuera porque sus sentidos quedaron anulados, o por efecto del vino que acababa de beber. Sin embargo, embriagado como estaba, avanzada la noche, Claudio se sintió mal y vomitó su comida, y con ella buena parte del veneno. Al mismo tiempo, cierto relajamiento de los intestinos pareció hacerle algún bien. Agripina se sintió desconsolada, consciente de que su vida corría peligro. Entonces, pensando muy poco en lo odioso del procedimiento, pidió ayuda a Jenofonte, el médico del emperador a quien ya había implicado en sus culpables propósitos. Se cree que, entonces, él, oculto de todas las miradas en la alcoba de Claudio y con la excusa de estar ayudándole en sus esfuerzos por vomitar, le introdujo en la garganta una pluma untada del mortal veneno, esta vez con unos efectos fulminantes.[18] En las primeras horas de la madrugada del día 13 de octubre, Claudió falleció por la acción del veneno y entre estertores exhaló su último aliento.

Agripina quiso mantener su muerte en secreto durante algún tiempo, hasta que quedasen arregladas todas las cosas en lo referente a la sucesión. No en vano, muchos años antes, los astrólogos le habían dicho que su hijo disfrutaría de un largo reinado sólo si se convertía en emperador a primera hora de la tarde. Así las cosas, ordenó a los guardias que sellasen las puertas del Palatium. Las puertas, que siempre permanecían abiertas, fueron cerradas a cal y canto. Agripina se rodeó de los hijos de Claudio, Británico y sus hermanas Octavia y Antonia, a los que se les había dicho que su padre se encontraba enfermo. Y luego se hicieron votos en su favor, mientras todavía permanecía postrado, y también se llevaron actores cómicos al lugar, en apariencia para solazarlo y deleitarlo, como si tuviese una enorme ansia de diversiones. El Senado fue convocado con carácter de urgencia, y por medio de varias misivas procedentes del Palatium se le informó de que el emperador se encontraba gravemente enfermo, pero que estaba reponiéndose del achaque. Los cónsules Asinio Marcelo y Acilio Aviola ofrecieron oraciones por su pronta recuperación.

Luego, pasado el mediodía, las puertas del Palatium fueron abiertas de par en par y el comandante pretoriano Afranio Burro las atravesó en compañía de Nerón, de diecisiete años, para anunciar que Claudio estaba muerto. El tribuno de la cohorte de la guardia pretoriana que estaba de servicio ese día llamó a sus hombres a saludar a Nerón como el nuevo emperador de los romanos. Las tropas prorrumpieron en vítores y elogios en honor del muchacho, por cuanto era el nieto del añorado Germánico, y porque, según relata Edward Gibbon, el autor dieciochesco de *Historia de la decadencia y caída del Imperio romano*, «los romanos todavía reverenciaban a Germánico, en la persona de Nerón, dado que era su nieto».[19] Muchos soldados creían que el joven Nerón estaba llamado a cumplir el destino que un vil asesinato había impedido que cumpliese su abuelo.

Tácito cuenta que mientras Nerón se introducía en una litera, algunos soldados observaban atentamente lo que sucedía a su alrededor, preguntándose por el paradero de Británico, el hijo de Claudio. Lo cierto es que su madrastra Agripina lo

Busto de Nerón, Gliptoteca, Munich. Aunque sólo contaba diecisiete años, Nerón ya era un consumado orador, perfectamente adiestrado por su preceptor, Séneca.

mantenía a su lado en el interior del Palatium.[20] Nerón fue trasladado hasta el acuartelamiento de la guardia pretoriana, donde no tardaron en rodearle miles de soldados, tanto de la guardia pretoriana como de la guardia de la ciudad, que de forma entusiasta lo aclamaron como nuevo emperador. Un atónito Nerón sonreía y respondía agradecido a sus saludos y buenos deseos para el futuro.

Aunque sólo contaba diecisiete años, Nerón ya era un consumado orador. Perfectamente adiestrado por su preceptor Séneca, había incluso participado como abogado defensor en algunos casos y, en ocasiones excepcionales, bajo la autoridad del Senado. Ahora que tenía al prefecto pretoriano Burro de su parte, decidió dirigirse a las tropas, y las arengó con un discurso que había escrito para él su tutor Séneca esa misma mañana. Su discurso, en el que Nerón prometía una compensación económica para todos y cada uno de los soldados de la guardia una vez que su ascenso al trono fuese certificado por el Senado, recibió una calurosa acogida por parte de la soldadesca. A continuación, Burro se las arregló para que el joven fuese trasladado hasta el edificio del Senado, donde sus miembros no tuvieron el menor reparo en confirmarle como nuevo enperador. Claudio, el hermano de Germánico, había dejado de existir. Nerón, el nieto adolescente de Germánico, era el nuevo emperador de Roma. El emperador ha muerto. ¡Larga vida al emperador!

XIV. EL ASESINATO DE BRITÁNICO

Ahora que su hijo era emperador, Agripina la Menor no tardó en hacerse con el control del Palatium y nombró un gabinete diseñado a su antojo. Por instigación suya, su amante Palas conservó el puesto de superintedente de finanzas en el Gobierno de Nerón. De forma harto inusual, ésta era la tercera administración en la que Palas detentaba un cargo de gran responsabilidad, luego de haber participado en los Gobiernos de Calígula y Claudio. Asimismo, Nerón ratificó a Burro en el puesto de prefecto de la guardia pretoriana. Además, por orden directa de Agripina, el preceptor de Nerón, Séneca, obtuvo el puesto más poderoso y codiciado de todos los que había en el Palatium: primer secretario del emperador. El hombre que había ocupado ese puesto durante el reinado de Claudio, el muy capaz aunque achacoso liberto Narciso, partía ahora camino de un cómodo y sosegado retiro. Al menos ésa era su intención.

Séneca, que como recordará el lector había conocido personalmente a los abuelos de Nerón, Germánico y Agripina la Mayor, y que durante años había mantenido una estrecha relación con su madre, Agripina la Menor, así como con su tía Julia Livila, contaba ahora cincuenta y siete años, y estaba felizmente casado con su segunda esposa, una mujer considerablemente más joven llamada Pompeya Paulina. En el plano físico, Séneca había perdido su hermosura y prestancia juveniles. Todo indica que con la llegada de la mediana edad perdió pelo y ganó peso. Por grueso y calvo que fuese, Séneca era una autoridad reconocida en muy diversas disciplinas, desde la geología hasta la meteorología, y era un autor con recursos además de un orador reputado y brillante. En los años que ejerció como preceptor de Nerón, le transfirió valiosos conocimientos y técnicas para hablar en público, entrenándolo perfectamente en este arte; por otro lado, redactó múltiples discursos que le proporcionarían grandes elogios y la reputación de ser un joven emperador de conocimientos y sensibilidad excepcionales, poseedor de una honda sabiduría más propia de la madurez.

Es muy probable que Séneca desarrollase una relación profesional con el nuevo prefecto pretoriano Burro mucho tiempo antes de la muerte de Claudio. Conocía a

Burro desde hacía muchos años, y también es probable que el nombramiento de Burro hubiera obstaculizado de algún modo la influencia que Séneca ejercía sobre Agripina la Menor. Con Séneca al frente del Gobierno civil, y siendo así que el muy válido y austero Burro servía, a todos los efectos, como el comandante en jefe del Ejército de Nerón o, si se prefiere, como su ministro de defensa, las riendas del Imperio estaban en manos de un dúo formidable, un equipo de gestión sin parangón en la historia de Roma.

Con su hijo Nerón ocupando el trono del Imperio, y habiendo colocado a sus hombres de confianza, Séneca, Burro y Palas, en los puestos clave del gabinete de Gobierno, Agripina vivía envuelta en una ola de seguridad y confianza tal que incluso asistía a las sesiones del Senado, un hecho sin precedentes tratándose de una mujer. Casi de inmediato, por mor de su autoridad y sin que Nerón tuviese conocimiento de ello, ordenó el arresto y la ejecución de aquellos hombres que se entrometían en sus planes. A una orden suya, Junio Silano, el gobernador de la provincia de Asia, fue asesinado por un escuadrón de pretorianos, simplemente porque Agripina anteriormente había ideado la muerte de su hermano y ahora temía que el gobernador quisiera cobrarse venganza.

En su punto de mira estaba el inteligente liberto Narciso, antiguo primer secretario de Claudio, ahora retirado. Cuando Claudio todavía vivía, por su creciente oposición, Narciso se había granjeado la enemistad de Agripina, tanto así que ahora ella quería verle muerto. No sólo jamás le había perdonado que se hubiese enfrentado a ella, sino que planeaba apoderarse de su inmensa fortuna, que, según todas las estimaciones, podía superar los 400 millones de sestercios. Nerón no llevaba mucho tiempo en el trono de Roma cuando su madre forzó el suicidio de Narciso so pena de tener que hacer frente a la ignominia de un arresto y su posterior ejecución por una serie de cargos totalmente falsos. Algunos amigos de Narciso como, por ejemplo, el célebre general Tito Vespasiano, no dudaron un instante en adoptar un perfil bajo y retirarse a sus fincas de la campiña, en la esperanza de no llamar la atención de Agripina. En este sentido, Tácito afirma que Agripina habría maquinado algunos otros asesinatos de no ser porque Séneca y Burro unieron esfuerzos para desbaratar su «actitud dominante».[1]

Por estricta recomendación de Séneca y Burro, Nerón nombró al viejo y rudo Cneo Domicio Corbulón para que liderase el destacamento enviado a Oriente en una operación diseñada para recuperar Armenia de los resurgentes partos, que habían logrado hacerse con el control del país que tantos años antes y con tanta pericia Germánico había integrado en la esfera del Imperio romano. Domicio Corbulón, gobernador de Capadocia y de Galacia, pasó varios años reorganizando los ejércitos orientales antes de enfrentarse a los armenios y los partos. Con el apoyo de las tropas de Siria, recuperó Armenia por medio de una campaña militar bien dirigida contra las ciudades más importantes: el 58 d. C. tomó Artaxata, la capital, y al año siguiente, Tigranocerta. Al mismo tiempo, el íntimo amigo de Séneca, Ummidio Cuadrato, fue nombrado gobernador de Siria en sustitución de Marso, designado por Claudio, uno de los cargos más poderosos y mejor retribuidos de todos los de su jerarquía en el Imperio.

En la capital, y bajo la influencia de Séneca y Burro, Nerón introdujo un paquete de medidas y reformas que afectaban tanto al régimen tributario como al legislativo, mostrando tal contención y tal clemencia con los delincuentes que los romanos considerarían los primeros cinco años de su mandato como una nueva edad dorada. A su vez, el joven emperador se enamoró de una joven liberta del Palatium, una antigua esclava de belleza sin igual oriunda de Asia Menor. De nombre Claudia Acté, según la tradición cristiana, esta mujer era seguidora de Cristo y guardaba un inquietante parecido con Agripina la Menor. Según comenta Dión Casio, en su círculo más íntimo Nerón bromeaba diciendo que en la cama, a veces, sentía que estaba teniendo relaciones sexuales con su propia madre.[2]

Alentado por Séneca, su tutor, el emperador Nerón tomó a Claudia Acté como su concubina. A Séneca le preocupaba que Nerón no estuviera satisfecho con su mujer Octavia, y que pudiera llegar a caer en un comportamiento incestuoso con su madre Agripina, cuando, según Tácito, Séneca creía que Agripina intentaba ganar cuotas de poder incitándolo a cometer esta trasgresión. Así, durante largo tiempo le ayudó a ocultar este idilio con Acté, fingiendo que era un pariente suyo, el estoico y bien intencionado Anneo Sereno, quien estaba enamorado de la muchacha y quien remitía los costosos e incontables regalos que Nerón enviaba a su amante. Cuando Agripina descubrió el amorío entre Nerón y la liberta Acté, montó en cólera y le «increpó» argumentando que jamás aceptaría a una muchacha esclava como nuera.[3] Su oposición ni tan siquiera remitió cuando Nerón hizo que Acté fuese adoptada por una familia patricia romana (la familia de Atalo), en un intento por dotarla de cierta respetabilidad.[4]

La relación entre Claudia Acté y Nerón duró tres años. Nerón deseó casarse con Acté, creando para ello una vinculación con la familia real de Pérgamo y sobornando a ex senadores para que confirmaran dicha vinculación, cosa que enfureció a Agripina. Viendo que sus críticas sólo servían para reforzar la determinación y el criterio propio de Nerón, en el otoño del año 55 d. C., Agripina cambió de táctica e invitó a Nerón a que utilizase su alcoba del Palatium para encontrarse allí con sus amantes. Al mismo tiempo, le entregó buena parte de su fortuna y dejó de imponer restricciones a su comportamiento. De inmediato, los amigos de Nerón sospecharon que Agripina estaba tramando algo y le advirtieron que se guardase de ella. En el mes de diciembre, cuando se supo que Agripina había hecho algunos comentarios descalificadores de su hijo en presencia de Palas, supuestamente por su falta de generosidad hacia ella, Nerón se puso furioso y despidió a Palas del personal del Palatium con la intención de castigar a su madre. Agripina reaccionó con petulancia, declarando ante Nerón que Británico, el hijo biológico de Claudio, tenía razones más poderosas para reclamar el trono de Roma. Y agregó, para mayor inri, que si Nerón no tomaba las debidas precauciones ella llevaría personalmente a Británico a los cuarteles de la guardia pretoriana tan pronto como alcanzase la mayoría de edad. Allí, decía, los soldados de la guardia verían «a la hija de Germánico» por un lado, apoyando incondicionalmente a Británico, y al «lisiado Burro y al [antiguo] exiliado Séneca, por el otro», dando su apoyo a Nerón.[5]

Este furibundo arrebato materno dejó a Nerón mudo de asombro. Súbitamente aterrorizado por la posibilidad de que su madre consumase esta amenaza, especialmente porque Británico cumpliría la mayoría de edad en febrero, sólo ocho semanas después, Nerón decidió reunirse en secreto con el tribuno pretoriano Julio Polión, que custodiaba a la infame envenenadora Locusta en la prisión de la ciudad. Nerón dio instrucciones a Polión para que Locusta preparase un veneno de acción rápida a cambio de devolverle la libertad, desconociendo, aparentemente, que Agripina había utilizado los servicios de la misma mujer para envenenar a Claudio y allanar su camino hacia el trono del imperio.

Un primer intento perpetrado por los tutores de Británico para envenenarle como parte de esta conspiración de asesinato orquestada por Nerón, fracasó porque la dosis administrada no fue lo suficientemente fuerte. Británico se recuperó y Nerón propició un segundo intento. En esta ocasión se señaló una cena familiar que debía celebrarse en el Palatium una noche de invierno en los últimos días de diciembre. Dado que Británico empleaba a un catador de alimentos, se urdió una trama extremadamente ingeniosa (todo indica que surgida de la mente retorcida del propio Nerón). Británico se encontraba reclinado junto a otros jóvenes comensales en grupos de mesas distintos de los que ocupaban Nerón, su madre y el resto de los invitados de mayor edad. Entre los romanos era costumbre servir vino caliente durante el invierno. Así las cosas, al catador de Británico se le pasó una copa de vino caliente de parte de un sirviente que participaba en la conjura para asesinarle. El catador bebió un sorbo de este vino y luego se lo pasó a Británico. Ahora bien, al encontrarlo demasiado caliente para su paladar, Británico pidió que se lo enfriaran. Por lo general, los romanos bebían el vino disuelto en agua; es por ello que se agregó un poco de agua fría a su vino, y la copa volvió directamente a manos de Británico, sin pasar por el catador. El agua fría contenía el veneno, muy posiblemente cicuta venenosa. Ajeno a todo, Británico bebió de la copa y en cuestión de breves instantes se quedó paralizado y sin habla. Jadeó nerviosamente tratando de recuperar el aliento y finalmente experimentó unas convulsiones intolerables.

Mientras los comensales y los sirvientes que rodeaban a Británico se apresuraban a socorrerle, Nerón, sentado en la cabecera de la mesa, señaló, con indiferencia y sin el menor remordimiento, que seguramente se trataba de un rebrote de la epilepsia que había padecido en su niñez. Británico fue evacuado del comedor en una camilla mientras los restantes comensales seguían comiendo como si nada hubiese sucedido. Murió al cabo de unas pocas horas. Y su cuerpo fue incinerado esa misma noche. Poseedor de un extraño sentido del honor, Nerón otorgó a Locusta, la suministradora del veneno que mató a Británico, la libertad que le había prometido. Por ello, escaso tiempo después atravesó el umbral de las puertas de la prisión de la ciudad convertida en una mujer libre.

Ahora que Nerón había cometido su primer asesinato, menos reparos tendría para llevar a cabo el segundo, un crimen más horrendo aunque menos dificultoso, según podría comprobar su madre. En palabras de Tácito,[6] Agripina quedó presa del terror y la confusión tras el asesinato de Británico. Ese terror se multiplicó tan pronto como Nerón decidió privarla de sus guardaespaldas y las dignidades que tenía asignadas. Este cuerpo de seguridad estaba integrado por un pelotón de la guardia pretoriana, y, como deferencia especial a Agripina, un pelotón de la guardia germana. Nerón, obsesionado con la idea de que su madre habría de contraatacar después del asesinato de Británico, llegó incluso a considerar la idea de relevar a Burro del mando de la guardia pretoriana porque sospechaba de la estrecha relación que le unía a Agripina. Pero Séneca le quitó esta idea de la cabeza, asegurándole que Burro únicamente guardaba lealtad al joven emperador.

Entretanto, la madre de Nerón, que ahora temía más que nunca por su seguridad, y sospechaba que bien podría ser ella la siguiente víctima de las intrigas de su hijo, abandonó sigilosamente la ciudad para dirigirse a las distintas propiedades que tenía en la campiña. Tierra adentro poseía una finca en Tusculum, junto a la actual Frascati, situada en las montañas a unos veinticinco kilómetros de Roma en dirección al sudeste; también utilizó la villa imperial de la costa de Antium, la Anzio actual, una localidad portuaria de la costa occidental de Italia. Agripina optó por mantenerse en segundo plano y sólo regresar a Roma en contadas ocasiones, cuando fuese estrictamente necesario. Y si bien desplegó su red de espías que la mantenía informada de todo lo que acontecía en el Palatium, se abstuvo de intervenir en los asuntos de su hijo por temor a sus represalias. Ambos, madre e hijo, se temían visceralmente, haciendo inevitable la desaparición de uno de los dos.

XV. LAS AFIRMACIONES DEL CUESTOR DE GERMÁNICO

En el año 58 d. C., en los territorios de Oriente, el general Corbulón lideraba un contingente de tres legiones romanas en un ataque por sorpresa contra los armenios y los partos. En su avance por Armenia, estaba arrasando fortificaciones y plazas, forzando la retirada de las tropas enemigas. Con la fuerza de su enorme ejército, estaba muy cerca de subyugar al país que años antes Germánico conquistara con la fuerza de su personalidad.

Paralelamente, en la urbe romana se estaba gestando una *vendetta* contra del antiguo cuestor de Germánico, Publio Suilio Rufo. Recuperado de su destierro por Claudio, Suilio había llegado a convertirse en uno de los favoritos del emperador. Le ofrecía su consejo, gozaba de su confianza y supo aprovecharse de su muy lucrativo nombramiento como gobernador de la provincia de Asia. Cuando Mesalina vivía, Suilio consiguió amasar una importante fortuna y granjearse la animadversión popular por aceptar dinero a cambio de acusar y perseguir a un buen número de senadores y caballeros que disgustaban a la emperatriz, una circunstancia que no habían olvidado los muchos amigos y parientes de las personas que habían muerto o habían sido desterradas como resultado de las malas artes desplegadas por Suilio. Sus enemigos estaban resueltos a cobrarse venganza. Ahora que Claudio y Mesalina habían desaparecido, Suilio carecía de amigos e influencia en las altas esferas. El primer secretario Séneca dio su total respaldo a esta campaña orquestada contra Suilio, y hasta es posible que la instigara personalmente, quizás porque estaba convencido de que Suilio había maquinado su condena por adulterio con Julia, la hija de Germánico, y su posterior destierro de ocho años.

Para que Suilio pudiera ser procesado por un delito, el Senado tenía que recuperar una antigua ley que definía como práctica ilegal la percepción de dinero por procesar a alguien. El heptagenario Suilio, cuando su cabellera, otrora pelirroja, ya se había tornado gris, compareció ante el Senado para hacer frente a sus acusadores. Cabe reseñar que Séneca no ocupó su asiento en la cámara en ningún momento durante el juicio. Los cargos planteados contra Suilio eran muy numerosos, como larga era la lista de hombres y mujeres que habían padecido sus arbitrariedades y persecuciones. Dos damas de la nobleza romana y cuatro destacados senadores, entre ellos Valerio Asiático, un hombre que en su día estudió la posibilidad de acceder al trono tras la confusión desatada por el asesinato de Calígula, habían sucumbido a manos de Suilio, al igual que un buen número de caballeros notables.

Armado de paciencia, Suilio contuvo sus impulsos mientras permaneció sentado escuchando atentamente los cargos que pesaban sobre él. Entonces, con la aprobación del cónsul, se puso en pie para encabezar su propia defensa. Muy al contrario que otros, quienes sumisamente optaban por quitarse la vida cuando el Palatium instigaba un proceso judicial en su contra, el obstinado Suilio estaba decidido a plantear una tenaz oposición a sus acusadores. Con una indignación perfectamente estudiada, arremetió contra la recuperación de la vieja ley que proscribía la percepción de dinero por dirigir las acusaciones públicas, la cual, declaraba, si había sido revisada sólo era para atacarle. Asimismo, se mofó del ausente Séneca, el hombre a quien ferviente y enfáticamente consideraba como el principal instigador de su procesamiento. En este sentido afirmó que él había sido encausado únicamente porque el primer secretario estaba ferozmente enemistado con todos aquellos que habían sido amigos de Claudio durante el período en el que la figura de Séneca había languidecido en el destierro. Dicho con palabras sencillas: en su defensa, Suilio argumentó que en todos los casos sus actos habían respondido a órdenes claras y precisas del emperador Claudio.

Desde el Palatium, Séneca seguía el proceso con suma atención. Sus mensajeros continuamente le entregaban noticias actualizadas de los procedimientos. Al enterarse de esta afirmación (que Suilio se había limitado a cumplir las órdenes del emperador Claudio), Séneca no lo dudó un instante y envió una carta al Senado, supuestamente firmada por Nerón, en la que refutaba las tesis expresadas por Suilio. La misiva, leída ante la cámara por el cónsul que la presidía, sostenía que Nerón conocía, luego de estudiar cuidadosamente las memorias inéditas de Claudio (que tenía consigo en el palacio), que Claudio jamás había impuesto el procesamiento de una sola persona mientras fue emperador.

Una vez que el cónsul finalizó la lectura de la carta firmada por el joven emperador, que frustraba de manera efectiva el principal argumento de la defensa de Suilio, el acusado se vio obligado a modificar su línea argumentativa. Así las cosas, optó por decir que, de hecho, siempre había acatado las órdenes de la emperatriz Mesalina. Eso es, ciertamente, lo que había sucedido en el caso de la persecución de Valerio Asiático. Mesalina envidiaba la suntuosidad de los Jardines de Asiático, los célebres Jardines de Lúculo, creados por uno de los generales más aclamados y adinerados de la Roma del siglo I d. C. De tal suerte que ordenó a Suilio que procesara a Asiático para que ella pudiera apoderarse del citado vergel, un objetivo que finalmente alcanzó. Cabe apuntar aquí que, para mayor ironía, fue precisamente en esos jardines donde Mesalina murió algunos años después, con una daga clavada en el corazón.

Éste no era un argumento que pudiera ganar muchas adhesiones en la cámara de senadores. Mesalina había caído en desgracia a causa de su deslealtad, sus reiterados actos de traición y su final ignominioso. Mientras estuvo viva, sembró el terror en el Senado por medio de Suilio y otros agentes. Un senador quiso saber por qué Suilio había accedido a emplear su lengua «al servicio de semejante ramera».[1] Otro esgrimió categóricamente que el Senado tenía la obligación de castigar a los hombres que descargaban sobre otros la responsabilidad de sus vilezas. Algunos testigos acusaron a Suilio de malversación de fondos y enriquecimiento ilícito mientras fue gobernador de la provincia de Asia. Sin embargo, fueron los cargos de haber procesado a varios ciudadanos romanos insignes los que acapararon toda la atención y recibieron las mayores condenas, un orador tras otro. Algunos cargos se remontaban incluso a los tiempos del emperador Tiberio, cuando, según se explicó, Suilio había participado en la eliminación de la hermana de Germánico, Livila, una vez que se supo que había conspirado con Sejano para asesinar a su marido, Druso el Joven.

El desenlace de este juicio estaba cantado y era inevitable, según pudo constatar el propio Suilio. Séneca deseaba verle muerto, y consiguió su propósito. Suilio, empero, tenía la firme determinación de arrastrar a Séneca en su inexorable caída, quería hacerle pagar un alto precio por haber instigado secretamente su procesamiento, y que su reputación se viera tan mancillada como la suya propia. Por lo que respecta a Suilio, una persona de la más absoluta confianza y perteneciente al séquito de la familia de Germánico, sabía más sobre lo ocurrido en la trastienda de la familia imperial durante las últimas décadas que la mayoría de la clase patricia. Durante años había guardado incontables secretos. Ahora bien, en lo concerniente a Séneca, sus labios habían dejado de estar sellados.

«Ese hombre sólo sabía de disciplinas inútiles y de la ignorancia supina de un muchacho», afirmó Suilio en referencia a los años en que Séneca ejerció como preceptor de Nerón. «Además, envidiaba a quienes utilizábamos su viva y sincera elocuencia en defensa de sus conciudadanos.» Con evidente teatralidad, se puso la mano en el corazón y dijo: «Yo era cuestor de Germánico cuando Séneca ejercía como amante en su propia casa». El Senado enmudeció sumido en el estupor. Suilio prosiguió: «¿Acaso debería ser considerada una ofensa mayor aceptar una justa recompensa por la realización de un servicio honrado, con el total consentimiento del litigante, que contaminar las alcobas de las damas de la más alta nobleza imperial?».[2]

Séneca había negado en repetidas ocasiones que hubiera tenido un idilio amoroso con Julia, la hija de Germánico, el delito por el que había sido acusado de adulterio y condenado al destierro, pero lo cierto es que la mayoría de los romanos, en aquella época y después, no aceptaba sus explicaciones. Tácito describe el destierro corso de Séneca por su romance clandestino con la hermosa Julia, como «un destierro merecido que hacía justicia a la infracción».[3] Séneca consolidaría su reputación con el paso de los años, en tiempos del Imperio romano y en épocas posteriores, especialmente durante los siglos XVIII y XIX, cuando se le encumbró como uno de los más grandes filósofos de la historia. Ello no obsta, sin embargo, para que su conducta fuese «diametralmente opuesta a sus enseñanzas filosóficas», concluye Dión Casio. «Cometer adulterio con Julia no fue suficiente para él», prosigue este autor, y también «decidió mantener una relación inapropiada con Agripina, totalmente injustificable por tratarse de una mujer de tan elevada jerarquía».[4]

No existe discusión sobre el hecho de que Agripina la Menor tuvo relaciones amorosas con muchos hombres que podían ayudarle a cumplir sus pretensiones. Esto servía a los intereses de Suilio y fortalecía su defensa, así como la certeza de que Séneca se había acostado con su igualmente promiscua hermana. Y nadie, y mucho menos Séneca, había podido explicar por qué Agripina le había elegido, entre tantos otros condenados, para conmutarle la pena y hacer que volviese de su destierro al objeto de nombrarle tutor de su hijo y acogerle bajo su mismo techo. Es más, había tenido que superar muchos obstáculos antes de conseguir que Séneca regresara de Córcega y asumiese su nuevo cargo. No obstante, aunque no puede dudarse que Séneca era un hombre instruido y competente, los tutores de los hijos de las familias patricias eran, en su mayoría, griegos libertos. Así, dos de los tutores que con anterioridad había tenido Nerón eran libertos, siendo uno de ellos un antiguo barbero y el otro un antiguo auriga. Para un senador, y para un pretor así como para un juez de alto rango, un rango al que accedió Séneca inmediatamente después de regresar a Roma tras su destierro, ser nombrado tutor de un muchacho era, ciertamente, muy extraño. Ahora bien, que residiera en el palacio de Germánico en calidad de consejero del muchacho constituía un movimiento estratégico que había beneficiado a Séneca y Agripina por igual, todo ello al margen de cualquier relación sexual que hubiesen podido tener. Esto le situaba en una posición muy cercana al emperador y proporcionaba a Agripina un poderoso aliado en su propia casa. Según la interpretación que de estos hechos hace Dión Casio, la relación que existía entre Séneca y Agripina fue muy comentada en su tiempo, y está plenamente convencido de que ambos fueron amantes.[5]

Llegados a este momento del juicio, y mientras reorganizaba su propia defensa ante el Senado, Suilio no cejó en sus ataques contra Séneca, aunque ahora poniendo el acento sobre el enriquecimiento repentino del primer secretario. «¿Mediante qué sabiduría, o máximas filosóficas, pudo haber amasado Séneca, durante los cuatro años que fue el favorito del emperador, la nada desdeñable suma de 300 millones de sestercios? En Roma, Séneca se ha enriquecido a costa de los testamentos de aquellos que no tuvieron descendencia, al tiempo que ha esquilmado los recursos de toda Italia y las provincias con sus exorbitadas tasas de interés.»[6]

El silencio se apoderó de los senadores que ocupaban las bancas de la parte contraria. Sus colegas senadores conocían bien el fulgurante ascenso social de Séneca, quien, tras ser un exiliado sin recursos, había logrado convertirse en uno de los hombres más ricos de Roma. Los duros préstamos que concedía a las provincias eran igualmente del dominio público, así como las abusivas tasas de interés que les imponía. Sus préstamos a las tribus del sur de Britania, que alcanzaban la suma de 40 millones de sestercios, serían considerados una de las causas principales de la rebelión que se produjo en esa provincia al cabo de dos años, luego de que Séneca exigiese sumariamente el pago de tales préstamos bajo amenaza de enviar al Ejército romano si no se enviaba el dinero. Sólo el emperador poseía más propiedades en Roma que Séneca. Más aún: muchos creían que los jardines de Séneca superaban en esplendor a los jardines del emperador. Por otro lado, el costoso estilo de vida de Séneca era casi legendario. Dión Casio subraya que si bien Séneca señalaba las extravagancias y los excesos de los ricos, él poseía quinientas mesas de comedor construidas con madera de cítricos y sus respectivas sillas de marfil, en las que ofrecía opíparos banquetes multitudinarios.[7]

«Por otra parte», concluyó Suilio ante el Senado, «mi fortuna no es excesiva, y es el fruto de mi diligencia en el trabajo. Antes preferiría sufrir persecuciones y peligros, de hecho cualquier cosa, que ver sometida mi posición social, ganada a pulso, con tesón y esfuerzo en el transcurso de muchos años, al dictado de un nuevo rico advenedizo».[8] Y tomó asiento en su banca con una mueca de asco en el rostro.

Ningún otro intento para rebatir las acusaciones vertidas por Suilio o para desacreditar al propio Suilio llegó al Senado desde el palacio por medio de mensajeros sin aliento. Así las cosas, el caso quedó visto para sentencia. Era, pues, responsabilidad de los senadores silenciar con sus votos al acusado. Como era de prever, y a pesar de todas sus refutaciones y acusaciones expansivas, el Senado encontró a Suilio culpable de todos los cargos. La mitad de sus propiedades fueron confiscadas por el Estado, siendo así que la otra mitad fue entregada a su hijo Marco Nerulino Suilio y a su nieta. Seguidamente, Suilio fue desterrado a las islas Baleares, frente a las costas de Hispania. Aceptó su castigo sin que se le demudara el semblante, sin temor aparente y sin implorar clemencia. De conformidad con lo dispuesto, fue embarcado rumbo a las Baleares, donde se dice que vivió los años que le quedaban de vida con una cierta comodidad,[9] mantenido por su familia desde Roma.

Aun cuando Suilio había sido quitado de en medio, no hubo de pasar mucho tiempo antes de que se presentaran cargos contra su hijo Marco, que había sido cónsul ocho años antes. Empero, una carta procedente del Palatium arribó con urgencia al Senado: la voluntad del emperador era que no se iniciase ninguna acción contra el hijo de Suilio. Tácito opina que esta intercesión imperial, tan inusitadamente indulgente, significaba que el emperador Nerón, de veinte años, consideraba que ya se había cobrado suficiente venganza contra la familia de Suilio.[10] Existía otra razón de peso para perdonar a Marco Suilio. Séneca habría redactado la nota llegada desde el Palatium, el primer interesado en enterrar el asunto de Suilio, pues no quería que ninguna otra acusación peligrosa ensombreciera su relación con algunos miembros de la familia de Germánico.

XVI. EL ASESINATO DE LA MADRE DE NERÓN

Nerón tenía un nuevo amor. Aunque mantenía a su amante, la muy leal Acté, estaba locamente enamorado y consideraba seriamente la posibilidad de casarse de nuevo. El nombre de la afortunada era Popea Sabina. Era la bella esposa de su favorito y mejor amigo, Marco Salvio Otón, de edad parecida a la de Nerón y con quien, en su mocedad, había compartido noches de vino, mujeres y música antes de la muerte de Claudio. Plutarco afirma que para asegurarse el amor de Sabina, en el año 58 d. C. y por recomendación de Séneca, Nerón decidió nombrar a Otón gobernador de la provincia de Lusitania, que abarcaba buena parte del territorio que hoy llamamos Portugal, y retuvo a Sabina en Roma para que calentase su lecho.[1]

Aunque el padre de Sabina había sido ejecutado durante el reinado de Tiberio por ser un partidario entusiasta de Sejano, y aunque su madre había sido castigada por cometer adulterio, Popea Sabina era una mujer por cuyas venas corría sangre patricia. No en vano algunos generales de su estirpe habían recibido honores de Triunfo por sus victorias. La ambiciosa Sabina deseaba con ansiedad que Nerón se divorciase de Octavia, la hija de Claudio, y la desposara en segundas nupcias. Si Nerón no estaba preparado para casarse con ella, decía, entonces debería enviarla de vuelta junto a su marido Otón.[2] Sin embargo, Nerón sabía perfectamente que su madre se opondría, aun violentamente, al divorcio. Agripina la Menor estaba convencida de que el matrimonio político entre Nerón y Octavia, que consolidaba la alianza de las familias imperiales juliana y claudiana, debía perdurar.

Por medio de su red de espías, Agripina tuvo conocimiento del apasionado romance que tenía Nerón con la esposa de su mejor amigo. Haciendo acopio de determinación y coraje, Agripina decidió regresar a Roma para tratar de persuadirle de que en modo alguno necesitaba casarse con Sabina. Muchas historias han circulado en relación con los métodos que Agripina empleó para alejar a su hijo Nerón de la siempre tentadora Sabina. Tácito dice que todos los historiadores de la época salvo uno escribieron que Agripina se introdujo en el comedor de Nerón en varias ocasiones, cuando se encontraba disfrutando del almuerzo y con «los rubores propios del vino», e intentó seducirle, prodigándole «besos lascivos y caricias« para recuperar el control que antaño ejercía sobre él.[3]

En primera instancia, Nerón se resistió a recibir las atenciones de su madre, aunque luego pareció flaquear un tanto. Séneca, alertado de esto, se preparó para contrarrestar este feroz intento de su antigua amante para secuestrar los afectos de Nerón. La siguiente vez que Agripina se deslizó hasta el comedor mientras Nerón estaba almorzando, Séneca se las ingenió para que Acté entrase en la estancia. Con valentía y públicamente, Acté previno a Nerón frente al incesto, asegurándole que los soldados de Roma no tolerarían a un emperador que se entregaba a semejante comportamiento denigrante. Esta argucia consiguió asustar a Nerón, tanto así que después de este episodio ya no permitió que su madre se encontrase con él a solas. Tácito comenta a la sazón que la creencia general era que Agripina no habría dudado en cometer incesto si Nerón hubiese sucumbido a sus encantos. Tácito y otro muchos piensan que, a la vista de su pasado (se acostó con su cuñado y se casó con su tío), tener relaciones con su propio hijo es un acto que se habría ajustado perfectamente a su personalidad.[4]

Frustrada por ahora, Agripina nuevamente se retiró a sus fincas del campo. Pese a ello, Nerón estaba desesperado pensando que, viviera donde viviese, con su «ojo crítico y omnisciente»,[5] Agripina sería un adversario formidable que se le opondría con independencia de lo que decidiera hacer. En este contexto, empezó a pensar en cómo eliminarla de su camino, alentado, según Dión Casio, por Séneca («tal como han señalado muchos hombres dignos de confianza»).[6] El asesinato parecía la única opción viable.

El asesinato de Británico había servido de aprendizaje a Nerón en las cuestiones homicidas. Asimismo, aquel asesinato había sido motivado por el temor que le infundía su madre. Ahora, abocado a la confusión por culpa de Agripina, Nerón perfeccionaría su destreza en el arte del asesinato con un matricidio. En primer lugar consideró el envenenamiento, si bien luego reparó en que si alguien sabía tomar precauciones frente al veneno era su madre, muy curtida en estas lides desde hacía años; además, contaba con un séquito de sirvientes absolutamente leales, y se decía que, con cierta regularidad, tomaba antídotos contra los venenos más usuales.[7]

Según el relato de Dión Casio, en los primeros días del año 59 d. C., Nerón asistía a un espectáculo público en el anfiteatro, atestado de gente, cuando discurrió una idea. Ante sus ojos atónitos, un barco de madera se abrió en canal, casi por arte de magia expulsó varios animales que acto seguido fueron cazados, y finalmente se cerró.[8] De vuelta en el Palatium, Nerón mandó llamar al comandante de la flota de combate romana con base en Misenum, un puerto situado al sudoeste de Roma. El prefecto, un liberto de nombre Aniceto, había servido como ayo y tutor de Nerón cuando era niño, inmediatamente antes de que Séneca asumiese dicho cargo. Los conocimientos náuticos o la experiencia naval no siempre eran requisitos exigibles a los comandantes de las flotas de combate romanas; antes bien el acceso a estos puestos de la jerarquía militar solía ser una recompensa por los servicios prestados en otros campos.

Dicho esto, Nerón comentó a Aniceto los detalles del espectáculo que había presenciado, poniendo el acento en lo ingenioso del barco plegable. Acto seguido, quiso saber si Aniceto podría construir una nave capaz de navegar como cualquier otra pero una parte de la cual pudiese desprenderse en alta mar por medio de un artificio a voluntad y en un instante. Cuando el prefecto de la flota respondió que eso era perfectamente posible, y le preguntó por el uso que quería darle, Nerón le confesó que deseaba deshacerse de su madre simulando un accidente. Tal como esperaba Nerón, Aniceto comprendió de inmediato lo que el emperador pretendía. No en vano Aniceto nunca había perdonado a Agripina por haberle cesado del prestigioso puesto de tutor de Nerón para sustituirle por el advenedizo Séneca.

«Ningún lugar es tan susceptible de provocar accidentes como el mar», apostilló Aniceto. «Además, ¿quién se atrevería a asegurar que una ofensa cometida por los vientos y las olas es, en realidad, un crimen?»[9]

Nerón ahora contaba con un cómplice. Luego de que el emperador le prometiera enjundiosas recompensas y le hiciese jurar la más absoluta confidencialidad, Aniceto regresó a toda prisa a Misenum y lo dispuso todo para que el barco fuese construido a la mayor brevedad. Nerón le había dicho que tenía que estar terminado no más tarde del día 19 de marzo, cuando en Baiae (la actual Baias), una localidad de la Campania situada en la costa occidental de Italia, se estaría celebrando el festival de cinco días de duración en honor a la diosa Minerva. En ese ínterin, Nerón fingió querer reconciliarse con su madre, enviándole notas afectuosas en las que afirmaba que los hijos deberían ser más tolerantes con los accesos de irritación de sus progenitores, e invitándola a presenciar en su compañía el festival de Minerva que habría de celebrarse en Baiae entre los días 19 y 23 de marzo. Sospechando de las razones que motivaban tan inesperado cambio de actitud, Agripina, que estaba ansiosa por recuperar la influencia que antaño tenía sobre su hijo, y confiando en que sus palabras fuesen por fin sinceras, luego de ignorar varias cartas remitidas por el emperador, accedió a desplazarse hasta Baiae con motivo del festival de Minerva.

En la tercera semana de marzo, Nerón viajó hasta la localidad de Baiae, situada en plena bahía de Nápoles. Estableció su residencia en una encantadora villa de la costa propiedad del senador Cayo Calpurnio Pisón, un pariente del Pisón que fue condenado por el asesinato de su abuelo, el respetado Julio César Germánico. Al mismo tiempo, la madre de Nerón arribó procedente de Anzio a bordo de un trirreme de la flota del Tirreno. Gobernada por un *navarchus* (capitán de navío) llamado Herculeyo, esta singular embarcación de combate dotada con tres órdenes de remos era el medio de transporte que habitualmente empleaba Agripina, la «reina madre», cuando se hacía a la mar. Este trirreme, una veloz galera de combate que no desmerecería ante cualquier destructor contemporáneo, contaba con una tripulación de 170 remeros manumisos que bogaban descalzos y 15 grumetes. La tripulación asimismo incluía un contingente de 40 soldados de la armada romana. Junto a Agripina a bordo del trirreme en su viaje hasta Baiae, estaban su dama de honor Acerronia Pola, su amigo y chaperón Crepereyo Galo, sus libertos Agerino y Mnester, así como un buen número de esclavos de su séquito personal.

La mañana del 19 de marzo, cuando el trirreme en el que viajaba Agripina fondeó en uno de los embarcaderos de piedra de Baiae, donde se abrían al mar muchas de las villas de los ciudadanos más adinerados del imperio, Nerón estaba allí, esperando el feliz desembarco de su madre. A su alrededor había desplegado su séquito, con su primer secretario Séneca al frente, flanqueado por el prefecto pretoriano Burro y el prefecto de la flota Aniceto (que se había desplazado desde la cercana Misenum), así como por numerosos libertos y esclavos, oficiales y soldados de la guardia pretoriana y la guardia germana.

Cuando Agripina, que entonces contaba cuarenta y tres años de edad, puso un pie en tierra, Nerón, de veintiún años, dio un paso al frente, confiado, radiante y con los brazos abiertos. Madre e hijo se abrazaron. Acto seguido, Nerón guió a Agripina hasta las literas que aguardaban su llegada. Cada uno en su litera, y escoltados ambos por un contingente de guardias y sirvientes, iniciaron su periplo por la ensenada. A medio camino entre Baiae y el cabo Misenum había una finca patricia de nombre Bauli, cuyo primer propietario fue Quinto Hortensio, que había sido cónsul en el año 69 a. C. Tras sus altos muros, la expansiva villa Bauli se extendía hasta la orilla como cualquier complejo turístico de nuestros días.

Allí, Agripina y su séquito tenían previsto establecerse durante los cinco días que duraba el festival. Allí también, varada sobre la arena de la playa, había una pequeña aunque hermosa embarcación capitaneada por Volusio Proculo, un oficial de la armada romana que servía en flota del Tirreno.[10] Suntuosamente ornamentada con oro y joyas, esta nave de nueva construcción contaba con un camarote en la popa decorado con cortinas de seda y un lujoso diván. Este hermoso bajel, declaró Nerón, era un obsequió para su madre. Antes de que Nerón se despidiera de Agripina, la invitó a cenar en su compañía esa misma noche en su villa de Baiae, una invitación que ella aceptó complacida. A continuación Nerón fue trasladado en litera de regreso a Baiae.

Durante la tarde, mientras se ponía cómoda en su villa de Bauli, por medio de su personal de confianza Agripina supo que había una conspiración urdida en su contra, una trama para acabar con su vida que contaba con el concurso de un barco. Mirando a través de las ventanas de sus aposentos en dirección a las aguas centelleantes de la bahía de Nápoles, alcanzó a ver la embarcación que le había regalado Nerón, donde en ese preciso instante se estaban ultimando los preparativos para trasladarla hasta Baiae al objeto de que pudiese asistir a la cena que ofrecía el emperador. Aunque albergaba serias dudas sobre la veracidad del rumor, en aras de la cautela decidió dar crédito a la advertencia y dio instrucciones para que se preparase su litera para cubrir la hora larga de camino que la separaba de Baiae.

A última hora de la tarde, una vez que hubo dejado a sus libertos Agerino y Mnester a cargo de todo en Bauli, Agripina fue trasladada en su litera por la ensenada, y una hora después llegó a la residencia del emperador en Baiae acompañada por su dama de honor Acerronia Pola y su chaperón Crepereyo Galo. Muy cortésmente, Nerón acudió a recibir a su madre, dedicándole lisonjas y otras palabras amables con la intención de disipar todos sus temores. Una vez que se hubo descalzado, y luego de que unos esclavos le lavasen los pies y le calzasen unas sandalias, según era la costumbre romana en los prolegómenos de las comidas, su hijo la condujo hasta el otro lado de la estancia y le cedió el lugar preferente en el diván de comedor que había junto al suyo.

Era la primera vez en el último año (o quizá más) que Agripina y su hijo se recostaban a comer juntos, una ocasión a todas luces festiva que disfrutaron todos los comensales presentes, entre otros, Séneca, los prefectos Burro y Aniceto, y los dos allegados que acompañaban a Agripina. Nerón dilató el banquete tanto como pudo, primero con su animada conversación y después profiriendo comentarios de corte más serio. No fue antes de que el reloj de agua marcase la séptima hora, en clara indicación de que había llegado la medianoche, que Agripina se levantó con la intención de retirarse. Nerón la tomó por la mano y la escoltó hasta el embarcadero de Baiae. Bajo la luz de un puñado de antorchas llameantes, ambos contemplaron la pequeña embarcación, el obsequió de Nerón para su madre, que se encontraba fondeada allí, esperando a su ilustre pasajera. En el transcurso de la tarde había zarpado y surcado las aguas de la bahía hasta llegar al embarcadero situado a escasa distancia de la villa donde se celebraba el banquete. Nerón la conminó a utilizar la nave para abreviar el viaje de regreso a Bauli.

Agripina, puesta en un compromiso y deseosa de restaurar la maltrecha relación que tenía con su hijo, había bebido bastante vino y tenía la guardia baja. Ahora que sus temores y sospechas anteriores se habían desvanecido, Agripina ordenó a sus acompañantes que subieran a bordo de la nave. Visiblemente emocionado, Nerón se despidió de su madre, estrechándola fuertemente contra su pecho durante unos instantes antes de besar sus ojos y sus senos. «Te deseo fortaleza y buena salud, Madre», proclamó. «Te debo la vida y soy emperador gracias a ti.»[11]

Tácito sugiere que esta demostración de afecto o bien fue una excelente interpretación por parte del emperador o bien Nerón estaba sinceramente emocionado porque anticipaba que ésa sería la última noche que vería a su madre viva y respirando.[12] Agripina se dio media vuelta y cruzó la pasarela del barco. La tripulación se apresuró a soltar y recoger amarras, retiró diligentemente la pasarela, y la nave zarpó en pos de la noche, con los remos ascendiendo y descendiendo rítmicamente. Nerón permaneció en la orilla diciendo adiós a su madre con la mano hasta que el barco se alejó del embarcadero perdiéndose en la oscuridad. Luego regresó caminando con desgana hasta la villa. Aun cuando ya era de madrugada y todos sus acompañantes se habían retirado a dormir, Nerón permaneció despierto y sentado en sus aposentos, a solas, esperando.

Era una noche increíblemente espléndida. El cielo brillaba constelado y el mar estaba en calma. Mientras el barco navegaba apaciblemente sobre las aguas bordeando la costa de la bahía, Agripina se relajaba sobre el diván de su reducido camarote de popa situado en la cubierta principal. Estaba exultante, de un humor inmejorable. Rememorando la maravillosa cena que había compartido con su hijo, comentaba gozosa el «arrepentimiento» de Nerón, la gracia que inopinadamente había recuperado y se deleitaba ante la perspectiva de ejercer nuevamente su control sobre él y, por extensión, sobre todo el Imperio.[13] Su dama de honor, Acerronia, la escuchaba tendida a los pies del diván de su señora y procurando disimular sus inoportunos bostezos. Su amigo y chaperón Crepereyo Galo permanecía alerta en pie junto a la entrada del camarote, no muy lejos del timón. Ninguno de ellos parecía albergar la menor sospecha. A una señal de Volusio, el capitán de la nave, varios hombres de la tripulación pusieron en práctica la trama urdida por Aniceto.

Sin advertencia previa, se desprendió el techo del camarote, deliberadamente lastrado con abundante plomo, y se desmoronó con estrépito sobre sus ocupantes. Crepereyo Galo, el chaperón, quedó atrapado bajo los escombros y murió instantáneamente. Agripina, por su parte, consiguió eludir el impacto justo a tiempo. Ella y su dama de honor Acerronia eludieron el destino de Galo gracias a los costados sobresalientes del diván, que casualmente resistieron el peso caído protegiéndolas de una muerte segura. Por un momento se hizo el silencio. Poco después, Acerronia consiguió salir a gatas de su encierro bajo los escombros. «¡Socorred a la madre del emperador!», aulló desesperada.[14]

Los tripulantes que habían sido sobornados por su capitán, al oír los gritos de la mujer entre la oscuridad, confundieron a Acerronia con la madre del emperador y blandieron sus remos o cualquier otro objeto contundente que pudieron hallar. Sin clemencia alguna, la apalearon hasta la muerte. En medio de este torbellino asesino, la palanca que teóricamente debía provocar el colapso de la nave no funcionó correctamente cuando Volusio, el capitán, decidió accionarla. Así las cosas, los ejecutores de la conspiración corrieron a un lado del barco para hacerlo zozobrar. Otros tripulantes, la mayoría de los cuales nada tenía que ver con la conjura, corrieron hasta el lado opuesto para contrarrestar la acción de los primeros y salvar la embarcación. Entre tanto caos, Agripina consiguió arrastrarse bajo los escombros y escapar de su camarote en ruinas. Un tripulante corrupto la descubrió entre el alboroto e intentó golpearla con su remo. Agripina recibió un fuerte impacto en el hombro, que le causó un gran dolor. Sin embargo, amparada por la oscuridad y la confusión reinante, la madre del emperador logro deslizarse por la borda y lanzarse al mar sin ser detectada.

La mayoría de los romanos no sabía nadar, pero Agripina era una excepción. Pese a ser una nadadora muy limitada y tener el hombro herido, la madre del emperador avanzó en dirección a la costa por el mar en calma. Primero a nado y luego rescatada por unas barcas de pescadores de seis remeros con las que se encontró en su huida, Agripina llegó exhausta a la playa. Entró tambaleándose por la puerta de su villa de Bauli y se desplomó en brazos de sus atónitos sirvientes. Entretanto, los pescadores que la habían rescatado de las aguas corrieron por las calles de la población cercana relatando a diestra y siniestra la peripecia que habían vivido, asegurando haber salvado a la madre del emperador de un terrible accidente ocurrido en alta mar.

Una vez que Agripina se recompuso, meditó detenidamente lo que convenía hacer a continuación. El desmoronamiento de la popa del barco que Nerón acababa de obsequiarle no podía ser, en modo alguno, una coincidencia. No obstante, todo indica que no fue capaz de acusar públicamente a su hijo de haber maquinado un atentado contra su vida. Así las cosas, dio órdenes a su liberto Agerino de acudir a toda prisa a la residencia del emperador en Baiae para informarle de que, por la gracia de los cielos, había sobrevivido a un terrible desastre. Ahora bien, añadió, Agerino tenía que decir al emperador que no se molestase en acudir a visitarla, puesto que estaba convaleciente y necesitaba descansar. Mientras su hombre de confianza preparaba su montura y partía al galope rumbo a Baiae para cumplir su misión, Agripina lamentaba amargamente y en silencio la pérdida de su amiga y dama de honor Acerronia. Ordenó a sus sirvientes, ahora bien despiertos, que buscasen el testamento y las últimas voluntades de Acerronia. Al mismo tiempo, preocupada por su incierto futuro, selló su propio testamento. Seguidamente aplicó un ungüento en la herida de su hombro y bebió una medicina tonificante. Agripina prefería fingir que en su mundo todo estaba en orden.

En su villa de Baiae, Nerón había pasado la noche sin dormir, sentado en la intimidad de su alcoba, expectante ante las noticias que pudiesen llegar desde la bahía. Finalmente, en las últimas horas de oscuridad llegó un sirviente para informarle de que Agerino, el liberto de Agripina, solicitaba una audiencia urgente con el emperador. El corazón de Nerón debió de dar un vuelco. Antes que nada, quiso saber las noticias que Agerino traía de su madre. Se había producido un trágico accidente, Agerino explicó al sirviente de Nerón, un accidente que había matado a dos amigos de la madre del emperador. Pero Agripina había logrado salvar la vida con una lesión menor. Nerón observó a su sirviente de hito en hito con los ojos abiertos como platos. Según refiere Tácito, el terror le dejó paralizado durante algunos instantes. Ante el fracaso de su plan para matar a Agripina simulando un accidente, y una vez recompuesto del impacto, mandó llamar a Séneca, Burro y al almirante Aniceto. Huelga decir que el almirante estaba implicado hasta las cejas en la trama de asesinato, siendo así que Tácito sospecha que tanto Séneca como el prefecto Burro a estas alturas «también compartían el secreto».[15]

Presa del pánico, Nerón explicó lo sucedido a los tres funcionarios, que escuchaban su relato con los ojos nublados. Luego dijo chillando: «¡Mi madre se presentará aquí de un momento a otro! Ella armará a sus esclavos o sembrará la agitación entre los soldados. O acudirá presurosa al Senado y hablará con el pueblo. ¡Me acusará del naufragio del barco, y de haberla herido, y del asesinato de sus amigos! ¿Qué debo hacer?». El joven Nerón miró con sus grandes ojos a su primer secretario, que estaba varios pasos por delante del prefecto Burro, quien, a su vez, se encontraba frente al estremecido Aniceto. «¿Séneca? ¿Burro? ¡Pensad en algo!», les rogó Nerón.[16]

Ni Séneca ni Burro respondieron a sus ruegos. Luego de una interminable pausa, Séneca su dirigió a Burro arqueando las cejas. El prefecto pretoriano sabía lo que Séneca tenía en mente, y negó con la cabeza (sus soldados no iban a terminar el trabajo que Nerón había empezado y dejado inconcluso, blandiendo sus espadas contra Agripina). «Los pretorianos tienen una estrecha vinculación con toda la familia César», repuso. «Por respeto al recuerdo de Germánico, no se atreverán a tocar a su hija. Le corresponde a Aniceto mantener su promesa.»[17]

Con los ojos entornados, Nerón fijó la vista en Aniceto. El almirante tragó saliva y entonces, a sabiendas de que había fallado al emperador, rápidamente se ofreció como voluntario para poner las cosas en orden. «Yo terminaré el trabajo, César.»

Eufórico, Nerón cruzó la habitación en dirección a su antiguo preceptor y lo abrazó vivamente, propinándole sonoras palmadas en la espalda. «Este día me dará mi Imperio, y un liberto será el creador de tan deslumbrante logro. Vete, a toda velocidad. Y lleva contigo a los hombres que estén más dispuestos a acatar tus órdenes.»[18]

Aniceto se dispuso a cumplir su misión, esta vez con el objetivo de simular que Agripina se había suicidado. Nerón se quedó en compañía de Séneca y Burro. Restaba todavía el problema del liberto de su madre, Agerino, que estaba esperando en otra sala de la villa para reunirse con el emperador y entregarle el mensaje firmado por su señora. Demasiada gente sabía que Agerino había llegado a Baiae, y para qué. No se nos dice si lo que ocurrió después fue o no idea del propio Nerón. Es muy probable que Séneca y Burro idearan el nuevo plan. El caso es que como resultado de una sugerencia formulada por el uno o por el otro, Burro avanzó a grandes zancadas hacia los guardias germanos que estaban junto a la puerta, desenvainó enérgicamente la espada de uno de aquellos asombrados soldados, y luego se la entregó a Nerón. Acto seguido, el emperador mandó llamar al sirviente de su madre.

El liberto Agerino fue convocado en presencia del emperador. Encontró a Nerón de pie en el extremo opuesto de la estancia con las manos en la espalda. Nerón sostenía la espada del guardia germano con su mano izquierda, justo por detrás de su pierna, ocultándola de la vista de Agerino. Tras saludarle con una inclinación ostensible, Agerino se acercó y procedió a comunicarle su mensaje con gran efusividad. Mediado el relato, Nerón súbitamente mostró la espada. Levantó el arma ante la incredulidad de Agerino, quien, sumido en el estupor, no podía apartar la vista de ella. Entonces Nerón dejó caer la espada. Con enorme estrépito cayó a los pies de Agerino sobre el suelo embaldosado. Allí se quedó. El liberto interrumpió su relato. Con gran estupefacción, miró primero la espada y luego a Nerón.

«¡Guardias!», exclamó Nerón. «Este hombre ha sido sorprendido cuando iba a cometer un acto criminal. ¡Ponedle los grilletes!»[19]

Los guardias germanos que custodiaban la puerta avanzaron impetuosamente y redujeron al atónito Agerino. Lo arrastraron y lo sacaron de la estancia mientras él proclamaba vociferando su inocencia. Acusado de haber atentado contra la vida del emperador, su destino no podía ser otro que la ejecución inmediata. Nerón pretendía declarar ante el Senado y ante el mundo entero que su madre había enviado a su liberto con la misión de asesinarle, y que luego de que hubiera sido apresado con las manos manchadas de sangre, Agripina decidió quitarse la vida. Según escribiría Séneca en una de sus obras teatrales: «La mejor manera de librarse de un crimen es cometer otro crimen».[20] Sólo quedaba una cosa por hacer antes de que esta ficción estuviese completa: asesinar a Agripina.

Cuando Aniceto abandonó la residencia imperial luego de hacer votos ante Nerón de eliminar a Agripina, se fue directamente al embarcadero de Baiae donde le esperaba amarrado el trirreme que la había traído desde Anzio. El capitán de la nave de combate, Herculeyo, era un liberto, al igual que todos los marineros que componían la tripulación de la galera. Los libertos, por ser antiguos esclavos, no eran ciudadanos romanos, y por ello carecían de los vínculos y el sentimiento de afecto hacia la familia de los César que compartían los ciudadanos romanos que integraban la guardia pretoriana y las legiones. Más aún, estos soldados de infantería de marina conformaban el último escalafón del Ejército romano. Percibían una retribución menor y servían un año más (con alistamientos de veintiséis años) que los extranjeros no ciudadanos que componían la infantería y la caballería auxiliares del Ejército romano. Con promesas de abundantes recompensas, Aniceto no tardó en convencer al *navarchus* Herculeyo y al centurión Obarito, el comandante del contingente de soldados de la galera, que se unieran a él en su plan para pasar por las armas a la madre del emperador.

Los cuarenta soldados del trirreme avanzaron liderados por los tres oficiales, rodeando la ensenada en dirección a villa Bauli. En su camino, se cruzaron con cientos de civiles ansiosos, muchos de los cuales se concentraban con inquietud en la playa portando antorchas encendidas luego de haber oído que la madre del emperador había sufrido un accidente a bordo de una embarcación en aguas de la bahía esa misma mañana. Varias personas que se habían acercado a las puertas de la desmejorada villa Bauli en espera de que llegasen noticias de Agripina, se dispersaron tan pronto como vieron llegar al contingente de soldados. Las puertas exteriores habían sido cerradas a cal y canto, cosa que no impidió el acceso de los militares al recinto.

Aniceto rodeó la villa con su destacamento, y tras violentar la puerta se abrieron paso en su interior con antorchas en la mano. Los esclavos de Agripina se interpusieron en su camino, desarmados pero con la firme determinación de detener a las tropas. Se deshicieron de ellos como si se tratara de policías antidisturbios que arrastran a unos manifestantes pacíficos. Aniceto, Herculeyo y el centurión Obarito irrumpieron violentamente en la casa que ocupaba Agripina seguidos por una escolta de elegidos. Varios miembros del personal de confianza de Agripina, entre ellos su liberto Mnester, se colocaron de brazos cruzados frente a una puerta, en clara indicación de que su señora se encontraba tras ella. Mnester y sus compañeros fueron apartados y reducidos con prontitud y sin el menor miramiento. Tiraron la puerta abajo y accedieron al otro lado. Allí, en el *triclinium* (comedor) había una sola lámpara de aceite, cuya llama revelaba la presencia de Agripina, que descansaba reclinada sobre un diván de comedor orientado hacia la ventana, contemplando las vistas de la playa y de la bahía. Una muchacha de su séquito personal estaba sentada en el diván junto a su señora. Cuando Aniceto, Herculeyo y Obarito atravesaron el dintel de la puerta, la muchacha de repente sintió miedo y se incorporó.

Agripina se dirigió a la muchacha e inquirió: «¿Tú también vas a abandonarme?». Luego se dio la vuelta para ver los rostros agrios de los tres oficiales. «Si habéis venido a visitarme», les dijo, «volved con el mensaje de que estoy recuperada». Seguidamente notó que Herculeyo, el capitán del trirreme, portaba un bastón de madera en la mano, como los que se usan en los barcos para repeler a quienes intentan abordarlos. «Pero si vais a cometer un crimen, me niego a pensar que mi hijo tenga algo que ver en esto. No sería capaz de ordenar el asesinato de su propia madre.»[21]

Mientras los tres hombres rodeaban su lecho sin musitar palabra, la muchacha huyó de la alcoba a toda prisa. Herculeyo, desde atrás, la golpeó en la cabeza con el bastón, partiéndole el cráneo. Pero su golpe no fue definitivo. Aturdida aunque todavía consciente, Agripina miró desafiante a sus asesinos. Cuando el centurión Obarito desenvainaba su espada *gladius* para darle muerte, Agripina abrió su túnica y mostrándole las entrañas le espetó: «¡Hiéreme aquí! ¡Hiéreme en el vientre!». Este fue su desafío al centurión: que atravesara el vientre de donde había nacido el emperador.[22] Y al momento acabaron con su vida cosiéndola a cuchilladas.

Obarito no tuvo ningún escrúpulo para hacer lo que se le había encomendado. Aceptó la invitación de Agripina y hundió su espada en el cuerpo de la madre del emperador. Según refiere Séneca, que debía conocer los detalles más escabrosos, Agripina tuvo una muerte lenta.[23] Tácito escribe que el centurión tuvo que clavarle la espada no una sino repetidas veces hasta que logró darle muerte.[24] Una vez concluido este frenesí asesino, y de nuevo según Séneca, el cadáver de Agripina fue mutilado por las numerosas cuchilladas que le asestaron los tres.[25] Agripina la Menor, hija del legendario Julio César Germánico, la misma Agripina entre cuyos primeros recuerdos estaría aquel desfile triunfal por las calles de Roma, subida a la cuadriga de oro de su padre, tuvo una muerte sórdida y cruenta sobre aquel diván de comedor en la villa de Bauli.

Tácito nos comenta que, muchos años antes, cuando Nerón era muy joven, Agripina consultó a los astrólogos acerca del futuro de su hijo. La misma ocasión en que los astrólogos le dijeron que Nerón en ningún caso debía reclamar el trono antes del mediodía. Asimismo, los astrólogos le advirtieron que, en efecto, su hijo llegaría a ser emperador de Roma, pero que también mataría a su madre. «Dejad que sea él quien me mate», se dice que respondió ella, «siempre y cuando logre ser emperador».[26]

Un mensajero de Aniceto rodeó la bahía en dirección a la villa de Baiae para informar al emperador de que su madre estaba muerta. Tácito asegura que una vez que le fue comunicada la noticia, Nerón permaneció lo que restaba de noche ensimismado, sumido en un silencio sepulcral, acongojado y casi incrédulo, esperando que amaneciera. Ya estaba transido por la culpa. Sentía verdadero terror por lo que el pueblo de Roma pudiera pensar cuando se enterase de la muerte sangrienta que había tenido su madre, la hija de Germánico, su último vástago superviviente. Temía sus represalias.

Algunos autores clásicos corroboran la versión generalizada de los hechos ulteriores, a saber, que Nerón contempló a su madre exánime y que alabó su belleza. También los hay que desmienten esta versión. Doscientos años después, Dión Casio repetiría esta versión en su relación del mandato de Nerón, agregando el siguiente comentario de Nerón: «No sabía que tuviera una madre tan hermosa».[27] Suetonio, escribiendo setenta años después de los hechos, nos proporciona un relato similar.[28] Ahora bien, las historias que han llegado hasta nosotros de las plumas de Dión Casio y Suetonio son a todas luces tendenciosas y contrarias a Nerón, siendo así que de tarde en tarde ambos autores optan por las rutas más sensacionales en sus escritos. Por lo que respecta al más sobrio y fiable Tácito, este autor ratifica que algunos autores de la época relataron la misma historia, «mientras otros la negaron».[29]

Puesto que Tácito apunta que los soldados debieron asestar varias cuchilladas para consumar el asesinato, y, al igual que Séneca, que debe ser considerado la fuente con mayor autoridad de todas, describe que el cuerpo de Agripina fue mutilado por la espada del centurión, lo más lógico es que no hubiese un cuerpo hermoso que admirar, cosa que menoscaba profundamente la credibilidad de los relatos de Suetonio y Dión Casio. Más allá de todo esto, parece altamente improbable que Nerón quisiera ser relacionado de manera tan directa e inequívoca con el asesinato como resultado de contemplar y comentar el cuerpo de su madre muerta (eso hubiera comportado el traslado del cadáver hasta Baiae o, de manera alternativa, él tendría que haberse desplazado hasta la villa de la playa de Bauli, la escena del crimen). Ambas acciones habrían sido provocadoras en grado extremo a la vista del ambiente enrarecido y la preocupación que sentían los habitantes de la región por la salud de Agripina luego de conocer el «accidente« que se había producido en el barco. De manera harto reveladora, ningún autor, ni tan siquiera Suetonio o Dión Casio, nos habla de que el cuerpo fuese trasladado a Baiae o de que Nerón se desplazase hasta Bauli para verlo con sus propios ojos, cosa que parece desmentir radicalmente esa versión de la historia.

Esa misma noche, Mnester, el único liberto de Agripina superviviente, hizo que el cuerpo de su señora fuese trasladado sobre el diván de comedor en el que había sido asesinada hasta el promontorio del cabo Misenum. Su cadáver fue incinerado sobre el diván con exequias de ínfima categoría, en un lugar muy cercano a la Villa Mariana donde Julio César pasó algún tiempo y donde murió Tiberio, el mismo lugar donde posteriormente se construiría un modesto túmulo en su honor. Tácito afirma que el sonido luctuoso de la trompeta fúnebre podía oírse desde las colinas cercanas en las primeras horas de la madrugada. Una vez que el cadáver de su

Los remordimientos de Nerón tras matar a su madre, por John William Waterhouse, 1878.

señora fue consumido por las llamas, su fiel servidor Mnester se quitó la vida atravesándose con una espada.

Cuando el sol empezaba a asomarse la mañana del 20 de marzo, todos los tribunos y centuriones de la villa de Baiae acudieron a ver a Nerón por orden de su prefecto Burro, y con un apretón de manos le felicitaron por haber escapado vivo al «osado crimen de su madre».[30] Los amigos de Nerón, Séneca, Burro y algunos otros, acudieron a los templos de la localidad para hacer ofrendas en gratitud por el desenlace y la suerte del joven emperador y, con la difusión de la noticia, toda la población de la Campania hizo lo mismo. Sin embargo, Nerón estaba conmocionado, completamente abrumado por lo que había hecho. Suetonio esgrime que Nerón fue incapaz, entonces y después, de eludir el sentimiento de culpa derivado del asesinato de su madre.[31] A lo largo de toda la mañana del 20 de marzo, el emperador lloró desconsoladamente y sin control. Todo indica, sostiene Tácito, que el emperador estaba enojado[32] (si el enojo era consigo mismo, con los asesinos de su madre, con su madre, o con los dioses, es algo que no sabemos con certeza, al respecto sólo existen conjeturas). Esa tarde, luego de recomponerse un tanto, Nerón abandonó la población y trasladó su corte a Neópolis, la actual ciudad de Nápoles.

En Nápoles, el taimado y compuesto Séneca escribió una extensa carta al Senado, que partiría en dirección a Roma en nombre de Nerón, en la que exponía los pormenores de la muerte de la reverenciada madre del emperador. Agripina, tal como proclamaba Séneca en su carta, había enviado a su liberto Agerino con la misión de asesinar el emperador, y cuando fracasó el intento de asesinato, la instigadora tuvo que pagar por su locura. Séneca no escatimaba detalles, poniendo de relieve los viejos crímenes, las irregularidades y las intrigas que se remontaban al reinado de Claudio, describiendo profusamente a los hombres y las mujeres que Agripina había liquidado cuando era la emperatriz de Claudio, y habiéndola responsable de la opresión imperial que caracterizó ese período. En una declaración diseñada para provocar el desafecto entre la milicia, decía en su misiva que Agripina se había opuesto frontalmente a los legados en efectivo (los «donativos», como eran llamados) que el emperador Claudio había dejado a todos los soldados y ciudadanos romanos en su testamento.

La carta de Séneca fue enviada a Roma sin mayor dilación, para que fuese leída ante el Senado en nombre del emperador al objeto de disimular el magnicidio y excusarle de antemano. Muchos senadores sospecharon la verdad de lo ocurrido en Bauli. ¿Quién podría ser tan estúpido, se pregunta Tácito en sus *Anales*, como para pensar que la galera de Agripina se había desintegrado por accidente, o que Agripina había enviado a un único asesino a la villa donde residía Nerón creyendo verdaderamente que conseguiría burlar a los numerosos guardias que velaban por su seguridad?[33] Ahora bien, a sabiendas de que la guardia pretoriana respaldaba totalmente y sin fisuras a Nerón, no hubo un solo senador que tuviera la valentía de pronunciarse en su contra. En cualquier caso, si existía alguien a quien se podía criticar sin temor a perder el pellejo, añade Tácito, ése era Séneca, por aplicar su talento literario en la creación de semejante documento falaz con el fin de echar tierra sobre un crimen tan horrendo.[34]

A pesar de las sospechas levantadas sobre la verdadera causa de la muerte de Agripina, los senadores se arrugaron en su deseo de adular al emperador. En consecuencia, decretaron acciones de agradecimiento a los dioses por haber permitido que Nerón sobreviviese al intento de asesinato ficticio. Votaron a favor de la creación de estatuas para celebrar el acontecimiento. Y vertieron toda suerte de ignominias sobre la memoria de Agripina, derribando sus estatuas y cualquier registro de sus logros anteriores, aun declarando que la fecha de su nacimiento debería ser incluida en la lista oficial de los días considerados poco propicios.

Tal fue el destino de la hija de Germánico, quien, escasos días antes, gozaba del afecto popular y era considerada por los romanos como una mujer situada más allá de cualquier reproche o castigo. Una vez que se consumó el asesinato del buen nombre de Agripina la Menor, la única cosa que se le permitió compartir con su padre fue un final de naturaleza criminal. Con una única excepción: en su caso, la identidad de los asesinos estaba muy clara.

XVII. LAS MUERTES DE AFRANIO BURRO Y OCTAVIA

Aunque los romanos en general se sobrepusieron rápidamente a la muerte de Agripina la Menor, de Nerón no podemos decir lo mismo, dado que nunca pudo asimilar lo que había hecho. Suetonio sostiene que Nerón confesó repetidas veces que el fantasma de su madre le atormentaba.[1] En busca de solaz y para evadirse de su culpa, de manera creciente el emperador se interesó por los cultos religiosos orientales basados en la diosa virgen, un tema recurrente y común a casi todas las religiones del Este. Según la tradición cristiana, alentado por su amante Acté y su copero, de los que se dice que eran cristianos, Nerón llegó incluso a entrevistarse con el apóstol Pablo para que le explicase con detalle los dogmas de la fe cristiana. Se supone que este encuentro tuvo lugar en el año 60 d. C., cuando Pablo fue trasladado a Roma para organizar su defensa legal y presentar sus alegaciones ante el emperador, luego de que fuese acusado por los caudillos judíos de la provincia de Judea, como era su derecho por ser ciudadano romano.

Séneca y Afranio Burro seguían ejerciendo una poderosa influencia sobre Nerón, y el Imperio parecía estar en buenas manos. Así, siguieron gobernando el timón de la nave del Estado con mano firme, evitando que Nerón se desviase por rumbos peligrosos. Dión Casio afirma que, llegados a cierto punto, Nerón se tornó inusitadamente obsesivo y decidió que era imperativo liquidar a todos aquellos rivales al trono que pudieran contarse entre los senadores romanos, pero Séneca trató de disuadirle, argumentando, muy sabiamente, que «Mates a quien mates, nunca podrás matar a tu sucesor».[2]

Aunque Séneca había conseguido frustrar esta masacre indiscriminada y en gran escala de senadores y caballeros, no hizo el menor intento para impedir que el emperador cultivase su pasión por la música. Al menos nadie murió el día en que Nerón decidió aparecer sobre el escenario vestido como un tañedor de lira y cantar en concursos públicos. En rigor, Séneca y el prefecto Burro aparecieron sobre el escenario acompañando a Nerón cuando en el año 59 d. C. hizo su presentación en Roma, e interpretaron dos composiciones de tema mitológico firmadas por el propio emperador bajo los títulos «Attis» y «Las Bacantes». Mientras tanto, prosigue Dión Casio, por instrucciones expresas de Nerón el hermano de Séneca, Galio, presentaba al emperador ante su audiencia empleando su nombre original, Lucio Domicio Enobarbo, y no el que había escogido como emperador, Nerón Claudio César Augusto Germánico.[3]

Al mismo tiempo, a lo largo y ancho del Imperio, los militares de alta graduación cuyos nombramientos se habían cursado por recomendación de Séneca y Burro estaban consolidando el orgullo y el prestigio de Roma. En Oriente, el adusto y veterano general Corbulón había expulsado a los partos de Armenia y había entronizado a un monarca que juró fidelidad a Nerón y a Roma. En Britania, el gobernador romano, Suetonio Paulino, organizó una contraofensiva remarcable luego de que buena parte del sur de la provincia hubiese caído en manos de los rebeldes británicos tras el levantamiento liderado por la reina guerrera Boudica contra la ocupación romana. Con no más de 5.000 legionarios de la XIV legión Gemina Martia Victrix, 2.000 hombres de la milicia Evocati (que, recientemente, se habían licenciado de la XX legión Valeria Victrix), 2.000 auxiliares batavios y 1.000 soldados de la caballería auxiliar (un total de diez mil hombres), Paulino derrotó a los ejércitos de la icena Boudica en una sangrienta batalla que tuvo lugar al noroeste de Londres, una victoria heroica que le sirvió para reconquistar la provincia y someter a las tribus celtas recurriendo a duras medidas punitivas durante los doce meses que siguieron.

Con sus consejeros, gobernadores y generales gestionando las distintas crisis, Nerón pudo dedicar algún tiempo a la conducción de cuadrigas, una pasión que había alimentado desde su niñez. En la esperanza de ocultar esta afición a los ojos públicos, Séneca y Burro cerraron un área relativamente extensa del valle del Vaticano, situada en la cuesta que conduce al actual emplazamiento de la catedral de San Pedro. Allí Nerón entrenaba a sus caballos y desarrollaba su faceta de auriga. Pero, de vez en cuando, y para mayor frustración de sus consejeros, también competía en las carreras públicas que se celebraban en el Circus Maximus. Asimismo, Nerón aparecía habitualmente sobre los escenarios de Roma y otras ciudades, tocando su lira y entonando poemas y canciones.

En el año 62 d. C., el prefecto pretoriano Burro desarrolló un cáncer de garganta que se extendía con rapidez; tal fue su avance que su cuello se abultó considerablemente. Antes de que concluyese el año, la garganta se le había obstruido casi por completo y el insidioso mal lo postró en su lecho de muerte. Un buen número de autores clásicos sugieren que Nerón puso fin a la agonía de Burro administrándole un veneno para así tener vía libre y hacer y deshacer a su antojo una vez que se hubiese roto la alianza sellada por Burro y Séneca. Tácito subraya que muchas personas de la época declararon que en efecto Nerón había ordenado que los ayudantes de Burro untaran su garganta cancerosa con un veneno, so pretexto de estar aplicándole un remedio. Cuando Nerón le hizo una visita escaso tiempo después, Burro esquivó el beso de despedida que el emperador quería darle en la mejilla. Entonces, cuando Nerón le preguntó si se sentía bien, el prefecto replicó con voz ronca: «Me siento muy bien». Según el relato de Tácito, el tumor se agrandó hasta obstruir completamente la garganta del prefecto Afranio Burro, segando su vida.[4]

Para sustituir a Burro, Nerón recuperó una práctica instaurada por Augusto, a saber: nombrar dos prefectos de la guardia pretoriana que compartiesen la responsabilidad y el poder. Uno de los nuevos prefectos sería Fenio Rufo, el superintendente encargado del abastecimiento de maíz, que había recibido tal nombramiento por recomendación de Agripina la Menor cuando ésta se encontraba en el apogeo de su influencia política. Rufo se había comportado como un hombre honesto y gozaba de una nada desdeñable popularidad entre la ciudadanía y los soldados pretorianos. Sin embargo, era un hombre pusilánime y carecía de experiencia militar. Su coprefecto, Ofonio (también escrito Sofonio o Sophonius) Tigelino, era un personaje sustancialmente distinto con una trayectoria asimismo diferente. Tremendamente ambicioso pese a su origen humilde, en el pasado se había comportado como un hombre sin escrúpulos, forjándose una brillante carrera gracias a su crueldad. Tigelino había sido desterrado por Calígula en el año 39 d. C., por haber tenido una aventura amorosa con Agripina la Menor. Claudio permitió que regresara a Roma y Nerón lo nombró prefecto de la guardia nocturna. Ahora era coprefecto de la poderosa guardia pretoriana. Llegados a este punto, su lealtad a Nerón estaba «fuera de toda duda»,[5] por cuanto, cuando todavía era comandante de la guardia nocturna, había sido compañero del emperador en sus noches de frenesí, vino y rameras por las calles de Roma.

Esta situación dejaba expuesto al primer secretario, Séneca, por primera vez durante los catorce años que había trabajado codo con codo junto a Nerón. La muerte de Afranio Burro le había privado de su socio en el ejercicio del poder. Séneca no estaba en buenos términos con ninguno de los dos nuevos prefectos de la guardia pretoriana, Rufo o Tigelino, y no hubo de pasar mucho tiempo antes de que viera desvanecerse buena parte de su influencia sobre Nerón al constatar que ya no podía contar con el respaldo de la guardia pretoriana. Análogamente, los enemigos de Séneca en el Senado no tardaron en darse cuenta de que su posición se había debilitado sensiblemente, y por ello empezaron a proferir diversas acusaciones contra él en la cámara. En su mayoría, estas acusaciones no eran constitutivas de delito y, por ende, no servían para incoar un proceso criminal en toda regla, pero no cabe duda de que minaron su credibilidad en las altas esferas del imperio. Fue acusado de hacer lo imposible para incrementar su popularidad entre la ciudadanía. Según se dijo, Séneca se había enriquecido desmesurada e ilícitamente durante el tiempo que sirvió al emperador, hasta tal punto que sus jardines y fincas de la campiña superaban a las del emperador en tamaño, opulencia y grandeza. Sus detractores le criticaban por creerse el más elocuente entre todos los oradores romanos, dando a entender con ello que esto debería ser considerado un delito. Y lo que era más preocupante, circulaba veladamente la acusación de que Séneca había criticado duramente al emperador por su participación reiterada en las carreras de cuadrigas y había ridiculizado su faceta artística, más precisamente su voz.

El joven senador Fabio Romano se atrevió a dar un paso más. Así las cosas, en el Senado acusó abiertamente a Séneca de conspirar en secreto contra el emperador. Todo parece indicar que Romano había olvidado el formidable talento de Séneca para el debate. Séneca tomó asiento en su banca senatorial para organizar su defensa. Con la brillante oratoria que le caracterizaba, Séneca fue capaz de voltear hábilmente los cargos, de tal suerte que Romano terminó convertido en el acu-

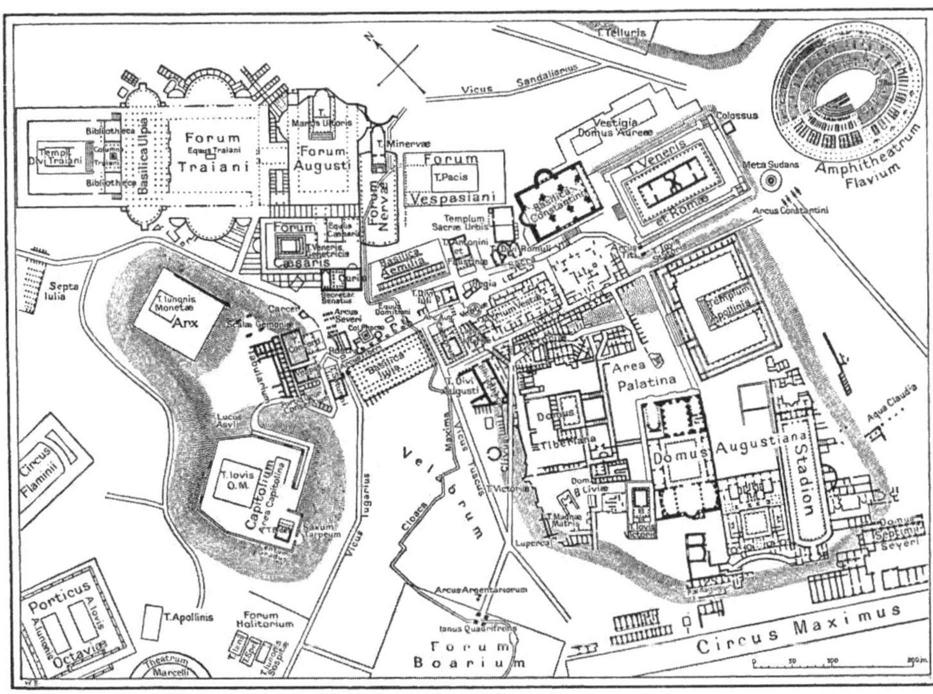

Mapa del centro de Roma, con el Circus Maximus en la esquina inferior derecha.

sador acusado, señalado por haber fabricado sus acusaciones, cosa que hizo añicos los cargos expuestos contra el filósofo. Sea como fuere, esto constituía una seria advertencia para Séneca, que en adelante tuvo que mantener la guardia alta.

Afranio Burro se había opuesto abiertamente y sin ambages contra el deseo de Nerón de casarse con su amante Popea Sabina. Pero ahora que Burro había muerto, y luego de que Sabina anunciase que estaba embarazada de un hijo del emperador, fue capaz de convencerle para que se divorciase de su joven esposa de veinte años, la muy inocente aunque estéril Claudia Octavia, hija de su difunto tío y padrastro Claudio. Para agilizar el divorcio, Octavia fue acusada de haber cometido adulterio con un esclavo egipcio flautista llamado Evoero de Alejandría. Y para obtener pruebas de este adulterio, las esclavas de Octavia fueron sometidas a tormentos indecibles por orden del prefecto pretoriano Tigelino. Algunas de estas esclavas negaron valientemente todos los cargos vertidos contra su señora Octavia. Una mujer de nombre Pitias llegó incluso a escupirle en la cara mientras la estaba torturando completamente desnuda sobre el potro de torturas. Cuando el pretoriano insinuó la clase de actividades sexuales que la esclava debía confesar haber presenciado, protagonizadas por Octavia y Evoero, se dice que Pitias declaró lo siguiente: «¡Las partes pudendas de mi señora están más limpias que tu sucia boca, Tigelino!».[6]

Pese a esta falta de cooperación por parte de Pitias y las otras esclavas, bajo tortura fueron muchos los sirvientes que dijeron a Tigelino lo que éste quería oír, siendo así que pudo construir una sólida base para solicitar el divorcio. Se incoaron los trámites pertinentes y muy pronto Nerón repudió a su esposa Octavia. El emperador hizo que su esposa abandonase las dependencias imperiales. Con evidente ironía, como si estuviera burlándose del difunto prefecto Burro, que siempre manifestó su oposición a este divorcio, el emperador ordenó que Octavia se instalase en la misma casa de la ciudad que había habitado el prefecto. No obstante, Octavia era una mujer muy popular y el pueblo de Roma no dudó en manifestarse ruidosamente en contra del divorcio, saliendo a las calles para expresar su profundo descontento. Todo indica que ante esta situación Nerón no se inmutó, puesto que escasos once días después de consumarse el divorcio de Octavia, la trajo consigo nuevamente al palacio, en apariencia para restaurar su condición de esposa y emperatriz. Ahora bien, según todos los indicios, sus intenciones eran otras: Nerón planeaba casarse en secreto con Popea Sabina al día siguiente.

En respuesta a esta aparente restauración de Octavia, el jubiloso pueblo de Roma, que nunca había dado crédito a la historia de sus infidelidades con un esclavo egipcio, se concentró por millares en el Capitolio para expresar su gratitud a los dioses. Seguidamente, los ciudadanos derribaron con violencia las estatuas de Sabina y colocaron estatuas y bustos de Octavia en el foro y en los templos.

Concentrándose súbitamente alrededor del Palatium, la turba aclamó a Nerón por haber sabido rectificar a tiempo y haber restaurado a Octavia. Sin embargo, la presencia de este gentío incontrolado constituía una visión amenazadora para los habitantes del Palatium; tanto así que los soldados de la guardia germana se aprestaron a defender la columnata del palacio. La cohorte de la guardia pretoriana que estaba de servicio apareció sin previo aviso. A modo de cuerpo policial antidisturbios, las tropas pretorianas arremetieron contra la muchedumbre blandiendo bastones de madera con el objeto de dispersar a los ciudadanos quejosos, matando en este altercado a un puñado de personas.

Según la obra dramática firmada por el propio Séneca, *Octavia*, a continuación el primer secretario intentó persuadir a Nerón de que no era conveniente que se casara con Sabina al día siguiente. Tácito, en la cronología de sus *Anales*, comenta que Séneca se retiró justo antes de estos hechos. Aun si esta cronología es correcta (y lo cierto es que en ocasiones Tácito desplaza ligeramente los acontecimientos dentro del marco temporal que emplea en sus *Anales*), no es imposible que Séneca, por estricta petición de Nerón, interrumpiese su retiro para tratar este asunto con el emperador. Dión Casio sostiene que fue Burro quien en aquel momento se opuso al matrimonio entre Nerón y Sabina, pero el hecho es que Burro ya había muerto. En *Octavia*, Séneca advertía a Nerón de que el pueblo de Roma nunca aceptaría su casamiento con Sabina. Decía que Octavia era joven e inocente, además de una mujer amada por el pueblo y perteneciente a la familia claudiana, una dama imperial en virtud de su estirpe. Y agregaba que Popea Sabina no era más que la ambiciosa hija de una adúltera de familia patricia, cuyas únicas credenciales eran su innegable belleza y un embarazo.[7]

«Deja que haga, aunque sólo sea por una vez», replicó Nerón a Séneca, «algo que no sea del agrado de Séneca».[8]

Popea Sabina no sólo quería convertir a Nerón en su legítimo esposo, sino que pretendía eliminar a Octavia de su camino. La muchedumbre gritaba el nombre de Octavia en clara indicación de su popularidad y la de toda su estirpe, tanto así que mientras estuvo viva, Sabina nunca las tuvo todas consigo. Sabina transmitía esta inseguridad a Nerón. En este sentido, Tácito afirma que, rogándole que se deshiciera de ella, Sabina le hizo esta advertencia: «Si el pueblo abandona la idea de que Octavia siga siento tu esposa, enseguida encontrará un nuevo marido para ella».[9] Esta insinuación, es decir, que Octavia podría casarse con otro hombre quien entonces obtendría las credenciales necesarias para ganarse el apoyo popular y arrebatarle el trono, aterrorizó sobremanera a Nerón, del mismo modo como tiempo atrás la amenaza lanzada por su madre de sustituirle por Británico le había causado pavor.[10] En *Octavia*, el prefecto pretoriano Tigelino se presenta ante Nerón para informarle de ciertas cosas. El pretoriano le comenta que la insurrección popular en pro de Octavia ha sido aplastada contándose algunas bajas entre el populacho.

—¿Aplastada? —repuso Nerón con desdén—. ¿Acaso es ésa mi única satisfacción? —Y acto seguido exigió un castigo más severo.[11]

—¿A quién deseas que castiguemos? —inquirió Tigelino. Y al instante puso su mano derecha sobre la empuñadura de su espada envainada—. Mi espada está preparada —dijo.

—Acaba con ella [Octavia], y tráeme su detestable cabeza.

El rostro del prefecto esbozó una mueca de terror.

—Estoy abrumado. Paralizado por el horror y el pánico.

—¡Acaso vacilas! —espetó el emperador.

—¿Acaso dudas de mi lealtad?

—Sí, cuando perdonas a mis enemigos.

—¿Una mujer es tu enemigo?

—Lo es, si es culpable de un crimen.

—¿Bajo qué cargos ha sido condenada?

—Bajo el cargo de haber incitado a la revuelta popular.[12]

Así y todo, Tigelino no arrestó ni mandó ejecutar a Octavia. Nerón y Popea Sabina se casaron al día siguiente.

Es muy probable que tanto Tigelino como Séneca le hubiesen indicado que para condenar a Octavia era necesaria una acusación más contundente, acusarla de un delito mayor. Presionada por Sabina, ahora convertida en la emperatriz, Nerón trató de discurrir una acusación más adecuada para sus fines, una que no admitiese desafíos. Entonces tuvo una idea. Nerón mandó llamar a Aniceto, el prefecto de la flota del Tirreno anclada en Misenum, el hombre que había organizado y perpetrado la muerte de su madre. Pues bien, Nerón le informó de sus planes, y le dijo que esperaba que confesara haber tenido un idilio amoroso clandestino con Octavia. Si se prestaba a su malévolo plan, prometía entregarle una suculenta aunque secreta recompensa económica, así como una magnífica finca donde podría vivir un retiro dorado y disfrutar el resto de sus días. Ahora bien, si Aniceto osaba negarse, sería recompensado con una ejecución sumarísima.

El antiguo ayo de Nerón no sólo aceptó la encomienda, sino que demostró ser un hombre inusitadamente creativo al confesar su adulterio con Octavia ante los amigos del emperador. Nerón, por su parte, cumplió puntualmente su parte del trato: Aniceto fue desterrado a la placentera isla de Cerdeña, donde vivió el resto de sus días gozando de las comodidades de una suntuosa finca palaciega, hasta que le sobrevino la muerte por causas naturales. Para agregar una pizca de interés a los hechos, Nerón también decidió acusar a Octavia de haberse quedado encinta de uno de sus múltiples amantes ficticios y de haber abortado después. Olvidó a la sazón que una de las razones que originalmente había esgrimido para justificar su divorcio de Octavia era precisamente su esterilidad, su incapacidad manifiesta para quedarse embarazada y darle un heredero.

En la estela de las acusaciones tan hábilmente vertidas por Aniceto, la joven Octavia fue arrestada en las dependencias del Palatium. Varios centuriones y soldados pretorianos la rodearon, ciñeron sus muñecas con cadenas metálicas y en una litera cerrada fue trasladada hasta una galera que aguardaba su llegada en el puerto. Siempre según lo narrado en *Octavia*, desde la península Itálica fue trasladada hasta la isla Pandataria, en el mismo trirreme que anteriormente había trasladado a la madre del emperador hasta Baiae.[13] Esto guarda coherencia con los actos precedentes de Nerón. Como se dijo, el emperador había ordenado que Octavia se instalase en la casa del antiguo prefecto Burro, y ahora ordenaba que fuese confinada en la misma isla prisión donde su madre adúltera, Agripina la Menor, su abuela Agripina la Mayor, y su bisabuela Julia habían sido encarceladas; y, para mayor inri, hasta allí la llevaban a bordo de la misma nave que había conducido a su madre hasta la muerte.

Pocos días después de que la antigua emperatriz desembarcase en Pandataria, desde la capital romana llegó la orden de su ejecución. Los guardias que la custodiaban actuaron de inmediato. Mientras era encadenada por los centuriones y los soldados, Octavia suplicó a sus captores que le perdonasen la vida, recordándoles que ella era la hija de Claudio y la nieta de Germánico. Que había sido la obediente hijastra de Agripina, la hija de Germánico. Y no había cometido ningún crimen. No obstante, los herméticos pretorianos ignoraron fríamente sus ruegos y le cortaron todas las venas de sus brazos y sus piernas. Y allí se quedó, rodeada por los soldados, mientras su corazón bombeaba sangre y ella se desangraba. Pero hacía frío. La sangre se coagulaba. Y Octavia no se moría.

Impaciente por terminar su misión, el centurión que comandaba las tropas hizo que sus hombres trasladaran a Octavia hasta las termas de la isla. Allí se le preparó un baño de agua ferozmente caliente. Cuando el vapor inundaba la estancia, Octavia fue sumergida a la fuerza en el agua hirviendo. Allí murió. Una vez recuperado su cadáver de la gigantesca tina, el centurión cercenó la cabeza de la joven de veinte años. Su cabeza fue enviada a Roma para probar que la orden de ejecución había sido cumplida según lo requerido. Popea Sabina, la nueva emperatriz, quiso ver la cabeza cercenada de su antecesora, y cuando se la mostraron no dudó en contemplarla con mórbida satisfacción. Este acto postrero constituye, a juicio de Tácito, quien describe pormenorizadamente la muerte de Octavia, el mayor horror de todo aquel triste episodio.[14]

A todas luces, Séneca había fracasado en su intento de evitar que se ejecutara a Octavia y que Nerón finalmente se casara con Popea Sabina. Consciente de que su influencia estaba en horas bajas, y mientras Nerón hacía lo imposible para evitarle, Séneca, que a estas alturas contaba sesenta y cinco años de edad, decidió retirarse antes de que fuese demasiado tarde. Solicitó y le fue concedida una audiencia privada con el emperador, en el transcurso de la cual le dio las gracias por haberle dado poder y riquezas, por haberle encumbrado hasta los puestos de mayor jerarquía del imperio, y le expresó su deseo de apartarse de la vida pública. Que le hubiese honrado con semejante poder y fortuna era, entre todos, el privilegio que mejor valoraba, explicó, dado que provenía de una familia provinciana que, hasta su persona, nunca había logrado ascender más allá de la noble orden de los caballeros ecuestres. Muy astutamente, Séneca ofreció al emperador que fuesen los agentes imperiales quienes administrasen sus fincas y que todas pasaran a ser propiedad de Nerón, toda vez que él pensaba retirarse lejos del bullicio de Roma. «Ya no puedo con la carga de mis riquezas, y necesito ayuda.»[15]

Nerón respondió con cortesía, alabando a su antiguo preceptor y leal primer secretario en las labores de gobierno. Le agradeció los servicios prestados durante tantos años. Procuró ocultar lo mucho que le regocijaba verse liberado de la incómoda presencia de Séneca en el Palatium, y permitió que el filósofo partiese rumbo al retiro, no sin antes escenificar su pena e instarle a acudir a él si en el futuro alguna vez precisaba su consejo sobre cualquier asunto. Así fue que Séneca rindió la daga simbólica y ornamental que portaba dada su condición de primer secretario del Gobierno, y seguidamente abandonó el palacio y se retiró definitivamente de la vida pública. En tiempos pasados, Séneca caminaba invariablemente rodeado por una multitud de subalternos y sirvientes. A partir de ahora viviría sin estridencias y sólo disfrutaría de un pequeño séquito, desplazándose de una finca a otra sin llamar la atención. Se dedicaría a escribir sus obras dramáticas y sus célebres cartas filosóficas, y muy rara vez visitaría Roma.

Eliminado Séneca, el prefecto pretoriano Tigelino sembró la duda en la cabeza de Nerón acerca del buen hacer de su coprefecto Fenio Rufo. La principal acusación formulada por Tigelino era que Rufo había mantenido una relación quizás demasiado estrecha con Agripina, quien fuera la principal artífice de su ascenso temprano. Irónicamente, nadie había estado más cerca de Agripina que el propio Tigelino, condenado por haber cometido adulterio con ella. Sin embargo, se las ingenió para persuadir a Nerón de que no le convenía confiar en Rufo. Al tiempo que Rufo constataba que había dejado de ser uno de los favoritos del emperador, Tigelino recibía responsabilidades cada vez mayores. Con el paso del tiempo Tigelino llegaría a convertirse en un nuevo Sejano, un prefecto despiadado y cruel que aterrorizaba a todos los estratos de la sociedad romana. Así, en nombre de Nerón destruía a los ciudadanos con posibles cuya riqueza pudiese rivalizar con la del emperador, procesándolos siempre bajo acusaciones y cargos totalmente inventados. Entre tantos ciudadanos ilustres cabe destacar a Palas, quien, una vez que abandonó el cargo de secretario de finanzas antes de que Séneca también saliese del Palatium, llegó a amasar una fortuna superior incluso a la del propio Séneca.

En ese ínterin, la nueva emperatriz Popea Sabina alumbró una hija de Nerón, Claudia Augusta, en la localidad de Anzio en 63 d. C. La niña nacería con una salud endeble y moriría antes de su segundo cumpleaños. Su muerte sería un presagio del trágico futuro de Nerón. No habría de pasar mucho tiempo antes de que muriera el emperador y de que pudiera resolverse el misterio del asesinato de su abuelo Germánico.

XVIII. LA CONJURA PARA ASESINAR A NERÓN

Los incendios domésticos eran un suceso bastante común en la capital romana. Buena parte de la ciudad estaba compuesta por edificios de viviendas de varias plantas levantados a escasa distancia unos de otros, a los que se accedía desde una compleja red de callejas angostas y serpenteantes. Dada esta fisonomía obtusa y abigarrada, cuando se producía un incendio las llamas no tardaban en extenderse con voracidad. Ni que decir tiene que en tiempos romanos no existían las compañías aseguradoras, si bien en algunos casos convenía al propietario incendiar una vieja propiedad para así forzar el desahucio de sus inquilinos, y seguidamente edificar viviendas mejores y de mayor tamaño, para, en consecuencia, establecer alquileres más elevados.

Una vez cada diez años, un incendio de grandes proporciones devastaba manzanas enteras de la ciudad. Ahora bien, en el año 64 d. C., Roma fue asolada por una catástrofe mayor que causó unos destrozos sin precedentes, lo que hoy conocemos como el gran incendio de Roma. Nerón no se encontraba en la ciudad cuando sobrevino esta catástrofe. Obsesionado con la idea de competir en certámenes públicos de teatro, el emperador se había desplazado hasta Anzio recorriendo parte de la costa occidental de Italia, una población donde anualmente se organizaba un importante concurso de cantantes y tañedores de lira. Sin duda alguna, Anzio era una localidad favorecida por la familia imperial, toda vez que Nerón había construido un nuevo puerto de mar en el año 59 d. C. Durante su estancia en Anzio con motivo del citado concurso, Nerón se alojó en la villa imperial edificada por Calígula como lugar de vacaciones y utilizada como residencia de la costa de la madre de Nerón, Agripina la Menor, durante muchos años. Fue precisamente allí donde embarcó Agripina rumbo a su muerte cinco años antes. También allí Popea Sabina había alumbrado a la hija de Nerón.

El 19 de julio, mientras Nerón estaba tocando la lira y cantando sus poemas sobre el escenario del concurso musical de Anzio, se declaró un incendio en algunas tiendas de un pórtico comercial situado bajo el inmenso Circus Maximus, una edificación que podía albergar, sentadas, a más de doscientas mil personas. Este siniestro inspiró la composición que interpretó Nerón mientras Roma sucumbía pasto de las llamas. El fuego no tardó en devorar los puntales de madera y las vigas que sostenían los enormes graderíos del circo, la mayor estructura de madera jamás construida, y desde allí se extendió velozmente hasta los barrios cercanos, devastando la zona situada al noroeste del monte Palatino.

Al día siguiente, cuando a Anzio llegó la noticia del incendio que había calcinado la ciudad, y Nerón supo que el fuego avanzaba sin control en dirección a su Palatium, decidió regresar apresuradamente a la capital. Los efectivos del cuerpo de bomberos, la guardia de la ciudad y la guardia nocturna se esforzaban infructuosamente por controlar la catástrofe. Ni siquiera las tropas de la guardia pretoriana podían contener el avance de aquella terrible cortina de lenguas de fuego que lo devastaba todo a su paso. En años recientes, Nerón había ampliado el Palatium de Augusto, construyendo una estructura de tránsito, llamada Domus Transitoria, que comunicaba los palacios del Palatino con los Jardines de Mecenas ubicados en el monte Esquilino. Toda esta construcción de nueva planta fue devorada por las llamas en su camino hacia el Palatino, antes de calcinar los palacios levantados sobre la pendiente, incluido el original, el viejo Palatium de Augusto. Al igual que cientos de miles de romanos, Nerón se quedó sin casa tras el incendio.

El fuego seguía consumiendo la ciudad, un distrito tras otro. Nerón, a la desesperada, ordenó abrir el Campo de Marte y los jardines imperiales para albergar a los damnificados, e improvisó refugios temporales para aquellos que lo habían perdido todo. Asimismo, mandó pedir suministros y alimentos de primera necesidad, que fueron traídos desde el puerto de Ostia y otras localidades cercanas para abastecer a la población capitalina. Sin embargo, aunque estas y otras medidas inicialmente le proporcionaron los elogios y la simpatía de sus conciudadanos, la opinión popular sobre Nerón cambió radicalmente cuando circuló el rumor de que, durante su estancia en Anzio, el emperador había interpretado públicamente una composición sobre la caída de Troya, casi como si anhelara la destrucción de Roma.

El incendio se prolongó durante cinco interminables días, siendo controlado justo al pie del monte Esquilino. Entonces, todos respiraron aliviados. Pero el fuego se desató de nuevo en una finca propiedad del prefecto pretoriano Tigelino, esta vez con mayor virulencia. Este rebrote duró varias jornadas y destruyó varios templos y los domicilios de numerosas familias patricias de Roma. Cuando finalmente pudo extinguirse el incendio, se comprobó que en tres de los catorce distritos de Roma todos los edificios habían quedado completamente destruidos. En otros siete distritos sólo pudieron salvarse la mitad de los edificios, parcialmente quemados. El terrible incendio únicamente respetó cuatro distritos. Sea como fuere, el número de víctimas mortales fue inusitadamente bajo, contabilizándose, sobre todo, niños y ancianos muertos, los menos capacitados para huir de las llamas.

Las referencias que figuran en algunos textos clásicos (entre ellos los *Anales*, de Tácito) a los cristianos que posteriormente fueron acusados de haber provocado el incendio, apresados y quemados vivos por Nerón como chivos expiatorios, son, a juicio de muchos estudiosos, invenciones de algunos copistas cristianos, quienes las insertaron en forma de párrafos en las copias que hicieron de los *Anales*, las únicas copias del texto que han sobrevivido hasta nuestros días. En la época, la creencia general era que el primer incendio, el que se desató en los comercios y almacenes del circo, fue accidental, pero que el segundo, ocurrido cinco días después, fue provocado por el propio Tigelino, bien por órdenes directas de Nerón para poder reconstruir Roma según sus deseos, o bien porque Tigelino quería aprovechar la coyuntura para edificar en sus parcelas nuevas propiedades con un valor de mercado mayor.

La reconstrucción de Roma no sería tarea fácil y se desarrollaría durante varios años. Aunque la ciudad renacería de sus cenizas con un esplendor jamás conocido, en opinión de Tácito, los más viejos del lugar, sufridos supervivientes del incendio, todavía recordaban los viejos monumentos y edificios históricos, entre ellos el palacio del rey Numa Pompilio de la Roma antigua, y las obras de arte griegas de incalculable valor que nunca podrían ser reemplazadas.[1] Los escombros fueron retirados de las calles y transportados por las aguas del Tíber para rellenar con ellos las marismas de Ostia. Entretanto, las provincias competían entre sí aportando fondos y artesanos para la descomunal tarea de reconstruir la capital. Esta coyuntura brindó a Nerón la oportunidad de rehacer la ciudad a su antojo, rediseñándola con un trazado caracterizado por calles más amplias y regulares, así como por un más fácil acceso al agua corriente. Asimismo, le permitió implementar un paquete de medidas concebidas para impedir, en la medida de lo posible, la propagación de los incendios entre los edificios, limitando la altura de los mismos y su densidad en determinadas zonas. También proyectó la creación de espacios abiertos para mayor disfrute de la ciudadanía.

Y lo que era más importante para Nerón: la fuerte devastación posibilitó que planificara y construyera un palacio de ensueño distinto de todo lo existente hasta la fecha. De las cenizas del gran incendio surgió el nuevo Palatium, la mansión dorada de Nerón. Su Domus Aurea ocuparía una extensión de doscientos acres en el corazón de Roma, extendiéndose más allá de la colina Palatina hasta los vecinos montes Celio y Opiano, un compleja villa de dimensiones gigantescas compuesta por numerosos pabellones, jardines y lagos. Uno de estos lagos sería vaciado una década después al objeto de levantar en su lugar el gran anfiteatro Flaviano, o Coliseo. Una inmensa estatua de mármol de Nerón, de 36 metros de altura, conocida por el nombre de «Coloso», fue erigida en el vestíbulo que daba entrada a la casa dorada, la misma que años después, en 80 d. C., encontraría una nueva ubicación en el exterior de Coliseo, y de la que el famosos anfiteatro obtendría el sobrenombre con el que ha pasado a la posteridad (cabe señalar aquí que el nombre oficial del coliseo era, en realidad, teatro de Caza). Sólo la cabeza de esta imponente estatua de Nerón y una de sus enormes manos de mármol, sobrevivirían al paso de los siglos.

Aunque Nerón había relevado a Séneca de las tareas de gobierno y permitido que se apartase de la vida pública dos años antes, ello no significó que quedase completamente al margen de la vida del emperador. Tal vez fue, eso sí, la etapa más fecunda de su producción filosófica, pues escribió entonces algunas de sus obras más famosas. De estos años, entre el 62 y el 65, datan *De la vida retirada* o *Del ocio*, *Los ocho libros de cuestiones naturales*, *Epístolas morales a Lucilio* y *Sobre la prudencia*. La nueva emperatriz, Popea Sabina, detestaba a Séneca, esencialmente porque se había opuesto a su matrimonio con Nerón, así como a la ejecución de Octavia. Y pese a la invitación del emperador para que Séneca volviese de su retiro cuando se le antojase para corregirle si estaba tomando decisiones equivocadas, lo cierto es que Nerón no estaba dispuesto a dejarse aconsejar por nadie, y mucho menos ahora. Tras la muerte de Agripina, Nerón se entregó a toda clase de excesos y pronto mostró un enorme desapego hacia su maestro. Por medio de su liberto Cleónico, Séneca supo que Nerón había ordenado preparar un veneno para acabar con su vida, y que había sido sondeado con la intención de averiguar si estaría dispuesto a administrárselo a su señor. Enterado de esto, en adelante, Séneca sobrevivió gracias una dieta de frutas silvestres y agua dulce directamente extraída de un arroyo, para eludir cualquier intento de envenenamiento.

Las reiteradas tentativas de Nerón de liquidar a los romanos prominentes incómodos, tales como Séneca, combinadas con el injustificable despilfarro que había supuesto la construcción de la casa dorada, además de su obsesión por las carreras de cuadrigas y la música, y todo ello sumado al brutal desempeño del prefecto pretoriano Tigelino, sirvieron para que fuese detestado por la práctica totalidad de la nobleza romana, siendo así que se urdieron varias conjuras para asesinarle durante la primavera del año 65 d. C., tan sólo siete meses después del gran incendio. Una de estas conjuras estaba liderada por el plebeyo Cayo Calpurnio Pisón, el mismo Pisón que solía prestarle su villa de Baiae, la misma donde Nerón había orquestado el asesinato de su madre.

En el centro de una segunda conjura estaban el tribuno de una cohorte de la guardia pretoriana Subrio Flavo, y el centurión pretoriano Sulpicio Asper. Estos dos conjurados incorporaron a su causa a otros oficiales pretorianos. Al mismo tiempo, e independientemente de la conjura liderada por los pretorianos, un puñado de senadores y caballeros conspiraba con Pisón, con la intención de nombrar emperador a éste último una vez que se hubiesen deshecho de Nerón. Tácito, citando a Plinio el Joven como su principal fuente, escribe que Pisón planeaba divorciarse de su mujer y casarse con Claudia Antonia, la última hija superviviente del emperador Claudio y sobrina de Germánico, para así garantizarse una pátina de legitimidad en su ascenso al trono.[2] Al objeto de ganarse la adhesión de la guardia pretoriana, los conjurados de Pisón se acercaron al coprefecto Fenio Rufo quien, según deseaban y esperaban, gustosamente se uniría a ellos para destruir a Nerón y a Tigelino ahora que, por influencia de éste último, Nerón había apartado virtualmente a Rufo de cualquier decisión trascendente. Los senadores sabían que sin el concurso del popular comandante pretoriano, y sin su guardia pretoriana, la conjura estaba abocada al fracaso. Rufo accedió a unirse a los conjurados, y fue por mediación suya que los oficiales pretorianos Flavo y Asper, asimismo conspiradores, se unieron a la conjura liderada por Pisón. Las dos tramas para asesinar a Nerón habían, pues, convergido en una.

Algunos conjurados sugirieron que el magnicidio debía producirse durante una de las frecuentes estancias de Nerón en la villa que tenía Pisón en Baiae, pero Pisón se negó arguyendo que no quería contaminar el lugar con la sangre de un tirano. Otro de los varios planes para asesinar a Nerón contemplaba la posibilidad de darle muerte en alta mar. Con este escenario en mente, Epicaris, una liberta adinerada que también conocía los detalles de la conspiración, sondeó al capitán de navío Volusio Proculo, que como sabemos había participado en el asesinato de Agripina la Menor. En privado, Volusio manifestó a Epicaris su descontento porque no se sentía suficientemente recompensado por el rol que había desempeñado en la trama para liquidar a la madre del emperador. Sin embargo, cuando la liberta le comentó la posibilidad de eliminar a Nerón cuando el emperador navegase a bordo de una galera de combate rumbo a Egipto para realizar una visita imperial a la provincia, Proculo no lo dudó un instante e informó a Nerón de la existencia de esta conjura. La liberta fue arrestada y torturada sin contemplaciones, pero de ella no obtuvieron la menor confesión. En ausencia de otros testigos que avalasen la teoría de Proculo, el asunto quedó zanjado.

El arresto de Epicaris espoleó al resto de los conjurados a avanzar y ejecutar el plan sin dilaciones. Llegados a este punto, la idea era asesinar a Nerón durante los juegos que debían celebrarse en abril en honor a Ceres en el Circus Maximus. En los últimos tiempos Nerón se había recluido notoriamente, y sólo se le veía en público en aquellos eventos donde había carreras de cuadrigas. Ahora bien, cuando llegó el mes de abril, agentes del Palatium descubrieron la conjura corregida y revisada por Pisón y sus seguidores, escasos días antes de la fecha señalada para su ejecución. Esta debacle se produjo cuando uno de los conspiradores, Flavio Escevino, que había sido designado para dar el primer golpe, actuó de manera tan sospechosa que su liberto acudió apresuradamente al Palatium para delatarle. La sospecha había surgido en la mente del liberto cuando Escevino le ordenó que afilase una daga oxidada que recientemente había hecho bendecir en uno de los templos. A sabiendas de que su señor se sentaría junto al emperador en el circo durante los Juegos de Ceres al cabo de pocos días, el manumiso ató cabos y corrió a informar puntualmente de sus conjeturas. Enterado de todo, a Nerón tampoco le tembló el pulso.

Cuando Escevino fue interrogado, el conjurado lo negó todo. Pero cuando el interrogatorio de su liberto alcanzó el meollo de la cuestión, dio los nombres de dos hombres que recientemente se habían entrevistado largamente y en secreto con su señor. Ambos fueron apresados por la guardia pretoriana y conducidos al Palatium. De ninguno de ellos puede decirse que fuera valiente: al ser amenazados con el tormento, los dos cantaron de plano todo lo que sabían de la conspiración, dando los nombres de varios conjurados más. Uno de los primeros hombres delatados fue Lucio Anneo Séneca, el célebre filósofo, antiguo ayo y maestro de Nerón, y primer secretario ahora retirado de la vida pública. En un primer momento, Nerón pareció no dar crédito a estas acusaciones, aun cuando el sobrino del filósofo, Marco Anneo Lucano (conocido por las generaciones posteriores como Lucano el poeta), hijo del hermano menor de Séneca Lucio Anneo Mela, confesó que formaba parte de la conspiración. Aunque Lucano había sido uno de los favoritos de Nerón, y aunque había ganado el premio de poesía en los Juegos Neronianos del año 60 d. C., desde entonces había caído en desgracia y el emperador había prohibido la representación pública de sus obras (todo indica que estaba celoso de su innegable talento). Más aún: no sólo confesó Lucano su implicación en la conspiración para asesinar a Nerón, sino que delató a su propia madre, Acilia. Tropas de la guardia pretoriana, reforzadas con algunos hombres de la guardia germana para garantizar que los pretorianos cumplían su obligación escrupulosamente y sin fisuras, peinaron la ciudad en busca de los conspiradores cuyos nombres conocían. Por el momento, Séneca no figuraba en la lista de los hombres más buscados.

Numerosos prisioneros fueron arrastrados hasta los jardines Servilianos, donde Nerón, rodeado de escoltas, muy especialmente protegido por un gigantón de la guardia germana llamado Casio, interrogó personalmente a todos y cada uno de los sospechosos junto al prefecto Tigelino. Entre los soldados que acompañaban a Nerón en sus pesquisas estaba el prefecto Fenio Rufo. También era, desde luego, un conspirador, pero su complicidad todavía no había salido a relucir, y nadie hasta el momento había pronunciado su nombre. Rufo, por su parte, se mostró muy duro con los prisioneros cuando fueron presentados, uno por uno, ante el emperador. Junto a él se encontraba el centurión pretoriano Subrio Flavo, otros de los miembros insignes de la conjura.

Tácito nos relata cómo, mientras Nerón y Tigelino interrogaban a los sospechosos, el centurión Flavo susurraba al oído del prefecto Rufo que a una sola señal suya desenvainaría su espada y acabaría con el emperador. Rufo fijó la vista en el centurión, que con determinación había posado su mano sobre la empuñadura de su espada *gladius*. Pero a Rufo le falto coraje. Negó con la cabeza e hizo que el centurión desistiera y soltase la espada. Días después, esta indecisión se revelaría como un error de consecuencias fatales. Al cabo de pocos días, otros conspiradores darían los nombres de Rufo y Flavo en el transcurso de aquellos interrogatorios y confesiones interminables, y ambos serían decapitados sin más.[3] Dos de los diez tribunos de la guardia pretoriana también serían incriminados y pagarían con su vida sus veleidades sediciosas. Los restantes tribunos pretorianos cuya lealtad fue puesta en entredicho fueron relevados de sus puestos a instancias de Tigelino.

Después del arresto de Flavo, Nerón le preguntó por los motivos que le habían llevado a conspirar contra él, contraviniendo su juramento sagrado de lealtad al emperador. La excusa esgrimida por Flavo fue que había llegado a odiar a Nerón. Según Tácito, el centurión declaró lo siguiente: «Ningún soldado te era más leal que yo, cuando merecías ser amado. Empecé a odiarte cuando decidiste asesinar a tu madre y a tu esposa, y cuando te convertiste en auriga, en actor y en incendiario».[4]

Si bien es cierto que varios conjurados perecieron bajo la espada del verdugo, algunos otros tuvieron tiempo para suicidarse cortándose las venas, entre ellos el cabecilla Pisón, la figura central de la conspiración, así como el cónsul electo Ático Vestino y el poeta Lucano, sobrino de Séneca, que declamó su último e inédito poema, protagonizado por un soldado moribundo, ante su círculo de amigos mientras la vida se le escapaba. En lo concerniente a Séneca, si bien Nerón quería verlo muerto, no sabía cómo proceder contra él. Tan sólo un conspirador le había incriminado, y ni tan siquiera esta acusación era concluyente. Así las cosas, Nerón ordenó al tribuno pretoriano Gavio Silvano que interrogase a Séneca acompañado por un destacamento de tropas pretorianas. El tribuno encontró al filósofo en el domicilio de uno de los amigos del antiguo primer secretario, Novio Prisco, a escasos seis kilómetros de Roma. Séneca pasaba la noche en la villa de Prisco luego de haber llegado hasta allí procedente de su finca de la Campania.

A última hora de la tarde, el tribuno Silvano rodeó la casa con sus soldados pretorianos, luego accedió al interior y se enfrentó a Séneca escasos instantes antes de que empezara la cena. Junto a Séneca se encontraban dos de sus amigos íntimos y su segunda esposa, Pompeya Paulina. Aunque era mucho más joven que Séneca, le profesaba un amor sincero. Paulina contaba con recursos propios, pues provenía de una familia pudiente. Era hija de un antiguo cónsul que había desempeñado enérgicamente el cargo de gobernador de la Germania Inferior, y que, en la actualidad, era uno de los tres comisarios de Roma nombrados por Nerón encargados de las cuentas públicas. Es muy probable que recibiese semejante honor por recomendación directa de Séneca.

Uno de los dos amigos presentes esa noche era el médico de Séneca, Eustacio Anneo, un antiguo esclavo al que seguramente Séneca concedió la libertad. En tiempos romanos, los médicos eran, casi exclusivamente, esclavos de origen griego o bien libertos. Cuando un esclavo obtenía la libertad, generalmente adoptaba el nombre de su antiguo dueño. Por lo tanto, es muy probable que Eustacio hubiera sido un antiguo esclavo que en su día tomó el apellido de la familia Anneo al recibir la manumisión. El segundo amigo de Séneca presente en dicha cena habría sido el propietario de la casa, Novio Prisco. El propio Séneca, que ahora contaba sesenta y ocho años, había perdido mucho peso y estaba visiblemente flaco como resultado de la dieta frugal que había observado durante los últimos años. Asimismo, en tiempos recientes había padecido una enfermedad que había mermado su salud de forma ostensible. Con todo, últimamente había recuperado parte de su fortaleza física y su porte, que lucía tan majestuoso como de costumbre.

Levemente avergonzado, el tribuno explicó formalmente a Séneca que Antonio Natalis, un conspirador confeso y uno de los dos amigos de Escevino que no tardaron en confesar su implicación en la conjura, había delatado a Séneca en presencia de Nerón. Bajo interrogatorio, Natalis había declarado que Pisón, el cabecilla de la conspiración, le había enviado a entrevistarse con Séneca para conocer de primera mano si apoyaba la trama para asesinar a Nerón. En su confesión, Natalis había dicho al emperador que personalmente había amonestado a Séneca por rechazar la posibilidad de entrevistarse con Pisón, y Séneca le había respondido que si se supiese que ambos mantenían reuniones frecuentes ni él ni Pisón se verían beneficiados. Ahora que Séneca por voluntad propia había decidido retirarse de la vida pública, la existencia de tales reuniones sin duda habría levantado sospechas en el Palatium. La insinuación vertida por Natalis, según la cual Séneca estaba enterado de la conspiración, se vio reforzada por un comentario que Natalis atribuyó al propio Séneca. Siempre según Natalis, Séneca le había manifestado lo siguiente: «Mi propia vida depende de la seguridad de Pisón».[5] Este comentario bien podría interpretarse como que Séneca deseaba que la conjura maquinada por Pisón triunfase y consiguiera eliminar a Nerón.

Cuando el tribuno Silvano repitió estas acusaciones en presencia de Séneca y le preguntó si tenía algo que decir a las mismas, Séneca negó cualquier implicación o conocimiento de la conjura. Replicó que se había negado rotundamente a entrevistarse con Pisón cuando éste se lo había solicitado, simple y llanamente porque su principal aspiración era vivir como cualquier ciudadano, tranquilo y completamente apartado de la vida pública, y no por razones oscuras, furtivas o clandestinas. Silvano regresó de inmediato al Palatium, dejando sus tropas en sus posiciones alrededor de la villa de Prisco.

En el palacio imperial, el tribuno refirió a Nerón la respuesta que había recibido por boca de Séneca, en presencia de la emperatriz Sabina y el prefecto pretoriano Tigelino. Nerón quiso saber si Séneca parecía dispuesto a quitarse la vida. Silvano repuso que Séneca parecía sumamente compuesto y tranquilo, y que ciertamente no había observado en él el menor signo de temor o arrepentimiento, que ninguna señal de tristeza aparecía en sus palabras ni en su semblante. En síntesis, que no había reaccionado como un hombre culpable. Pese a todo, presionado por su esposa y principal consejera, Nerón mandó al tribuno de vuelta a la casa de Prisco con la misión de anunciarle que el emperador estaba plenamente convencido de que Séneca bien estaba implicado en la conjura o bien estaba enterado de su existencia, y que, por consiguiente, le sentenciaba a muerte.

Ulteriormente, luego de que todos los oficiales pretorianos implicados en la trama fuesen descubiertos y revelaran, uno tras otro, todo lo que sabían, Nerón obtuvo la confirmación de que Séneca, aunque no había participado activamente en la conjura para asesinarle, ciertamente conocía su existencia. Es más, Séneca iba a beneficiarse notablemente de las circunstancias, por cuanto pudo saberse que el centurión Flavo había dicho a otros centuriones de la guardia que, una vez que los conjurados acaudillados por Pisón suprimieran a Nerón, los oficiales liquidarían a Pisón, al que consideraban un hombre débil y afeminado, y entregarían el trono a Séneca, un hombre al que respetaban. Esta faceta del plan (convertir a Séneca en emperador) era, según Flavo había confesado a sus compañeros de armas, bien conocida por el interesado.[6]

Silvano no regresó directamente a la villa de Prisco tras abandonar la casa dorada de Nerón. Según parece, Silvano también estaba implicado en la conspiración y todo indica que se había puesto en comunicación con Séneca antes de que la conspiración saliese a la luz, actuando como intermediario entre el filósofo y los oficiales conjurados. Por este motivo, el tribuno sabía perfectamente dónde encontrar a Séneca, quien, siguiendo el plan trazado por los conspiradores, habría viajado desde Campania escasos días antes del inicio de los Juegos de Ceres, alojándose en la casa de sus amigos en las inmediaciones de Roma a la espera de que se produjese la noticia de la muerte de Nerón, antes de hacer su entrada triunfal en la capital y ser proclamado emperador por las tropas en el acuartelamiento de los pretorianos. En lugar de acudir directamente a entrevistarse con Séneca para comunicarle la sentencia de muerte dictada por el emperador, el atribulado tribuno Silvano tuvo el pudor de ir a ver a su comandante, Fenio Rufo. En aquel momento nadie en el Palatium sabía que el prefecto pretoriano Rufo, como el tribuno, era uno de los conspiradores.

Silvano le dijo a Rufo que Nerón le había ordenado que comunicase a Séneca su sentencia de muerte, y le preguntó qué debía hacer. El destino de Séneca estaba en manos de Rufo. Pero Rufo, consciente de que la conspiración de asesinato se desmoronaba a su alrededor, a aquellas alturas ya sólo pensaba en salvar el pellejo. Atenazado por el miedo, y aferrándose a la esperanza (escasamente realista) de que lograría escapar delatando a los otros conjurados, Tácito afirma que Rufo, con la funesta cobardía de todos, reaccionó airado y le dijo al tribuno que no dudase en ejecutar las órdenes de Nerón. Así pues, con el corazón encogido, Silvano regresó a la villa de Prisco, donde se personó a última hora de la tarde.[7]

Incapaz de mirar a los ojos a Séneca, y aterrorizado ante la perspectiva de que el filósofo pudiera arrastrarle en su caída, Silvano envió a uno de sus centuriones a la casa para que le anunciase la sentencia del emperador. Séneca recibió la noticia con aparente serenidad y, resignado a su suerte, pidió al centurión si le podía facilitar algunas tabletas de cera para escribir sus últimas voluntades y rectificar su testamento. Cuando el aguerrido centurión se negó a complacerle, Séneca, con un suspiro de circunstancias, se dirigió a su esposa y a sus amigos para decirles: «Puesto que se me prohíbe recompensaros, os lego la única y la más noble entre las posesiones que aún conservo: la imagen de mi vida. Si mantenéis vivo mi recuerdo y observáis mis enseñanzas, hallaréis en el renombre de la bondad moral la recompensa por vuestra amistad inquebrantable».[8]

Los amigos de Séneca y su esposa, Pompeya Paulina, rompieron a llorar desconsoladamente, pero él les reprendió, primero con sencillez y luego en un tono más severo. Y se reprendió también. «¿Dónde están, Séneca?», se interrogó, «¿dónde están tus máximas filosóficas, tus lecciones de prudencia? ¿Acaso no estabas preparado para este día aciago después de tantos años de estudio? ¿Quién de nosotros desconocía la crueldad de Nerón? Luego del martirio de su madre y su hermano [Británico], no le restaba más que ordenar la destrucción de su antiguo ayo y preceptor, el hombre que le había educado e instruido».[9] Seguidamente estrechó a su esposa entre sus brazos, a quien había amado fervientemente desde el día de su boda celebrada quince años antes. «Te ruego y te imploro que en el futuro moderes tu dolor, que no lo hicieres perpetuo e interminable. Y que en la contemplación de una vida consagrada por entero a la virtud busques consuelo por la pérdida de tu esposo.»[10]

La muerte de Séneca, Jacques-Louis David, 1773, Petit Palais, París.

Con los ojos anegados de lágrimas, Paulina declaró lo siguiente: «Moriré contigo». Y se dirigió al centurión que aguardaba expectante. «También debes ejecutarme».

Con evidente orgullo, Séneca abrazó a su mujer. «Te he instruido bien. Has elegido una muerte gloriosa». A su entender, un final así era preferible a una vida de oprobio, la única que Paulina podía esperar como viuda del traidor condenado Lucio Anneo Séneca. «No seré yo quien se oponga a tan noble ejemplo. Ambos enfrentaremos nuestro sino con valentía, aunque con tu generosa muerte alcanzarás mayor gloria que yo.»[11]

Conscientes de que el centurión les permitiría suicidarse juntos siempre y cuando no incurrieran en mayores dilaciones, Séneca hizo que su esposa se acostase junto a él sobre el diván del comedor. Sosteniendo ambos una daga, se cortaron, a un tiempo, las arterias de los brazos. Séneca, al ver que su cuerpo, débil a causa de su ancianidad y delgado por la abstinencia, dejaba escapar la sangre muy lentamente, se abrió también las venas de las piernas y las rodillas. Esto satisfizo al centurión, que se retiró de la casa. Una vez afuera, el centurión informó de lo ocurrido a su tribuno, Silvano, que le ordenó marcharse a Roma para comunicar al emperador que tanto Séneca como su esposa habían elegido quitarse la vida y se habían cortado las venas. El centurión montó su caballo y a galope tendido partió rumbo al Palatium.

En el interior de la villa, Séneca, muy fatigado por el dolor, y temiendo que su sufrimiento hiciese flaquear el valor de su esposa, y también para no alterarse al presenciar los tormentos de ella, la persuadió de que debía retirarse a otro aposento para dejarse morir. Su liberto, Cleónico, se encargó de que los esclavos la sacasen de la estancia y se la llevasen a otro lugar. Entonces, echando mano de su elocuencia incluso en sus últimos momentos y con los ojos ensangrentados, llamó a sus secretarios y les dictó varias cosas. Uno de estos documentos que quedaron para la posteridad, según el relato de Tácito, era un testamento relativo a su inocencia frente a las acusaciones vertidas sobre su persona, y su total desconocimiento de la trama para asesinar a Nerón (un testamento que, por otra parte, faltaba a la verdad de lo acontecido). Además, nos legó una profusa descripción de la noble muerte que habían compartido él y su esposa.[12]

Dión Casio sostiene que Séneca dedicó sus últimas horas de vida a revisar un libro en el que había estado trabajando.[13] Quizás se trataba de una autobiografía, siendo así que el comentario de este cruento final compartido con su esposa Paulina materializaba dicha revisión. Suetonio hace alusión a una obra de tema histórico firmada por Séneca que bien podía ser su autobiografía, que él mismo tuvo ocasión de leer treinta años después.[14] Según Dión Casio, acto seguido Séneca entregó su libro y otros libros salidos de su pluma a sus amigos, al objeto de evitar que cayesen en manos de Nerón y fuesen destruidos.[15] Es probable que estos otros volúmenes contuviesen los tratados filosóficos y las obras teatrales de Séneca.

Mientras Séneca seguía dictando en su lecho de muerte, el centurión pretoriano llegó a la casa dorada de Nerón y le informó de todo lo que estaba sucediendo en el domicilio de Prisco. El emperador se sintió complacido al saber que Séneca había elegido un final honorable, pero Nerón no guardaba resentimiento alguno contra Paulina y, temiendo hacer más odiosa su crueldad, ordenó su indulto y que se impidiese la muerte de la esposa de Séneca. El centurión salió presuroso camino de la casa de Prisco y, por orden de los soldados, sus libertos y esclavos le vendaron las heridas y detuvieron la hemorragia. Tácito refiere que para ese entonces ya había perdido la conciencia, y no sabemos a ciencia cierta si ella se dio cuenta de esto, por cuanto no se resistió y la salvaron sin mayores esfuerzos luego de vendarle ambos brazos.[16] De hecho, Paulina logró restablecerse y vivió varios años más, aunque jamás recuperó la lozanía. Hubo quienes creyeron que mientras temió la ira de Nerón, deseó la gloria de acompañar a su marido, pero que después, restauradas sus esperanzas, se dejó vencer por la dulzura de la vida. Siempre guardó el recuerdo de su marido, languideciendo paulatinamente, con el rostro y los miembros descoloridos.

No está muy claro si Séneca, que como se ha dicho se encontraba aislado en un aposento contiguo, sabía que Nerón había perdonado la vida de su esposa. Ciertamente, de haberlo sabido, no le habría parecido bien, puesto que contaba con que el valiente suicidio de Paulina fuese una suerte de declaración de principios. Impaciente, y viendo que el dolor de su agonía se prolongaba, rogó a Eustacio

Anneo, en quien veía un amigo fiel y un hábil médico, que le sacase el veneno que ya tenía preparado y que, según Tácito, «él [Séneca] se había procurado algún tiempo atrás». Este veneno, prosigue Tácito, era «la misma sustancia que se empleaba para acabar con la vida de los condenados a muerte en las ágoras públicas de Atenas», probablemente cicuta o belladona.[17]

Eustacio, como todos los médicos romanos, viajaba con un cofre de medicinas entre las que se contaban diversos venenos, que los galenos de la época solían utilizar en pequeñas dosis a modo de purgantes en el tratamiento de varios achaques. Así las cosas, Eustacio abandonó el comedor y se fue al dormitorio de huéspedes donde tenía sus cosas, y acto seguido abrió su cofre de remedios. Al poco tiempo volvió con el veneno y lo disolvió en un vaso con agua. Sin vacilar, Séneca lo tomó de un trago. Pero no le produjo el efecto esperado, pues sus miembros estaban entumecidos, fríos, y en su cuerpo no obraba la droga. Por razones de seguridad, el médico sólo viajaba con una exigua cantidad de veneno, y por ello la dosis administrada había resultado insuficiente para causarle la muerte.

Séneca era plenamente consciente de que si no moría pronto el centurión regresaría y acabaría con él cercenándole la cabeza con su espada corta *gladius*. Esta espada de legionario poseía una hoja doble muy afilada de no más de 60 centímetros de longitud. Dadas sus características, a menos que se blandiese con gran contundencia, la decapitación mediante una *gladius* bien podía requerir dos o tres golpes (o «un golpe y medio», según refirió uno de los oficiales pretorianos que ejecutaron a uno de los conspiradores de Pisón cuando informó a Nerón de que había cumplido su misión). Esta agresión reiterada contra el cuello podría suponer una muerte extremadamente dolorosa para la víctima.

Deseoso de evitar tal posibilidad, Séneca ordenó a sus sirvientes que le introdujesen en la sala de baños calientes. En la época, todo el mundo sabía que los baños tibios aceleran el discurrir de la sangre, así como los baños helados pueden detener las hemorragias. Séneca se deslizó dentro del baño y, rociando con el agua a los presentes, previamente alineados frente a él, dijo que ofrecía aquella libación a Júpiter libertador. Cabe señalar aquí que Séneca era un hombre medianamente religioso; no en vano era, en mayor o menor medida, un seguidor del estoicismo, una filosofía, principalmente moral, que sostenía que el fin supremo de la sabiduría es la virtud, la cual consiste en cumplir un orden universal y un destino fatalmente impuestos por la naturaleza. Por esta razón, debemos interpretar esta dedicatoria al principal dios romano, en su encarnación del salvador, como una suerte de broma.

Sin embargo, el agua tibia tampoco parecía surtir los efectos deseados, y por ello Séneca hizo que le llevaran al baño caliente. Por fin, entrando en el baño, lo sofocó el denso vapor, y así fue que murió Séneca. En un codicilo de su testamen-

Séneca ordenó ser introducido en una cuba con agua muy caliente para no sentir el dolor al desangrarse tras cortarse las venas.

to había prescrito que su cuerpo fuese incinerado sin ceremonia alguna inmediatamente después de su muerte, cuando, siendo todavía rico y poderoso, pensaba en sus últimos momentos. Una vez que los oficiales pretorianos que había estado esperando en el exterior de la casa se personaron en la sala de baños y quedaron satisfechos al constatar su muerte, su cuerpo fue extraído del baño e incinerado en el terreno de la villa esa misma noche, en estricta observancia de sus deseos.

XIX. EL FINAL DE NERÓN

Las acusaciones, las conclusiones y los interrogatorios que siguieron al descubrimiento de la conjura de Pisón para atentar contra la vida de Nerón, causaron el miedo y la consternación en Roma y en otros lugares durante varias semanas. Así y todo, y pese al revuelo, únicamente cuarenta y un hombres y mujeres estaban verdaderamente implicados en la trama, y de ellos sólo murieron dieciocho (bien porque perdieron la cabeza bajo el acero de la espada de un tribuno o centurión pretoriano o bien, como Séneca, porque se suicidaron). Los demás fueron desterrados.

Mela, el hermano menor de Séneca, un caballero muy adinerado que nunca se había molestado en integrarse en la orden senatorial, siguió el ejemplo de su hijo Lucano y también se cortó las venas. Aunque Lucano había incriminado a su propia madre, la esposa de Mela, Acilia, Nerón nunca procedió contra ella. En cualquier caso, Nerón sí actuó contra Novio Prisco, el amigo de Séneca en cuya casa había fallecido, dando por hecho que Prisco conocía el plan del filósofo para ser nombrado emperador tan pronto como la conjura de Pisón se consumase con éxito. Igualmente, Prisco fue uno de los que decidió quitarse la vida. Aunque en el Senado se vertieron acusaciones contra el hermano mayor de Séneca, Junio Galio, una mayoría de senadores consideró que la purga ya había sido suficiente, de tal manera que los cargos contra Galio fueron retirados.

Ese mismo año, mientras Roma tomaba el pulso a este drama y asimilaba sus consecuencias, Nerón sufrió una tragedia personal. Su esposa, Popea Sabina, a la que amaba sinceramente y que estaba de nuevo embarazada, falleció de forma inesperada. Es muy probable que pereciera a causa de la enfermedad o por un aborto natural, si bien algunos autores clásicos sostienen que Nerón, cegado por los vapores del vino, montó en cólera y le propinó un puntapié en el vientre que la mató. Arrepentido, la lloró y la enterró después de un enorme cortejo fúnebre que ofreció en su honor. También decretó varios días festivos en honor a ella. Con todo, Nerón volvió a casarse al poco tiempo en terceras nupcias, esta vez con Estatilia Mesalina. Su anterior marido, un cónsul de nombre Marco Vestino Ático, fue uno de los conjurados caídos durante la purga que siguió al descubrimiento de la conjura urdida por Pisón.

El año siguiente, Nerón inició los preparativos para dos importantes campañas militares, quizás en la esperanza de que las conquistas militares servirían para incrementar su popularidad, que debido a sus incontables excesos y desmanes se había deteriorado mucho. Primeramente, puso en marcha un plan para que un ejército de expedicionarios se adentrase en el continente africano avanzando hacia el sur desde Egipto. Su segundo plan consistía en una campaña para invadir el territorio dominado por su viejo enemigo: Partia. Llegado el verano del año 66 d. C., los preparativos se encontraban ya en una fase muy avanzada, habiéndose creado una nueva legión, amén de que las existentes, las tropas auxiliares y la milicia ya se estaban equipando en tierras de Oriente. Así las cosas, Nerón se desplazó hasta Oriente para estar más próximo al meollo de la acción, acompañado por su séquito personal. Una vez allí, todo indica que sus intereses se decantaron antes por las representaciones musicales y teatrales, los juegos y las pruebas atléticas que por las conquistas militares.

Los judíos de la provincia de Judea iniciaron una revuelta contra sus gobernadores romanos derivada de la creciente tensión religiosa entre griegos y judíos. Tras masacrar a las guarniciones de legionarios romanos estacionadas en Jerusalén, Masada y Chipre, los rebeldes judíos ocuparon la mayor parte de Judea, Idumea y Galilea. Un Ejército romano se adentró en Judea procedente de Antioquía bajo el liderazgo de Cestio Galo, el legado propretor de Siria, pero fue rechazado por los insurrectos judíos, que infligieron numerosas bajas en las tropas romanas. En este contexto, Nerón se vio obligado a postponer sus otras campañas militares hasta que se solucionara el problema judío. El general escogido para dirigir la contraofensiva y sofocar la rebelión fue Tito Flavio Vespasiano. Distinguido en la invasión de Britania que tuvo lugar en el año 43 d. C. durante el imperio de Claudio, Vespasiano había acompañado a Nerón en su gira por Oriente, y fue enviado al sur con la misión de organizar y liderar el nuevo Ejército romano, que procedente de Siria se internó en tierras de Galilea y Judea durante la primavera del año 67 d. C. Esta campaña se prolongaría durante cuatro largos años y concluiría con el aplastamiento cruento de la revuelta y la total destrucción de la ciudad de Jerusalén a manos del ejército de Vespasiano.

Ahora bien, la de Judea no fue la única revuelta ocurrida en el año 67 d. C. Aunque Julio César había culminado la conquista de la Galia entre los años 58-51 a. C. y había dividido el territorio en varias provincias romanas, de tarde en tarde estallaba una revuelta en aquellas tierras. En el año 67 d. C., sin duda inspirado por las revueltas judaicas recientes, al otro lado del mundo romano, y a sabiendas de que la compleja situación atraería la atención y los recursos del Imperio, Cayo Julio Vindex se rebeló contra la política fiscal del emperador Nerón. Videx procedía de una familia noble de la Aquitania gala que había alcanzado el rango senatorial gracias al emperador Claudio. Por aquel entonces, Vindex era el gobernador de la provincia de Galia Lugdunensis, en la actual Francia. Al final del año, el Ejército romano de Germania Superior, acaudillado por Lucio Virginio Rufo, había avanzado hasta la Galia y derrotado al Ejército insurrecto del rebelde Vindex, que, además de una cohorte de la guardia de la ciudad de Roma acuartelada en Lyon, estaba compuesto en su inmensa mayoría por civiles galos armados y con escaso adiestramiento militar. Diezmados sus ejércitos, Vindex decidió suicidarse.

No obstante, a estas alturas el ánimo revolucionario impregnaba el ambiente. En la primavera de 68 d. C., Servio Sulpicio Galba, el gobernador de la Hispania Citerior, de setenta años, se rebeló contra el Gobierno de Nerón. Luego de haber respaldado moral y materialmente a Vindex, Galba tenía pocas opciones, dado que llegados a este punto Nerón estaba convencido de la necesidad de enviar un pelotón con la orden de ejecutarle. Pero Galba no tardó en recibir el apoyo del gobernador de la vecina provincia de Lusitania, el que fuera gran amigo de Nerón y anterior esposo de Popea Sabina, Otón. En los últimos días de mayo, las tropas de Galba le aclamaron como nuevo emperador de Roma, en clara oposición a Nerón, e inició su avance camino de la urbe romana con un modesto ejército compuesto,

Estatua del emperador Tito, Museo del Louvre, París. Fue el general escogido para dirigir la contraofensiva y sofocar la rebelión de los judíos insurrectos.

esencialmente, por una legión de nueva creación, la séptima Galba, que había conformado con reclutas hispanos a partir de la existente VII legión Claudia.

Los ejércitos enviados por Nerón para contener a Galba desertaron y, a principios del mes de junio, el comandante de la guardia pretoriana, Tigelino, también abandonó al emperador Nerón y se unió a la causa de Galba. Con el avance del ejército de Galba, que cada vez se acercaba más a Roma, los hombres de la guardia pretoriana juraron lealtad a Galba. Cuando el Senado, por temor a los pretorianos, declaró a Nerón enemigo del Estado y puso precio a su cabeza, la guardia germana también se negó a servir y proteger a Nerón. Así, tan súbitamente, el emperador se encontró desamparado y sin apoyos, carente de poder y sin tropas que le protegieran. Desesperado, ordenó que se preparasen varios navíos para huir rumbo a Egipto o el norte de África. Sin embargo, los hechos se precipitaron y, el 9 de junio, el Senado aprobó un decreto exigiendo su ejecución. Nerón abandonó su Domus Aurea cuando circuló el rumor de que las tropas pretorianas habían recibido la orden de arrestarle.

Los acontecimientos que siguieron son pasto de conjeturas. El biógrafo Suetonio, muy propenso al sensacionalismo en sus distintos relatos de las vidas y las muertes de los emperadores, nos proporciona un relato muy cuestionable de la muerte de Nerón, un relato repetido dos siglos después por Dión Casio. Según Suetonio, un liberto de Nerón de nombre Faón ofreció al emperador su villa situada a unos siete kilómetros de Roma mientras él permanecía en la capital recabando información para su señor. Después del anochecer, Nerón salió de la ciudad disfrazado con una capa y un sombrero, y acompañado por cuatro sirvientes, entre ellos su secretario Epafrodito y el eunuco Esporo, favorito del emperador. En algún punto de la ruta, un soldado de la guardia pretoriana reconoció al emperador y le saludó marcialmente expresándole su lealtad. A medio camino entre las vías Salaria y Nomentana, el grupo se dispersó y sus integrantes se deslizaron entre la maleza hasta la parte posterior de la villa de Faón, adonde accedieron con gran sigilo.

Escaso tiempo después, un corredor llegó a la villa con noticias de Faón, que había permanecido en la ciudad. Y le advirtió de que el Senado pretendía flagelarle hasta la muerte si era encontrado con vida. Luego, una tropa de caballería de la guardia pretoriana fue vista en las inmediaciones de la villa. Es probable que hubieran seguido al emisario desde el recinto de la ciudad. Nerón portaba consigo dos dagas, pero no pudo hacer acopio del valor necesario para quitarse la vida. Entre lágrimas, suplicó a Esporo que se suicidase antes que él, para demostrar la devoción que sentía por su emperador, una petición que el eunuco rechazó. Acto seguido, Nerón recuperó la compostura y, con la ayuda de Epafrodito, hundió el hierro de la daga en su garganta. Se dice que sus últimas palabras fueron: «¡Qué gran artista muere conmigo!».[1]

Según el texto de Suetonio, el centurión pretoriano que lideraba la tropa de caballería no tardó en irrumpir en la villa de Faón y trató de utilizar la capa para restañar la sangre que manaba de la garganta de Nerón, pero era demasiado tarde. Allí, entre los brazos del centurión, dice Suetonio que murió Nerón, a los treinta años de edad, el quinto emperador de Roma, nieto y último descendiente superviviente de Julio César Germánico. Siempre según el relato de Suetonio, Acté, la amante siempre fiel de Nerón, y las nodrizas de su infancia, Alejandría y Ecloga, portaron el cadáver de Nerón al monte Pincio en las afueras de Roma, donde fue incinerado. Sus restos, prosigue el historiador, fueron introducidos en un ataúd de pórfido blanco y depositados en la tumba de la familia Domicio. También según este autor, este ataúd que supuestamente contenía los restos mortales de Nerón podía verse y visitarse en la tumba de la familia Domicio a principios del siglo II, cuando el pueblo de Roma todavía acudía a la tumba para ofrecer flores de primavera y estío en recuerdo del emperador Nerón.[2]

Si Nerón murió o no en la forma descrita por Suetonio, y en el momento en que afirma Suetonio, son cuestiones que permanecen abiertas. En este sentido, Tácito sostiene que circularon varios rumores en torno a las circunstancias de su muerte y, en ausencia de confirmación del lugar y la manera como se produjo la muerte de Nerón, los hubo que dijeron que el emperador seguía vivo.[3] Suetonio da crédito a esta creencia. Durante varios años tras la desaparición de Nerón, señala, abundaban los romanos convencidos de que su emperador no había muerto. Durante algún tiempo, en Roma circularon edictos publicados en nombre de Nerón, siendo así que muchos ciudadanos mantuvieron viva su leyenda esperando que retornase algún día para reclamar el trono y dar puntual castigo a sus enemigos.[4]

Uno de los libertos de Nerón consiguió escapar al norte de África en un barco, y fue precisamente allí y en otros lugares de Oriente donde en los años siguientes se supo de varios casos de hombres que aseguraban ser Nerón. Llegada la primavera del año 69 d. C., cuando todavía no se había cumplido un año desde su desaparición, en las provincias de Achaia y Asia se divulgó la noticia de que Nerón había sido visto en la zona. Un hombre que guardaba un extraordinario parecido físico con Nerón y que había declarado ser el emperador, arribó en una galera a la isla griega de Cythnus, la actual Kythnos, acompañado por un grupo de soldados desertores que le respaldaban. Para avalar su declaración, al margen de su asombroso parecido físico con Nerón, el hombre cantaba y se mostraba como un solvente tañedor de lira. En la región había un desafecto creciente. Galba, el nuevo emperador, había sido degollado en el foro de Roma el día 15 de enero, y su sustituto al frente del imperio, Otón, el antiguo amigo de Nerón, estaba librando una guerra civil contra Aulo Vitelio, el comandante de las legiones de Germania Inferior,

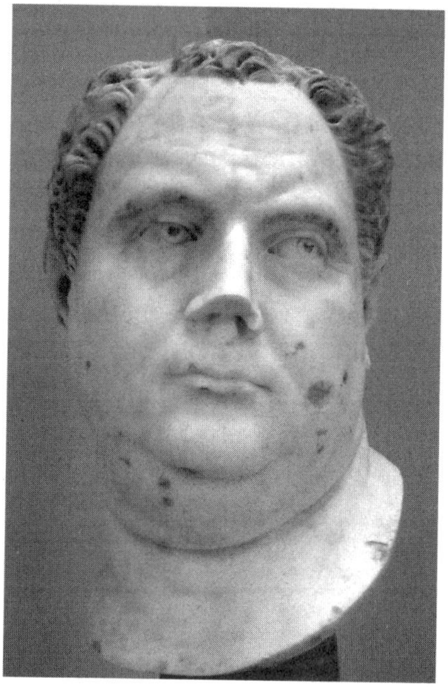

Busto en mármol del emperador romano Aulo Vitelio (15-69 d. C.). Museos Capitolinos de Roma.

cuyos legionarios le habían proclamado emperador en oposición a Otón. En este ambiente marcado por la inestabilidad, la violencia y la incertidumbre, el pueblo de Kythnos se manifestó masivamente a favor de la figura de Nerón.

Un destacamento de legionarios que surcaba las aguas del Mediterráneo procedente de Oriente y rumbo a Italia para dar su apoyo a Otón, desembarcó en Kythnos, y este Nerón impostor les ordenó que se uniesen a su causa. Algunos se negaron y él los hizo ejecutar. El comandante del destacamento, un centurión de nombre Sisenna, custodiaba el símbolo del apretón de manos, emblema de la amistad, que las legiones de Oriente que servían bajo las órdenes del general Vespasiano y de Muciano, el gobernador de Siria, enviaban a la guardia pretoriana en prueba de su apoyo a dicho cuerpo y a Otón. Sisenna tenía dudas acerca de este impostor imperial. Logró huir de la isla y a continuación se encargó de difundir el rumor de que en Kythnos había un falso Nerón.

Al enterarse de esto, Calpurnio Asprenas, el gobernador de Galacia y Panfilia, en el sur de Turquía, se embarcó en dos trirremes de la flota del Tirreno y rápidamente alcanzó la isla. Una vez allí, el gobernador localizó la galera del impostor; sus soldados de infantería de marina la abordaron y sin mayores problemas redujeron a la tripulación. El impostor fue arrestado. El falso Nerón suplicó a los capitanes de los trirremes que lo trasladasen a Siria o Egipto, pero éstos ignoraron sus ruegos. El Nerón de Cythnus fue decapitado puntualmente. Su cabeza fue enviada a Roma para maravilla de sus habitantes, que admiraron su asombroso parecido con Nerón. Tácito apunta que la creencia general en la época era que este impostor bien era un liberto procedente de Italia o bien un esclavo huido de Ponto.[5]

Suetonio reseña que en los últimos años del siglo I, cuando era un hombre joven, un individuo misterioso apareció en Partia diciendo que era Nerón. Los partos creyeron que era el verdadero Nerón y, en consecuencia, le dieron su apoyo, hasta que Roma exigió que fuese apartado del poder, cosa que hicieron no sin renuencia.[6] Al parecer, este Nerón fue ejecutado sin mayor dilación una vez que cayó en manos romanas.

Pese al hecho de que el Gobierno de Nerón, tan cargado de promesas al principio, muy pronto devino despótico y errático, muchos ciudadanos romanos lamentaron su muerte durante bastantes años. El emperador Otón hizo reponer las estatuas derribadas del emperador Nerón. El emperador Vitelio, que derrotó a Otón y fue emperador durante siete meses en el año 69 d. C., un período breve caracterizado por una gran crueldad que hizo que su popularidad cayera en picado, provenía de una familia que mantenía fuertes lazos con Germánico y su estirpe. Una vez que accedió al trono, Vitelio celebró ritos funerales en honor a Nerón, castigó a los hombres que le habían traicionado en sus últimos días, y rebautizó a su pequeño hijo con el nombre de Germánico.

Tal vez Nerón consiguiese escapar y dirigirse a tierras de Oriente. Tal vez fuese uno de los presuntos impostores que fueron ejecutados en aquella época. Quizás muriese años después en la oscuridad. Con todo, el hecho de que su período al frente del Imperio de Roma finalizó en junio de 68 d. C. está más allá de cualquier disputa. Un año en que Roma vivió los reinados de cuatro emperadores distintos seguidos de su desaparición. Muriese antes o después, con el óbito de Nerón, el nieto de Germánico, el último superviviente varón de la familia César, concluyó la estirpe de Germánico. De igual manera, su muerte cercenó las esperanzas de los ciudadanos de Roma de que un descendiente de Germánico les proporcionase la edad dorada que esperaban de aquel gran héroe.

La destrucción de la familia César, iniciada con el asesinato de Germánico, quedó zanjada y certificada con la desaparición de Nerón.

XX. DESENMASCARAR A LOS ASESINOS DE GERMÁNICO

Si Julio César Germánico no hubiese muerto en el año 19 d. C., y hubiese sucedido a Tiberio al frente del imperio, sería altamente improbable que Calígula, Claudio o Nerón hubieran llegado a ser emperadores. Germánico habría contado cincuenta y un años de edad cuando murió Tiberio en 37 d. C. Si, siendo emperador, Germánico hubiese vivido más allá de los ochenta años (cabe recordar que Augusto y Tiberio, dos hombres que padecieron achaques durante toda su vida, sobrevivieron hasta cerca de los ochenta años) su reinado se habría prolongado durante treinta años, y su competente hijo Nerón Germánico, o posiblemente un hijo de Nerón Germánico, le habría sucedido en el trono de Roma. Si Nerón Germánico hubiera fallecido sin descendencia, su hermano Druso Germánico le habría sucedido, seguido de los hijos de Druso. Con cada vástago engendrado por sus hermanos, Calígula se habría deslizado más y más en la línea sucesoria, cayendo, seguramente, en el olvido histórico.

Nunca habríamos visto a los emperadores Galba, Otón, Vitelio, Vespasiano, Tito, Domiciano, Nerva, etc., si en efecto la transmisión del poder imperial se hubiese producido por la vía sucesoria de Germánico, y la historia no habría devenido necesariamente peor.

Tácito declara que el pueblo romano inicialmente esperaba que el padre de Germánico, Druso el Mayor, sucediese a Augusto, terminara con el Imperio y restaurase la República romana. Tras la muerte de Druso, prosigue, los romanos transfirieron esa esperanza a su muy querido hijo Germánico.[1] Con todo, Germánico era consciente de que en sus últimos ochenta años la República se había visto contaminada por incesantes luchas de poder y guerras civiles extremadamente cruentas, siendo así que con el mandato del primer emperador, Augusto, Roma había experimentado una edad de oro que se prolongó durante casi medio siglo, caracterizada por una situación de paz interna, expansión de las fronteras y gran prosperidad. Es probable que el astuto Germánico hubiese querido seguir los pasos de Augusto, proporcionando un liderazgo inspirado, sólido y fuerte sin llegar a convertirse en un tirano opresor en la estela marcada por Tiberio.

No es difícil imaginar que el reinado de Julio César Germánico se habría erigido en una nueva edad de oro para las artes y el comercio. Bajo su gestión, el imperio sin duda se habría engrandecido y habría ampliado sus fronteras. Con toda probabilidad, Germánico habría liderado la invasión de Germania al objeto de finalizar lo que había comenzado en el período comprendido entre los años 14-16 d. C. Estaba firmemente convencido de que era posible expandir las fronteras del Imperio adentrándose en Germania hasta el río Elba, siempre y cuando Tiberio le hubiera permitido seguir con su campaña un año más. Y casi con total certidumbre habría invadido Britania, una posibilidad que Tiberio y Calígula contemplaron y una aventura que Claudio finalmente emprendió. Quizás, tal como algunos pronosticaron antes de su muerte, Germánico se habría convertido en una suerte de Alejandro Magno expandiendo los confines del imperio romano, anexionando Partia y avanzando hasta la India. Quizás hubiese avanzado también hacia el sur de África, e incluso hacia el este alcanzando el territorio chino, duplicando o incluso triplicando el tamaño del Imperio. De haber sido así, tal vez en la actualidad podríamos encontrar ruinas de templos romanos en Ciudad del Cabo, al tiempo que los pueblos aborígenes de la remota China hablarían una lengua parecida al latín.

Un pesimista diría que la historia de Roma no habría sido tan diferente en el largo plazo aun si Germánico y sus sucesores se hubieran revelado como unos gobernantes fuertes, benevolentes y sensatos. Tal como vimos en el caso de Calígula y Nerón, tan sólo fue necesaria una generación para que la juventud, la tentación y el poder ilimitado se combinasen perniciosamente y convirtiesen a los descendientes de Germánico en unos gobernantes, cuando menos, profundamente defectuosos. Por otra parte, si damos por bueno que, tal como afirma Tácito, Julio César Germánico era un hombre dotado con una personalidad brillante, una opinión que cuenta con el aval unánime de otros varios autores romanos, que no escatiman elogios al príncipe, entonces debemos concluir que habría sido un emperador incomparable. Su reinado habría sido una época ilusionante caracterizada por el optimismo, un mandato sin parangón en la historia, ni antes ni después de su figura.

Dicho lo anterior, ¿quienes privaron a Roma, y a la historia, de este gran hombre y gran emperador en potencia, un hombre que se habría elevado a la categoría de personajes como Alejandro Magno, Pompeyo el Grande, Julio César y Constantino, pasando a ser sin discusión una de las mayores figuras de la Antigüedad, si no la más importante? El estudio ponderado de las biografías de Germánico y sus descendientes a través de los textos de Tácito y otros autores clásicos, sólo puede conducir a la conclusión de que las cinco personas que en su tiempo fueron consideradas sospechosas de su asesinato no participaron directamente en la muerte de Germánico. No puede negarse que al menos tres de ellas, o las cinco, se beneficiaron sustancialmente de este asesinato, aunque ello no constituya evidencia suficiente para condenarlas.

Que Germánico fue envenenado parece fuera de toda duda. Antes de su repentina enfermedad su salud se había revelado tan fuerte como la de un toro. Germánico fue atacado y luego abatido por una enfermedad que evidenciaba todos los síntomas de un envenenamiento, el segundo y definitivo acceso que se prolongó durante unos pocos días. Que ninguna persona de su entorno cayese enferma sugiere que no contrajo un virus contagioso o una epidemia, o incluso que no cayó víctima de un envenenamiento accidental. Todo indica que fue la única víctima de un deliberado y en última instancia certero atentado contra su vida. Tácito se muestra escéptico sobre las señales físicas de su envenenamiento, probablemente porque no podía creer que alguien que utilizase veneno contra un príncipe tan popular como Germánico quisiera dejar pistas que insinuasen que su muerte podía haberse producido por causas que no fuesen naturales. Después de todo, había numerosos venenos disponibles que no dejaban rastro evidente de su acción. Un veneno de esta naturaleza habría sido empleado para acabar con la vida de Druso el Joven, el hermano adoptivo de Germánico.

Así pues, ¿por qué alguien sería tan imprudente como para dejar su tarjeta de visita recurriendo a la belladona para asesinar a Germánico, a sabiendas de que este veneno provoca cianosis, una enfermedad que gritaría «asesinato» al mundo entero? Una respuesta a esta pregunta podría ser que quizás el asesino era un advenedizo en estas lides y desconocía por tanto los efectos derivados del uso de los distintos venenos. Esto convertiría a los cinco sospechosos en unos culpables escasamente probables. Conociendo cuál sería la reacción del pueblo de Roma ante la muerte de Germánico, no cabe duda de que todos se habrían encargado de borrar diligentemente cualquier rastro de su maquinación. La alternativa es que el uso de la belladona fuese deliberado, que el asesino quisiera dejar indicios de su acto criminal y que se pregonase a bombo y platillo que Germánico había sido asesinado con un veneno.

La acusación pública del juicio contra Pisón conjeturó que Pisón y Plancina habían recurrido a una conocida hechicera llamada Martina para que preparase un veneno *ad hoc*. Martina, en calidad de experta, conocería a ciencia cierta los efectos de la cianosis, y habría advertido a Pisón y Plancina de la inconveniencia de utilizar la belladona. Este aspecto por sí solo serviría para descartar la participación de Pisón y Plancina en el crimen. La otra posibilidad, como ya se ha mencionado, es que el asesino, o los asesinos, supiesen que el veneno empleado dejaría rastros de su acción, y que lo utilizaran con total deliberación por ese motivo, esto es, porque pretendían que resultase obvio que Germánico había sido envenenado. ¿Por qué querrían hacer algo así? La respuesta nos revelaría la identidad del asesino. Ninguno de los cinco sospechosos clásicos de este asesinato habría deseado que se sospechase que el príncipe había sido envenenado; y ésta es una de las principales razones por las que podemos descartarlos como sospechosos del crimen.

Además, existen numerosas razones que eximirían a los cinco sospechosos clásicos de cualquier responsabilidad en el asesinato de Germánico, y, empezando por Pisón y Plancina, son las que siguen. Ni que decir tiene que Pisón y su esposa eran a todas luces los principales sospechosos del crimen. Nadie podía negar que Pisón se había desviado de su camino sólo para obstaculizar el normal desempeño de las tareas que competían a Germánico en las provincias de Oriente. Por otro lado, que tanto él como Plancina se regocijaran al enterarse de la muerte de Germánico era un hecho del dominio público. Asimismo, tras la muerte de Germánico, Pisón había intentado, de manera tan estúpida como insensata, recuperar el control de Siria por la fuerza. En todas estas circunstancias no hay un ápice de sutileza. Son una provocación deliberada. Aun así, ninguna de estas circunstancias constituye una prueba concluyente de que Pisón y Plancina asesinasen a Germánico. Por muy arrogante que fuera, Cneo Calpurnio Pisón, a quien el muy sagaz Augusto consideraba capacitado para ocupar el trono de Roma, poseía la inteligencia suficiente para hacerse un sospechoso menos evidente si es cierto que desde el principio urdió la trama para asesinar a Germánico y que posteriormente ejecutó metódicamente el crimen. ¿Qué ganaba Pisón siendo el autor intelectual y material del asesinato del *princeps*? ¿Acaso lo hizo para complacer a Tiberio? Esto es altamente dudoso, puesto que despreciaba a Tiberio. ¿Perpetró el asesinato por iniciativa propia? Y, en caso de que así hubiese sido, ¿por qué erigirse en el principal sospechoso del asesinato? Esto también desata muchas dudas. Llegados a este punto, debemos recordar que hasta el día de su muerte Pisón defendió su inocencia de cualquier implicación en la trama de asesinato, manifestando que todos los cargos que pesaban sobre él eran falsos. Ni siquiera en la nota de suicidio supuestamente redactada por él, confesó haber tenido alguna participación en la muerte del príncipe.

¿Qué decir entonces de Plancina? En algún momento se dijo que ella practicaba la brujería. Igualmente, se dijo que mantenía una suerte de asociación con Martina, la conocida hechicera y hacedora de venenos oriunda de Siria. Pero lo curioso del caso es que Martina murió antes de que pudiese incriminar a Plancina o a Pisón en la trama de asesinato. De forma muy conveniente para algunos, ella también murió antes de que pudiese exculpar a Pisón y Plancina. Por si fuera poco, jamás confesó haber preparado un veneno por encargo de los principales sospechosos, si bien su muerte aportó solidez y visos de realidad a esta insinuación. Que Plancina y Livia, la madre del emperador, tenían una relación de amistad, es un hecho conocido e innegable. Una amistad tan estrecha e íntima que la madre del emperador Tiberio llegó a interceder a favor de Plancina en las postrimerías del juicio y consiguió salvar su vida. Pero eso tampoco prueba que Plancina asesinara a Germánico. Tan sólo prueba que Livia protegió a una amiga y, posiblemente, a sí misma.

En defensa de ambos, de Pisón y Plancina, cabe señalar que el segundo acceso de la enfermedad, el que acabó con la vida de Germánico, tuvo lugar algún tiempo después de que Pisón y Plancina abandonasen Siria, cuando ya navegaban rumbo a Italia. Ciertamente, cabe la posibilidad de que sobornasen a algunos sirvientes del séquito personal de Germánico en Dafne para que le administrasen el veneno. Ahora bien, luego del primer achaque, después del cual Germánico se manifestó absolutamente convencido de que alguien había intentado envenenarle, se extremaron las medidas de seguridad establecidas en torno a su persona, fundamentalmente en todo lo relativo a la comida y la bebida. Además, es necesario subrayar el hecho de que contaba con un séquito extremadamente leal, siendo así que, en su día, no hubo la menor insinuación o sospecha de que alguien cercano a él hubiese tenido algo que ver en su muerte. Es más, sólo alguien del entorno íntimo de Germánico podría haberle administrado el veneno, muy especialmente en ese segundo y fatal intento. Ese alguien tenía que estar muy cerca, en su círculo de allegados, alguien que gozase de la plena confianza de Germánico.

Tomando en consideración todo lo antedicho, la conclusión lógica debe ser que Pisón y Plancina eran inocentes del asesinato de Germánico. No podemos negar que ambos fuesen arrogantes y taimados. Pero eso no es un crimen. Como chivos expiatorios eran tan obvios que todo nos lleva a pensar que lo más natural es que alguien más, el verdadero asesino o asesinos, muy hábilmente les endosase la culpa ejecutando de esta suerte el crimen perfecto. En lo concerniente a la muerte de Pisón y su enigmática nota de suicidio, fueron muchos los que en su día no creyeron que se hubiese quitado la vida antes de la conclusión del juicio. Su muerte, tan inesperada, y acaecida cuando el proceso parecía estar decantándose a su favor, sirvió para que Tiberio y su madre, Livia, pudiesen dar por zanjado el asunto en una manera que sin duda les convenía. Habiendo muerto Pisón, el ex gobernador podía cargar con toda la responsabilidad del crimen sin derecho de réplica, y el caso quedaría cerrado.

El peso de la evidencia indica notoriamente que Tiberio también puede ser tachado de la lista de sospechosos del asesinato. Ciertamente, Tiberio era quien más tenía que ganar con la liquidación de Germánico, siendo muy probable que respirara aliviado una vez que el hombre al que consideraba su mayor rival al trono fue eliminado, y luego de que el furor provocado por su muerte se disipó sin provocar una revolución en toda regla. No cabe duda de que Tiberio era un hombre extraordinariamente inseguro. El precario camino que había recorrido en su ascenso al trono, en el transcurso del cual perecieron otros muchos rivales, le había convertido inevitablemente en un paranoico. Así y todo, Tiberio habría sido tan inseguro, y tan temeroso de la revuelta que sin duda desencadenaría la muerte de Germánico si se producía como resultado de un acto vil, o si se sospechaba que respondía a una intriga ordenada por él, que jamás habría arriesgado su trono ordenando la ejecución de su inmensamente popular hijo adoptivo. Le bastaba con mantenerlo aislado en las lejanas provincias de Oriente, como comandante en jefe de las tropas destacadas allí, lejos de Roma y lejos de las tropas que le eran fieles, estacionadas en Occidente, mientras Tiberio consolidaba su poder en la capital romana. Puede que Tiberio animase a Pisón para que éste se cerciorase de que las legiones de Oriente no desarrollaban un fuerte vínculo de lealtad hacia Germánico. Y no existe duda de que Tiberio estaba agradecido a los asesinos de Germánico, aunque también es verdad que ignoraba completamente la identidad de los magnicidas.

A la vista de todo ello, ¿fue Livia, la madre de Tiberio, la instigadora del asesinato de Germánico? Es un hecho irrefutable que Livia había actuado de manera insidiosa en lo tocante a Germánico y Agripina la Mayor. Casi con total certidumbre, la carta a la que Pisón se aferraba durante el juicio era una misiva vindicativa que dirigía la madre del emperador a Plancina, conminándola, y también a su esposo, a entorpecer la labor y la vida de Germánico y Agripina en las provincias de Oriente, y a asegurarse de que las legiones destacadas en la región no establecieran un vínculo equiparable al que el príncipe tenía con los ejércitos del Rhin. En esta carta, Livia seguramente garantizaba a Pisón y Plancina que ambos contaban con el beneplácito de Tiberio para realizar estas sibilinas maniobras de interferencia.

Es harto improbable que en esta carta se ordenara o se conminase a la pareja a planear el asesinato de Germánico. Livia era una mujer taimada y calculadora, lo que suele llamarse una bruja, demasiado inteligente para incriminarse, y mucho menos por escrito, como autora intelectual del crimen más notorio de Roma. En cualquier caso, el contenido de esta carta era cuando menos sonrojante, lo suficiente para que Pisón la considerase munición pesada con la que defenderse en caso de necesidad, si tenía que presionar al emperador para salvar su pellejo en el supuesto de que el Senado le condenase por el asesinato del príncipe. El contenido de la misiva también sería sonrojante para Tiberio, que quería hacerse con ella a toda costa, y no sólo para salvaguardar la reputación de su madre. Una carta de estas características podría haber sido interpretada como un mandato imperial para que Pisón y Plancina atentasen contra la vida de Germánico. Si su contenido se hubiese hecho público, es muy probable que Tiberio hubiera perdido el trono, y su cabeza también, en un levantamiento armado del pueblo y las legiones de Roma.

¿Acaso Tiberio ordenó o toleró el «suicidio» de Pisón? El emperador tenía al menos dos motivos para desear verle muerto. El primero de ellos era su casi frenético deseo de recuperar esa carta embarazosa. El segundo motivo era la necesidad de cerrar de una vez por todas el feo asunto del juicio a Pisón. Mientras Pisón vivía, y mientras seguía defendiendo su inocencia, los hubo que le creyeron y señalaron con el dedo a Tiberio (muy notablemente, los amigos de Germánico y Agripina). Además, dado el rumbo adoptado por el juicio, Pisón bien podría haber sido absuelto por el Senado ante la falta de pruebas concluyentes que sustentasen los cargos de la acusación. Tras la muerte de Pisón, y con la supuesta nota de suicidio en la mano (una nota que no pasaba de ser una petición de indulgencia para sus hijos, y no un reconocimiento de su culpabilidad o una declaración de su intención de quitarse la vida), Tiberio pudo dar por concluido el proceso declarando a Pisón culpable de todos los cargos que se le habían imputado. Esto no significa necesariamente que Tiberio ordenase la muerte de Pisón. Ahora bien, la muerte de Pisón sirvió para cerrar el caso de manera muy conveniente para los intereses de Tiberio: con un cabeza de turco muerto y enterrado.

Lo anterior conduce al único de los sospechosos originales que nos resta. ¿Tuvo algo que ver Sejano, el prefecto de la guardia pretoriana, en el asesinato de Germánico? Las generaciones siguientes pensaron que sí, luego de que se acusara a Sejano de haber conspirado con la esposa de Druso el Joven para asesinar a Druso. Parecía lo más natural. Además, escaso tiempo después, Sejano intentó convencer a Tiberio para que eliminase a Nerón Germánico y a Druso Germánico, con las miras puestas en hacerse finalmente con el trono. Es muy probable que Sejano estuviese tan nervioso ante la posibilidad de liquidar a Germánico como el emperador Tiberio. Tal como nos revelaría la historia más adelante, al cabo de cuarenta años las legiones del Rhin avanzarían sobre Roma y derrotarían a la guardia pretoriana, derrocarían a un emperador, Otón, e instalarían a otro, Vitelio, en el trono imperial. Y cabe decir que Vitelio en absoluto gozaba de la condición de héroe atribuida en su día a Germánico. Esta posibilidad (que las legiones del Rhin proclamasen un emperador de su agrado) también era muy real en tiempos de Germánico. El siempre astuto y paciente Sejano, que al parecer no hacía nada sin sopesar antes sus consecuencias, habría sido muy consciente de esta posibilidad.

Sejano era un hombre dotado con la inspiración y la valentía necesarias para iniciar su personal campaña en pos del trono una vez que Germánico desapareció del mapa. Por consiguiente, decidió aprovecharse de la muerte de Germánico por medio del asesinato de Druso el Joven para luego liquidar a los demás herederos al trono de Tiberio, uno por uno, allanando así su camino hacia el poder absoluto. No hay razones para pensar que de antemano supiera que Germánico iba a ser asesinado, ni que conociera la identidad de los asesinos en la época cuando se produjo el asesinato del príncipe. Sin embargo, hay indicios para decir que uno de los asesinos se acercó posteriormente a Sejano, y le confesó su participación en el crimen en la esperanza de ganarse los favores de Sejano y del emperador Tiberio. Lo más probable es que el comandante pretoriano no creyese enteramente esta confesión, por razones que se esclarecerían breve tiempo después. Por otra parte, es bastante probable que Sejano orquestase el «suicidio» de Pisón por propia iniciativa, para ayudar a su señor, Tiberio. Sejano tenía motivos, la oportunidad y la capacidad para ordenar que la guardia pretoriana ejecutase el plan para asesinar a Pisón simulando un suicidio.

Así las cosas, si ninguno de estos cinco sospechosos estuvo implicado en el crimen, ¿quién fue el asesino o los asesinos de Germánico?

Un cúmulo de pruebas, organizadas a partir de las pistas recabadas durante un período de cuarenta y seis años, conduce a un personaje que deberíamos considerar, al menos en primera instancia, como un posible culpable, quizás el más sorprendente. El autor intelectual del crimen no fue otro que Lucio Anneo Séneca, el mismo Séneca que ejerció como preceptor de Nerón y ulteriormente como su primer secretario, un hombre muy ambicioso que sin duda aspiraba a derrocar a Nerón y hacerse con el trono de Roma (irónicamente, gracias a otra conjura liderada por otro Pisón), pero que cayó en desgracia y fue obligado a suicidarse, como ya hemos visto. Séneca no actuó solo. Contaba con un cómplice en la Domus Aurea, una figura más llamativa si cabe.

A continuación paso a relatar las razones principales que me permiten concluir que Séneca fue una de las dos personas directamente implicadas en el asesinato de Germánico, y que en efecto fue el instigador y el autor intelectual del crimen. Para empezar, Séneca poseía los dos rasgos fundamentales que cualquier investigador busca cuando está analizando a los diferentes sospechosos de un crimen: Séneca tenía un móvil (el poder y su progreso personal) y tenía la oportunidad (se encontraba en las provincias de Oriente cuando Germánico fue asesinado).

Séneca pasó un buen número de años en Egipto antes de establecerse definitivamente en Roma en el año 31 d. C. Sabemos que en 16 d. C., en plena juventud, la tía de Séneca, Marcia, se lo llevó a vivir a Egipto, una provincia que por entonces gobernaba su tío, porque creía que el benigno clima norteafricano haría bien a la frágil salud del joven. El tío de Séneca, Cayo Galerio, fue nombrado prefecto de Egipto en el año 16 d. C. El suyo fue un nombramiento imperial, y no senatorial, esto es, que fue designado personalmente por el emperador Tiberio. Precisamente por ser un nombramiento imperial, no tenía un período de vigencia estipulado, lo cual significa quc Galcrio podría permanecer en el cargo durante muchos años, en contraste con los nombramientos senatoriales, cuyo ejercicio era como máximo de un año. De hecho, Tiberio solía mantener a sus gobernadores provinciales en el cargo durante diez años o incluso más (recordemos al procurador de Judea, Poncio

Pilatos, el Pilatos de los evangelios cristianos). Esta misma política era aplicable al caso de Galerio.

Como ya se ha dicho, Séneca se trasladó a Egipto en compañía de sus tíos a principios del año 16, o bien su tía se lo llevó escasos meses después de que su esposo asumiera su cargo como procurador de Egipto ese mismo año. En aquel momento, Séneca había cumplido o estaba cerca de cumplir los diecinueve años. Como todos los ciudadanos romanos, a los dieciséis años alcanzó la mayoría de edad. Al igual que los miembros jóvenes de la noble orden ecuestre, habría completado su escolarización en Roma a los diecisiete años de edad, cuando ingresó en la Collega Junena, la asociación de jóvenes varones de Roma instaurada por Augusto —un cruce entre la YMCA (Asociación Internacional de Jóvenes Cristianos) y las Juventudes Hitlerianas—. En esta asociación ingresaban los hijos varones de las clases patricias romanas, la verdadera elite, jóvenes que aprendían a montar a caballo y recibían instrucción en el manejo de diferentes armas. El siguiente paso en la carrera de un joven de dieciocho o diecinueve años perteneciente a la noble orden ecuestre, como era el caso de Séneca, adoptaba la forma de un servicio militar de seis meses de duración en una de las legiones romanas, en calidad de *tribunus augusticlavius*, un tribuno de baja graduación. En tiempos de la República, los tribunos comandaban cohortes y legiones enteras del Ejército romano, pero en la época imperial los tribunos de baja graduación no pasaban de ser meros oficiales cadetes que servían en la guardia personal de los comandantes de las legiones.

Poco después de terminar su servicio en calidad de joven tribuno, un miembro de la orden ecuestre podía ingresar en la primera de las distintas unidades auxiliares del Ejército, que lideraría durante los ocho años siguientes, más o menos, con el rango de prefecto. Alcanzada la edad de veintisiete años, podría regresar a Roma para desarrollar una carrera como servidor público, o bien, si había destacado en el Ejército, podría recibir un ascenso y alcanzar la categoría de tribuno de alta graduación, o «tribuno militar». Este rango le situaba como segundo al mando de una de las veinticinco legiones estacionadas en Roma, en la misma época cuando Germánico fue nombrado comandante en jefe de las legiones del Rhin. Cumplidos los treinta años de edad, el joven tribuno había hecho meritos suficientes para acceder al Senado. Podría servir como cuestor de un cónsul o de un gobernador provincial, tras lo cual accedía de forma automática al Senado. O bien sería admitido como integrante del Senado con la aquiescencia del emperador, pudiendo recibir el mando de una legión en calidad de «legado» o general de brigada. Al cabo de varios años podía esperar un nuevo ascenso, esta vez al rango de pretor, y seguidamente confiar en ser nombrado cónsul si ya había superado la edad de treinta y siete años. Ésta era la escala de ascenso habitual para un joven caballero ambicioso como era Séneca. Pero Séneca no optó por esta ruta.

Séneca nunca sirvió como oficial cadete, nunca estuvo al mando de unidades auxiliares, jamás sirvió como tribuno militar integrado en una legión, jamás estuvo al frente de una legión. Sólo después de obtener el favor del Palatium al regresar a Roma en el año 31 d. C., Séneca fue nombrado cuestor, y posteriormente fue nombrado pretor en el año 49. Es evidente que la carrera de Séneca siguió un curso muy distinto del que seguía cualquier caballero romano de la orden ecuestre con ambiciones políticas o militares. Con su marcha a Egipto en 16 d. C., cuando contaba diecinueve años, eludió el servicio militar con el rango de oficial cadete, casi como quienes hacen trampas para no ser reclutados y quedan exentos del servicio. Además, al permanecer en Egipto hasta cumplir los treinta y cuatro, en ningún caso siguió la escala de ascenso habitual como magistrado civil o militar. Por este motivo, Séneca estaba viviendo en el palacio del gobernador en Alejandría cuando Germánico se encontraba en Oriente entre los años 17 y 19 d. C.

Séneca, que servía en el séquito personal de su tío Cayo Galerio, casi con total certeza habría viajado hasta Dafne acompañando a su tío el gobernador para presentar sus respetos a Germánico y Agripina tras su llegada en el año 17 d. C. Germánico, como comandante en jefe de las provincias romanas de Oriente, era el inmediato superior del tío de Séneca, y, al igual que otros oficiales romanos de alto rango con cargos en Oriente, Galerio no habría perdido el tiempo y se habría desplazado con urgencia hasta Dafne para presentarse ante su nuevo superior e informarle personalmente de la situación en su provincia. De Séneca, que como se ha dicho era caballero de la noble orden ecuestre, al igual que su tío, también se esperaría que fuese a presentar sus respetos al príncipe. Además, Séneca se encontraría en el palacio de Alejandría cuando Germánico viajó a Egipto durante el verano de 19 d. C., con el objetivo, en un principio, de poner en marcha algunas medidas para paliar los efectos de la sequía que asolaba el territorio y hacer algo de turismo por la zona. No hay indicio alguno de que Séneca estuviera en Dafne cuando Germánico falleció. Naturalmente, al no encontrarse en el lugar donde Germánico fue envenenado, otra persona tendría que haberle administrado el veneno que le habría procurado Séneca. Es ahí donde entra en acción el cómplice antes mencionado. Un asunto que desbrozaremos más adelante.

¿Qué motivos habría tenido Séneca para querer asesinar a Germánico? En aquel tiempo, el año 19 d. C., Séneca vivía en Alejandría y emergía de una época difícil, tres años en los que había sufrido los rigores de su frágil salud. Luego de este período en la sombra, estaba ansioso por hacerse notar en Roma ahora que su salud había mejorado gracias a las bondades del clima egipcio. Algún comentario accidental habría servido para poner su mente prodigiosa en funcionamiento y al servicio de su mayor interés: procurarse el favor del emperador Tiberio y forjarse una brillante carrera en la capital del imperio. En semejante contexto, es probable que el plan empezase a tomar forma concreta en la mente de Séneca durante el verano del año 19 d. C., tras la airada reacción de Tiberio ante la visita que hizo Germánico a Egipto. Era la primera vez que el emperador amonestaba públicamente a Germánico en el Senado. Antes que en una ilustración del disgusto que sentía Tiberio por la conducta irreflexiva de su hijo adoptivo, esta recriminación se erigió en una suerte de luz verde a ojos de Séneca. Seguramente, pensaría para sus adentros, el emperador estaría infinitamente agradecido al hombre que le librase de la perturbadora presencia de Germánico.

La pregunta es: ¿fue Séneca capaz de planear y ejecutar el asesinato del príncipe con sólo veintidós años de edad? Tal como ponen de manifiesto sus logros posteriores, habida cuenta sus numerosas y admirables obras filosóficas, no había nada que pudiese amedrentar a Séneca. Poco tiempo después de regresar a Roma, su ambición ilimitada le animó a introducirse en el lecho de las hijas de Germánico, Julia y Agripina la Menor. Con absoluta deliberación y para saciar su sed de venganza, Séneca arruinó la vida de muchos hombres, entre ellos Suilio, el cuestor de Germánico. Asimismo, Séneca amenazó a las tribus de Britania con enviar las tropas para obligarles a satisfacer el pago de sus préstamos. No tuvo escrúpulos a la hora de aplicar sanciones y, en rigor, alentó a Nerón para que no dudase en asesinar a su madre, Agripina la Menor, a la sazón antigua amante de Séneca. Antes de eso, aun conociendo todos los pormenores del asesinato de Claudio, Séneca redactó el discurso que Nerón dirigió a la guardia pretoriana, plenamente consciente de que Claudio ya estaba muerto. Desde el cargo de primer secretario, guió los pasos de Nerón y su Gobierno durante un período de ocho años, en el transcurso de los cuales consiguió amasar una fortuna de proporciones fabulosas a costa de otros muchos romanos. Y, en última instancia, estuvo dispuesto a permitir el asesinato de Nerón para así convertirse en emperador de Roma. A la vista de estos ejemplos, está claro que la tentación llamó a las puertas de Lucio Anneo Séneca en numerosas ocasiones a lo largo de su vida.

Nos queda el asunto del veneno. Sus críticos señalaron que Pisón y Plancina tenían relación con Martina, la hechicera y experta en venenos. Esto era un mero entretenimiento. En honor a la verdad, es probable que Martina no tuviera la menor implicación en el asesinato. No pasaba de ser una amiga singular y de oropel de Plancina, que en su momento proporcionó solidez a las sospechas levantadas en torno a ella y su esposo Pisón. Del mismo modo como Martina no tuvo nada que ver en el magnicidio, Séneca tampoco tuvo ninguna relación con ella. Antes bien

Séneca debió de procurarse el veneno que mató a Germánico por medio de otra fuente, seguramente en Egipto. Tácito nos dice que el día de su suicidio forzoso, Séneca pidió a su médico que le administrase un veneno «que él se había procurado algún tiempo atrás». Se trataba de un veneno, continúa Tácito, comúnmente utilizado para ejecutar a los criminales en Atenas. He aquí una prueba gráfica de que Séneca no sólo tenía un conocimiento exhaustivo de los venenos letales sino que en el pasado se había procurado una sustancia de esas características, muy probablemente belladona o cicuta.

Las palabras de Tácito pueden interpretarse como que Séneca, en efecto, había preparado el veneno personalmente. No es que esto tenga demasiada importancia, pues habría bastado que Séneca hubiese ordenado a alguno de sus libertos que comprase la droga a un boticario. En todo caso, Tácito no explica cuándo o por qué Séneca se había procurado el veneno con anterioridad. ¿Acaso Tácito se estaba refiriendo de forma inconsciente y tangencial al asesinato de Germánico? Aun cuando no fuese así, esta prueba establece un vínculo nítido e irrefutable entre Séneca y la clase de veneno utilizada para acabar con la vida del príncipe.

Así pues, ¿cómo planeó y ejecutó Séneca el asesinato de Germánico? ¿Y quién fue su cómplice?

XXI. CÓMO SE PLANEÓ Y SE LLEVÓ A CABO EL ASESINATO DE GERMÁNICO

Séneca era un hombre bien parecido, extremadamente inteligente, encantador, ingenioso y de mente ágil; era aún un joven de veinte años cuando tuvo ocasión de conocer personalmente a Germánico y su esposa, Agripina la Mayor, en Dafne. De hecho, Séneca y su tío, el prefecto Cayo Galerio, pudieron arribar a Dafne y presentarse ante Agripina antes de que Germánico llegase desde el norte tras culminar con éxito la misión que le había llevado hasta Armenia: nombrar un nuevo rey. Asimismo, es posible que Séneca asistiese a algunos banquetes organizados por Germánico, como el que se celebró en honor al rey de Nabatea y en el que Pisón hizo el ridículo lanzando invectivas contra los excesos y el lujo.

Tácito no menciona en ningún momento que Agripina acompañara a Germánico en su viaje a Egipto durante el verano de 19 d. C., aunque son muchos los historiadores que consideran que, casi con toda seguridad, ambos viajaron juntos a Alejandría, basándose en el hecho de que durante años habían sido inseparables. Ciertamente, no había razón para que permaneciese en Siria. Y así como Agripina había visitado Actium en compañía de Germánico para conocer el emplazamiento de la famosa batalla que enfrentó a sus abuelos, es bastante improbable que algo le hubiese impedido visitar Alejandría, la ciudad donde habían muerto Cleopatra y Marco Antonio y donde sus cuerpos habían recibido sepultura, la misma donde su abuelo Augusto se había asegurado el control definitivo del Imperio romano.

Casi tenemos la certeza, por tanto, de que Agripina viajó a Alejandría en compañía de Germánico. Dado que Tácito se muestra bastante inflexible al respecto y sostiene que Germánico remontó el Nilo a solas (ni tan siquiera con un guardaespaldas), deberemos dar por hecho que Agripina fue obligada a permanecer en Alejandría, esperando el regreso de su marido. Allí, Séneca habría tenido la oportunidad de pasar algún tiempo en su compañía. Tal vez, con tanto que ver en la ciudad, Séneca podría haber ejercido como su anfitrión y guía durante esta fase de su estancia en Alejandría, un lugar que conocía bien puesto que allí tenía su residencia.

Es probable que, a aquellas alturas, el matrimonio de Germánico y Agripina hubiese devenido un tanto arisco, y que por este motivo Germánico decidiese remontar el exótico Nilo solo. A partir de sus actos, los pretéritos y los futuros, sabemos que Agripina era una mujer ambiciosa en grado extremo, en beneficio propio y de sus hijos. Había crecido en un entorno que deseaba fervientemente que uno de sus hermanos se erigiese en el sucesor de Augusto en el trono del Imperio, y luego, cuando todos fueron apartados de la línea sucesoria, vio cómo su marido alcanzaba una popularidad inmensa que le convertía en el favorito para suceder a Augusto. Así las cosas, cuando Germánico, un hombre de férrea e insobornable moral, se negó a que sus legiones le proclamasen emperador frente a Tiberio en el año 14 d. C., Agripina debió de quedarse lívida. ¿Cómo es posible, razonaría ella, que rechace el trono que su Ejercito le ofrece en bandeja, cuando el pueblo de Roma le apoya sin fisuras y desea que Germánico sea el sucesor de Augusto?

Este rechazo a hacerse con el trono no sólo tendría consecuencias para el futuro de Germánico, sino que también evitó que sus hijos, los hijos de Agripina, ascendieran algunos peldaños en la línea de sucesión y pudieran ser emperadores después de su padre. Y eso, bajo la óptica de Agripina, era equivalente a privarles, de forma totalmente gratuita, de unos derechos adquiridos en la cuna. Durante los cinco años siguientes, la orgullosa Agripina hubo de sufrir la humillación de inclinarse y arrastrarse ante Tiberio y su madre, la altanera Julia, cuando tan fácilmente podría haberse convertido en la emperatriz de Roma, recibiendo la adulación y los halagos del mundo entero. Durante el lustro que siguió a los acontecimientos del año 14, Agripina siguió presionando a Germánico para que aceptase el trono en detrimento de Tiberio (si no por él, sí para garantizar la sucesión de su hijo mayor, Nerón Germánico, que también era el favorito de Agripina, según pudo constatarse más adelante, una vez que el muchacho tuviera edad suficiente para ser entronizado. Pese a todo, Germánico se había negado reiterada y radicalmente a plantear oposición a su «padre», Tiberio. Ahora bien, al ceñirse a sus escrúpulos de orden moral, Germánico se estaba distanciando de su mayor aliado. Y Dios tenga piedad de quienquiera que ose interponerse entre una madre y las ambiciones que concibe para sus vástagos.

Desde nuestra perspectiva actual, resulta obvio que, esperando en el palacio alejandrino del gobernador mientras Germánico malgastaba varias semanas de su valioso tiempo haciendo turismo por la zona, la frustrada Agripina debió de forjar una estrecha relación con Séneca. El joven le ofrecía un oído amable que escuchaba con atención sus quejas sobre la falta de ambición de su esposo y su negativa a proclamarse emperador, con el evidente perjuicio para sus hijos, a quienes con su obstinada actitud privaba de una oportunidad legítima para algún día sucederle al frente del Imperio. No es, pues, imposible que Séneca y Agripina vivieran un tempestuoso romance entre los muros del amplio palacio de los Ptolomeos, aprovechando la prolongada ausencia de Germánico. En ningún texto clásico figura una sola insinuación relativa a una posible infidelidad de Agripina; aunque, a juzgar por sus actos posteriores, no podemos descartar que tuviese una aventura adúltera con aquel ingenioso joven. No en vano, a renglón seguido, Séneca conseguiría seducir a dos de las bellas hijas de Agripina la Mayor, toda vez que siendo un hombre de mediana edad todavía tendría recursos para desposar a una joven muy atractiva. Así las cosas, no podemos negar tan alegremente la posibilidad de que allí, en Egipto, tuviese un romance clandestino con la amargada y muy desilusionada Agripina la Mayor.

En puridad, este romance adúltero no era necesario para lo que pronto habría de ocurrir. También es posible que Agripina y Séneca desarrollasen una relación de amistad y confianza sin tener relaciones sexuales. Esta relación podría haber surgido como resultado de sus ambiciones respectivas. Así, mientras Agripina le expresaba sus muchas frustraciones, sus quejas ante la falta de ambición de su marido y la negación de un futuro brillante, el que ella y sus hijos merecían, el joven Séneca discurrió una idea. Existía una manera de garantizar que sus hijos accediesen al trono del Imperio, aun cuando su esposo no lo quisiera para él.

Séneca convenció a Agripina de que si lograban desembarazarse de su marido, entonces los temores de Tiberio en relación con que Germánico pudiera arrebatarle el trono se evaporarían de un plumazo, siendo así que el emperador aceptaría sin ambages a los hijos de Germánico como sus herederos legítimos. Sí, es cierto que tras la muerte de Germánico su hermano adoptivo, Druso el Joven, el cuñado de Agripina, ascendería al primer lugar en la línea de sucesión al trono. No obstante, Séneca habría comentado a Agripina que su hermano mayor Junio Galio, que entonces se encontraba en Roma, mantenía una estrecha relación con Sejano, y que a su vez Sejano era un buen amigo de la esposa de Druso el Joven, quien le había confiado que Druso no tenía ninguna aspiración al trono. En consecuencia, si Agripina decidía seguir sus consejos, decía Séneca, Tiberio nombraría herederos a sus hijos.

Este escenario, donde Druso se vería sobrepasado en la línea sucesoria por los nietos de Tiberio, no era, ni mucho menos, una fantasía irrealizable. Durante años, Augusto había preparado a sus tres nietos mayores (los hermanos de Agripina, Lucio, Cayo y Póstumo) para que fuesen sus herederos, apartando de la línea sucesoria a Tiberio, su hijastro. Sólo cuando dos de esos nietos murieron y el tercero fue confinado en una isla prisión, Augusto consideró a Tiberio su heredero legítimo. De igual manera, habría razonado Séneca, podría esperarse que Tiberio preparase a sus nietos Nerón Germánico, Druso Germánico y Calígula para que lo sustituyeran al frente del Imperio. En rigor, esto es exactamente lo que sucedería tras la muerte de Germánico, incluso cuando el hijo de Tiberio, Druso el Joven, todavía estaba vivo.

Existe un segundo escenario, asimismo viable, que el muy locuaz y persuasivo Séneca habría explicado con todo lujo de pormenores ante una pensativa Agripina. Mientras que el escenario anterior exigía que Agripina esperase algunos años después de la muerte de Germánico, hasta que Tiberio muriera, antes de que uno de sus vástagos fuese proclamado emperador, este segundo escenario situaba al hijo de Agripina, Nerón Germánico, en el trono de Roma transcurridos pocos meses tras la muerte de su padre. Este escenario era, en verdad, muy sencillo. Si Germánico era asesinado, el dedo acusador señalaría directamente a Tiberio. La violencia estallaría (por parte del pueblo de Roma y del estamento militar). Las legiones acuarteladas en el Rhin sentían verdadera devoción por la figura de Germánico, y Silio, el viejo amigo del príncipe, todavía comandaba las cuatro legiones del Ejército que se encontraban en Germania Superior. Espoleado por las acusaciones de que Tiberio había ordenado el asesinato de Germánico, la ira del pueblo provocaría una revuelta que bien podría desalojar a Tiberio del poder e instalar en su lugar al hijo del difunto Germánico. Cabe señalar que Nerón Germánico ya había cumplido los quince años y que, legalmente, al finalizar su decimoquinto año alcanzaría la mayoría de edad, pudiendo gobernar en su caso, con el consejo de su madre. A la vista de esta situación, Agripina gobernaría el Imperio a través de su hijo.

Según los planes de Séneca, fuera de una u otra manera, en el corto o en el largo plazo, Agripina instalaría a uno de sus vástagos en el Palatium. Ahora bien, con el segundo y mucho más acelerado escenario, a ojos del mundo entero debería ser más que evidente que Germánico había sido asesinado, de suerte que la manera de llevar a cabo el magnicidio era crucial. Debía plantearse un homicidio meridianamente claro, siendo así que sus responsables debían permanecer en la más hermética oscuridad. Para lograrlo, Germánico tenía que ser envenenado. En este particular, Séneca se mostraría especialmente inspirado. Dotado con un conocimiento que parecía no tener límites, el joven sabía de la existencia de varios venenos indetectables. Una persona muerta por la ingestión de una de estas sustancias parecía haber fallecido por causas estrictamente naturales. En consecuencia, para que fuese obvio que Germánico había sido envenenado, Séneca propuso el empleo de la belladona, un veneno que siempre dejaba su tarjeta de visita.

El gobernador de Siria, Pisón, y su arrogante esposa Plancina también participaban en el juego diseñado por Séneca, erigiéndose en los cabezas de turco ideales para sus fines. Como sabemos, habían descuidado sus obligaciones sólo para entorpecer el normal desarrollo de las vidas de Germánico y Agripina en las provincias orientales. Séneca no habría tenido dificultades para caer en la cuenta de que sería fácil convencer al pueblo de Roma de que ambos habían orquestado el envenenamiento de Germánico. A partir de ahí, las habladurías y las insinuaciones se encargarían de hacer el resto, hasta que Tiberio fuera acusado públicamente de haber ordenado a Pisón y Plancina que liquidasen a Germánico. Las actitudes y los actos protagonizados por esta arrogante pareja fueron, en manos del hábil Séneca, como regalos caídos del cielo.

Éste era, en síntesis, el plan urdido por Séneca, al que Agripina se sumó de inmediato. Quizás el acuerdo se produjo luego de derramar algunas lágrimas y sentir un cierto aborrecimiento por su persona, pero eso no impidió que se produjera. Algunos apuntaron que Agripina sentía demasiada devoción por su esposo Germánico como para prestarse a semejante vileza. Tal vez fuese así cuando Agripina y Germánico eran más jóvenes y ambos eran dos estrellas en ascenso. Pero la ambición es un monstruo cruel y tremendamente exigente. No podemos negar que la ambición gobernase los actos de Agripina, ni que tras la muerte de Germánico su existencia tuviese un único objetivo: ver a uno de sus hijos convertido en emperador. Consciente de su naturaleza ambiciosa, la cual, según un crítico Tácito, era más propia de un hombre que de una mujer, debió de sentirse terriblemente frustrada porque Germánico ni tan siquiera contemplara la posibilidad de hacerse con el trono, cuando el hecho es que hasta el día de su muerte gozó de una situación inmejorable para lograrlo.

El plan siguió adelante una vez que Germánico y Agripina regresaron a Siria al final del verano de 19 d. C. Utilizando a uno de sus libertos, Séneca se procuró una cierta cantidad de belladona en Alejandría. Esto constituiría su particular introducción y aprendizaje en el terreno de los venenos; tal como refiere Tácito, llegado el día de su muerte, no sólo era un hombre instruido en la materia, sino que tenía experiencia con la clase de veneno letal que se utilizaba para ejecutar a los criminales en Atenas. De haber ocurrido así, Agripina habría regresado a Dafne portando consigo una dosis del veneno, oculta entre su equipaje, o bien Séneca se la habría enviado escaso tiempo después. De una u otra forma, concluido el viaje de regreso a Siria no hubo de pasar mucho antes de que Germánico cayese enfermo por primera vez, en los inicios del otoño.

Fue Agripina, alguien situado más allá de cualquier sospecha, quien personalmente le administró el veneno, agregándolo a la comida o la bebida de Germánico. Cuando la primera dosis no acabó con la vida de su marido, Agripina le administró una segunda dosis mayor, esta vez letal, que seguramente recibió procedente de Alejandría y le fue remitida por Séneca (esto explicaría el lapso transcurrido entre el primer y el segundo achaque, una demora de varias semanas). Ni que decir tiene que, tras el primer intento de envenenamiento, Germánico extremó las precauciones, pero nadie sospechó de su aparentemente devota esposa, y fue así que pudo atentar de nuevo contra su vida administrándole la dosis definitiva, pasando totalmente desapercibida. Quizá deslizase el veneno en el agua que ella misma le dio para paliar su sed cuando el príncipe agonizaba camino de su infausto destino. El hecho se había consumado: el príncipe estaba muerto.

Mientras estuvieron juntos en Alejandría, Séneca habría aleccionado a Agripina en cómo le convenía actuar para capitalizar la muerte de Germánico. Debía exhibir públicamente el cadáver de su marido en Antioquía, para resaltar y dar notoriedad a la cianosis. Debía presidir su incineración y llevar personalmente sus restos hasta la capital romana. En Brindisi debía hacer una entrada triunfal, deteniéndose primero en Corfú para así crear expectativas en Italia antes de desembarcar en el sur de la península. Debía, asimismo, encabezar el cortejo fúnebre a lo largo de todo el recorrido entre Brindisi y Roma, para así espolear el duelo y la ira del pueblo. Fue el astuto Séneca quien redactó el guión de la vuelta de Agripina a Italia, un periplo luctuoso cargado de dramatismo. Séneca también le habría indicado, en un mensaje que le envió antes de su partida desde Siria con destino a Roma, que ordenase a alguno de sus allegados más fieles que asesinase a Martina, la hacedora de venenos, antes de que con su testimonio pudiera absolver a Plancina y Pisón de los cargos de asesinato que se les imputarían en la capital. Y, de este modo, Martina encontró su fin, mientras permanecía bajo custodia en Brindisi, muerta a manos de alguien cercano a Agripina. Es más, podemos incluso pensar que Séneca le envió más veneno para que Agripina lo utilizase en la liquidación de Martina antes de abandonar Siria.

Una vez que hubo regresado a Italia, y mientras Séneca permanecía en Egipto, Agripina tuvo que arreglárselas por su cuenta. Sola y si el concurso del sibilino Séneca, que guiaba sus pasos y le insuflaba ánimo, la viuda se fue ensombreciendo con el transcurrir de los días. Como saldría a relucir posteriormente, Agripina devino una mujer temerosa y vacilante, que ni tan siquiera tendría la astucia de disimular sus sospechas ante la manzana (quizás envenenada) que le ofreció Tiberio durante el banquete celebrado en el Palatium.

Para mayor decepción, tanto de Agripina como de Séneca, el segundo escenario no se resolvió conforme a lo que el filósofo había previsto. Ni el pueblo de Roma ni las legiones estacionadas en el Rhin provocaron una revuelta contra Tiberio, ni lo destronaron, pese al evidente malestar que se adueñó de la población después de la muerte de Germánico. Tras el regreso de Agripina, y cuando el presunto suicido de Pisón apaciguó los clamores de venganza del pueblo, Agripina no tuvo más remedio que esperar que Tiberio muriera pronto, en la esperanza de que el primer escenario trazado por Séneca se cumpliera algún día.

Séneca permaneció en Alejandría como un invitado al que finalmente no se le ha permitido acceder a la fiesta. La idea original era que Agripina le mandara llamar tan pronto como se produjera una revuelta que derrocase a Tiberio e instalase en el trono al hijo de Germánico. Cuando la tan ansiada revuelta no se produjo, Séneca, impaciente por poner en práctica sus ambiciones en Roma con el respaldo de sus amigos influyentes, no estaba preparado para esperar varios años, como era evidente que tenía que hacer Agripina. Séneca, empero, era muy consciente de que la oportunidad, al igual que la virginidad, una vez que se ha perdido no vuelve a presentarse. La oportunidad para sacar provecho de su crimen todavía no se había evaporado y se encontraba ante él como una puerta abierta. Para un hombre de su ambición, y a estas alturas tan frustrado, habría parecido un completa locura no saltar y atrapar esa oportunidad.

Es posible que la puerta que conducía al poder a través de Agripina se hubiese cerrado definitivamente como resultado del desenlace del proceso contra Pisón, pero Séneca atisbaba otra puerta abierta frente a sus ojos. Con gran precisión y sagacidad, Séneca habría colegido que la persona más influyente en el Palatium de Tiberio era el actual comandante de la guardia pretoriana Sejano. Y, al menos en teoría, Séneca podría acceder a Sejano por medio de su hermano, Junio Galio el Joven, cuyo padre adoptivo era buen amigo del pretoriano. Es probable que Séneca decidiera enviar un mensaje a Sejano por mediación de su hermano Galio. En ese mensaje, Séneca revelaría al pretoriano que él era el autor intelectual del asesinato de Germánico. El propósito oculto tras esta inusitada confesión no era otro que la esperanza de ser convocado en Roma para recibir una recompensa de manos del comandante pretoriano, idealmente un nombramiento o cargo público que lo ubicara de nuevo en la senda del poder y la gloria.

Esto era, desde luego, una apuesta sumamente arriesgada. Durante los últimos años de su vida, un Séneca más sabio y menos impaciente con toda seguridad no se habría atrevido a hacer un intento de esta naturaleza. En esa última fase, Séneca había dicho lo siguiente en referencia a Sejano: «Con el tiempo resultaba tan peligroso ser su amigo como ser su enemigo.»[1] Ahora bien, el Séneca de los veintitrés años, aterrado ante la posibilidad de pudrirse en la oscuridad de Egipto, falto de poder, en una pobreza relativa, y sin obtener el reconocimiento que merecían sus talentos, estaba preparado para entrar en ese juego. No en vano el año anterior lo había arriesgado todo al planear y ejecutar el asesinato de Julio César Germánico. Se habría interrogado en los términos que siguen: ¿qué sentido tiene haber cometido un crimen tan atroz como endiabladamente astuto, si no logras el fin que persigues? Estando tan cerca del objetivo, y dotado con la impetuosidad y la ingenuidad propias de la juventud, se impuso hacer un último y desesperado intento para conseguir el premio.

Lo cierto es que había fracasado a la hora de calibrar los riesgos y las ventajas de entablar una hipotética comunicación con Sejano y revelarle su participación en el asesinato. Séneca era un estudiante dedicado del derecho romano que, posteriormente, durante su vida, obtendría gran renombre tanto por sus exitosas defensas legales como por sus escritos y sus discursos. Aunque languidecía en Alejandría, era plenamente consciente de que el sistema legal romano le beneficiaría. En la idiosincrasia romana, el camino hacia el éxito pasaba, invariablemente, por estar en Roma. No estar en la capital equivalía a no existir. Por ejemplo: para ser candidato a un cargo electo en la urbe romana una persona tenía que estar, físicamente, en la ciudad de Roma. De manera análoga, si iba a incoarse un juicio legal contra un caballero o senador romano, el proceso tenía que celebrarse en la capital, con independencia del lugar donde hubiese cometido el delito que se le imputaba. En los juicios celebrados en Roma, las cartas o las declaraciones escritas de los testigos no eran aceptadas como pruebas, siendo imperativo que las acusaciones fuesen avaladas por el testimonio personal, es decir, por la comparecencia del testigo de cargo. Por esta razón habría sido esencial que Martina, la hacedora de venenos, compareciese personalmente durante el juicio contra Pisón. Los testigos tenían que personarse ante el tribunal, en Roma, y poner voz a sus acusaciones. Siempre y cuando Séneca permaneciera en Egipto y no acudiese a Roma para acusar a Sejano o a cualquiera otra persona de complicidad o de tener conocimiento del asesinato de Germánico, cualquier declaración suya no tendría validez en un juicio. Ni tampoco su carta podría ser presentada como prueba de los hechos (ni contra el propio Séneca ni contra cualquiera otra persona). Sólo si Séneca se desplazaba a Roma y aportaba sus pruebas personalmente, su testimonio sería escuchado y tendría credibilidad ante un tribunal romano.

Séneca envió el mensaje a Sejano en los últimos días de la primavera del año 20 d. C., o a principios del verano, luego de que las noticias de la muerte de Pisón y la conclusión de su proceso por asesinato llegasen a Alejandría. En aquel momento, la temporada de navegaciones al norte ya había comenzado, y Séneca habría enviado a un liberto de su confianza con destino a Roma portando esa misiva de capital importancia. El liberto habría pagado su pasaje en uno de los muchos barcos mercantes alejandrinos que zarpaban con las bodegas repletas de cereales (los romanos llamaban «barcos redondos» a estos rechonchos buques de vela mercantes). Estos navíos partían todos los años y realizaban la travesía entre la costa egipcia y Pozzuoli (la romana Puteoli) u Ostia, dos localidades de la costa occiden tal de Italia, cargados con los pertrechos que servían para alimentar a los ciudadanos de la capital del imperio. Pues bien, aquel liberto portaba consigo la carta lacrada escrita por su amo y tenía instrucciones precisas de entregársela a Galio, quien, una vez que obrase en su poder, debía hacérsela llegar, todavía sellada, al pretoriano Sejano.

Todo indica que Sejano, al recibir este mensaje remitido por un hombre relativamente desconocido y residente en Egipto, no supo si dar crédito o no a las afirmaciones de Séneca. Lo allí expuesto le habría parecido cuando menos inverosímil. ¿Un oscuro caballero de sólo veintitrés años de edad, el hijo de un famoso retórico, que sufría una enfermedad grave y vivía como un desterrado en el remoto Egipto, aseguraba haber ideado el asesinato más notorio de la historia de Roma? Por aquel entonces, Sejano no podía saber que Séneca y él tenían muchas cosas en común, que sería este mismo Séneca quien algún día gobernaría los destinos del Imperio luego de erigirse en la mano derecha del emperador, como lo era entonces Sejano, y que estaría muy cerca de hacerse con el trono, como también le ocurriría a Sejano.

Así las cosas, Sejano no dio crédito a las afirmaciones de Séneca y ni por asomo le atribuyó la autoría del asesinato de Germánico. Con todo, creyera o no creyera la versión que le contaba Séneca, lo cierto es que nunca quiso que se personara en Roma y relatase la historia. Y, por encima de todo, en ningún momento quiso que se le pudiese relacionar con Séneca en todo lo relativo al magnicidio, fuera o no fuese verdad, insisto. Que se descubriese alguna relación entre ambos podría ser fatal para sus intereses (suficiente para que el populacho se tornase contra él, lo responsabilizase del asesinato y quisiera cobrarse cumplida venganza descuartizándole miembro a miembro), o simplemente si se descubría que Séneca había instigado el magnicidio y que él tenía conocimiento de ello. La presencia de Séneca en Italia sería peligrosa para Sejano, aun cuando, según creía sin fisuras, las afirmaciones de Séneca fueran el fruto de una mente tan estúpida como delirante y perturbada. Mientras permaneciese en la provincia romana de Egipto, situada en uno de los confines del Imperio, Séneca no representaría una amenaza para él. Por medio del liberto de Séneca, el comandante pretoriano envió su respuesta al filósofo, que todavía se encontraba en Alejandría. En consecuencia, si algún día Séneca decidía poner un pie en Italia, el comandante pretoriano se cercioraría de que no viviera lo suficiente para difundir aquella historia ridícula sobre el asesinato de Germánico.

De modo que, aunque la historia del crimen brillantemente ideado por Séneca siguió siendo un secreto, su conjura no se resolvió en los términos deseados, ni le permitió acceder a la meteórica carrera que tanto anhelaba. Se vio obligado, por tanto, a permanecer otros once años en Egipto, en un destierro autoimpuesto, temiendo la reacción de Sejano si se aventuraba a viajar a Roma. Cuando finalmente terminó el Gobierno de Sejano, luego de ser denunciado, derrocado, condenado y ejecutado en el año 31 d. C., desaparecieron los motivos que habían impedido su anterior traslado a territorio italiano. Sin mayor demora, Séneca dio por terminado su exilio en Alejandría y partió en compañía de su tía rumbo a Roma para inaugurar su tantas veces postergada carrera.

De inmediato se congració con la madre y los hijos de Germánico, en la esperanza de que Tiberio otorgase la libertad a Agripina la Mayor. Después de todo, su confinamiento había sido ideado, fundamentalmente, por Sejano, por lo que a continuación, y en buena lógica, Tiberio pondría fin a todos los destierros orquestados por el difunto comandante pretoriano. Esto permitiría a Séneca reanudar su relación con Agripina una vez que ella regresara a Roma y recuperase su influencia. Ahora bien, mientras que a otros desterrados se les concedió el perdón y pudieron regresar a la capital, en lo tocante a Agripina Tiberio se mostró inflexible, de suerte que ella permaneció en su destierro de Pandataria. Transcurrió el tiempo sin indicios de que el envejecido y crecientemente vengativo Tiberio fuese a cambiar de parecer; en este contexto, Agripina perdió toda esperanza y se quitó la vida, siendo así que Séneca decidió exprimir al máximo su relación con la familia de Germánico. Es posible que, llegados a este punto, Agripina la Mayor no fuese de ninguna utilidad, pero Séneca sabía que Antonia, la madre de Germánico, todavía ejercía una influencia notable sobre el emperador, de suerte que la utilizó para abrirse paso en su retardada carrera. Así, impulsado por la ambición y aprovechando todas las oportunidades que se le presentaban, no dudo en introducirse en el lecho de las dos hijas de Agripina, Julia y Agripina la Menor.

¿Sabía Suilio, el antiguo cuestor de Germánico, que Séneca tuvo una aventura amorosa con la esposa del difunto príncipe? Como se ha relatado en páginas anteriores, cuando expuso los argumentos de su defensa ante el Senado, Suilio acusó a Séneca de contaminar las alcobas de las damas de la familia imperial. Este comentario fue interpretado en su día (una interpretación mantenida hasta la fecha) como que Suilio creía que Séneca había tenido relaciones sexuales con Julia y Agripina la Menor. Sin embargo, esta acusación en modo alguno excluía la posibilidad de que la esposa de Germánico, Agripina la Mayor, fuese una de tales «damas» cuya alcoba había sido «contaminada». Es, pues, posible que Suilio se estuviese refiriendo, además de a las hijas, también a la madre, si bien no tenemos forma de saberlo con certeza.

En lo que a Séneca concierne, si su insondable sabiduría y sus célebres aforismos filosóficos, citados con tanta reiteración a lo largo de la historia, fuesen lo único que conociésemos de su persona, resultaría imposible siquiera contemplar la posibilidad de que un hombre así pudiera haber planeado y ejecutado el asesinato de Julio César Germánico. Sin embargo, es tanto más lo que conocemos de Séneca y de la vida mendaz que tuvo, y son tantos los cronistas que han comentado su figura a lo largo de los siglos, que hoy podemos decir, sin temor a equivocarnos, que Séneca fue un hombre que de manera tan espectacular como estrepitosa fracasó en su afán de vivir conforme a sus enseñanzas. Aunque se pronunciaba contra los excesos y el lujo, nadie duda que fue uno de los hombres más ricos de su tiempo. Defendía el concepto del reparto equitativo entre ciudadanos iguales, pero no compartía su riqueza y su poder con nadie, mucho menos con los hombres de origen plebeyo. Se manifestaba pública y abiertamente contra las luchas de gladiadores, por considerarlas un acto de barbarie, al tiempo que provocaba y daba su apoyo a guerras que mandaban a una muerte segura a millares de soldados anónimos. Además, conspiró con Nerón para pergeñar la muerte de sus rivales, o, cuando menos, prefirió mirar a otro lado a sabiendas de que Nerón estaba liquidándolos sistemáticamente.

Pronto quedó claro que, para alcanzar el poder y afianzarse en su ejercicio, en toda su carrera no tenía que haber un solo crimen ante el cual Séneca se arrugase. No en vano fue él quien escribió que no existe mejor manera de tapar un crimen que cometiendo otros crímenes. Asimismo, Séneca escribió extensamente sobre la virtud y la honestidad, aunque no puede decirse precisamente que su vida fuese un dechado de virtudes; antes bien lo contrario, pues el siempre pragmático Séneca no dudó en observar la máxima romana según la cual la virtud sirve tanto para recibir elogios como para morirse de hambre. Sabemos a ciencia cierta que cometió adulterio al menos con una de las hijas de Germánico (casi me atrevería a decir que con las dos), aunque él siempre lo negó. Sabemos también que se le relacionó con el asesinato de Claudio, aunque sólo sea porque redactó aquel primer discurso que leyó Nerón luego de ser proclamado emperador, participando de la mentira de su muerte cuando Claudio todavía seguía con vida. Igualmente, sabemos que Séneca recomendó el posterior asesinato de Agripina la Menor, si es que no ideó personalmente el plan para eliminarla. Y cierto es que no movió un dedo para salvarla. Sabemos que escribió la carta embustera que dirigió Nerón al Senado en la que declaraba que Agripina había conspirado para asesinar al emperador y que por ese motivo había sido ajusticiada. Y nos consta que Séneca conocía la existencia de una conjura para acabar con la vida de Nerón pero que mantuvo la boca cerrada, esperando pacientemente que se consumara el magnicidio con la intención de que, a raíz de ello, los pretorianos le ofreciesen el trono imperial, algo que también negó repetidas veces.

Es posible que el carácter de Séneca se hubiese dulcificado un tanto durante los años en que permaneció retirado de la vida pública. Sin embargo, durante la mayor parte de su vida, su voluntad de poder fue tal que, en combinación con su inteligencia prodigiosa y su innegable talento como orador, lo empujó de forma inasequible al desaliento en pos de sus objetivos: las riquezas materiales, el poder, la influencia política y la notoriedad. Tanto en el plano emocional como en el intelectual, Séneca fue un hombre perfectamente capaz de haber asesinado a Germánico, no me cabe duda. Tuvo la oportunidad y los motivos para hacerlo. Y tenía amplios conocimientos sobre los venenos más usuales. Con deliberación y una frialdad verdaderamente pasmosa, Séneca concibió el asesinato del príncipe, se procuró el veneno más indicado para ejecutarle con arreglo a sus intereses, y sedujo a Agripina la Mayor para que se lo administrase sin levantar sospechas.

Poco le importó que el asesinato de Germánico desencadenase una serie de reacciones perversas que actuaron a modo de catalizador de otros asesinatos o muertes por causas no naturales de varios miembros de la dinastía imperial, a saber: Druso el Joven, el hermano adoptivo de Germánico, Nerón Germánico, Druso Germánico y Calígula, todos hijos del príncipe, Agripina la Mayor, la esposa de Germánico, sus hijas Julia y Agripina la Menor, Claudio, el hermano de Germánico y, posiblemente también su nieto, Nerón. Podría argumentarse que ninguno de ellos habría sido asesinado, u obligado a quitarse la vida, si Germánico hubiese vivido hasta la ancianidad.

Para mayor ironía, Séneca alcanzó sus objetivos de riqueza y poder no porque hubiese asesinado a Germánico sino a pesar del hecho de que lo asesinara. Lo cual no obsta para que, en última instancia, la misma ambición que le había inducido a asesinar se trocase en su ruina.

Consideremos, además, lo siguiente. La defunción de Nerón vino a determinar el fin de la dinastía imperial de los César. Con el asesinato de Julio César Germánico, Séneca precipitó una cadena de crímenes y muertes en extrañas circunstancias que sirvieron para eliminar sucesivamente a la esposa, los hijos, los hermanos y al nieto de Germánico, y con ello para extirpar cualquier vestigio de la sangre de los César. Liquidados sus miembros, el Imperio romano se sumió en el caos, un desorden sólo aliviado (y por tiempo breve) por los emperadores Vespasiano y Trajano, siendo así que ambos añadieron la palabra César a su nombre, al objeto de realzar en alguna medida sus respectivos reinados. Tras la muerte de Trajano comenzó el imperio de Adriano, y con él se inició una contracción paulatina del Imperio que ya no fue reversible. Tanto así que este declive aceleró su paso de manera ostensible hasta que la caída de Roma resultó por completo inevitable. Así pues, no sólo es achacable a Séneca la culpa de un único asesinato. No es exagerado afirmar que Séneca, al perpetrar el magnicidio de Germánico, no sólo manchó sus manos con la sangre de los César, sino que también cargó sobre sus espaldas la responsabilidad de las varias décadas de inestabilidad que a continuación sobrevinieron (un período convulso del que Roma nunca logró recuperarse), así como de haber empujado al Imperio camino de su ruina.

NOTAS

I. El asesinato de Julio César Germánico

1. Tácito, *Anales*, II, pág. 73.
2. Tácito, *Anales*, IV, pág. 31.
3. Suetonio, *Vidas de los césares*, IV, pág. 4.
4. Flavio Josefo, *Antigüedades de los judíos*, 18.6.8.
5. Suetonio, *Vidas de los césares*, IV, pág. 5.
6. Tácito, *Anales*, II, pág. 82.
7. Ibídem.
8. Suetonio, *Vidas de los césares*, IV, pág. 6.
9. Ibídem.
10. Dión Casio, escribiendo doscientos años después, refería que este descubrimiento se había producido en el palacio de Germánico. Casi con total seguridad, estaba recurriendo a la fuente de Tácito, al igual que Robert Graves en su obra de ficción *Yo, Claudio*, y ambos incurrieron en el mismo error. Tácito, en *Anales* II, pág. 69, no especifica con exactitud dónde se encontraron estos restos. Dado que para entonces Pisón y Plancina ya habían abandonado Siria, debió de ser su palacio, el palacio del gobernador provincial en Antioquía, el que fuese registrado en busca de evidencias, tal como cabría esperar, y no el palacio de Germánico en Dafne. En *Anales* III, pág. 13, Tácito escribe sobre la hechicería y los horribles sacrificios que ejecutaron Pisón y Plancina –afirma que realizaron estos sacrificios personalmente, algo totalmente imposible en el palacio de Germánico en Dafne, que entonces ocupaban Germánico y su familia, y que, aun cuando se ausentasen, siempre permanecía bajo la custodia de sus leales. En contraste, esto habría sido enteramente posible, incluso lógico, de haber ocurrido en su propio palacio de Antioquía.
11. Tácito, *Anales*, II, pág. 70.
12. Macinnis, *Poisons*; Mellan, *Dictionary of Poisons*; Thompson, *Poisons and Poisoners*.
13. Tácito, *Anales*, II, pág. 71.
14. Ibídem.
15. Ibídem, I, pág. 33.
16. Ibídem, II, pág. 72.
17. Véase la nota 12.
18. Tácito, *Anales*, II, pág. 72.
19. Ibídem.
20. Dión Casio, *Historia romana*, LVII, pág. 18.

II. Las consecuencias inmediatas

1. Flavio Josefo, *Antigüedades de los judíos*, 18.6.8.
2. Suetonio, *Vidas de los césares*, IV, pág. 5.
3. Flavio Josefo, *Antigüedades de los judíos*, 18.6.8.
4. Suetonio, *Vidas de los césares*, IV, pág. 5.
5. Ibídem.
6. Dión Casio, *Historia romana*, LVII, pág. 18.
7. Tácito, *Anales*, II, pág. 73.
8. Suetonio, *Vidas de los césares*, IV, pág. 1.
9. Flavio Josefo, *Antigüedades de los judíos*, 18.2.5.
10. Véase el capítulo I, nota 12.
11. Tácito, *Anales*, II, pág. 76.
12. Ibídem.
13. Tácito, *Anales*, II, pág. 79.
14. Ibídem.

III. El regreso a Roma

1. Tácito, *Anales*, II, pág. 81.
2. Ibídem, pág. 83.
3. Ibídem, III, pág. 1.
4. Suetonio, *Vidas de los césares*, IV, pág. 1.
5. Graves, *Yo, Claudio*, pág. 20.
6. Tácito, *Anales*, III, pág. 1.
7. Ibídem, pág. 2.
8. Suetonio, *Vidas de los césares*, IV, pág. 4.
9. Dión Casio, *Historia romana*, LVII, pág. 18.
10. Tácito, *Anales*, III, pág. 3.
11. Ibídem, pág. 5.
12. Ibídem, pág. 3
13. Suetonio, *Vidas de los césares*, IV, pág. 6.
14. Tácito, *Anales*, III, pág. 4.
15. Ibídem.
16. Ibídem, pág. 6.
17. Ibídem.
18. Ibídem, pág. 7.

IV. Pisón vuelve

1. Tácito, *Anales*, III, pág. 8.
2. Ibídem.
3. Ibídem.
4. Ibídem, pág. 9.
5. Ibídem, pág. 8.

V. Motivos para un asesinato

1. Suetonio, *Vidas de los césares*, IV, pág. 2.

2. Plutarco, *Vidas paralelas*, Marco Antonio.
3. Suetonio, *Vidas de los césares*, IV, pág. 8.
4. Tácito, *Anales*, I, pág. 3.
5. Suetonio, *Vidas de los césares*, III, pág. 22.
6. Tácito, *Anales*, II, pág. 59.
7. Ibídem, págs. 59-61.
8. Ibídem, pág. 61.
9. Dión Casio, *Historia romana*, LVII, pág. 19.
10. Ibídem.
11. Suetonio, *Vidas de los césares*, IV, pág. 6.
12. Ibídem, pág. 2.
13. Tácito, *Anales*, I, pág. 13.
14. Ibídem, II, pág. 54.
15. Ibídem, II, pág. 55.
16. Ibídem.
17. Suetonio, *Vidas de los césares*, IV, pág. 2.
18. Tácito, *Anales*, II, pág. 57.
19. Ibídem.
20. Ibídem.
21. Dión Casio, *Historia romana*, LVII, pág. 18.
22. Tácito, *Anales*, I, pág. 33.
23. Graves, *Yo, Claudio*, pág. 3.
24. Tácito, *Anales*, I, pág. 3.
25. Suetonio, *Vidas de los césares*, III, pág. 22.
26. Tácito, *Anales*, I, pág. 3.
27. Dión Casio, *Historia romana*, LVII, pág. 19.
28. Graves, *Yo, Claudio*, pág. 21.
29. Tácito, *Anales*, VI, pág. 7.

VI. Comienza el juicio por asesinato

1. Tácito, *Anales*, II, pág. 28, y V, pág. 11.
2. Ibídem, III, pág. 10.
3. Ibídem.
4. Dión Casio, *Historia romana*, LVII, pág. 18.
5. Tácito, *Anales*, III, pág. 11.
6. Ibídem.
7. Ibídem, II, pág. 21.
8. Carcopino, *La vida cotidiana en Roma en el apogeo del Imperio*, IX, pág. 1.
9. Tácito, *Anales*, I, pág. 13.
10. Ibídem, IV, pág. 20.
11. Ibídem, III, pág. 15.
12. Ibídem, pág. 16.
13. Ibídem.
14. Suetonio, *Vidas de los césares*, III, pág. 68.
15. Tácito, *Anales*, III, pág. 12 (discurso completo).

VII. La acusación y la defensa

1. Tácito, *Anales*, III, pág. 13.
2. Marcial, VI, pág. 35.
3. Tácito, *Anales*, III, pág. 13.
4. Ibídem.
5. Ibídem, pág. 14.
6. Ibídem, pág. 15.
7. Ibídem.
8. Ibídem, págs. 13-14.
9. Ibídem, pág. 15.
10. Ibídem.
11. Ibídem, pág. 17.
12. Plinio el Joven, *Epistolario*, II, págs. 9, 23.
13. Tácito, *Anales*, III, pág. 14.
14. Ibídem.
15. Ibídem, pág.16.
16. Ibídem.
17. Ibídem.
18. Ibídem.
19. Ibídem.
20. Ibídem, pág. 17.
21. Ibídem.
22. Ibídem, pág. 19.

VIII. La destrucción de la familia de Germánico

1. Tácito, *Anales*, III, pág. 29.
2. Ibídem, IV, pág. 7.
3. Ibídem, pág. 11.
4. Ibídem, pág. 12.
5. Ibídem.
6. Ibídem.
7. Ibídem.
8. Suetonio, *Vidas de los césares*, II, pág. 86.
9. Tácito, *Anales*, I, pág. 33.
10. Ibídem, IV, pág. 12.
11. Ibídem, pág. 15.
12. Ibídem, I, pág. 69.
13. Ibídem.
14. Ibídem, IV, pág. 17.
15. Ibídem, pág. 18.
16. Ibídem, pág. 19.
17. Ibídem, pág. 39.
18. Ibídem, pág. 53.
19. Ibídem.

20. Ibídem. Tácito asegura que encontró el relato de este incidente en las memorias de la hija de Agripina, Agripina la Menor.
21. Ibídem.
22. Tácito, *Anales*, IV, pág. 70.
23. Dión Casio, *Historia romana*, LVIII, pág. 1.
24. Tácito, *Anales*, IV, pág. 70.
25. Ibídem, V, pág. 3.
26. Ibídem.
27. Ibídem, pág. 4.

IX. La caída de Lucio Elio Sejano

1. Suetonio, *Vidas de los césares*, III, pág. 64.
2. Dión Casio, *Historia romana*, LVIII, pág. 3.
3. Ibídem.
4. Ibídem.
5. Ibídem.
6. Tácito, *Anales*, VI, pág. 8.
7. Dión Casio, *Historia romana*, LVIII, pág. 10.
8. Suetonio, *Vidas de los césares*, II, pág. 65; Dión Casio, *Historia romana*, VII, LVIII.
9. Flavio Josefo, *Antigüedades de los judíos*, 18.6.6.
10. Ibídem.
11. Dión Casio, *Historia romana*, LXV, pág. 14.
12. Flavio Josefo, *Antigüedades de los judíos*, 18.6.6.
13. Suetonio, *Vidas de los césares*, II, pág. 65.
14. Ibídem.
15. Dión Casio, *Historia romana*, LVIII, pág. 11.
16. Tácito, *Anales*, V, pág. 9.
17. Flavio Josefo, *Antigüedades de los judíos*, 18.6.6.
18. Dión Casio, *Historia romana*, LVIII, pág. 11.
19. Tácito, *Anales*, VI, pág. 3.
20. Flavio Josefo, *Antigüedades de los judíos*, 18.6.4-6.7.

X. El emperador Germánico

1. Tácito, *Anales*, VI, pág. 24.
2. Suetonio, *Vidas de los césares*, III, pág. 61.
3. Tácito, *Anales*, VI, pág. 25.
4. Suetonio, *Vidas de los césares*, III, pág. 66.
5. Tácito, *Anales*, VI, pág. 31.
6. Suetonio, *Vidas de los césares*, IV, pág. 10.
7. Filón de Alejandría, *Embajada a Cayo*, pág. 40.
8. Suetonio, *Vidas de los césares*, IV, pág. 12.
9. Filón de Alejandría, *Embajada a Cayo*, pág. 38.
10. Tácito, *Anales*, VI, pág. 50.
11. Suetonio, *Vidas de los césares*, IV, pág. 13.
12. Ibídem, pág. 14.

13. Ibídem.
14. Ibídem, pág. 22.
15. Ibídem, pág. 51.
16. Filón de Alejandría, *Embajada a Cayo*, pág. 61.
17. Suetonio, *Vidas de los césares*, IV, pág. 24.
18. Ibídem, pág. 53.

XI. El asesinato de Calígula

1. Tácito, *Anales*, I, pág. 32.
2. Flavio Josefo, *Antigüedades de los judíos*, 19.1.13.
3. Ibídem.
4. Ibídem, 19.1.14.
5. Suetonio, *Vidas de los césares*, IV, pág. 58.
6. Flavio Josefo, *Antigüedades de los judíos*, 19.1.14.
7. Suetonio, *Vidas de los césares*, IV, pág. 58.
8. Flavio Josefo, *Antigüedades de los judíos*, 19.1.14.
9. Suetonio, *Vidas de los césares*, IV, pág. 58.
10. Ibídem.
11. Flavio Josefo, *Antigüedades de los judíos*, 19.1.14.
12. Suetonio, *Vidas de los césares*, IV, pág. 58.
13. Flavio Josefo, *Antigüedades de los judíos*, 19.1.14.
14. Dión Casio, *Historia romana*, VII, LIX.
15. Flavio Josefo, *Antigüedades de los judíos*, 19.3.1.
16. Suetonio, *Vidas de los césares*, V, pág. 10.
17. Flavio Josefo, *Antigüedades de los judíos*, 19.3.1.

XII. El nuevo emperador Germánico

1. Flavio Josefo, *Antigüedades de los judíos*, 19.3.1.
2. Ibídem, 19.3.2.
3. Suetonio, *Vidas de los césares*, V, pág. 10.
4. Flavio Josefo, *Antigüedades de los judíos*, 19.2.4.
5. Flavio Josefo, que lo llama Lupus (cuyo nombre significa «lobo» casualmente) en *Antigüedades de los judíos*, 19.2.4, afirma que era tribuno. El menos fiable Suetonio sostiene que era centurión en sus *Vidas de los césares*, IV, pág. 58.
6. Flavio Josefo, *Antigüedades de los judíos*, 19.1.20; Dión Casio, *Historia romana*, LIX, pág. 31.
7. Suetonio, *Vidas de los césares*, IV, pág. 60.
8. Flavio Josefo, *Antigüedades de los judíos*, 19.2.2.
9. Suetonio, *Vidas de los césares*, V, pág. 10.
10. Flavio Josefo, *Antigüedades de los judíos*, 19.4.3. Josefo se refiere a él, equivocadamente, con el nombre de Marco Minuciano.
11. Ibídem, 19.4.5.
12. Dión Casio, *Historia romana*, LX, pág. 3.
13. Suetonio, *Vidas de los césares*, V, pág. 7.

XIII. El asesinato de Claudio

1. Dión Casio, *Historia romana*, LX, pág. 3.
2. Tácito, *Anales*, XII, pág. 2.
3. Ibídem, XI, pág. 12.
4. Ibídem, XII, pág. 3.
5. Suetonio, *Vidas de los césares*, V, pág. 26.
6. Dión Casio, *Historia romana*, LX, pág. 8; LXI, pág. 30.
7. Suetonio, *Vidas de los césares*, VI, pág. 7.
8. Flavio Josefo, *Antigüedades de los judíos*, 20.18.2.
9. Tácito, *Anales*, XII, pág. 42.
10. Ibídem.
11. Ibídem, XIII, pág. 12.
12. Dión Casio, *Historia romana*, LXI, pág. 33.
13. Dión Casio, *Historia romana*, LXI, pág. 10.
14. Tácito, *Anales*, XII, pág. 65.
15. Ibídem, pág. 67.
16. Dión Casio, *Historia romana*, LXI, pág. 34.
17. Ibídem.
18. Tácito, *Anales*, XII, pág. 67.
19. Gibbon, *Historia de la decadencia y caída del Imperio romano*, I, pág. 1.
20. Tácito, *Anales*, XII, pág. 69.

XIV. El asesinato de Británico

1. Tácito, *Anales*, XIII, pág. 2.
2. Dión Casio, *Historia romana*, LXII, pág. 11.
3. Tácito, *Anales*, XIII, pág. 13.
4. Dión Casio, *Historia romana*, LXI, pág. 34.
5. Tácito, *Anales*, XIII, pág. 14.
6. Ibídem, pág. 16.

XV. Las afirmaciones del cuestor de Germánico

1. Tácito, *Anales*, XIII, pág. 43.
2. Ibídem, pág. 42.
3. Ibídem.
4. Dión Casio, *Historia romana*, LXI, pág. 10.
5. Ibídem.
6. Tácito, *Anales*, XIII, pág. 43.
7. Dión Casio, *Historia romana*, LXI, pág. 10.
8. Tácito, *Anales*, XIII, pág. 43.
9. Ibídem.
10. Ibídem.

XVI. El asesinato de la madre de Nerón

1. Plutarco, *Vidas paralelas*, Galba.
2. Tácito, *Anales*, XIV, pág. 1.

3. Ibídem, pág. 2.
4. Ibídem.
5. Suetonio, *Vidas de los césares*, VI, pág. 34.
6. Dión Casio, *Historia romana*, LXII, pág. 12.
7. Tácito, *Anales*, XIV, pág. 3.
8. Dión Casio, *Historia romana*, LXII, pág. 12.
9. Tácito, *Anales*, XIV, pág. 3.
10. Ibídem, XV, pág. 51.
11. Dión Casio, *Historia romana*, LXII, pág. 13.
12. Tácito, *Anales*, XIV, pág. 4.
13. Ibídem, pág. 5.
14. Ibídem.
15. Ibídem, pág. 7.
16. Ibídem.
17. Ibídem.
18. Ibídem.
19. Ibídem.
20. Séneca, *Agamenón*, pág. 116.
21. Tácito, *Anales*, XIV, pág. 8.
22. Ibídem.
23. Séneca, *Octavia*, pág. 957.
24. Tácito, *Anales*, XIV, pág. 8.
25. Séneca, *Octavia*, pág. 956.
26. Tácito, *Anales*, XIV, pág. 9.
27. Dión Casio, *Historia romana*, LXII, pág. 14.
28. Suetonio, *Vidas de los césares*, VI, pág. 34.
29. Tácito, *Anales*, XIV, pág. 9.
30. Ibídem, pág. 10.
31. Suetonio, *Vidas de los césares*, VI, pág. 34.
32. Tácito, *Anales*, XIV, pág. 10.
33. Ibídem, pág. 11.
34. Ibídem.

XVII. Las muertes de Afranio Burro y Octavia

1. Suetonio, *Vidas de los césares*, VI, pág. 34.
2. Dión Casio, *Historia romana*, LXII, pág. 18.
3. Ibídem.
4. Tácito, *Anales*, XIV, pág. 51.
5. Séneca, *Octavia*, pág. 853.
6. Dión Casio, *Historia romana*, LXII, pág. 13.
7. Séneca, *Octavia*, págs. 593-594.
8. Ibídem.
9. Tácito, *Anales*, XIV, pág. 61.
10. Ibídem, pág. 62.
11. Séneca, *Octavia*, págs. 859-860.

12. Séneca, *Octavia*, págs. 872-881.
13. Ibídem, pág. 918.
14. Tácito, *Anales*, XIV, pág. 64.
15. Ibídem, pág. 54.

XVIII. La conjura para asesinar a Nerón

1. Tácito, *Anales*, XV, pág. 41.
2. Ibídem, pág. 53.
3. Ibídem, pág. 66.
4. Ibídem.
5. Ibídem, pág. 60.
6. Ibídem, pág. 65.
7. Ibídem, pág. 61.
8. Ibídem, pág. 62.
9. Ibídem.
10. Ibídem.
11. Ibídem, pág. 63.
12. Ibídem.
13. Dión Casio, *Historia romana*, LXII, pág. 25.
14. Suetonio, *Vidas de los césares*, III, pág. 73.
15. Dión Casio, *Historia romana*, LXII, pág. 25.
16. Tácito, *Anales*, XV, pág. 64.
17. Ibídem.

XIX. El final de Nerón

1. Suetonio, *Vidas de los césares*, VI, pág. 49; Dión Casio, *Historia romana*, LXIII, pág. 29.
2. Suetonio, *Vidas de los césares*, VI, págs. 50, 57.
3. Tácito, *Historias*, II, pág. 8.
4. Suetonio, *Vidas de los césares*, VI, pág. 57.
5. Tácito, *Historias*, II, pág. 8.
6. Suetonio, *Vidas de los césares*, VI, pág. 57.

XX. Desenmascarar a los asesinos de Germánico

1. Tácito, *Anales*, I, pág. 33.

XXI. Cómo se planeó y se llevó a cabo el asesinato de Germánico

1. Séneca, *Epístolas morales a Lucilio*, LV.

GLOSARIO

acta diurna Boletín de noticias diarias de la Antigua Roma, el primer periódico del mundo. Manuscrito diariamente en el Palatium y enviado a todos los confines del imperio. Fundado por Julio César en el año 59 a. C.

acta senatus Registro oficial de los plenos y procedimientos del Senado romano. Se conservaba en el *Tabularium*.

África La provincia romana de África ocupaba el Túnez actual, en el norte de África. Cneo Calpurnio Pisón fue gobernador de la misma en el año 3 a. C. Tiempo después, el hijo primogénito de Pisón, Cneo Pisón, también fue gobernador de África, durante el mandato del emperador Calígula.

águila El *aquila*, el estandarte sagrado y emblemático de una legión. Originalmente construida en plata, posteriormente en oro.

aquilifer Portaestandarte que llevaba el *aquila*, el águila de la legión romana. Oficial destinado a portar el águila.

armada Antes del emperador Augusto, Roma reclutaba sus flotas de combate en sus provincias y a través de sus aliados. La armada imperial romana poseía dos flotas de combate: la flota del Tirreno, con base en Misenum, que también contaba con una escuadra en Fréjus, en el sur de Francia; y la flota del Adriático, con base en Rávena. Otras flotas menores eran la *Classis Britannica*, con base en Boulogne-sur-Mer; la *Classis Germanica*, con base en el Rhin y control sobre el mar del Norte; la *Classis Moesica*, situada en el bajo Danubio; la *Classis Pannonica*, en el alto Danubio; y la *Classis Pontica*, situada parcialmente en Ponto y con cuarenta navíos en Kersh, en la península de Crimea, para proteger el mar Negro y el mar de Azov.

auxiliar Soldado del Ejército romano que no ostentaba la ciudadanía. Normalmente se integraban en la caballería y la infantería ligera. Eran reclutados en todas las provincias del Imperio. En la época imperial, servían durante un período de veinticinco años. Recibían una paga inferior que la de un legionario. A partir del siglo I d. C., obtuvieron la ciudadanía al licenciarse. Estaban bajo el mando de los prefectos. La guardia germana estaba integrada por tropas auxiliares.

Bética La provincia romana de Hispania Ulterior que, a muy grandes rasgos, se corresponde con la Andalucía española actual, región natal de Séneca, su padre y sus hermanos, y que Cneo Calpurnio Pisón gobernó durante algún tiempo.

basílica Salón de reuniones empleado para las vistas de los juicios y otros asuntos públicos en la época romana. Cuando el Imperio romano adoptó oficialmente la confesión cristiana, las iglesias empezaron a construirse según el diseño de las basílicas.

batavio Natural de Batavia, un antiguo reino germano que fue subyugado por Julio César. Las tierras de Batavia hoy forman parte de los Países Bajos.

caballo batavio Unidad de caballería auxiliar de elite integrada en el Ejército romano. Reclutada, principalmente, en la Holanda actual. Sus integrantes alcanzaron fama porque eran capaces de vadear ríos a lomos de sus monturas y portando todo su equipo. En el siglo III d. C., esta unidad se había convertido en la unidad de caballería que custodiaba la residencia del emperador.

campamento de vanguardia Campamento fortificado construido por las legiones al final de cada jornada de avance.

castra praetoria Acuartelamiento de la guardia pretoriana semejante a un castillo de grandes proporciones, construido a principios del siglo I por su entonces comandante Sejano, en el cuarto distrito al noreste de la ciudad. Fue derribado por el emperador Constantino en el siglo IV luego de que disolviese la guardia pretoriana.

centuria Subunidad de la legión formada por diez pelotones o escuadras. En tiempos de la República estaba integrada por cien hombres. En tiempos del Imperio tenía ochenta hombres. Comandada por un centurión.

centurión Oficial en jefe de una centuria en la milicia romana, integrado ya sea en la legión, la guardia pretoriana, la guardia de la ciudad o la marina. Equivalente al teniente primero o, en su caso, al capitán. Un soldado raso alistado y ascendido, aunque en los últimos tiempos de la República y los inicios del Imperio había algunos centuriones de la orden ecuestre.

centuriones de primer orden *Primi ordines*. Los seis centuriones de mayor rango de la legión.

centurión en jefe *Primus pilus* (primera lanza). El centurión de más alto rango de una legión, el de la primera centuria del primer manípulo de la primera cohorte. La legión tenía sesenta centuriones.

cohorte Batallón táctico. Una legión estaba integrada por diez cohortes. En tiempos de César estaba compuesta por 600 hombres. En tiempos del Imperio, la primera cohorte estaba compuesta por 800 hombres, mientras que las demás tenían 480.

condecoraciones triunfales Una capa de color carmesí, una corona de hojas de bayas, normalmente laurel, una rama de laurel, y una estatua erigida en el foro para aquellos generales que celebraban una sonada victoria militar. Además, recibían honores de Triunfo.

conquisitor Oficial del Ejército romano encargado del reclutamiento.

cónsul Cada uno de los dos magistrados romanos que tenían la suprema autoridad. Presidían del Senado y se nombraban dos anualmente. También comandaba el Ejército romano, ostentando un rango equivalente al de teniente general. En la República, la edad mínima para acceder a este puesto era de cuarenta y dos años, mientras que durante el Imperio la edad mínima era de treinta y siete, con la única excepción de los miembros de la familia imperial.

contubernium La unidad más pequeña de la legión, formada por los soldados que compartían una tienda de campaña, así como la mula que los transportaba junto con otros objetos de uso común. Diez *contubernia* formaban una centuria. Durante la República estaba integrada por diez hombres. En el Imperio tenía ocho.

corona cívica Corona de hojas de roble. Una condecoración militar otorgada al valor y por salvar la vida de un soldado romano en la batalla. Rara vez concedida, y por ello muy apreciada. Julio César fue uno de sus destinatarios.

corona mural Corona de oro con la que se premiaba al primer soldado romano que conseguía vencer las defensas enemigas y entrar en una ciudad sitiada.

coronel Véanse *tribuno* y *prefecto*.

crucero Navío de combate de tamaño medio. En esta categoría destacan el birreme, el trirreme y el quinquerreme. Éste último tenía alrededor de 40 metros de eslora y casi 6 metros de manga, dotado con una tripulación de 270 remeros dispuestos en tres órdenes, 30 marineros y 160 soldados de infantería de marina.

cuadriga Carro tirado por cuatro caballos especialmente utilizado en la Antigüedad para las carreras del circo. En los desfiles de Triunfo se empleaba una *quadriga* dorada ceremonial.

cuartel de invierno Base permanente donde una legión generalmente pasaba el período comprendido entre los meses de octubre y marzo.

cuestor «Investigador». El magistrado romano de menor rango. Ayudante del cónsul y de los gobernadores provinciales. Durante la República servía como oficial de intendencia en los ejércitos de campo. En tiempos del Imperio, tenía funciones de carácter fiscal principalmente, aunque también se ocupaba del reclutamiento militar y de otras encomiendas especiales.

cuota de permiso (o de licencia) En el cuartel, un legionario de cada cuatro podía acceder a un permiso o licencia previo pago de una cuota fija que recaudaba su centurión. En el año 69 d. C., el Estado asumió la responsabilidad de abonar estas cuotas a los centuriones.

Curia Edificio del Senado en Roma.

cursus publicus velox Literalmente, «el veloz corredor del Estado». El servicio postal de la Roma imperial. Fundado por el emperador Augusto, estaba integrado por mensajeros que corrían a pie. No tardó en adoptar vehículos con ruedas y caballerías de tiro, así como en establecerse un servicio de mensajeros a caballo. Los caballos se cambiaban en las distintas estaciones de posta situadas a lo largo del camino, y eran examinados por los inspectores cada 2 o 3 leguas. Los correos cubrían una distancia de unos 115 kilómetros al día. Compárense con el servicio postal norteamericano que en el siglo XIX cubría una distancia de 120 kilómetros al día, el llamado Pony Express. Interceptar a los correos del *cursus publicus* o su carga constituía una ofensa capital. Los carros del *cursus publicus* sólo transportaban pasajeros siempre y cuando dispusieran de un permiso personal extendido por el emperador a estos efectos.

decurión Oficial de caballería de la legión. Equivalente al teniente segundo. Había cuatro por cada pelotón de caballería. Este término también alude, en las colonias o municipios romanos, a un individuo de la corporación que los gobernaba, a modo de senador en Roma, un oficial civil que accedía al cargo por elección.

dictador Única y suprema autoridad de Roma. Un antiguo magistrado, supremo y temporal, que uno de los cónsules nombraba por acuerdo del Senado en tiempos de peligro para la República, confiriéndole poderes extraordinarios, y cuyo mandato no podía extenderse más allá de los seis meses. Sila utilizó el cargo para proclamarse jefe supremo de la República romana. Julio César, por su parte, se apropió del título luego de encadenar varios nombramientos temporales antes de erigirse en dictador vitalicio en febrero del año 44 a. C.

diezmar Literalmente, reducir en una décima parte, sacar de diez uno. Las legiones eran castigadas si sus efectivos se amotinaban o mostraban cobardía. El castigo consistía en que uno de sus hombres era apaleado hasta la muerte por sus propios camaradas. El infeliz era escogido por sorteo. Según todas las crónicas, la novena legión, que posteriormente se llamó novena legión Hispana, fue la única legión en ser diezmada dos veces.

ecuestre Miembro o caballero de esta noble orden romana. Sus caballeros estaban cualificados para ocupar los puestos de tribuno, prefecto, procurador e integrante del Senado. La integración en la orden exigía el pago de la cantidad de 400.000 sestercios. En la época imperial los caballeros ecuestres servían obligatoriamente como cadetes de la legión durante un período de seis meses, con el rango de tribuno subalterno a la edad de dieciocho o diecinueve años.

escorpión *Scorpio*. Máquina de guerra semejante a una gran ballesta, muy fácil de manejar y de disparo rápido, por lo que era muy temible, una pieza de artillería que lanzaba saetas con la punta metálica y proyectiles de hierro fino. Cada legión contaba con cincuenta de ellas, además de diez catapultas que arrojaban pesadas rocas.

evocati En el Imperio, cuerpo militar integrado por veteranos de la legión retirados, que sólo servían tras sus viejos estandartes en situaciones de excepción. Estos contingentes acataban las órdenes del gobernador provincial.

fasces Insignia de los magistrados y cónsules romanos, compuesta por una segur && [¿??] en un hacecillo de varas, símbolo de su potestad para castigar y ordenar ejecuciones. Portada por los lictores o ministros de Justicia romanos. Denotaban el rango: los cuestores tenían uno, los legados cinco, los pretores seis, los cónsules y la mayoría de los emperadores doce. Los dictadores y algunos emperadores empleaban hasta veinticuatro lictores.&& [¿??]

filas Soldados alistados en la legión.

foro *Forum*. Espacio abierto, generalmente rectangular, existente en todas las poblaciones y todas las ciudades romanas. En este recinto se organizaban los tribunales legales, las salas de reuniones, los templos, los mercados y las plataformas de oradores. En Roma existían varios foros.

forum romanum Original y principal foro de Roma.

fragata *Liburnia*. Galera de combate ligera y muy veloz. Con 34 metros de eslora y 4 metros de manga. Dotado con una tripulación de 144 remeros, entre 10 y 15 marineros y 40 soldados de infantería de marina.

gladiadores Luchadores profesionales empleados en espectáculos públicos a lo largo y ancho del imperio. Por lo general, eran esclavos. Los concursos de gladiadores derivaron de los antiguos ritos funerarios. En ocasiones, los gladiadores eran utilizados como soldados en las guerras civiles, aunque normalmente con escaso éxito, dado que carecían de disciplina y adiestramiento militar.

gladius Espada corta de legionario que poseía una hoja doble muy afilada y puntiaguda de entre 50 y 60 centímetros de longitud. También conocida por el nombre de espada española, porque las mejores se forjaban en España.

guardia En los campamentos del Ejército romano, el tiempo se dividía en períodos de guardia de tres horas de duración, al final de los cuales sonaba una trompeta y los centinelas cambiaban. Un tribuno era el oficial encargado de organizar las guardias.

guardia de la ciudad Unidad militar integrada por antiguos esclavos. Funcionaba a modo de fuerza de policía y brigada de bomberos en la capital romana. Controlaba las puertas que daban acceso a la ciudad. Compuesta por cuatro cohortes de mil quinientos hombres cada una. La guardia de la ciudad y la guardia nocturna obedecían las órdenes del prefecto de la ciudad de Roma. En los primeros años del Imperio, una cohorte de la guardia de la ciudad de Roma estaba acantonada de forma permanente en la ciudad gala de Lugdunensis (Lyon, Francia), para proteger la casa de la moneda; otra cohorte estuvo estacionada durante algún tiempo en diversas ciudades portuarias de la costa occidental de Italia.

guardia germana Unidad de guardaespaldas de elite encargada de la seguridad del emperador. Elegidos entre los auxiliares germanos. Compuesta por 10 cohortes, cada una de ellas integrada por 480 hombres. Cuatro cohortes tenían su cuartel permanente en Roma, en el Palatium, siendo así que las restantes se encontraban estacionadas, por rotación, en otras poblaciones romanas.

guardia nocturna Cuerpo de policía que operaba en Roma durante la noche y cuya misión era mantener el orden y sofocar los incendios. Fue fundada por el emperador Augusto. Estaba integrada por antiguos esclavos, y se organizaba en siete cohortes de mil hombres cada una, estacionadas en varios puntos de la capital. Recibían órdenes del prefecto de la ciudad.

guardia pretoriana Cuerpo de elite fundado en tiempos de la República con la misión de proteger a los pretores de Roma. Reformada por Marco Antonio, la transformó en su unidad de guardaespaldas. Con el Imperio, devino una fuerza policial integrada por efectivos de elite. Reclutados exclusivamente en Italia, los pretorianos estaban mejor retribuidos que los legionarios, servían durante un período más breve (dieciséis años desde las postrimerías del reinado de Augusto) y recibían una paga mayor al licenciarse (20.000 sestercios en oposición a los 12.000 que percibía un legionario). Durante siglos la guardia pretoriana fue, junto con la guardia germana, la guardia de la ciudad y la guardia nocturna, la única fuerza militar estacionada en Italia.

imperator Título. Literalmente, significa «jefe» o «amo». El más alto honor que podía recibir un general. Este título estaba reservado para los emperadores, tras las victorias alcanzadas por sus ejércitos. El título de «emperador» deriva, obviamente, del antiguo *imperator*.

imperial Relativo al período de la historia romana comprendido entre los años 27 a. C. y la caída definitiva del Imperio.

infante de marina Soldado que servía en la armada romana. Generalmente un liberto. Servían durante un período de veintiséis años, y recibían una paga inferior que la de un soldado auxiliar. Eran comandados por centuriones y se organizaban en cohortes. Se desconocen los nombres de las unidades.

juvena collega Asociación de jóvenes varones. Antiguo gremio creado para los hijos de los nobles y patricios romanos de la península Itálica. Impulsada por Augusto. Los muchachos ingresaban en sus filas a los diecisiete años de edad. En su seno aprendían a montar a caballo, se les instruía en el manejo de las armas, y en otros asuntos de carácter varonil a modo de preludio a su ingreso en el Ejército, algo que ocurría a los dieciocho años en calidad de oficiales cadetes.

legión Regimiento. El cuerpo de tropa operativo principal del Ejército romano. Su nombre procede del término *legio* (recaudación o reclutamiento). Compuesta por diez cohortes. La fuerza nominal de la legión republicana era de 6.000 hombres, la imperial contaba 5.185 soldados alistados y 72 oficiales, incluyendo su propia unidad de caballería, compuesta por 124 oficiales y soldados. Al principio del siglo I, había 28 legiones. Al concluir la guerra de sucesión, en el año 69 d. C., había 32 legiones. En el año 102 d. C., eran 30; y 33 en el año 233 d. C.

legión *gemina* legión «gemela» resultante de la fusión de dos legiones existentes.

legionario Soldado que servía en una legión romana. En su mayoría, reclutados por sorteo. Eran ciudadanos romanos (salvo muy raras excepciones). Casi todos eran reclutados fuera de Italia, especialmente en la época imperial. Los reclutas de la República tenían entre diecisiete y veinte años, y servían durante un período de dieciséis años. En el Imperio, la edad mínima era de veinte años, y desde los últimos tiempos del reinado de Augusto servían durante veinte años.

liberto (manumiso) Esclavo al que se le había concedido oficialmente la libertad.

lictores Ministros de Justicia desarmados de los magistrados romanos, portadores de sus *fasces*.

lustramiento El ejercicio de lustración, una ceremonia religiosa que celebraban las legiones en marzo. Los estandartes eran purificados con esencias y guirnaldas antes de cada nueva campaña.

manípulo Compañía o batallón de infantería. En la época del Imperio, subunidad de la legión compuesta por 160 hombres. Había tres en cada cohorte. Los manípulos se colocaban en tres líneas. En la primera estaban los más jóvenes, los *hastati*; la segunda estaba compuesta por *príncipes*, soldados de más experiencia; en la tercera estaban los *triarii*, soldados de más edad.

manta Especie de cobertizo, tablón o escudo de madera, instalado sobre unas ruedas, empleado por el Ejército romano en las tareas de sitio como resguardo contra los proyectiles arrojados por el enemigo.

optio Sargento mayor. Segundo del centurión y el decurión. Oficial encargado de realizar los informes de la unidad y el adiestramiento de la tropa. Había uno por centuria, y cuatro en las unidades de caballería de la legión.

Ovación Forma menor de Triunfo concedida por haber vencido a los enemigos sin derramar sangre, o por alguna victoria de no mucha consideración. El celebrante recorría a caballo las calles de Roma en una procesión ceremonial.

Palatium Término latino que dio origen a la palabra «palacio». Residencia y cuartel general de los emperadores en Roma. Augusto lo estableció en primera instancia en el monte Palatino, de donde deriva su nombre. A partir de entonces, todas las residencias de los emperadores recibieron el nombre de Palatium, incluso cuando otros emperadores decidían edificar palacios de nueva planta, entre los que cabe destacar los construidos por Tiberio, Calígula, Nerón y Domiciano. El monumental palacio nuevo de Domiciano, la Domus Augustana, que incorporaba la antigua residencia de Augusto, conocida como el viejo Palatium, serviría como Palatium para muchos emperadores posteriores.

paludamentum La capa de un general romano. De color escarlata en tiempos de la República. En la época imperial, los comandantes de la legión llevaban una capa escarlata, y los comandantes en jefe la llevaban de color púrpura.

pilum Jabalina o lanza de ataque que portaban los legionarios romanos. Se trata de un arma arrojadiza de entre 1,8 y 2 metros de longitud, dotada con una pesada punta de metal.

prefecto Comandante de las unidades auxiliares, la guardia pretoriana, la guardia de la ciudad, y las flotas navales. Por lo general, era un ciudadano perteneciente a la noble orden ecuestre. Los prefectos gobernaban Egipto y, entre los años 6 y 41 d. C., Judea.

pretor (*praetor*) Magistrado y general romano de alto rango que ejercía jurisdicción en Roma o en las provincias. Tenía autoridad para comandar las legiones y los ejércitos. Le correspondían cinco lictores.

pretorio (*praetorium*) Cuartel general en un campamento militar romano.

procónsul Literalmente, «tan bueno como un cónsul». Véase *provincia senatorial.*

procurador Magistrado provincial perteneciente a la noble orden ecuestre, segundo del gobernador y de rango superior al prefecto. Administrador financiero y recaudador de impuestos. Algunas veces gobernaba pequeñas provincias y subprovincias (tales como Macedonia y Judea). Tenía potestad para ordenar la pena capital. En la época imperial disfrutaba de un salario anual de entre 60.000 y 100.000 sestercios.

propretor Literalmente, «tan bueno como un pretor». Véase *provincia imperial.*

provincia imperial (o pretorial) Provincia «armada» situada en primera línea del frente, limítrofe con uno o varios reinos hostiles, y administrada directamente por el Palatium. Defendida por una guarnición integrada por al menos dos legiones y tropas auxiliares. Y gobernada por un *propretor* (teniente general), un antiguo cónsul cuyo nombramiento, estipulado por el emperador, no tenía un período de vigencia establecido de antemano. Un *propretor* comandaba todas las tropas estacionadas en su provincia, podía portar espada y uniforme, organizaba los reclutamientos y tenía potestad para ordenar la pena capital.

provincia senatorial En tiempos del Imperio, una provincia dirigida por un gobernador nombrado por el Senado para un mandato de un año, generalmente un miembro de la cámara elegido por sorteo. Con el rango de procónsul, el gobernador senatorial tenía potestad para ordenar la pena capital pero no podía llevar uniforme ni espada, ni reclutar tropas. Su provincia disponía de una guarnición de tropas auxiliares (excepto en África, donde había una legión estacionada). Asia y África eran las provincias más codiciadas, por ser las que gozaban de una mayor retribución (hasta 400.000 sestercios por año).

puerta decumana La puerta principal de acceso al campamento de una legión, así como al *castra praetoria.* Estaba orientada de manera tal que quedase lo más alejada posible del enemigo.

puerta pretoriana Puerta de acceso a un campamento de la legión y al acuartelamiento de la guardia pretoriana, orientada hacia el enemigo.

rostra Plataformas o tribunas que ocupaban los oradores en el foro de Roma.

saeta Flecha con la punta metálica que lanzaban los arqueros y las catapultas del tipo escorpión.

santo y seña Contraseña que daba acceso a los campamentos de la milicia romana así como a la ciudad de Roma. Diariamente, justo antes del ocaso, el tribuno encargado de la guardia se presentaba ante el oficial de mayor rango del campamento con un registro del número de hombres disponibles para el servicio; a cambio, se le entregaba el santo y seña vigente durante las siguientes veinticuatro horas. A continuación, el santo y seña era distribuido entre los centinelas por los *tesserarii* de la cohorte de guardia. En tiempos imperiales, el tribuno que comandaba la cohorte de servicio de la guardia pretoriana en Roma obtenía el santo y seña para el día por boca del propio emperador.

sardonychis El sello personal del emperador, introducido por Augusto en el año 27 a. C., cuando obtuvo su título, para contraseñar sus mensajes. Empleado por casi todos los emperadores que le sucedieron. Tenía la efigie de Augusto grabada por el artesano Dioscórides. Anteriormente, durante tres años, el sello de Augusto lució la imagen de una esfinge, en celebración de su victoria sobre Marco Antonio y Cleopatra en Egipto, y probablemente para emular el sello imperial de Julio César, que incorporaba un elefante, el emblema de la familia César. Según Suetonio, la esfinge fue reemplazada al poco tiempo por la cabeza de Alejandro Magno. El sello *sardonychis* recibió su nombre, muy posiblemente, de la cera de alta calidad que empleaba, muy semejante al ónix. Se llamaba también así al departamento encargado de la correspondencia saliente del Palatium, porque el sello *sardonychis* era lo último que se agregaba a todas las misivas salientes.

saturnalia Fiesta en honor del dios Saturno. Originalmente, se celebraba el día 17 de diciembre, pero su duración fue ampliada primero a cuatro, luego a cinco, y finalmente a siete días. En el festival, los esclavos podían vestirse como sus amos, el juego de dados era legal y los mecenas entregaban obsequios a sus clientes. Son el origen de la festividad cristiana de la navidad así como del intercambio de regalos tan característico de esas fechas.

Senado La institución de miembros electos más poderosa de Roma. Sus miembros, todos pertenecientes a la aristocracia romana, necesitaban contar con un patrimonio neto de al menos un millón de sestercios, y estaban cualificados para liderar las legiones así como para ejercer como pretores y cónsules. En tiempos del Imperio, la edad mínima para ser senador era de treinta años. En la época de César, el Senado contaba un número de senadores que oscilaba entre los 350 y 400 miembros. Al principio del reinado de Augusto tenía un millar de miembros, pero el emperador fue restringiendo su número paulatinamente hasta alcanzar los 600 senadores.

signifer Literalmente, «el que señala». El portaestandarte de las subunidades de la legión y las cohortes de la guardia pretoriana.

sillas curiales Asientos ocupados por los dos cónsules o magistrados de la máxima autoridad en la cámara de senadores.

spatha Espada de la caballería romana. Disponía de una punta redondeada y era más larga que la célebre *gladius*.

tabularium Archivo oficial de Roma. Construido en el año 78 a. C., en la cara norte del Forum Romanum, a los pies del monte Capitolino. El edificio estaba incorporado al palacio del Senado que se alza hoy en su lugar.

temporada de campañas Tradicionalmente, en la época del Imperio, el período comprendido entre el mes de marzo y el 19 de octubre era destinado a las campañas militares de las legiones, que después se retiraban a sus cuarteles de invierno. La fecha del 19 de octubre originalmente determinaba el inicio del antiguo Festival del Caballo de Octubre, cuando los soldados romanos regresaban a sus hogares para realizar la cosecha. Así las cosas, los términos «veterano temporero» y «soldado temporero» proceden inequívocamente de la Antigua Roma, y hacen referencia a aquellos soldados que habían servido durante una o más temporadas de campañas en el Ejército.

tesoro de Saturno El principal tesoro de Roma, situado en los sótanos del templo de Saturno. Dirigido por antiguos pretores con una plantilla de alrededor de treinta y seis subalternos en los inicios de la época imperial. Independiente y diferenciado del tesoro militar, que fue incorporado al Palatium.

tessera Hoja de cera de tamaño reducido en la que se inscribía el santo y seña de la legión para el día.

tesserarius Sargento ordenanza de la legión. El *tesserarius* era un soldado del Ejército romano, con la categoría de *miles principalis*, que se encargaba, en cada centuria o legión o unidad auxiliar, de las tareas de seguridad, especialmente de conocer y fijar la *tessera* o contraseña de cada día.

testudo La célebre formación de «tortuga». Los legionarios se protegían colocando sus escudos sobre sus cabezas y el costado.

torque Collar rígido y redondo hecho de oro trenzado. Era una de las más altas condecoraciones al valor concedidas en el Ejército romano.

tribunal Plataforma de revista en el campamento de una legión, construida frente al alojamiento de los tribunos. En el campamento de vanguardia de la legión, estaba construida con «ladrillos» de césped. Desde la misma, el comandante arengaba a las tropas allí reunidas, y todas las mañanas su adjunto anunciaba las órdenes para el día.

tribuno Magistrado de la legión, la guardia pretoriana y la guardia de la ciudad. En las legiones de la época republicana, seis tribunos de igual rango compartían el mando. En las legiones imperiales, un tribuno joven «de pocos galones» era oficial cadete y servía obligatoriamente durante seis meses. Había cinco por legión. Un tribuno con más experiencia y «más galones» (el llamado tribuno militar) tenía el rango de coronel y era el segundo al mando de la legión. A partir del reinado de Claudio, y en aras de estimular los ascensos, cada año se nombraban veinticinco tribunos militares, pero no todos ellos obtenían puestos en la legión o en las distintas guardias. Asimismo, en Roma se elegían diez tribunos de origen plebeyo, que podían sentarse en el Senado. El emperador absorbió su poder republicano de veto a las resoluciones del Senado y de proponer plebiscitos.

trirreme Veloz galera de combate dotada con tres órdenes de remos. La embarcación más común en las distintas flotas romanas.

Triunfo Desfile solemne que se realizaba por las calles de Roma en honor del vencedor romano. Era la apoteosis del vencedor, normalmente un general victorioso desfilaba sobre una cuadriga de oro seguido de sus soldados, prisioneros y el botín de guerra. También recibía condecoraciones de Triunfo, se erigía una estatua de su persona en el foro y se le gratificaba con una abultada suma de dinero. Originalmente, la distinción del Triunfo era concedida por el Senado, posteriormente por deseo expreso del emperador, y generalmente sólo a generales de rango consular. (Véase *Ovación*.)

vexillum Banderola cuadrada de lienzo que portaban las unidades auxiliares y los destacamentos de las legiones.

BIBLIOGRAFÍA

Abbott, F. F., y A. C. Johnson; *Municipal Administration in the Roman Empire*, Princeton University Press, Princeton, Nueva Jersey, 1926.

Appian; *Appian, Roman History*, Loeb, Londres, 1913. (Traducido por H. White en 1889; revisado por I. Robinson; en español, véase: Apiano; *Historia romana: guerras civiles (libros I y II)*, Planeta-DeAgostini, Barcelona, 1996; traducido por Antonio Sancho Royo.)

Arrian; *History of Alexander, and Indica*, Loeb Series, Harvard University Press, Cambridge, Mass., 1976. (Traducido por P. Brunt; en español, véase: Arriano, Flavio; *Anábasis de Alejandro Magno. Libros IV-VIII (India)*, Editorial Gredos, Madrid, 2007; traducido por Antonio Guzmán Guerra.)

Aurelius, M.; *Meditations*, Encyclopaedia Britannica, Chicago, 1952. (Traducido por G. Long; en español, véase: Aurelio, M.; *Meditaciones*, Alianza Editorial, Madrid, 2007; traducido por Bartolomé Segura Ramos.)

Azzaroli, A.; *An Early History of Horsemanship*, E. J. Brill, Londres, 1985.

Birley, A.; *Marcus Aurelius*, Eyre & Spottiswoode, Londres, 1966.

Birley, E.; *Roman Britain and the Roman Army*, Titus Wilson, Kendal, Reino Unido, 1953.

Boardman, J., Griffin, J., y O. Murray; *Historia Oxford del mundo clásico*, Alianza Editorial, Madrid, 1986.

Bouchier, E. S.; *Spain under the Roman Empire*, B. H. Blackwell, Oxford, Reino Unido, 1914.

Boyne, W., con H. Stuart Jones; *A Manual of Roman Coins*, Ammon, Chicago, 1968.

Brogen, O.; *Roman Gaul*, Bell, Londres, 1953.

Broughton, T. R. S.; *The Romanization of Africa Proconsularis*, Greenwood, Nueva York, 1968.

Buchan, J.; *Augustus*, Hodder & Stoughton, Londres, 1937.

Caesar, J.; *Caesar: Commentaries on the Gallic and Civil Wars*, Bell, Londres, 1890. (Traducido por McDevitte, W. A., y W. S. Bohm; en español, véase: César, Cayo Julio; *Comentarios de la guerra de las Galias y de la guerra civil*, Grupo Axel Springer, Madrid, 1985.

Caesar, J.; *The Civil War*, Penguin, Londres, 1967. (Traducido por J. F. Gardner; en español, véase: César, Cayo Julio; *Comentarios de la guerra civil*, Alianza Editorial, Madrid, 2007; traducido por José Antonio Enríquez.)

Caesar, J.; *The Commentaries of Caesar*, Dodsley, Londres, 1779. (Traducido por W. Duncan.)

Caesar, J.; *The Conquest of Gaul*, Penguin, Londres, 1967. (Traducido por S. A. Handford, en 1951; revisado por J. F. Gardner.)

Caesar, J.; *The Gallic War and the Civil War*, Loeb, Londres, 1914-1955. (Traducido por T. Rice Holmes; en español, véase: César, Cayo Julio; *Guerra de las Galias; Guerra civil*, Círculo de Lectores, Barcelona, 2008; traducido por Pedro J. Quetglas.)

Caracalla; *Historia Augusta*, Loeb Series, Harvard University Press, Cambridge, Mass., 1923. (En español, véase: Caracalla; *Historia Augusta*, Ediciones Akal, Madrid, 1989; traducido por Antonio Vicente y Cascón Picón.)

Carcopino, J.; *La vida cotidiana en Roma en el apogeo del Imperio*, Círculo de Lectores, Barcelona, 2004.

Casson, L.; *Antiguo Egipto I y II*, Ediciones Folio, Barcelona, 1997.

Cave, W.; *Lives, Acts and Martyrdoms of the Holy Apostles*, Hatchard, Londres, 1836.

Chevallier, R.; *Roman Roads*, Batsford, Londres, 1976. (Traducido por N. H. Field.)

Cicero, M.; *Letters of Cicero*, Hutchinson, Londres, 1949. (Traducido por L. P. Wilkinson; en español, véase: Cicerón; *Cartas de Cicerón*, Xunta de Galicia, Santiago de Compostela y Editorial Galaxia, Vigo, 1996; traducido por Alfonso Blanco Quintela y Mónica Martínez García.)

Cicero, M.; *Letters to His Friends*, Harvard University Press, Cambridge, Mass., 1912-1958. (Traducido por W. Glynn Williams, M. Cary y M. Henderson; en español, véase: Cicerón; *De amicitia*, Editorial Gredos, Madrid, 1999; traducido por Valentín García Yebra.)

Colledge, M. A. R.; *The Parthians*, E. J. Brill, Leiden, 1986.

Collingwood, R. C.; *Roman Britain*, Oxford University Press, Oxford, Reino Unido, 1932.

Cottrell, L.; *The Great Invasion*, Evans, Londres, 1958.

Croft, P.; *Roman Mythology*, Octopus, Londres, 1974.

Cunliffe, B.; *The Celtic World*, Bodley Head, Londres, 1979.

Cunliffe, B.; *The Roman Baths at Bath*, Bath Archeological Trust, Bath, Reino Unido, 1993.

Cunliffe, B.; *Rome and Her Empire*, McGraw-Hill, Maidenhead, Reino Unido, 1978.

Dando-Collins, S.; *Caesar's Legion*, John Wiley & Sons, Nueva York, 2002.

Dando-Collins, S.; *Cleopatra's Kidnappers*, John Wiley & Sons, Hoboken, Nueva Jersey, 2005.

Dando-Collins, S.; *Mark Anthony's Heroes*, John Wiley & Sons, Hoboken, Nueva Jersey, 2006.

—*Nero's Killing Machine*, John Wiley & Sons, Hoboken, Nueva Jersey, 2004.

Delbruck, H.; *History of the Art of War*, University of Nebraska Press, Bison Books, Lincoln, 1990; traducido por J. Walter Renfroe, Jr.

Depuy, R. E., y T. N. Depuy; *The Encyclopedia of Military History: From 3500 B.C. to the Present*, Military Book Society, Londres, 1970.

Dio, C.; *Cassius Dio, the Roman History: The Reign of Augustus*, Penguin, Londres, 1987; traducido por I. Scott Kilvert.

—*Dio's Roman History*, Loeb, Londres, 1914-1927. (Traducido por C. Cary; en español, véase: Dión, Casio; *Historia Romana*, Editorial Gredos, Madrid.)

—*Romanarum Historiaum*, Estienne, Ginebra.

Duff, J.; *Lucan*, Harvard University Press, Cambridge, Mass., 1977.

Ehrenberg, V. y A. H. M. Jones; *Documents Illustrating the Reigns of Augustus and Tiberius*, OUP, Oxford, Reino Unido, 1967.

Emile, T.; *Roman Life under the Caesars*, G. P. Putnam's Sons, Nueva York, 1908.

Forestier, A.; *The Roman Soldier*, A & C Black, Londres, 1928.

Frank, T., (ed.); *An Economic Survey of Ancient Rome*, Pageant, Peterson, Nueva Jersey, 1959.

Frere, S. S.; *Britannia: A History of Roman Britain*, Routledge & Kegan Paul, Londres, 1987.

Frontinus, S. J.; *Stratagems. Aqueducts of Rome* , Loeb, Londres, 1969; traducido por C. E. Bennet y M. B. Mc Elwain.

Furneaux, R.; *The Roman Siege of Jerusalem*, Rupert Hart-Davis, Londres, 1973.

Gardner, J. F.; *Family and Familia in Roman Law and Life*, Oxford University Press, Oxford, Reino Unido, 1998.

Gibbon, E.; *Historia de la decadencia y caída del Imperio Romano*, Nuevas Ediciones de Bolsillo, Barcelona, 2003.

Grant, M.; *Gladiators*, Penguin, Harmondsworth, Reino Unido, 1967.

—*Julio César*, Círculo de Lectores, Barcelona, 1971.

—*Roman History from Coins*, Barnes & Noble, Nueva York, 1995.

—*The Army of the Caesars*, Penguin, Harmondsworth, Reino Unido, 1974.

—*The History of Rome*, Penguin, Harmondsworth, Reino Unido, 1978.

—*The Jews of the Roman World*, Penguin, Harmondsworth, Reino Unido, 1973.

—*The Roman Emperors*, Penguin, Harmondsworth, Reino Unido, 1985.

Graves, R.; *Yo, Claudio*, Alianza Editorial, Madrid, 2008.

Haywood, R. M.; *Ancient Greece and the Near East*, Vision, Londres, 1964.

—*Ancient Rome*, Vision, Londres, 1967.

Highet, G.; *Juvenal the Satirist*, Clarendon, Oxford, Reino Unido, 1954.

Home, G. C.; *Roman London*, Eyre & Spottiswoode, Londres, 1948.

Horace; *Satires, Epistles, Ars Poetica*, Heinemann, Londres, 1955. (Traducido por H. R. Faircloughs; en español, véase: Horacio; *Sátiras; Epístolas; Arte Poética*, Ediciones Cátedra, Madrid, 1996; traducido por Horacio Silvestre.)

Jiménez, R.; *Caesar against the Celts*, Sarpedon, Conshohocken, Pa., 1996.

Jones, A. H. M.; *Augustus*, W.W. Norton, Nueva York, 1972.

Josefo, Flavio; *Antigüedades de los judíos*, Ediciones Clie, Viladecavalls, Barcelona, 2003.

Josephus, F.; *The Complete Works of Josephus*, 1737 (traducido por W. Whiston); reeditado con el título *The New Complete Works of Josephus*, Kregel, Grand Rapids, Mich., 1999; en español, véase: Josefo, Flavio; *Obra completa*, Editorial Iberia, Barcelona.

Josephus, F.; *De Bello Judaico*, Typographeo Academico, Oxford, Reino Unido, 1837.

—*The Jewish War*, Loeb, Londres, 1926. (Traducido por H. St. John Thackery, R. Marcus y L. H. Feldman; en español, véase: Josefo, Flavio; *Guerras de los Judíos*, Ediciones Clie, Viladecavalls, Barcelona, 2003.

Josephus F.; *The Jewish War*, Penguin, Londres, 1959. (Traducido por G. A. Williamson; en español, véase: Josefo, Flavio; *Guerras de los Judíos*, Ediciones Clie, Viladecavalls, Barcelona, 2003.

Keppie, L.; *Colonisation and Veteran Settlement in Italy, 47-14 B.C.*, British School at Rome, Londres, 1983.

—*The Making of the Roman Army: From Republic to Empire*, Barnes & Noble, Totowa, Nueva Jersey, 1984.

—*Roman Inscribed and Sculpted Stones in the Huntorian Museum, University of Glasgow*, Society for Promotion of Roman Studies, Londres, 1999.

Ker, W. C. A.; *Martial*, Loeb, Londres, 1919-1920.

Laking, G. F. A.; *A Record of European Armour and Arms through Seven Centuries*, A. M. S., Nueva York, 1934.

Macinnis, P.; *Poisons: From Hemlock to Botox and the Killer Bean of Calabar*, Little, Brown, Nueva York, 2005:

MacMullen, R.; *Soldier and Civilian in the Later Roman Empire*, Harvard University Press, Cambridge, Mass., 1967.

Mannix, D. P.; *Breve historia de los gladiadores: descubre la historia real del Circo Romano y los míticos luchadores que combatían a muerte*, Editorial Nowtilus, Madrid, 2004.

Marsden, E. W.; *Greek and Roman Artillery*, Oxford University Press, Oxford, Reino Unido, 1969.

Mattingly, H.; *Roman Coins from the Earliest Times to the Fall of the Western Empire*, Methuen, Londres, 1927.

Mellan, I., y E. Mellan; *Dictionary of Poisons*, Owen, Londres, 1958.

Mommsen, T.; *The Provinces of the Roman Empire*, Phoenix Books, University of Chicago Press, Chicago, 1968; editado por T. R. S.Broughton.

Napthali, L.; *Life in Egypt under Roman Rule*, Clarendon, Oxford, Reino Unido, 1983.

Parker, H. D. M.; *The Roman Legions*, Barnes & Noble, Nueva York, 1958.

Payne-Gallwey, sir R.; *The Crossbow: Mediaeval and Modern, with a Treatise on the Ballista and Catapults of the Ancients*, 1903; reimpreso por Holland Press, Londres, 1995.

Peterson, D.; *The Roman Legions Re-created in Color*, Windrow & Greene, Londres, 1992.

Petronius Arbiter, G.; *The Satyricon*, Loeb, Londres, 1913. (Traducido por M. Heseltine; en español, véase: Petronio Árbitro, C.; *El Satiricón*, Editorial Gredos, Madrid, 2006; traducido por Lisardo Rubio Fernández.)

Philo Judaeus; *The Works of Philo*, Hendrickson, Peabody, Mass., 1993; traducido por Yonge, C. D.

Plato; *The Dialogues*, Encyclopedia Britannica, Reimpreso en Chicago, 1952. (Traducido por B. Jowlet; en español, véase: Platón; *Diálogos*, Espasa-Calpe, Madrid, 2007; traducido por Luis Roig de Lluis.)

Pliny the Elder; *Natural History*, Loeb, Londres, 1938-1963. (Editado y traducido por H. Raciman; en español, véase: Plinio, Segundo Cayo; *Historia Natural*, Ediciones Cátedra, Madrid, 2002; traducido por María Josefa Cantó, Isabel Gómez Santamaría y Susana González Marín.)

Pliny the Younger; *The Letters of Pliny the Consul*, Loeb, Londres, 1915; traducido por W. Melmoth en 1746; revisado por W. M. Hutchinson.

Pliny the Younger; *Pliny's Letters*, Blackwood, Edimburgo, 1872. (Traducido por A. J. Church, y W. A. Brodribb; en español, véase: Plinio, el Joven; *Cartas*, Editorial Gredos, Madrid, 2005; Traducido por Julián González Fernández.)

Plutarch; *The Lives of the Noble Grecians and Romans,* Encyclopedia Britannica, reimpreso en Chicago, 1952. (Traducido por J. Dryden, en 1683-1686; en español, véase: Plutarco; *Vida de los ilustres y excelentes varones griegos y romanos*, Servicio de Publicaciones, Universidad de Valencia, Valencia, 1993.)

—*Plutarch's Lives*, Loeb, Londres, 1914-1926. (Traducido por B. Perrin; en español, véase: Plutarco; *Vidas paralelas*, Editorial Gredos, Madrid; traducido por Aurelio Pérez Jiménez.)

—*Plutarch's Lives of Illustrious Men*, Chato & Windus, Londres, 1875; traducido por J. and W. Lanhome.

—*Plutarch's Lives of Illustrious Men*, reimpreso en Southworth-Anthoensen Press, Nueva York, 1941; traducido por T. North.

Polybius; *Histories*, Loeb, Londres, 1922-1927. (Traducido por W. R. Payton; en español, véase: Polibio; *Historias*, Editorial Gredos, Madrid; traducido por Manuel Balasch Recort.)

—*The Histories of Polybius*, Macmillan, Londres; traducido por E. Shuckburgh, 1889.

—*The Rise of the Roman Empire*, Penguin, Londres, 1979; traducido por I. Scott-Kilvert.

Raven, S.; *Rome in Africa*, Longman, Londres, 1969.

Robertson, D. S.; *Arquitectura griega y romana*, Ediciones Cátedra, Madrid, 1988.

Robinson, H. R.; *The Armour of Imperial Rome*, Oxford University Press, Oxford, Reino Unido, 1975.

Romer, J.; *Testament: The Bible and History*, Michael O'Mara, Londres, 1988.

Rossi, L.; *Trajan's Column and the Dacian Wars*, Thames & Hudson, Londres, 1974.

Rostovtzeff, M. I.; *Historia social y económica del Imperio Romano, tomos I y II*, Espasa-Calpe, Madrid, 1981.

Rowe, G.; *Princes and Political Cultures: The New Tiberian Senatorial Decrees*, University of Michigan Press, Ann Arbor, 2002.

Salway, P.; *Roman Britain*, Oxford University Press, Oxford, Reino Unido, 1981.

Seager, R.; *Tiberius*, Eyre Methuen, Londres, 1972.

Seneca; *Four Tragedies and Octavia*, Penguin, Londres, 1966. (Traducido por E. F. Watling; en español, véase: Séneca; *Tragedias*, Editorial Gredos, Madrid; traducido por Jesús Luque Moreno.)

—*Letters from a Stoic*, Penguin, Harmondsworth, Reino Unido, 1969; traducido por R. Campbell.)

—*Octavia*, Teubnes, Leipzig, 1902. (En español, véase: Séneca; *Octavia*, Ediciones Clásicas, Madrid; traducido por Cristina Borobio Ibarrondo; Pilar García Madrazo y Bárbara Otto Scheider.)

—*Octavia*, Swann Sonneschein, Londres, 1902. (Traducido por W. Bradshaw; en español, véase: Séneca; *Octavia*, Ediciones Clásicas, Madrid; traducido por Cristina Borobio Ibarrondo; Pilar García Madrazo y Bárbara Otto Scheider.)

–*Seneca's Moral Epistles*, Motto, Wauconda, Ill., 2001. (Editado por A. L. Motto; en español, véase: Séneca: *Epístolas morales a Lucilio*, Editorial Gredos, Madrid; traducido por Ismael Roca Meliá.)

Sherwin-White, A. N.; *The Roman Citizenship*, Oxford University Press, Oxford, Reino Unido, 1939.

Simkins, M.; *Warriors of Rome*, Blandford, Londres, 1988.

Smith, F. E.; *Waterloo*, Pan, Londres, 1970.

Starr, C. G.; *Roman Imperial Navy, 31 B.C.-A.D. 324*, Cornell University Press, Ithaca, Nueva York, 1941.

Statius; *Collected Works*, Loeb, Cambridge, Mass., 1928. (Traducido por J. H. Mozley; en español, véase: Estacio, Publio Papinio; *Obra completa*, Editorial Gredos, Madrid.)

Strabo; *The Geography of Strabo*, Loeb, Cambridge, Mass., 1924. (Traducido por H. L. Jones; en español, véase: Estrabón; *Geografía*, Editorial Gredos, Madrid.)

Suetonius; *De Vitae Caesorum*, Teubnes, Leipzig, 1907. (En español, véase: Suetonio; *Vida de los césares*, Ediciones Cátedra, Madrid; traducido por Vicente Picón.)

—*Lives of the Twelve Caesars*, Etchells and Macdonald, Londres, 1931. (Traducido por Etchells, F., y H. Macdonald; en español, véase: Suetonio; *La vida de los doce Césares*, Espasa-Calpe, Madrid, 2007; traducido por Alfonso Cuatrecasas.)

—*Lives of the Twelve Caesars*, 1963. (Traducido por P. Holland, en 1606; reimpreso por New York Limited Editions Club, Nueva York, 1963; en español, véase: Suetonio; *La vida de los doce césares*, Espasa-Calpe, Madrid, 2007; traducido por Alfonso Cuatrecasas.)

—*Lives of the Twelve Caesars,* Loeb/Heinemann, Londres, 1914. (Traducido por J. C. Rolfe; en español, véase: Suetonio; *Vida de los doce césares*, Editorial Océano, Barcelona, 2000.)

—*Lives of the Twelve Caesars*, 1978. (Traducido por A. Thompson en 1796; reimpreso por Corner House, Williamstown, Mass.; en español, véase: Suetonio Tranquilo, Cayo; *Vida de los doce césares. Libros I-VIII*, Consejo Superior de Investigaciones Científicas, Madrid; traducido por Mariano Bassols de Climent.)

Suetonius; *The Twelve Caesars,* Penguin, Londres, 1979. (Traducido por R. Graves en 1957; revisado por M. Grant; en español, véase: Suetonio; *Los doce césares*, Ediciones Orbis, Madrid, 1985; traducido por Jaime Arnal.)

Sulimirski, T.; *The Sarmatians*, Praeger, Nueva York, 1970.

Syme, R.; *History in Ovid*, Oxford University Press, Oxford, Reino Unido, 1979.

Tacitus; *Agricola et Germania*, Macmillan, Londres, 1869-1872. (En español, véase: Tácito; *Agrícola. Germania. Diálogo sobre los oradores*, Editorial Gredos, Madrid, 2001; traducido por J. M. Requejo.)

—*Annals*, Mentor, Nueva York, 1966. (Traducido por D. R. Dudley; en español, véase: Tácito; *Anales*, Alianza Editorial, Madrid, 2008; traducido por Crescente López de Juan.)

—*Annals*, Penguin, Londres, 1966. (Traducido por M. Grant, en español, véase: Tácito, Cayo Cornelio; *Los anales*, Editorial Océano, Barcelona, 2000.)

—*Annals and Histories*, 1952. (Traducido por A. J. Church y W. J. Brodribb; reimpreso por Encyclopaedia Britannica, Chicago; en español, véase: Tácito, Cayo Cornelio; *Anales del Imperio romano*, Ediciones Orbis, Barcelona, 1986.)

—*Annals and Histories*, 1982; traducido por W. Petersen, Loeb Series, 1914-1937; reimpreso por Franklin Library, Franklin, Pa.

—*History*, Dent, Londres, 1900. (Traducido por A. Murphy; en español, véase: Tácito, Cayo Cornelio; *Historias*, Ediciones Cátedra, Madrid, 2000; traducido por Adelaida Andrés Sanz.)

—*Tacitus*, Penguin, Londres, 1948; traducido por H. Mattingly y S. A. Handford.

—*Tacitus*, Heinemann/G. P. Putman's Sons, Londres, 1913; traducido por C. H. Moore y J. Jackson.

Thompson, C. J. S.; *Poisons and Poisoners: With Historical Accounts of Some Famous Mysteries in Ancient and Modern Times*, Barnes & Noble, Nueva York, 1993.

Times, de Londres (1982): *Concise Atlas of World History*, Times, Londres.

Todd, M.; *The Early Germans*, Blackwell, Oxford, Reino Unido, 1992.

Todd, M.; *The Northern Barbarians, 1000 B.C.-A.D. 300*, Blackwell, Nueva York, 1987.

Trench, C. C.; *A History of Horsemanship*, Doubleday, Garden City, Nueva York, 1970.

Vernam, G. R.; *Man on Horseback*, Doubleday, Garden City, Nueva York, 1964.

Warmington, E. H.; *Nero*, Penguin, Harmondsworth, Reino Unido, 1969.

Warry, J.; *Warfare in the Classical World*, Salamander, Londres, 1989.

Watson, G. R.; *The Roman Soldier*, Cornell University Press, Ithaca, Nueva York, 1969.

Webster's New Twentieth-Century Dictionary of the English Language, World, Cleveland, 1953.

Weigall, A.; *Nero, Emperor of Rome*, Butterworth, Londres, 1930.

Wheeler, R. M.; *Rome beyond the Imperial Frontiers*, Bell, Londres, 1954.

White, K. D.; *Greek and Roman Technology*, Cornell University Press, Ithaca, Nueva York, 1983.

Wightman, E. M.; *Roman Trier and the Treveri*, Praeger, Nueva York, 1970.

Los grandes enigmas del cristianismo
Jorge Blaschke

La enciclopedia más completa sobre los personajes, hechos y símbolos herméticos de la tradición cristiana y su contenido oculto y desconocido. Los enigmas suscitados alrededor del mundo bíblico y cristiano tras los últimos descubrimientos arqueológicos, científicos y documentales sirven al autor para explicar cada uno de los puntos oscuros o controvertidos de la historia del cristianismo. Descubrimientos geológicos, astronómicos, arqueológicos e históricos están contribuyendo a una mayor comprensión de todos los misterios que engloba esta religión. El descubrimiento de las tablillas sumeras y acadias han ayudado a encontrar los orígenes en que se basan muchos pasajes bíblicos; los manuscritos de Nag Hammadi aportan una documentación directa de cada uno de los momentos estelares más importantes del cristianismo, y los manuscritos de Mar Muerto revelan otro fragmento inédito de esos orígenes.

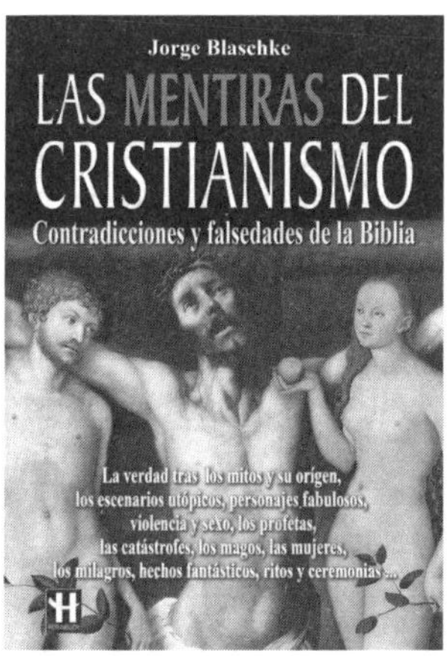

Las mentiras del cristianismo
Jorge Blaschke

La Biblia es el libro de referencia del cristianismo, pero su contenido está repleto de incertidumbre, historias y leyendas que no pueden comprobarse ni científica ni documentalmente. No está probada, por ejemplo, la existencia de muchos de los grandes profetas del Antiguo Testamento, ni hay pruebas arqueológicas de la existencia de Jesús, ni puede tampoco corroborarse la autenticidad de los lugares santos... A lo largo de sus páginas abundan continuas contradicciones, a cada cosa dicha sigue casi de inmediato su contradicción. Una frase dice una cosa y otra lo contrario, y una tercera afirma lo contrario de lo contrario. Lo cierto es que muchos lectores de libros que analizan el contenido de la Biblia se asombran o se escandalizan ante determinados pasajes: las palabras de Jesús respecto a la familia, las matanzas que figuran en el Antiguo Testamento, los actos impúdicos, las violaciones, la violencia del propio Jesús, el tratamiento de la mujer...

Claves secretas de la Historia
Robert Goodman

¿Qué sociedades secretas auspician las decisiones de los líderes políticos mundiales para dominar el mundo? A lo largo de la historia, el destino de la humanidad ha estado siempre en manos de unos pocos, una elite política que en la mayoría de los casos ha formado parte de alguna sociedad secreta, rosacruces, templarios, masones, Illuminati...; logias que, desde la sombra, han logrado ejercer una influencia crítica sobre las decisiones de los principales líderes mundiales. *Claves secretas de la Historia* disecciona la historia universal para poner al descubierto los ocultos intereses políticos y económicos de carácter internacional que han guiado el destino de la humanidad hasta convertirse en los desencadenantes de las últimas grandes tragedias humanas.

El rescate de la historia
Ed Rayner - Ron Stapley

Una nueva visión de los grandes hechos del pasado que nos abre los ojos a la verdadera dimensión de la política y la historia actuales. Ni siquiera en los varios procesos de desclasificación de información reservada acontecidos a lo largo de los siglos se han producido tantos y tan sorprendentes descubrimientos acerca de la Verdad (con mayúsculas) como en este libro. Con gran rigor y sagacidad, los autores traen a la actualidad o, simplemente, rescatan cientos de hechos que quedaron impresionados en los papeles de la historia con, tal vez, más lirismo que fidelidad y más deseos de gloria que de honor a la verdad. Personajes controvertidos, viejos agravios, debates y revisiones históricas y políticas, enigmas y controversias que aún persisten, simples errores y equívocos, tergiversaciones históricas y problemas no resueltos... En definitiva, una lección de la «otra historia», imprescindible para entender la realidad actual.